守望者
The Catcher

阅读 你的生活

知止中外经典读书会
名家沙龙书系

从灵魂到城邦的正义之旅

《理想国》名家二十讲

刘国鹏

主编

中国人民大学出版社
· 北京 ·

知止中外经典读书会名家沙龙书系

主编：刘国鹏

主编助理：王希佳

缘　起

2014年6月—2016年8月，知止中外经典读书会（以下简称"知止"或"知止"读书会）在精读柏拉图《理想国》的同时，先后邀请了20余位全国古希腊哲学研究专家围绕柏拉图的《理想国》、哲学思想及其影响与后世诠释等，举办了20多场学术沙龙，其中4场为线上沙龙。颇值得一提的是，2015年9月"知止"读书会特别邀请到当时来华从事学术交流的土耳其哲学学会会长、马塔佩大学（Maltepe University）哲学教授库卡拉蒂（Loanna Kucaradi）女士，从而使得上述名家演讲多少具有了国际交流的味道和开阔视野；与此同时，"知止"读书会在成立五周年之际，非常荣幸地邀请到著名的古希腊哲学研究专家、旅美学者谢文郁教授，特别围绕"《理想国》中的正义与真理——柏拉图《理想国》的问题意识和论证思路"这一主题举办了一场沙龙专题讲座，从而弥补了此前《理想国》系列沙龙活动的遗珠之憾。

上述沙龙的文字结晶即《从灵魂到城邦的正义之旅——〈理想国〉名家二十讲》（以下简称"二十讲"），共收录演讲文稿二十篇，按相关主题分为六编，依次为"文本与结构""灵魂与城邦""哲人王与政治治理""自然、存在与理念""柏拉图论艺术与诗歌""经典与诠释"，有助于读者根据自己的兴趣偏好和知识背景进行专题式或全览式阅读。

沙龙演讲者来自全国各大高校和科研机构，以在京从事教学科研活动的学者为主，其中既有全国闻名的学界前辈，如洪汉鼎、张祥龙、谢文郁、王晓朝等，也有古希腊哲学尤其是柏拉图哲学研究领域的中青年领军人物与翘楚，如聂敏里、詹文杰、吴天岳、田书峰、刘玮、陈斯一、张新刚等。

可以说，"二十讲"称得上国内学术界多视角、多层次解读《理想国》这一西方首部政治哲学经典的学术成果的集中展示，是一本既严谨前沿，又通俗平易的入门读物。

说起上述专题性学术沙龙及演讲文集的结集出版，就不能不谈及"知止"读书会围绕《理想国》同步开展的精读活动及线上讲读活动。

（一）精读活动

《理想国》为"知止"继《论语》之后精读的第二部经典，时间从 2014 年 6 月 24 日（周二）至 2016 年 8 月 2 日（周二），前后共计两年有余方精读完毕。精读活动以研讨班（seminar）的方式举行，由专业学者担任导读人，读书会的理事、志愿者等骨干轮流担任主持人、协读人。精读的方式为逐字逐句地多语种文本比对阅读，最多时有十多个版本，涵盖五六种语言，频率为每周3 小时。其中，为"知止"担任过导读人的学者有张新刚、朱清华、詹文杰和王玉峰等。

为贯彻中西兼综、推陈出新、融贯古今、文明再造的读书宗旨和理想，"知止"的精读活动所引入的《理想国》注译本，既有中文世界通过《理想国》的注译本所展现的研究与学术成果，也有当代西方世界对于《理想国》的多语种经典注译本。其中，中译本依据年代顺序，择其精要者，被纳入"知止"精读活动参考译本之列的有：

（1）柏拉图：《理想国》，吴献书译，商务印书馆，1929、1957［目前所知最早的中译本，"销行甚久，素为学人称道"（郭斌和、张竹明语），"译意精到，远胜今日之白话译本，诚通儒也"（许国璋语）；除早期版本外，近年尚有多版重印：上海三联书店 2009 年版，中国致公出版社 2009 年版，北京理工大学出版社 2010 年版，译林出版社 2011 年版，等等］；

（2）柏拉图：《理想国》，郭斌和、张竹明译，商务印书馆，1986（至 2013 年共印刷 15 次，乃迄今为止《理想国》中译本发行量最巨者）；

（3）柏拉图：《理想国》，王太庆节译本，商务印书馆，2004（王太庆先生系陈康先生的亲炙弟子，其译本虽为节译，然属于专业研究者之译笔，字字珠玑）；

（4）柏拉图：《理想国》，顾寿观译，岳麓书社，2010（以希腊文本为底本，成稿于 20 世纪 80 年代，后经吴天岳博士修订，为"知止"精读必参的中译本）；

（5）柏拉图：《理想国》，王扬译，华夏出版社，2011（译者素有希腊文训练功底，注释甚丰，惜乎翻译中问题较多）；

（6）柏拉图：《理想国》，庞燨春译，江西教育出版社，2011；

（7）柏拉图：《理想国》，谢祖钧译，中央编译出版社，2013（前言对《理想国》全书 10 卷均有主旨归纳，但未言明是否译自希腊文原著）；

（8）柏拉图：《理想国篇：译注与诠释》，徐学庸译注，安徽人民出版社、北京时代华文书局，2013（该译注本入选台湾商务印书馆"百年汉译名著"书系，为最新译本，值得详参）；

（9）《柏拉图全集》（全4卷），王晓朝译，人民出版社，2002—2003（该译本将《理想国》译作《国家篇》，突出原文中的重要概念乃该全集之长处）。

除力所能及地回顾、检讨中译本的成就，"知止"的精读中更特别倚重现当代《理想国》重要的西文译本，其中主要的有：

（1）Plato, *Republic*, trans. by A.D. Lindsay, London: J.M. Dent & Sons LTD, 1908, 1920, 1923［1992年转由哈克特出版公司（Hackett Publishing Company）出版时，该版本经由C.D.C.里夫（C.D.C. Reeve）予以校订］；

（2）Plato, *The Republic*, trans. by Allan Bloom, New York: Basic Books,1968［布卢姆（Bloom）的英译本注释水准很高，学界多采用此本］；

（3）*Plato's Republic: The Complete and Unabridged*, trans. by Benjamin Jowett, Mineola, N.Y.: Dover Publications, 2000（1871年初版，译笔颇有古风，在传世英译本中素具盛名；赞者誉其忠实，毁者责其古奥。中央编译出版社2008年出版了此版本）；

（4）Plato, *The Republic*, trans. by C.D.C. Reeve, Indianapolis, IN/Cambridge: Hackett Publishing Company, Inc., 2004［系里夫修订格鲁伯（Grube）译本后，新出之自译本］；

（5）Plato, *The Republic*, trans. by Tom Griffith, ed. by G.R.F. Ferrari, Cambridge: Cambridge University, 2000（中国政法大学出版社 2003 年引进，为学界所推崇的英译本之一）；

（6）Plato, *The Republic*, trans. by W.H.D. Rouse, New York: New American Library, 2008［劳斯（Rouse）为极富盛名的世界级古典学者，除译有《理想国》外，还曾翻译柏拉图的其他对话录，如《申辩篇》《克里托篇》《斐多篇》《伊安篇》《美诺篇》《会饮篇》等］；

（7）Platon, *La République*, Georges Leroux, GF Flammarion, 2002, 2004（全书凡 801 页；注释甚详，其中正文 523 页，注释 209 页）；

（8）Platone: *La Repubblica*, Franco Sartori, Bari: Editori Laterza, 1997, 1999, 2001, 2011（为希腊语、意大利语双语对照本，正文 707 页，注释 107 页）。

（二）线上讲读活动

从 2015 年 10 月 18 日（周日）开始，至 2016 年 8 月 19 日（周一）结束，"知止"读书会特别组织了 169 场线上讲读活动，通过微信这一社交聊天平台，先后邀请到古希腊哲学方面的中青年专家詹文杰、朱清华、王玉峰、梁中和、张新刚、赵海峰等，博士研究生王希佳、硕士研究生张学骞，以及"知止"的理事王大惟、郭华女士，包括我本人，以通俗易懂的口语，相互接龙的方式，每天一次（后改为每周两次）的频率，从头至尾系统地为读友们串讲了全本《理想国》，相关音频文件同步上传至音频分享平台"喜马拉雅电台"，供古希腊哲学爱好者收听和下载。该讲读形式可谓对学术经典进行通俗化，从而惠益社会的重要尝试。

名家沙龙、精读活动和线上讲读，历来是"知止"同人开展经典读书活动的不二之举，这种"三位一体"式的读书方式，既确保了对所遴选的经典的深耕式阅读和理解，又力所能及地践行了学术公益的初衷。

是为记。

刘国鹏

2022 年 7 月 21 日

目　录

第六编　经典与诠释

第一编
文本与结构

我们应当如何阅读《理想国》

聂敏里 *

一

对柏拉图《理想国》的阅读既令人愉快，又十分艰难。说令人愉快，是因为柏拉图的《理想国》较柏拉图的其他对话作品要有趣得多。它的戏剧化的场景设计和对话，它的某些颇具有个性的人物角色的安排与刻画，它涵括的许多颇令人感兴趣的主题，例如音乐、诗歌、教育、神话等，都可以使读者被某种类似于文学阅读的兴趣抓住，从而兴味盎然地阅读下去。说十分艰难，却是因为毕竟这是一部哲学著作，其中讨论了一个非常重要而且困难的主题：什么是正义？你可以把这个问题转化成另一个更为广

---

* 聂敏里，中国人民大学"杰出学者"特聘教授。

泛的问题，例如：什么是善？甚至你可以把它转化为这样一个更具原始性和普遍性的问题：人应当怎样生活？或者，人为什么要做一个好人？又或者，什么样的人生才是一个有价值的人生？等等。显然，一说到这里，问题本身的沉重和困难就显露出来了。从而，柏拉图的《理想国》又并不易读，它一直以来都是学术争论、思想交锋的重要场所。

同时，仅就阅读而言，该如何阅读柏拉图的《理想国》，这本身也是一个困难的问题。因为，采取的阅读方式不同，对这本著作的认识和理解也就不同。在这里，一个首要的问题就是：我们究竟应当将柏拉图的《理想国》当成一部文学作品来阅读，还是应当将它当成一部哲学作品来阅读？这个问题的实质就是在问：《理想国》，乃至于柏拉图的所有对话作品，究竟应当把它们当成文学作品进而当成戏剧作品乃至诗来看待，还是应当把它们当成哲学作品进而当成形而上学的作品、认识论的作品、伦理学的作品、政治学的作品等来看待？

对于这个问题，也许从前是清楚的，但是现在却似乎有些不清楚了。说从前是清楚的，是因为无论在古代还是在现代，从柏拉图学园以来的传统，人们一般是把柏拉图的全部对话作品看成哲学作品，认为柏拉图在每一篇对话作品中都试图探讨一个理论问题。正是由于这个原因，例如，公元 1 世纪的亚历山大里亚的塞拉绪罗（Thrasyllos）在对柏拉图对话作品进行编排时，除了按四篇一组将柏拉图对话作品分成九组外，还给每一篇对话作品加上一个副标题，来表明这篇对话作品所试图论证的哲学主题。①塞拉绪罗距柏拉图并不十分遥远，他的这种做法实际上表明了从柏拉图学园而来的看待柏拉图对话作品的传统。很显然，我们可以肯定地说，在古代，人们是把柏拉图对话作品作为哲学作品来看待的。

到了近现代，从古代新柏拉图主义而来的哲学传统依然在起作用，从而，虽然与古代的哲学传统不同（古代哲学传统把柏拉图的全部对话作品看成一个整体，认为它们只是分别讨论了不同的哲学问题，而并不认为它们体现了柏拉图思想的某种发展），近现代的研究者受到近代历史主义哲学史观的影响，倾向于从一种发生学或者发展论的眼光来看待柏拉图的思想以及对话作品，但在柏拉图对话作品是哲学作品这一点上，近现代的研究者和古代的研究者的理解是一样的。在他们看来，柏拉图对话作品是古希腊哲学的高峰之一，其中展现了最精湛的理论思维，并且对影响西方思想两千年的许多重要理论问题都进行了最富启发性和创造性的研究。例如，关于本原的问题，关于存在的问题，关于真理的问题，关于知识的问题，关于善的问题，关于正义的问题，关于灵魂的问题，等等，所有这些问题，在柏拉图对话作品中都可以找到最深入细致的探讨。以至于黑格尔在其《哲学史讲演录》中谈到柏拉图对话作品时，在否定了有些人认为的柏拉图对话作品是对苏格拉底思想的单纯记录以及是一个思想的大杂烩后，还专门反对把柏拉图对话作品看成一种哲学漫谈，而认为"整个谈

---

① 参见汪子嵩、陈村富、包利民、章雪富编：《希腊哲学史》第2卷，人民出版社，2010，第622页以下。

话的过程很好地表示了一个一贯的辩证进展的过程"①，并在《逻辑学》"第二版序言"中专门针对理论思维的这种内在的严谨性和精致性说："一个有伸缩性的陈述，也需要在接受上和理解上，有富于伸缩性的感受力；但是这样有伸缩性的青年人和成年人，如此安静地克制了自己的反思和偶发的思想，从而使本来的思维急不可待地显露自己——像柏拉图所虚构的那种专心追随问题实质的听众，是无法在一部现代对话中找出来的；至于那样的读者就更少了。"②这就深刻地揭示了柏拉图对话作品的理论思维特质，当然，也就清楚无疑地表明了柏拉图对话作品从属于哲学，从属于广泛的形而上学、认识论、伦理学、政治学探讨的根本特征。

但也正是从近现代以来，对柏拉图对话作品的另外一种不同方式的理解开始发展起来。这是一种本质上根源于古代的犹太教及基督教神学传统的对柏拉图对话作品的具有神秘主义特征的理解方式③，而在近代则与德国浪漫主义哲学紧密地结合在一起，从而我们可以说，这在根本上可以被标示为一个以德国浪漫主义哲学家施莱格尔（Schlegel）和施莱尔马赫（Schleiermacher）为其开端的对柏拉图对话作品的特殊的诠释传统。④正是按照这一传统，尤其是施莱尔马赫所翻译的德文版《柏拉图著作集》和他为

---

① 黑格尔：《哲学史讲演录》第 2 卷，贺麟、王太庆等译，商务印书馆，1960，第 166 页。

② 黑格尔：《逻辑学》上卷，杨一之译，商务印书馆，1966，"第二版序言"第 19 页。

③ 参见程炜：《书写批判视域下的柏拉图——从斯勒扎克〈读柏拉图〉出发》，见托马斯·A. 斯勒扎克：《读柏拉图》，程炜译，译林出版社，2009，第 287 页以下。

④ 程炜在其《书写批判视域下的柏拉图——从斯勒扎克〈读柏拉图〉出发》一文中对这一传统有深刻、透辟和详尽的论述。参见程炜：《书写批判视域下的柏拉图——从斯勒扎克〈读柏拉图〉出发》，见斯勒扎克：《读柏拉图》，程炜译，第 229-241 页，第 250-261 页。

这个著作集专门写的导论，柏拉图对话作品中形式性的特征被突出地放大，它的属于美文学的语言特质、它的戏剧式的对话文体，乃至于它的特殊的场景设计和人物安排等，都得到了特别的强调，以此方式柏拉图对话作品便超越了一般的理论著作，并且克服了理论著作所仿佛难以避免的教条主义特征，为理解和通达柏拉图对话作品中难以用理论文字传达的活生生的真理乃至只可意会的生命秘密，提供了最佳的途径。像尼采、海德格尔、伽达默尔、施特劳斯这样一些德国思想家，乃至当代法国德里达之流的后现代思想者，在对柏拉图对话作品的理解上，都受到了这一诠释传统的特殊影响。[①] 这样，柏拉图对话作品便被归入美文学的范畴，并且被试图按照戏剧作品的方式来加以理解。

　　客观地说，这一诠释柏拉图对话作品的传统长期以来对中文界的影响并不显著，中文界的学者在很长时间内都是按照陈康先生奠定的德国古典哲学研究传统来对柏拉图进行哲学的考察和研究的。但是，自 2000 年施特劳斯学派对柏拉图的研究被介绍进中国以来，一时之间，哲学地阅读和研究柏拉图的方式仿佛变得不合法而且地位尴尬，相反，一种注重文学式地解释柏拉图对话作品、注重主观地发掘其内在的微言大义的研究方式，在青年学生和部分学者中流行开来。这种诠释方法的要旨在于，不是把柏拉图对话作品作为哲学作品来阅读，而是把其作为文学作品特别是戏剧作品来阅读。柏拉图对话作品表面上所采取的戏剧化的形式

---

　　① 　参见程炜：《书写批判视域下的柏拉图——从斯勒扎克〈读柏拉图〉出发》，见斯勒扎克：《读柏拉图》，程炜译，第 219 页。

似乎给这种诠释方法提供了合理的根据。从这一视角出发，显然，思想的、逻辑的线索就成为不重要的了，重要的是文学创作通常要考虑的那些元素，例如人物形象的塑造、戏剧情节的安排、对话场景的设计，等等。在这里，人们不再把对话者围绕某个哲学问题所做的对话看成一种思想性的对话，而认为它仅仅是文学创作的一个元素，作者设计它们不是为了解决思想问题，而是为了同其他文学元素的运用相配合，以创造出一种整体的艺术氛围和艺术效果，而正是这种艺术氛围和艺术效果才是柏拉图对话作品的原意。由此，和通常思想史的诠释与理解相比照，这种新颖诠释方法的采用者就会得出所谓的"微言大义"的感想，认为自己的诠释不同于流俗，而独得柏拉图的橘中之秘。

　　显然，面对这一新的诠释路径，对柏拉图对话作品提出这样一个问题，即是文学的还是哲学的，就是十分必要的。因为，对这个问题回答得不同会产生截然不同的诠释策略。概言之，如果我们把柏拉图对话作品看成文学作品，那么，对柏拉图对话作品的诠释就应当是文学批评式的；而如果我们把柏拉图对话作品看成哲学作品，那么，对柏拉图对话作品的诠释就应当是哲学论证式的。哲学论证式的诠释策略更关注的是对柏拉图对话作品中某一个哲学主题的研究和分析，探讨它内在的哲学意义，并且将它放到哲学史或思想史的语境中来观察柏拉图在这个哲学主题上的思考的深度和正确性。按照这样一种研究方法，很自然地，柏拉图对话作品中属于哲学论证的部分就特别受到重视，研究者尽管不忽视对话作品中那些甚至是文学性的因素，但却仍然把它们作为思想性的因素来加以考虑，也就是说，在这里起主导作用的始终是思想的线索，它们只是为了加强或者推动思想而存在的。而文学批评式的诠释策略则更为关注柏拉图对话作品中那些文学性的元素，认为柏拉图运用这些元素，甚而包括探讨一个思想问题，都是意在营造一种特殊的艺术氛围、取得一种特殊的艺术效果，从而传达某种隐微的意旨。按照这样一种阅读方法，显然，通常文学阅读的策略就起作用了，这时我们要考虑文学的讽喻手法、象征手法的运用，不仅要把对话作品中的各种因素从整体上加以考察，而且要加上联想的作用，特别敏锐地察觉其中的暗示、关联，只有通过所有这些东西的整体综合，我们才获得了作者的真实意旨。而显然，这时候，哲学问题的探讨也是被作为一种艺术创作手法来加以理解的，这样获得的作者的真实意旨当然就在哲学思想之外了。

这就是对柏拉图对话作品究竟是文学的还是哲学的问题的不同回答会导致的两种截然不同甚至彼此对立的诠释策略。简言之就是，一种把柏拉图对话作品仅仅当成哲学作品来阅读，抛开一切非理论的甚至非逻辑的部分；另一种则把柏拉图对话作品仅仅当成文学作品来阅读，认为思想性的元素也只是一种文学性的元素，服从于文学批评的诠释原则。很显然，这样一来，问题就抛给了我们，我们必须回答以下问题：柏拉图对话作品究竟是文学作品还是哲学作品？它究竟是要解决思想问题，还是要达成某种艺术效果？或者说，二者完全不是对立的，而是彼此融合的？

二

实际上，对于这个问题，在 20 世纪，柏拉图的研究者们已经做了充分的思考和回答。耶格尔（Jaeger）在其名著《亚里士多德：思想史发展纲要》（*Aristotle, Fundamentals of the History of His Development*）的第一部分，在处理亚里士多德和柏拉图的关系时，在坎贝尔（Campbell）和 J. 施坦泽尔（J. Stenzel）的研究成果的基础上，专门对柏拉图早期和晚期对话作品的差异做了分析。他指出作为晚期对话作品系列开篇的《泰阿泰德篇》在写作方式上与早期对话作品相比，已经发生了根本的变化。其中一个明显的变化就是，迫于对深刻的思想问题（具体到《泰阿泰德篇》中就是知识问题）的思考与关注，柏拉图此时已经感到对话的文体形式不适合哲学思想的表达，以至于在《泰阿泰德篇》的一开始，柏拉图便明确地声明他将放弃他一贯采用的转述式的对话写作手法，而直接陈述对话者双方的对话内容。[①]耶格尔认为这是一个显著的标志，它表明柏拉图内心审美的和哲学的因素之间的平衡，由于主要的哲学兴趣转向了方法论性质的、分析性质的和抽象性质的研究，而被打破了。而在《智者篇》和《政治家篇》

---

① 参见《泰阿泰德篇》143c。在那里，对话的转述者欧克利德斯在对发生在苏格拉底、泰阿泰德和塞奥多鲁斯之间的那场对话进行转述前这样说："这就是这本书，特尔普斯翁；我可以发现，我转述苏格拉底不是按照他正向我叙述的样子，而是按照他实际上正和那些他提到的人对话的方式，这些人有几何学家塞奥多鲁斯和泰阿泰德。为了方便的缘故，我已经省去了转述性的话语，像'我说''我提到'这些当他说到他自己时所用到的词，以及作为答语的'他同意'或'不同意'，以免重复它们显得麻烦。"

中，耶格尔认为，这一特征表现得更为明显。我们知道《智者篇》
和《政治家篇》主要是在进行纯粹概念的推演，其中涉及了基本
的形而上学概念之间的通种论的问题，以及对逻辑学的属加种差
定义法的具体探讨。耶格尔指出，这样一种内容很难被戏剧性地
处理，以至于在《智者篇》的一开始，对话的主导者就不得不告
诉他的对话者不要经常打断他，而是要注意听连续的讲话。耶格
尔认为，这无异于公开宣布放弃了苏格拉底著名的问答法，并
且"声称从今往后对话的形式仅仅是一种无关紧要的文体装饰而
已"①。耶格尔进一步认为，《蒂迈欧篇》和《斐莱布篇》亦不
例外，对话形式对于它们来说仅仅是外部的装饰，在根本上它们
是纯粹学说性质的。《斐莱布篇》甚至可以被毫不困难地改写成
一篇类似于亚里士多德《伦理学》的方法论性质的完整论文。而
在《法律篇》中，戏剧化场景的最后一缕痕迹也消失了，同时，
对人物形象的刻画也被有意识地放弃了。耶格尔还在脚注中专门
引用了伪柏拉图对话录《伊庇诺密斯篇》（Epinomis）中的一个
重要细节，在那里这篇伪柏拉图对话录中的对话主角提醒其他两
个人注意《法律篇》中的一句话："如果你们记得的话；因为，
毫无疑问，你们当时做了笔记。"耶格尔认为，在这里柏拉图绝
对忽略了所有对话的实际，我们仿佛突然置身于一场讲座之中。②

　　这样，很清楚，假如我们不能对柏拉图的所有对话作品进行

---

① Werner Jaeger, *Aristotle, Fundamentals of the History of His Development*, translated with the author's corrections and additions by Richard Robinson, second edition, the Clarendon Press, first published 1934, second edition 1948, p. 26.

② Ibid., p. 26, n. 3.

判断的话，我们至少可以说，柏拉图的晚期对话作品完全是哲学性质的。假如有人硬要以文学批评的方式来解读柏拉图的这些对话作品，从中读出什么哲学之外的东西，认为柏拉图在这里对哲学问题的思考仅仅是一种艺术手法的运用，就像运用其他文学性的元素一样，目的不是问题本身，而是某种言外之意，意在通过营造某种特殊的艺术氛围来传达某种隐微的文意，那么，这样的解释就真的太过牵强了。事实上，人们在读这些对话作品时，很少不被其中深刻的哲学问题吸引，并且同柏拉图一起沿着问题的线索思考下去。在这时，感染我们的与其说是特殊的文体风格和艺术氛围的营造，不如说是问题本身的严肃和深刻。正是这个才促使我们跟随柏拉图做一次漫长的思想旅行，否则的话，谁会有兴趣读柏拉图的晚期对话作品呢？

但是，涉及柏拉图的早期对话作品，这个问题就变得复杂了。说柏拉图的晚期对话作品是哲学性质的，这基本上不会有疑问，因为不仅有文体风格的变化为证，而且单就其内容来说，就很难说它是非哲学性的。但是，柏拉图的早期对话作品，鉴于其中美文学的性质如此之多，人们在阅读它们时恐怕首先感到的是一种情感的而非思想的愉悦，被唤起的更多是一种心灵的激情而非单纯理智的追求，那么，遽然断定它是哲学性质的显然就是鲁莽而轻率的。事实上，如果一个人在读柏拉图的早期对话作品时丝毫不被其中的爱智激情感动，而仅仅冷静机械地处理其中的一些哲学论证，那么，这个人就真的误读柏拉图了，完全忽略了柏拉图最根本的用意。这就是，创造一部伟大的艺术作品以感染人、教育人、激励人，使人怀着无比的热情投入真正美好而自由的生活中。柏拉图的早期对话作品中不仅充满了各种奇诡而大胆的想象，而且其用词的生动、精妙以及意象的优美、动人也向来为文学史家所称道。正因为这个原因，柏拉图才被人们同时认为是卓越的诗人、语言的大师，其对话作品才被同时看作文学艺术的珍品。因此，如果对柏拉图的早期对话作品做一判决，判断它们究竟是文学性质的还是哲学性质的，究竟是采用文学批评式的诠释方法正确还是采用哲学论证式的诠释方法正确，这显然就是一个非常棘手的问题。

一种回答是把柏拉图的早期对话作品也看成哲学性质的，从而完全忽略其中文学性的、戏剧化的元素，而仅仅考察其中抽象的哲学论证和推理，把它们纳入哲学史现成的问题域中加以分析和研究，这就是分析学派诠释柏拉图对话作品的方法。显然，这样的研究方法正如施特劳斯学派所指出的，是一种割裂的研究方法，它所获得的绝不是柏拉图一篇对话作品的真意。事实上，耶格尔在他的研究中也指出了这一点。耶格尔告诉我们，柏拉图早期对话作品的写作不是为了阐述柏拉图的学说内容，柏拉图的主要目的是要在一种寻求和发现的戏剧化的情境中来表现哲学家，是想要使疑惑和矛盾显而易见。它不是一种单纯的理智活动，而是要和伪科学、政治权力、社会乃至自己的心灵做斗争。耶格尔还指出，按照柏拉图最初的观点，哲学不是一个进行理论发现的领域，而是对生活的全部基本元素的重新组织。柏拉图写的是哲学家的悲剧，而不是单纯的哲学理论对话，在柏拉图的早期对话作品中，文体风格绝不是知识思想内容的一种外在装饰。[①]

耶格尔的这些论述显然是非常中肯的。柏拉图早期对话作品的一个鲜明特点就是，它们是精心设计的艺术作品，它们通过各种表现形式和元素的运用来营造与传达一种整体的艺术效果。在这里，问题的解决是次要的；相反，为问题所感染、置身于问题之中，并且通过努力解决问题以投身于一种更为正直、更为理想的生活之中，才是主要的。从而，应当说，这些对话作品在更大的意义上是一种呼唤和鼓舞性质的作品，它们不仅诉诸人的理智，而且诉诸人的情感，实际上是对人的整个心灵发生影响。这方面的代表作品就是《会饮篇》，试看以下一段文字：

> 这时他凭临美的汪洋大海，凝神观照，心中起无限欣喜，于是孕育无数量的优美崇高的思想语言，得到丰富的哲学收获。如此精力弥满之后，他终于一旦豁然贯通唯一的涵盖一切的学问，以美为对象的学问。(《会饮篇》210d)[②]

[①] 参见 Jaeger, *Aristotle, Fundamentals of the History of His Development*, pp. 24-25。

[②] 朱光潜：《西方美学史》(上)，人民文学出版社，1981，第49页。原文为：...ἀλλ' ἐπὶ τὸ πολὺ πέλαγος τετραμμένος τοῦ καλοῦ καὶ θεωρῶν πολλοὺς καὶ καλοὺς λόγους καὶ μεγαλοπρεπεῖς τίκτῃ καὶ διανοήματα ἐν φιλοσοφίᾳ ἀφθόνῳ, ἕως ἂν ἐνταῦθα ῥωσθεὶς καὶ αὐξηθεὶς κατίδῃ τινὰ ἐπιστήμην μίαν τοιαύτην, ἥ ἐστι καλοῦ τοιοῦδε. 直译如下："......而是转向美的大海洋，沉思静观，在不吝啬的哲学中产生许多优美崇高的语言和思想，直到他有可能在那里变得强壮而有力，看到这样一门知识，这就是这样的美的知识。"毫无疑问，朱先生的译文是从英文来的，而且多半不是直译，但是，对比了多个《会饮篇》的中译文，笔者不得不承认，只有朱先生的翻译能够传神，传达了柏拉图这篇对话中美文学的性质，并且唤起了人们求知的热忱。所以，笔者在这里愿意引用朱先生的这段译文。

显然，如果一个人读到这样的文字却认为它是无关紧要的，是完全可以忽略的，那么，他无疑一点儿也不聪明，而是显得愚蠢。在这里，唯有被这段文字感动并且唤起远不止是某种理论的兴趣，而是对优美、崇高的生活的向往的人，才是真正富有领会力的读者。所以，从这个意义上说，对柏拉图早期对话作品采取一种文学批评的方式来阅读和理解就是具有合法性的，因为可以说，这时的柏拉图更多是一位文学家，他以戏剧艺术创作的手法来从事对话作品的写作。在这里，通过塑造人物形象和设置场景乃至情节所要达到的正是产生一种艺术感染力，以唤起人追求更为公正、美好、善良的生活的热情。它意在教育人、感染人，而不是仅仅引导人们去进行一种单纯的理论探索。

这样看来，如果要我们对柏拉图早期对话作品的性质做一个判决，那么，我们必须说，它的文学性质要大于它的哲学性质。我们绝不能孤立地仅仅考察其中思想性的元素，完全把文学性的元素看成无关紧要的外在装饰而忽略不计。事实上，它们总是在共同起作用，将读者带入一种崭新的精神境界。在这里，一种整体性的把握是必要的，同时文学批评所特有的对作品的讽喻性内涵的敏锐领会也是必要的。只有这样，我们才能真正把握柏拉图早期那些艺术珍品般的对话作品的真意。就此而言，显然，施特劳斯学派对柏拉图早期对话作品所做的种种文学批评性的诠释在策略上是有其合法性的。

但即便如此，我们要强调的是，我们仍然不能把柏拉图的早期对话作品仅仅看成文学作品，甚至仅仅看成戏剧。因为，即便是在以塑造人物形象、营造艺术氛围为主的早期对话作品中，哲学问题也绝不是仅仅起到艺术点缀的作用，而是在其中扮演了非常重要的角色。实际上，早期对话作品的艺术表现力在更大的程度上正是由于所提思想问题的尖锐和深刻才造成的，尖锐而深刻的思想问题触及的是我们生活的本质，这样，才在我们的思想中产生了震动，才和其他文学性元素一起达到教育人的目的。所以，思想性地阅读柏拉图，并且思想性地感受柏拉图，这是我们在阅读柏拉图时时常要把握的一个尺度。我们一定要把柏拉图首先看成一位思想家，然后才把他看成一位具有特殊思想魅力和风格的思想家，是一位引导人们去追求与探索真理的思想家。如此看来，即使在我们明确地认识到柏拉图早期对话作品的文学的特征，并且重视文学批评式的诠释方法在对柏拉图早期对话作品的诠释中的重要性的时候，思想性的而非仅仅文学性的领悟对于理解柏拉图的早期对话作品来说也是至关重要的，否则，我们不可能真正抵达柏拉图心灵的深处。

<h1 style="text-align:center">三</h1>

在阐明了这一点之后，对于我们即将开始阅读的《理想国》，我们应当如何看待呢？很显然，它不是单纯的哲学作品，而无疑属于耶格尔所说的哲学悲剧的类型，它是柏拉图精心创造出来的一个艺术作品，在其中，文学性的元素绝不是无关紧要的，相反，

它们在整部作品中占据着非常重要和突出的地位，正是通过对它们的精心设计，我们才被逐渐地引入一种严肃的思想探讨的氛围，不仅为这样的思想氛围所感染，而且开始能够对我们的生活进行严肃的思考与反思，寻求其内在的真理的尺度。就此而言，我们当然可以说，柏拉图创造出来的《理想国》是一种伟大的生活艺术，它唤醒人们对一种更为美好的生活的热爱，并且鼓励人们投入到对这种更为美好的生活的积极追求中，然后在这里引起人们对它的一场深沉的思考和辨析，以便获致生活的真理。所有这些，正像是一部伟大的文学作品对于人的心灵所产生的那种艺术效果一样。所以，我们当然应当首先把柏拉图的这部对话作品——《理想国》——当成一部伟大的文学作品来看待，其中的每一句话、每一个词都不是无关紧要的，而是从属于这部伟大文学作品的整体艺术效果的营造。

但是，在此之后，我们要进一步说的就是，我们绝不能因此便认为其中思想性的元素也就是理论论证的部分是从属性的，相反，我们应当将它们视为整部作品的主线和情节高潮。因为，如果说各种文学性元素的运用是为了营造一种氛围，使我们逐渐地置身于对一种更为美好的生活的积极追求中，那么，思想性元素的运用的一个直接效果却是唤起我们的理智，使我们运用我们的理智去凝视这种生活本身，将它在思想上予以清楚的辨明。因此，构成这部作品戏剧性高潮的并不是一些特殊的戏剧化情节的设置，而是思想探索过程本身的每一次艰难的转圜和升华，是一个一个思想的难题被克服又被提出在主导着整部对话作品的内在的节奏和韵律，并且使人的思想由此获得一次一次的深化和提升。[①]

所以，柏拉图的《理想国》首先是一部哲学作品，而不是诗和戏剧。从而，我们阅读《理想国》，在关注那些文学性的戏剧场景的设计的同时，更应当关注的是思想本身的脉络的展开和延伸，只是沿着这一思想固有的逻辑，我们最终才抵达了《理想国》思想的深处，这也就是有关人的正义的生活的彻底的哲学领悟。显然，这个是完全哲学性的，但同时又是文学性的，因为，它带给人的精神的洗涤和更新绝不亚于一部精美的文学作品，而且更为清晰、更为振奋。

---

① 黑格尔这样说："应当注意：是本义词还是隐喻词占优势，这首先是古代风格和近代风格的分水岭，其次也是散文的风格和诗的风格的分水岭。不仅柏拉图和亚里士多德之类希腊哲学家，修昔底德和德谟斯特尼斯之类大历史家和大演说家，就连荷马和梭福克勒斯之类大诗人，尽管也偶用譬喻，作品全体却始终坚持用本义词。他们的造型艺术式的谨严不容许他们用易致混乱的隐喻，或离开简朴内容和完整形式而去搜寻华词丽藻。隐喻总不免是一种思路的间断和注意力的不断分散，因为它唤起与题旨和意义无直接关系的意象，勉强拼凑，从而跳开题旨和意义。古人在散文方面要求语言明白流畅，在诗方面要求静穆鲜明的艺术性，所以他们不肯把隐喻用得太过分。"（黑格尔：《美学》第 2 卷，朱光潜译，商务印书馆，1979，第 132 页）

通向正义

——《理想国》的开篇

谭立铸 *

一、关于《理想国》

柏拉图、苏格拉底希望把我们带入一个知识的领域，通过知识让我们认识我们的生活、认识我们的世界，告诉我们生活的真相，让我们懂得人的行动止于当止。柏拉图通过《理想国》等著作还告诉我们知识的终极目标是什么，柏拉图认为是至善本身。

先对《理想国》做一简单的说明。《理想国》的希腊书名为 *Περὶ πολιτείας / Perì politeías*，politeía 这个希腊词包含几层意

---

* 谭立铸，中山大学比较宗教哲学博士，中国天主教爱国会秘书长。

思：政治制度、城邦制度、政治共同体之类。该书还有一个副标题——《论正义》。书名和副标题都不是柏拉图著作的原名，柏拉图的著作本身并没有书名和副标题。书名和副标题来自这本书的一位编者——塞拉绪罗。

这本书大概可以认为是柏拉图的中期著作，写于公元前384—前377年。这本书第一次完整地呈现在人们眼前，大概是在公元前315年柏拉图学园里。柏拉图学园是一个讲授知识和哲学的地方，作为学园创始人的柏拉图的思想，当然是最重要的讲授内容。依西塞罗的看法，柏拉图的《理想国》是希腊世界第一本伟大的政治著作。阿里斯托芬将《理想国》《蒂迈欧篇》《克里提亚篇》合称为柏拉图的三部曲，这也是后来新柏拉图学派的一个观点。以柏拉图哲学传人自称的普罗克洛斯（Proclus）认为，这三部作品都是探讨城邦制度的问题，但是它们谈城邦的角度不一样：《理想国》谈天上的城邦，《蒂迈欧篇》谈宇宙的城邦，《克里提亚篇》谈月下的城邦。人们最早的时候把《理想国》分为六卷，后来亚历山大考据家在重新编订时将《理想国》分为十卷，这种分法更多考虑的是篇幅的对称。

关于《理想国》的主题，普罗克洛斯曾说："有关正义的言论涉及我们（灵魂）内的国度，因为这种言论依据于存在于我们内的力量，有关国家的言论针对的是体现在人民大众中的正义，二者的目标相同，灵魂的正义也好，城邦国家也好，世界也好，秩序也好，都属于同一主题，我们不应自作聪明，把自然联系的事物分隔开来。"柏拉图在卷四中谈到灵魂正义的问题，后来又谈到城邦正义的问题，他认为这两个问题其实是不能分开的，是合起来的。在《理想国》中柏拉图亲自告诉我们说，在国家里存在的东西在每个人的灵魂里也存在着，而且数目相同。

在这里我们可以看到，国家和城邦存在的依据与结构根植于宇宙现实以及人的灵魂的现实。我们在看到国家和城邦时也看到了人的灵魂，同样，看到人的灵魂就看到人生活在里面的城邦。其中主要的观点是：人是小宇宙，城邦是一个放大了的人。这让我们明白，为什么《理想国》里面谈论到正义和城邦的时候会谈论数学、天文学、自然学、认识论、人类学、形而上学等，因为正义的问题、城邦制度的问题跟宇宙问题联系在一起，这一点我们必须要注意。

我们由此看到，柏拉图谈到关于治邦者应该如何教育的时候，给他们开出了一些必修科目，比如数学、天文学、辩证法。从这里也可以看出，古希腊人的数学跟我们现在的数学概念相差甚远。那个时候学数学主要不是为了搞物质建设、提升综合国力，学天文学也不是为了让我们走出地球，到月球上去，而主要是为了管理人的灵魂。我们看到，现代的科学观念跟古代的相差很远，古代人掌握知识是为了深入人的灵魂。

普罗克洛斯说过文体可以分为三种：第一种是以模仿为特征的戏剧体，包括悲剧和喜剧；第二种是模仿色彩很淡，或者基本没有模仿特征的叙述体；第三种就是柏拉图《理想国》这样的文体，介于前二者之间，是戏剧与叙述的结合体。我们读《理想国》可以看到，里面有很多戏剧方面的描写，比如对克法洛斯、玻勒马霍斯等人物的描写。我们读柏拉图的著作时要注意，柏拉图思想的展开或论证总是在戏剧的场景里进行的，我们若想进入柏拉图的思想领域，进入他真正的哲学内涵，就必须步入他设计的戏剧舞台。

关于文体的分类，还有另一种说法：一种是教化性的文体，另一种是探讨性的文体。这是另一些柏拉图学派人士的看法。他们认为柏拉图《理想国》的文体兼有这两种文体的特征，既有教育人的方面，有道德的故事、有寓言，也有探讨性的方面，涉及对责任、善本身的探讨等，实际上是一种混合体。

如果我们从历史性方面做比较，是否有另外的角度呢？比如柏拉图之前的哲人赫拉克利特、巴门尼德、芝诺，他们写作时用的是一种格言体。赫拉克利特说："一条路既是向上的路也是向下的路"，"一个人不能同时同一地点踏进同一河流"。巴门尼德说："存在者存在，不存在者不存在"，等等。这些都是格言体，这种文体主要把自己某个时候对人生的观察、洞察、领悟写下来，如此而已，并没有加以展开。

与之比较我们看到，柏拉图的对话体著作可以称为散文体。散文体与格言体比较起来的优点是：它有一个说理、辩证的过程，著作的前后文可以互相补充、修正、说明，呈现出一种较完整的说理形式。总之，格言体没有说理的形式，散文体有说理的形式。在我们的传统文化里，可以看到孔子、老子写的也是格言体，但后来庄子的很多作品有了推理、说理的过程，属于散文体一类。

还要讲一下柏拉图的写作态度。我们读柏拉图的作品时，要知道柏拉图是用什么心态写作的。普罗克洛斯认为柏拉图写作时非常认真，用词非常仔细，从来不信口雌黄。我们读柏拉图的作品时要注意细节，有些细节对我们理解柏拉图的整个思想至关重要。

二、关于《理想国》卷一

让我们进入柏拉图《理想国》卷一。有人说《理想国》卷一是独立的篇章，本来不是跟后面合起来的，这个观点主要来自德国古典语文学家弗里德兰德（Friedländer），他给出了很多理由加以论证，并认为卷一的篇名应为《色拉叙马霍斯》。他认为，《理想国》卷一与其他柏拉图的对话一样，是没有答案、没有出路的。对此，我们可以读卷一的结语："现在到头来，对讨论的结果我还一无所获。因为我既然不知道什么是正义，也就无法知道正义是不是一种德性，也就无法知道正义者是痛苦还是快乐。"[①] 他认为卷一恰恰反映了柏拉图早期作品的风格，那就是没有答案、没有出路。很多人把柏拉图早期作品的文风、形式称为苏格拉底的无知。

第一，"苏格拉底无知"的问题。苏格拉底是不是真的无知？我认为苏格拉底的无知并不是真正的无知，可以从这个方面考虑：

① 柏拉图：《理想国》，郭斌和、张竹明译，商务印书馆，1986，第43页。本文《理想国》的引文均出自此版本，译文有改动。

苏格拉底曾说认识自己的无知是最困难的，而且我们得承认，认识自己的无知其实需要更大更深的知识。中世纪经院哲学家库萨的尼古拉著了一本名为《有学问的无知》的书，这个说法倒较能体贴苏格拉底无知的真意。苏格拉底的这个无知恰恰是在学问最高深的地方才能谈、才能触及的。它不是一种开端的无知，它是一种学问的内核里面的无知、学问高峰上的无知。

第二，苏格拉底在卷一中没有给读者最终的正面的答案。色拉叙马霍斯为此总是指责苏格拉底难缠，他对苏格拉底说："你总是推翻别人，但是又不给我们答案。"这可能正是苏格拉底辩证法的用意：消除、揭露某些人，特别是爱意见者的盲目、盲区。在《理想国》中，爱智慧者的对立面是爱意见者，哲人爱智慧，与哲人对立的爱意见者今天已经不再被列为一类，但在柏拉图的时代，这是一个很重要的观念。苏格拉底针锋相对的恰恰就是这些爱意见者，他要消除他们的盲目、盲区。在苏格拉底看来，每个人其实对真理都有认识，例如人对数学的知识天生就有，只是后来给忘了，老师的作用正是唤醒你原来拥有的东西。辩证法没给出答案，答案包含在辩证法这个过程中。苏格拉底在批驳、否定对方时，并不一定完全抛弃爱意见者、对话者的所有观点，不是完全推翻和否定。

第三，这种方法还涉及真理本身的问题，那就是意见世界对真理的看法永远是不清楚的、不完全的，是一种隐约可见的影子。"可以确定的是，正义、智慧，以及一切对灵魂具有重大意义的事物，都处于晦暗不明的状态中，我们只有通过地上的物象才能对它们有所觉知。这就是为什么，只有极少数人，经过艰辛——因为他们运用的不是产生纯粹表象的感官——能够对模仿性现实的普遍特征有所领悟。"(《斐德罗篇》250b）这是一种辩证的方式，并非真的没有出路，这种方法本身就是出路（重要的是过程本身，而非达到的终点即结论），可能还是真理的唯一出路。真理是在一种"不的辩证法"中被触及的，真理有似神一样，不可与之面对面（我们不能与作为理念的太阳面对面），其中的路径涉及否定神学或神秘神学，中国的禅宗（点拨、开悟、破迷执）也有这层意思。

阅读和理解《理想国》卷一，需要注意里面的一些指示、一些理解的线索，它们对义理的把握来说就像是某些形式指示，如同路标一样。卷一中的这些东西有可能是场景，有可能是某人的某一句话、某一典故，我们如果不细心读，就会错过可能是重要的东西。这种读法对我们理解《理想国》卷一、理解柏拉图《理想国》、理解柏拉图思想的核心很关键。

三、《理想国》的开篇

《理想国》卷一的第一句话包含了很多信息。这句话是这样写的：

> 苏格拉底：昨天，我跟阿里斯同的儿子格劳孔一块儿来到比雷埃夫斯港，参加向女神的献祭，同时观看赛会。

第一，讲"昨天"：这显然是一种过去时态，是一种复述形式，说明后面的对话都不是面对面的现场记录。我们如果读《蒂迈欧篇》，就可以得知《理想国》的源头出处：《蒂迈欧篇》开篇首先清点人数，一、二、三，第四个怎么不在呢？后面的人说第四个人身体不舒服，来不了了，然后我们读到苏格拉底的话：

> 苏格拉底：那你们一定还记得我们谈过的内容，以及我让你们讨论的问题。（17b5 以下）
> 蒂迈欧：记得一部分，至于其他的，还劳你给我们提个醒。（17b7 以下）如果方便的话，你不如再摘要说说，这样我们会更有把握些。（17b8）
> 苏格拉底：好吧。我觉得，在昨天我们关于治理的谈论中，我想告诉你们最关键的东西便是，一个我认为理想的城邦，它应该是什么样的，并由什么样的人组成。（17c13）

普罗克洛斯根据这个认为，从《理想国》到《蒂迈欧篇》经过了三天的时间。第一天苏格拉底跟格劳孔在比雷埃夫斯港克法洛斯家里谈论《理想国》，这样的谈话是第一天的事情。第二天他们回到雅典，向蒂迈欧他们转述了前一天在比雷埃夫斯港克法洛斯家里谈论《理想国》的内容。开篇说的"昨天"就指这个，他们回到雅典后回忆他们"昨天"在港口谈论正义的问题，谈论"理想国"的问题。第三天蒂迈欧复述他们谈论"理想国"的内容：谈到宇宙的创生、战争、城邦制度的问题。

从这里可以看到，《理想国》是一种过去时态，是一种复述形式；也就是说，苏格拉底在比雷埃夫斯港的谈话已经变成一种过去式，已不再是活生生的。从中可以看到一个蜕变、衰退的过程。《理想国》存在着两重衰退：复述"昨天"的记忆是一种衰退；柏拉图本人把苏格拉底关于正义、理想国的言辞转化成文字又是一种衰退。我们从柏拉图《斐德罗篇》中关于文字的论述可以知道，当你记不住什么东西于是用文字将之记录下来时，其实这已经有了退化发生。

"昨天"产生了间隔，有了退化，这就产生了一个问题：我们能不能把苏格拉底有关理想的谈论、有关理想城邦的谈论当作完全可以在现实中实现的东西，是否应该认真对待，认真落实？这是我们需要考虑的问题。基于以上原因，基于开篇的"昨天"，我认为"理想国"缺乏在现实中实现的可能性，它转而变成对现实中各种实际制度进行批判的力量，但"理想国"这一构想本身并不一定要在现实中实现，因为它已经是复述，已经衰退了。通过回忆、复述苏格拉底言辞的《理想国》，变成了苏格拉底的理念，它永远不与可见世界等同，却是可见世界的基础，对现实世界起照亮作用。《理想国》开篇的这个词"昨天"给予我们理解《理想国》一个线索。它回答了一个问题：我们可不可以把柏拉图在《理想国》中对城邦的构建视为一种应当落实的政治制度？

第二，讲"格劳孔"：卷一中的第一句说格劳孔跟苏格拉底一起来到港口。格劳孔跟苏格拉底应该是很亲密的人。苏格拉底在该书中说的最后一句话也是对格劳孔讲的，他语重心长地对格劳孔说：

> 格劳孔啊，这个故事就这样被保存了下来，如果我们相信它，它就能救助我们，我们就能安全地渡过勒塞之河，而不在这个世上玷污了我们的灵魂。

卷一中也有一句话是特别对格劳孔讲的。苏格拉底在谈到正义的关键时刻提醒格劳孔："格劳孔，你究竟站在哪一边，你觉得哪一边的话更有道理？"由此可见，格劳孔这个人在《理想国》中扮演着一个意义重大的角色，他应该是我们读《理想国》的一个视角，那就是，我们应该把理解《理想国》意义的目光不断地投回到格劳孔身上。换句话说，我们可以把自己当成格劳孔这个人。其实，格劳孔是苏格拉底主要教育的对象，苏格拉底主要的话是针对年轻人格劳孔讲的。苏格拉底为什么针对格劳孔这样的年轻人讲话，原因出于格劳孔的天性：他追求真理，他有很大的激情，是一个热血青年，心态也很好，但这种人在社会上又容易受到蒙蔽，这种人如果教育得好，就会从善如流，如果教育得不好，就会偏向恶的方面。

在苏格拉底的整个谈话过程中，格劳孔一直都在，这说明他有能力跟得上辩证法，另外他在心态上顺从真理。格劳孔作为苏格拉底的主要教育对象，跟色拉叙马霍斯之流形成了很强烈的对比。他们不但很挣扎，而且相当不服，他们对真理有很抵触的心理，而格劳孔则没有。色拉叙马霍斯在苏格拉底的不断进攻下虽然倒下了，但心里很不服。我们从这里看出，弄懂苏格拉底的谈话是一回事，但是不是以严肃的态度来对待苏格拉底的话是另外一回事，这跟人的天性、跟人面对真理的心态有关。而格劳孔是追求真理的一个好人。

从这里面还看出为什么在柏拉图那里言辞总是比行动更重要。研究柏拉图的专家都认为言辞比行动更重要，言辞的城邦比行动的、要落实的城邦更重要。怎么认识行动的深度？我认为，这跟思想与言辞的严肃性有关，思想与言辞的严肃性决定了行动的深度，思想与言辞本身并不直接决定行动的深度和强度，但它们的严肃性却具有决定性的作用。在柏拉图那里，严肃的、深入真理的言辞压倒行动，严肃属于哲学，是哲人应有的态度；如果一个人玩世不恭，他就不是哲人，而是爱意见者。

第三，讲"下到"：它是《理想国》原文的第一个词，商务印书馆的中文本译为"来到"，其实 Κατέβην（Kataben）这个词译为"下到"才对，它可以让我们看出柏拉图辩证法的征程和主题。首先，"下到"是地理意义上的"下到"，港口在海边，海拔肯定比雅典低，所以"下到"从地理位置上讲没有什么问题。其次，"下到"这个词跟"昨天"一样，是柏拉图的定调之词。从历史上来看，柏拉图非常喜欢荷马的著作。荷马《奥德赛》中也用了"下到"这个词："我下到冥王哈得斯的地府，为自己，也为同伴，探听回归的路程。"（《奥德赛》23.252-253）荷马的这个用语在《奥德赛》中意味深长，里面有哲理。同样，"下到"这个词也令人想到赫拉克利特说的"下到"深渊的问题。

如果我们把"下到"联系到《理想国》这本书，有两个地方值得我们注意。一是卷十中伊尔神话里面的伊尔"下到"地府，整个卷十在《理想国》这部著作中会扮演什么角色？从"下到"这个词可以看出卷十非常重要，有很大的密码隐藏在里面。二是洞穴喻：哲人从洞穴中挣脱出来，看到太阳光后又"下到"洞穴里。从这里看出，柏拉图的"下到"其实是给我们线索，让我们看出书的两个高峰，一是伊尔神话，二是洞穴喻。我们必须重视这样的线索，柏拉图写作时很注意形象的作用，用形象来说明事实，不像现在的西方哲学家只用数字、论证说事。

苏格拉底跟格劳孔到了港口，先去看宗教活动，参观当地民俗，他们回城，要离港回到雅典，走的当然是上升的道路，但这条道路被玻勒马霍斯等智者拦住了。于是，他们到克法洛斯家里探讨正义的问题。因此，我们有理由认为，苏格拉底在克法洛斯家里探讨理想城邦，特别是探讨正义的问题走的是一条上升的道路。他们回城的道路被中断了，接下去的会谈本身就是一种上升的过程。读《理想国》时，探讨正义的问题时，我们要找到一条上升的道路。

我们同样可以在卷一中发现上升的道路。根据《理想国》研究者的共识，从克法洛斯到玻勒马霍斯、色拉叙马霍斯，他们在能力、辩才、智力上处于上升趋势，第一个离开的克法洛斯是能力最差的。整个讨论的过程，从辩才、智力水平都是上升的过程。就内容而言，最后这些智者的观点则越来越远离苏格拉底的观点，但或许正是他们与苏格拉底的观点越来越远，才会越来越有张力。在这种情况下，苏格拉底关于正义的谈论就越发显示出深度，越发显示出辩证的力量。整个谈论正义的过程是正义不断敞开的过程，不断朝向开阔地、不断上升的过程。

苏格拉底跟格劳孔回雅典的上升的道路发生在克法洛斯家里，变成了一场有关正义的谈论，这难道不昭示了正义必然跟高尚有关联吗？《理想国》的最后一段话谈道：

> 不管什么说，请大家相信我如下的忠言……让我们永远坚持走向上的路，追求正义和智慧。（621c）

如果要找到正义的确切内涵，我们必须走上升的道路，并且要联系到两个高峰，一是神话的高峰，二是哲人洞穴的高峰。

我们如果现在做个比较，就会发现《理想国》的正义观跟现代人的正义观相距很远。现代人的正义观是一种契约性的正义观，它形成于特定环境下的讨价还价，它是某种谈判性的、具有市场性的东西。契约性的正义跟某种高尚的东西已经没有联系，已经离开了高尚者的要求。柏拉图在《理想国》中表达的正义观，是不是针对当时雅典制度的正义观？是不是对那个正义观的指责和批判？不管如何，我们现在的正义观确实跟柏拉图、苏格拉底所探讨的、所认识的正义观不一样，它具有契约性，不会跟高尚有联系。

从"下到"看雅典与比雷埃夫斯港的关系：从雅典到比雷埃夫斯港的"下到"是一种文化意义上的"下到"。苏格拉底到了港口，哲人"下到"港口，从而与比较低级的现实联系起来。普罗克洛斯由此认为，荷马将希腊人与雅典娜联系起来，为的是反对蛮族，同样，柏拉图站在雅典人这边，以便反对大西洋人，这无非证明，较理智与较神圣者总要胜过那些较不理智与较不高贵的事物。雅典人的生活告诉我们，这种制度拥有美德，凡重视美德的，必将获得巨大的好处，这些就是苏格拉底在《理想国》中认为值得推荐的东西。此外还说明，当雅典人依一种最好的政治制度生活时，他们理应受到最高的礼赞……雅典人的城邦在这个方面树立了一个榜样，因为它在操行上完善地遵守了生活的最佳准则。

这里不妨联系一下文化的多样性问题：我们今天非常强调文化的多样性，苏格拉底本人并没有排斥多样性，他很高兴到港口看当地的文化习俗，这表明了他对文化多样性的尊重。我们强调文化的多样性时，是不是忽略了文化的优秀问题？如果我们只是强调多样性，而忽略了文化本身可以比较，存在着优秀的问题，那么是不是理解苏格拉底时的一个重大失误呢？如果有真理，那么跟真理的距离就存在远近的问题、多少的问题。我们现在的问题可能是：我们只看到文化的多样性，却没看到文化的优秀问题，但这个问题与我们每个人的灵魂和品德有关。在这里，是否暗含着柏拉图批判雅典所实行的民主制度的问题呢？有人认为，比雷埃夫斯港的政治生态、生存状态促成人的平等，但比雷埃夫斯港的平等是没有本质的、没有真理的自由。如果真是这样，《理想国》中就可能包含着柏拉图对所处的雅典文化的考察、批判。

第四，讲"比雷埃夫斯港"：刚才说到柏拉图在著述中很重视形象，以形象来表达意义，我们应该留心柏拉图使用的形象，如洞穴的比喻、画家的床、伊尔神话，理解柏拉图要搞清形象与哲学思维之间的关系。从这个意义上讲，柏拉图也是一位诗人，很会写戏剧性散文。

《理想国》中的对话发生在比雷埃夫斯港，柏拉图的这种选择一定也是有意义的。按普罗克洛斯的说法，离海近的地方必然到处是喧嚣和纷乱，与之相比，敬奉神明雅典娜的雅典城合宜作为智慧与灵魂的居所。可以说，第一个地方（海边）非常适合第一次对话。在那样一个地方，就像我们意料到的一样，对正义或者说对制度的讨论是在一种夹杂着不安和与智术师们做斗争的情形下展开的，苏格拉底在正义的问题上与智术师们的生活方式针锋相对。所以，他与智术师们的对立不单单是观点的不同，更是生活方式的不同。

人物的问题。对话中的人物不单单在对话中扮演某种角色，同样我们应该从他们的身份、修养、文化层次来看待他们在整个对话中的作用。人物对作者的整体思想可以起到某种类似于密码一样的作用。

第五，讲"女神"：这位女神是色雷斯人崇拜的朋迪斯。从这里可以看到，苏格拉底"下到"一个异教的场所，尽管那时泛雅典已经接受了异教，但是对于雅典女神来说，色雷斯人的宗教仍然是异教。苏格拉底"下到"异教，在异邦庆典中讨论政治制度的问题，故而苏格拉底是在做教化的工作。用哲学一点的话说，他是要把失散于物质、情欲中的灵魂救渡出来，让灵魂返回到自己的祖国。在苏格拉底那里，对于灵魂来说，最崇尚的就是理智、理性。把灵魂从海洋所带来的差异转渡到城邦具有的同一里，使它成为"不二"。"多"（海洋、比雷埃夫斯港）在辩证法里面是必须要保持的，但不是最终追求的目的（城市、雅典城）。

这样看来，在比雷埃夫斯港这个异教神之所在地进行的对政治制度的讨论，不管怎样都不能说是哲学的高峰。这一讨论只能是朝向高峰的历程、通向正义的道路。

第六，讲"献祭"与"观看"。这话也不是无意说的，它表明苏格拉底本人在《理想国》中面对着两个现实：一个是可见世界，另一个是不可见世界；一个是真理，另一个是表象或意见。苏格拉底的辩证法正处于这二者"之间"，辩证法来回于可见世界与不可见世界之间，来回于真理与意见之间。苏格拉底非常重视理论生活，理论本身有神的气息，是人与神之间的交流，是人对神的观照。他在谈到"献祭"时，便让我们读者想到超越层面。

辩证法不但要说理，知识不但是一种推理，还包含超越层面，所以我们看到柏拉图的《理想国》中运用了神话、宗教。在他那里，宗教、神话也是辩证法的内容之一，或者说是一种新的辩证法，给我们提供一对翅膀，升到高尚的地方。通过推理到达思想的高点，并非所有人都能做到，《理想国》中的克法洛斯就做不到。在这种情况下，只有通过宗教、神话、形象来说明真理。所以，我们看到苏格拉底"观看"与"献祭"，他参与到意见世界里面，同时也关注到超越层面。

以上便是对柏拉图《理想国》开篇第一句话的试读，并以之联系到柏拉图该书卷一与全书的可能关系。

柏拉图的著作中有一种形象很鲜明，那就是智术师的形象，这种形象在柏拉图的著作中挥之不去。柏拉图著作中智术师的形象跟《圣经》中经师、法利塞人的形象有相似作用：他们都是敌人和对手。

比较一下：《圣经》中的经师、法利塞人为什么成了耶稣的敌人？智术师为什么成了苏格拉底的敌人？我认为，一是权威的问题，《圣经》让人明显看到，耶稣从说话和行动看上去是一个很有权威的人，他讲话的方式是带有权威的。苏格拉底也一样，像色拉叙马霍斯这样的智术师很厉害，苏格拉底跟这些人斗争，一定要通过辩论胜过他们，否则就无法把格劳孔这样的年轻人从他们手中夺回来。《理想国》一开始让我们看到，色拉叙马霍斯真的不简单，听起来也有一定的道理。苏格拉底如果不通过理性、辩证的方法说服他们，格劳孔这样的年轻人就可能落在他们手中，受他们蛊惑。这里便涉及权威的问题，真理同样会形成一种权威，这是真理在世界上的特点。

二是耶稣身边形成了一个团体、组织。一个人说了什么算不了什么，但当有一帮人围绕着他形成一个组织时，这就会成为一个重大的政治问题，是令政府管理部门非常头疼的事。当时耶稣也存在这个问题，这对罗马统治者、犹太教当局是一个敏感的问题。苏格拉底同样有团体的问题，围绕苏格拉底产生了一个新的共同体。为什么苏格拉底一定要留在港口弘道？玻勒马霍斯说出了苏格拉底留下的理由，他说："你可以看表演，看骑马，也可以会见不少年轻人，你可以跟年轻人好好聊一聊。"克法洛斯也对苏格拉底说过类似的话。所以，苏格拉底明显是主动找年轻人，这样不可避免地在自己身边形成一个共同体、一个思想者的共同体，于是与智术师的共同体产生了冲突，成了智术师团体的死敌。

三是《圣经》中还有一个冲突，就是解经方法的冲突。耶稣讲《圣经》，他有一套自己读《圣经》的方法和见解，经师、法利赛人也有一套见解，两种方法和见解之间的冲突非常厉害。二者之间最大的冲突就是耶稣把释经的权威和经文的指向落实到自身之上，经文所说的东西要实现在耶稣身上：我就是真理，我就是道路，我就是生命。这是经师、法利赛人没有办法接受的。同样，以哲人形象出现的苏格拉底，对神话和古代诗人提出异议的苏格拉底，也是智术师们没有办法接受的。

我们可以想一想：在今天谁是我们现代社会（不单单是中国社会）的智术师呢？我们能不能说网络及网络语言就是现代社会最大的智术师呢？网络世界的思维方式不深究，不深入思考，使人依赖而不是自己思考，它在某种意义上消除了哲学的作用，是反哲学的。在这种意义上说，柏拉图没有过时。哲学教导人通过知识进入灵魂，进入更大的宇宙，通过上升的道路去追求高尚的东西。如果没有哲学，那么就意味着高尚的东西发现不了，维持不了。没有这些东西，人的道德放到什么地方呢？我们留下的只是守则、契约性的东西——公民公德，而不是哲学的正义。我们今天重新认识柏拉图的哲学，重读柏拉图的《理想国》，一定是非常有意义的事。

柏拉图对话中的"乌西亚"
——以《斐多篇》为例

王晓朝 *

"乌西亚"是希腊词 ουσία 的音译，中国学者在理解和翻译古希腊哲学典籍时，常将它译为"本体""实在""实体""是者"。本文考察柏拉图对话《斐多篇》中的"乌西亚"，探索其基本内涵，以此促进学界同人对"乌西亚"这个西方哲学形而上学基本概念的理解。

一、"乌西亚"的词汇意义

在语法学研究中，词义有两类：语法意义（grammatical

---

* 王晓朝，浙江大学城市学院特聘教授，新时代马克思主义宗教学研究院院长。

meaning）和词汇意义（lexical meaning）。"没有意义的词是不存在的。词里包含两种不同性质的意义：词汇意义和语法意义。"①词的语法作用或功能方面的意义，叫作语法意义。词本身的意义，亦即词的内容，称作词汇意义。要掌握一个词的词汇意义，最一般的办法是查词典。词典的编纂者从大量语料中总结概括出语词的主要意义，列举在词典中。这也是词汇意义又被称为"词典意义"的原因。

《希英大辞典》（*Greek -English Lexicon*）没有独立的 ὄν（阳性 ὤν，阴性 οὖσα）的词条，对 ὄν 的解释被包含在词条 εἰμί 中，而 ουσία 有一个独立的词条。该词条中标注该词"源自"εἰμί 的阴性分词形式，在伊奥尼亚方言中写作 ουσίη，在多利亚方言中写作 ἐσσία、ὠσία。这表明 ουσία 和 οὖσα 有词源关系，但我们不可将这种词源关系理解为"就是"或"原来是"。ουσία 还有四个派生词：阴性名词 οὐσιότης，意思是存在的性质（the quality of existence）；形容词 οὐσιωδης，意思是本质的、本体的、真实的（essential、substantial、real）；形容词 οὐσιωτικός，意思是本质的、本体的（substantive）；阴性名词 οὐσιωσις，意思是本体化（substantification）。②

G. W. H. 兰佩（G. W. H. Lampe）编辑的《教父希腊语辞典》（*A Patristic Greek Lexicon*）用英文开列了 ουσία 的基本释义：（1）

① 高名凯、石安石主编：《语言学概论》，中华书局，1983，第105页。
② 参见 H. G. Liddell & R. Scott, *Greek-English Lexicon*, with a revised supplement, the Clarendon Press, 1996, p.1275。

being；（2）substance；（3）material；（4）essential element；（5）property。①《希英大辞典》用英文解释了 ουσία 的哲学含义：（1）stable being, immutable reality；（2）substance, essence；（3）true nature of that which is a member of a kind；（4）possession of such a nature；（5）in the concrete, the primary real, the substratum underlying all change and process in nature；（6）in logic, substance as the leading category；（7）the various usage after Plato and Aristotle。②

　　我们在苏格拉底之前的哲学家的现存残篇中看不到 ουσία 的踪迹，而柏拉图的对话中 ουσία 这个词在大量使用。所以，我们大概可以保险地说，ουσία 在柏拉图手中成了一个哲学术语，成了一个哲学家常用的概念。

　　柏拉图在《克拉底鲁篇》中提到了 ουσία 这个词的构成。他说："τὸὄν 和 ἡ ουσία 的构成确实就是加上字母 ι，因为 ὄν 也是变易（ιον, going），οὐκὄν 也一样被称作非变易（οὐκιον）。"（τὸδὲὄν καὶ ἡ ουσία ὁμολογεῖτῷἀληθεῖ, τοὶῶτα ἀπολαβόν˙ ιονγὰρσημαίνει, καὶ τὸοὐκὄν αὖ, ὥςτινεες καὶ ὀνομάζουσιν αὐτόοὐκιον.）③ 如果柏拉图的解释正确，那么就可以说 ιον 和 ουσία 均源于 ὄν。ὄν 加上字母 ι 就成了 ιον，有些英译者将这个词译为 moving，有些译为 going，中文应是"变易"的意思。οὖσα 加上字母 ι 就成了 ουσία。

　　柏拉图还提到了 ουσία 这个词在他那个时代的使用情况。他说：

---

　　① 参见 G. W. H. Lampe ed., *A Patristic Greek Lexicon*, the Clarendon Press, 1984, p.980。

　　② 参见 Liddell & Scott, *Greek-English Lexicon*, p.1274。

　　③ 柏拉图：《克拉底鲁篇》421b7-c2；Plato, *Platonis Opera*, vol.1, ed., John Burnet, Oxford University Press, 1900.

"有些人把我们说的 ουσία 称作 ἐσσία，还有些人称作 ὠσία。我们首先要说，按照这些名称中的第二个，可以合理地把事物的本体（ουσία）称作 ἡστία。此外，我们自己说有些东西分有 ουσία，由于这个原因这样称 ἡστία 也是正确的。还有，一个人如果在心里奉献，就会明白这个名称的命名者们就是以这种方式理解这些事物的，因为所有把万事万物的 ουσία 称作 ἐσσία 的人都会很自然地在向其他神灵献祭之前，首先向 Ἡστία 献祭。另一方面，那些使用 ὠσία 这个名称的人似乎都很同意赫拉克利特的看法，一切皆流，无物常住（τὰὄντα ἰέναί τε πάντα καὶ μένεινοὐδέν），由于这些事物的起因和源泉是推动者（τὸὠθοῦν），所以可以很好地称之为 ὠσία。"①

从以上可见，ουσία 是一个多义词，它的生成与希腊语动词 εἰμί（是、在、真）的中性分词形式 ὄν 有一定的联系，但 ουσία 不是 ὄν 的阴性形式的变体（形式不同，含义相同），而是一个按照希腊语的构词法构造出来的新名词。我们不能看到 ουσία 与 οὖσα 在形式上的近似，就误认为它们是一个词。

在中国学界前期关于 being 的相关讨论中，很多学者把 ὄν 和 ουσία 当作一个词来理解与处理。他们主张以希腊语动词 εἰμί（是、在、真）的系动词含义"是"为基准来理解和翻译 εἰμί 的各种变化形式，又由于把 ουσία 误认为是 ὄν 的变化形式，故而主张把 ουσία 也译为"是"。余纪元教授主张译为"本是"。② 萧诗美教

---

① 柏拉图：《克拉底鲁篇》401c-d。

② 参见余纪元：《亚里士多德论ON》，见宋继杰主编：《BEING与西方哲学传统》上卷，河北大学出版社，2002，第229页。

授在他的《是的哲学研究》中把 ουσία 译为"终极是者"。[①] 王路教授在提出 ουσία 的一般译名主张时认为应当把 ουσία 译为"所是（所是者）"。[②]

古希腊哲学家们撰写著作时用的是希腊文，这些典籍遗存下来，近现代西方学者用各种近现代西方语言理解和翻译它们。我们可以看到，混淆或混同 ὄν 和 ουσία 的问题在西方学者中即已存在。柏拉图著作的许多英译者有这个问题，美国学者 C. H. 卡恩（C. H. Kahn）也有这个问题。卡恩在研究中把 ουσία 当作 εἶναι、ὄν 的同义词，交替使用。他说："在《智者篇》和《理想国》中，我们可以说柏拉图只有一个 Being 的概念，用 εἶναι、ὄν 或 ουσία 来表示，Being 这个概念将覆盖存在（existence）、述谓（prediction）、真（true）这些意思，也许还有更多含义。"[③] 卡恩的这一论述想要表达的意思没错，他认为即使在同一个作家那里使用同一个词，其含义仍有可能是多样的，但他把 εἶναι、ὄν、ουσία 当作几乎可以完全替代使用的同义词，在其著作中很少谈论 ουσία，这样的处理方法是不妥的。

二、《斐多篇》中的"乌西亚"

柏拉图《斐多篇》的直接对话人是苏格拉底的门生斐多和佛利的厄刻克拉底。苏格拉底在受刑之日与前来看望他的门生、同

---

① 参见萧诗美：《是的哲学研究》，武汉大学出版社，2003，第 93 页。
② 参见王路：《"是"与"真"——形而上学的基石》，人民出版社，2003，第 147 页。
③ C. H. Kahn, *The Verb 'Be' in Ancient Greek*, D. Reidel Publishing Company, 1973, Preface, p.xiii.

道一起讨论灵魂，最后喝毒酒而死。在场的斐多后来返回佛利，向崇拜苏格拉底的厄刻克拉底转述那一天讨论的详细内容和苏格拉底临终就义的情节。这篇对话的主要内容是苏格拉底在那一天的谈话，对话中还有一份在场者的完整名单。（59b）公元 1 世纪的塞拉绪罗在编定柏拉图作品篇目时，将本篇列为第一部四部剧的第四篇，并称本篇的性质是"伦理的"，称本篇的主题是"论灵魂"。①

与苏格拉底在狱中交谈的主要人物是两位来自底比斯的青年——西米亚斯和克贝，他们属于毕达哥拉斯学派，由他们讲述的观点较多地代表毕达哥拉斯学派。苏格拉底首先陈述了他的主要论点：尽管哲学家把自杀视为犯罪，但真正的哲学家是视死如归的人。（60b-70b）然后，各种赞成灵魂不朽的论据被逐步提出：（1）人死后灵魂并不是简单地被湮没，而是继续成为某种东西，灵魂在与肉体结合之前是有理智的（70c-78b）；（2）灵魂是单一的事物，不可分解，永远与自身保持一致（78b-84b）；（3）从"型相"推论灵魂不朽，灵魂赋予肉体生命，灵魂不接纳死亡，因此灵魂不朽（102a-107b）。关于灵魂的讨论最后导出道德上的教训：信仰灵魂不朽是合理的，它使人知道前面有一个无止境的未来，关心灵魂符合人的长远利益，道德上的善恶选择具有令人敬畏的意义。讨论进行了一整天，苏格拉底在喝下毒酒之前讲述了希腊神话中亡灵奔赴冥府的情景。

---

① 参见第欧根尼·拉尔修：《名哲言行录》3：58；第欧根尼·拉尔修：《名哲言行录》（希汉对照本），徐开来、溥林译，广西师范大学出版社，2010。

有些学者认为这篇对话是柏拉图早期的对话，因为柏拉图设计的对话场景是苏格拉底在狱中受刑，与《申辩篇》《克里托篇》前后相连；更多学者认为《斐多篇》是柏拉图成熟时期的作品，与《斐德罗篇》《斐莱布篇》《理想国》《蒂迈欧篇》一道阐释了柏拉图的哲学理论——"型相实在论"。

《斐多篇》中共出现"乌西亚"6处，为方便讨论，笔者先列出希腊原文、笔者的中译文和两种主要英译文，并在"乌西亚"及与其对应的中英文译名下画了线：

[Phd. 65d12] λέγω δὲ περὶ πάντων, οἷον μεγέθους πέρι, ὑγιείας, ἰσχύος, καὶ τῶν ἄλλων ἐν ἑνὶ λόγῳ ἁπάντων τῆς οὐσίας ὃ τυγχάνει ἕκαστον ὄν.[①]

我指的是所有像大、健康、力量这样的事物，简言之，所有其他事物的<u>本体</u>，亦即它们各自根本上所存在的那个在者。

I am speaking of all such things, as size, health, strength, and in short the <u>essence</u> or underlying quality of everything.[②]

I am speaking of all things such as Bigness, Health, Strength and, in a word, the <u>reality</u> of all other things, that which

① 本文中的希腊文引自 Plato，*Platonis Opera, Tomus IV*, ed. John Burnet，Oxford University Press, 1903。

② Plato, *Phado*, trans. Harold North Fowler, in Plato，*Plato in Twelve Volumes*, vol. 1, trans. Harold North Fowler；Introduction by W. R. M. Lamb, Harvard University Press, William Heinemann Ltd., 1966.

each of them essentially is.[①]

[Phd. 76d9] εἰμὲνἔστινἀθρυλοῦμενἀεί, καλόντέτι καὶ ἀγαθὸν καὶ πᾶσα ἡτοιαύτη οὐσία, καὶ ἐπὶ ταύτηντἀεκτῶν αἰσθήσεων πάντα ἀναφέρομεν, ...

如果我们老在谈论的那些本体——美、善，以及所有这一类东西——存在，我们把我们感受到的所有事物都归因于真正的存在……

If, as we are always saying, the beautiful exists, and the good, and every essence of that kind, and if we refer all our sensations to these, ...[②]

If those realities we are always talking about exist, the Beautiful and the Good and all that kind of reality, and we refer all things we perceive to that reality, ...[③]

[Phd. 77a1] τὸὁμοίωςεἶναι τήντεψυχὴνἡμῶν πρὶνγενέσθαι ἡμᾶς καὶ τὴνοὐσίανἣνσὺνῦνλέγεις.

我们的灵魂在我们出生前存在，你现在正在谈论的本体也同样存在。

Our soul existed before we were born, and that the essence

---

① Plato, *Phado*, trans. G. M. A. Grube, in *Plato: Complete Works*, ed. J. M. Cooper, Hackett Publishing Company, 1997.

② Plato, *Phado*, trans. Harold North Fowler.

③ Plato, *Phado*, trans. G. M. A. Grube.

of which you speak likewise exists. ①

Our soul exists before we are born, and equally so that reality of which you are now speaking.②

[Phd. 78d1] αὐτὴ ἡοὐσίαῆςλόγονδίδομεντοῦεῖναι καὶ ἐρωτῶντες καὶ ἀποκρινόμενοι, πότερονῶσαύτως ἀεὶἔχει κατὰ ταὐτὰ ἢ ἄλλοτ'ἄλλως;

我们在提问和回答时对它们的存在的本体做了解释；它们一直是相同的，处于相同的状态，还是在不停地发生变化？

Is the absolute essence, which we in our dialectic process of question and answer call true being, always the same or is it liable to change? ③

to that reality of whose existence we are giving and account in our questions and answers; are they ever the same and in the same state, or do they vary form one time to another;④

[Phd. 92d7] ἐρρήθηγάρ πουοὕτωςἡμῶνεῖναι ἡψυχὴ καὶ πρὶνεἰςσῶμα ἀφικέσθαι, ὥσπερ αὐτῆςἐστινἡοὐσίαἔχουσα τὴνἐπωνυμίαν τὴντοῦ 'ὃ ἔστιν'.

① Plato, *Phado*, trans. Harold North Fowler.
② Plato, *Phado*, trans. G. M. A. Grube.
③ Plato, *Phado*, trans. Harold North Fowler.
④ Plato, *Phado*, trans. G. M. A. Grube.

就像我们用"它是什么"这些词来限定的那一类的<u>本体</u>一样，我本人认为接受它是相当正确的。

For we agreed that our soul before it entered into the body existed just as the very <u>essence</u> which is called the absolute exists.[1]

just as the <u>reality</u> does that is of the kind that we qualify by the word 'what it is,' and I convinced myself that I was quite correct to accept it.[2]

[Phd. 101c2] καὶμέγα ἂν βοῴηςὅτιοὐκοῖσθα ἄλλως πωςἕκαστον γιγνόμενονἢμετασχὸν τῆςἰδίας <u>οὐσίαςἑκάστουοῦἂνμετάσχῃ</u>,

你会响亮地宣称，除了分有某个它分享的本体，你不知道每个事物是怎样生成的，

You would exclaim loudly that you know no other way by which any thing can come into existence than by participating in the proper <u>essence</u> of each thing in which it participates,…[3]

And you would loudly exclaim that you do not know how else each thing can come to be except by sharing in the particular <u>reality</u> in which it shares,…[4]

---

[1]　Plato, *Phado*, trans. Harold North Fowler.
[2]　Plato, *Phado*, trans. G. M. A. Grube.
[3]　Plato, *Phado*, trans. Harold North Fowler.
[4]　Plato, *Phado*, trans. G. M. A. Grube.

　　理解和翻译西方哲学术语实质上都有一个跨文化的过程。我们是中国学者，我们的母语是中文。中国学者掌握西方语言的秩序一般是先掌握英、德、法等现代西方语言，然后再掌握希腊语和拉丁语这些古代西方语言，因此，我们在理解希腊原文时会借助现代西方语言，在翻译 οὐσία 时也会参考已有的英、德、法文等译名。这就意味着，近现代西方学者对希腊原文的理解也会对我们的理解产生影响。对照前文的希腊文和英文进行阅读，可以看出两位英译者对 οὐσία 的理解和翻译是不同的。哈罗德・诺斯・福勒（Harold North Fowler）用 essence 来理解和翻译 οὐσία，G. M. A. 格鲁伯（G. M. A. Grube）则将 οὐσία 理解和翻译为 reality。这两位英译者在翻译《斐多篇》时有一个共同点，这就是将 οὐσία 和 ὄν 当作一回事，用一个词来翻译这两个希腊词，前文引文第一段是一个很好的例子。"我指的是所有像大、健康、力量这样的事物，简言之，所有其他事物的本体（οὐσία），亦即它们各自根本上所存在的那个在者（ὄν）。"福勒把 οὐσία 和 ὄν 都译成了 essence，格鲁伯把 οὐσία 和 ὄν 都译成了 reality。他们的理解和翻译混同了 οὐσία 和 ὄν。

　　造成这种混同的原因在于，这两位英译者从希腊文动词 εἰμί（是、在、真）的"存在"（exist）含义出发，理解 εἰμί 的分词 ὄν，再将 οὐσία 混同于 ὄν，对二者采用相同的译名。笔者认为，这种混同是不妥的。这样的翻译仅仅完成了语词之间的"替代"，而没有完成语义的"位移"。柏拉图在《斐多篇》中既使用了 οὐσία，又使用了 ὄν，在具体行文中也没有把这两个词当作同义词来使用，而是表述了二者的关系。为了表明 οὐσία 和 ὄν 的区别，笔者在《斐多篇》中将 οὐσία 译为本体，将 ὄν 译为 "在者"。

三、"乌西亚" 的语言置换

语言是文化生成的基本要素，也是跨文化传播（cross-cultural communication）和文化间交流（inter-cultural communication）的必备条件。在文化传播中，一个经常被提及的问题是：说不同语言的人们能够互相理解吗？说同一种语言的人们之所以能够相对容易地进行沟通，是因为他们的语言表征了大致相同的观念和思想。那么，说不同语言的人在跨文化交流中使用不同的语言来表达时，是否还能再现他人的观念和思想？词汇和语法结构迥异的语言之间是否能够相互翻译？走到这一步，语言置换的问题就出现了。

所谓语言置换，指的是跨文化传播中不同语言之间的 "位移" 或 "替代"。这种 "位移" 或 "替代" 不仅是语词的 "位移" 或 "替代"，而且是语义的 "位移" 或 "替代"。在这样一个置换过程中，原作与译作之间存在着一个十分明显的 "近似差"。译作相对于原作而言，皆呈 "接近真实" 或 "相似真实" 的状况。词语是构成语言的基本单位。讨论一个词语在不同语言中的转换，实质是讨论词语的可译性。任何语言都有一定量的词语，其可译性有强弱之分。我们可以用下列标准来表示这种可译性：（1）完全可译，两种语言有词义完全相同的词语；（2）大体可译，两种语言有词义大体相同的词语；（3）部分可译，两种语言有部分词义相同的词语；（4）完全不可译，两种语言找不到词义相同的词语。

ουσία 的生成、发展与传播有一个漫长的历史过程，穿越了不同的时代和不同的文化。进入中国后，学者们在理解 ουσία 的前提下对它提出了各种尝试性的中译名。我感到这种尝试是有益的，但在提出新的中译名的同时，断然否定原有中译名的合理性、将之判定为错则是不对的。我们在讨论整个西方哲学中的 ουσία 时，切勿将寻求一个统一的、单一的、公认的中译名定为目标。我们在具体理解和翻译某个西方哲学文本时，仍需切合语境，选择最恰当的中文词汇来翻译。选择 ουσία 的中译名的标准是词义，即中译名的词义要尽可能与 ουσία 的词义吻合。

"本体""实体""本质""是"（是者、本是、所是、所是者、终极是者）是目前中国学者翻译 ουσία 时采用的主要译名。笔者认为，这些译名的提出各有其理由，其差别在于可译性的强弱。

目前主张将 ουσία 译为"本体"的中国学者最多。吴寿彭先生将 ουσία 译为"本体"。[1] 汪子嵩先生和王太庆先生原先一直将 ουσία 译为"本体"，但在参与 being 问题的讨论时他们提出 ουσία "本来应该和 to on 一样译为 being（是）"[2]。杨适先生在《古希腊哲学探本》中将 ουσία 译为"本体"。[3]

---

[1] 参见亚里士多德：《形而上学》，吴寿彭译，商务印书馆，1997，第147页。

[2] 汪子嵩、王太庆：《关于"存在"和"是"》，见宋继杰主编：《BEING 与西方哲学传统》上卷，第30页。

[3] 参见杨适：《古希腊哲学探本》，商务印书馆，2003，第32页。

陈康先生把 ουσία 译为"本质"。他在对《巴曼尼德斯篇》的翻译中没有涉及 ουσία 的译名问题,因为柏拉图的这篇对话没有出现 ουσία 这个词,但他在一些论文中涉及了。汪子嵩先生在编译陈康先生的论文集时指出:"陈先生一贯认为用中国文字翻译希腊哲学是一件很困难的事情,为此他努力作了许多尝试,并创造了一些翻译术语。……他的译词有些已被一般采用,有些却和一般译法不同。……这种情况在《从发生观点研究亚里士多德本质论中的基本本质问题》一文中出现的问题最多。该文所说的'本质'即 Substance,通常都译为'本体'或'实体',所说的'基本本质'和'次级本质',即通常译为'第一本体'和'第二本体'的;而通常译为'本质'的 essence,他译为'本性',通常译为'存在'的 being,他译为'存有',有时译为'有'或'是'(在有些文章中,他写的是德文 Sein,并音译为'洒殷')。"①

苗力田先生主张把 ουσία 译为"实体",在他翻译的亚里士多德的《形而上学》中,他将这一译法贯彻始终。廖申白教授在翻译《剑桥亚里士多德研究指南》一书时也采用"实体"的译法。②《希腊哲学史》第 3 卷的作者提出了反对这样译的理由。他们说:"在'实体'和'本体'这两个译词中,我们认为:'实体'指的是具体实在的东西,用它来翻译亚里士多德比较早期的思想,即认为具体的个别事物是首要的 ousia 时是恰当的,但亚里士多德在

---

① 汪子嵩、王太庆编:《陈康:论希腊哲学》,商务印书馆,1990,"编者的话"第 xi-xii 页。

② 参见乔纳森·巴恩斯编:《剑桥亚里士多德研究指南》,廖申白等译,北京师范大学出版社,2013,第 133 页。

《形而上学》Z 卷中改变了他的看法，认为只有形式即本质才是首要的 ousia 时，这个 ousia 已经是抽象的而不是具体实在的，再译为'实体'便不够恰当了。所以我们主张译为'本体'，它既有实在的意义，也可以有抽象的意义。"[1] 汪子嵩先生和王太庆先生说："现在许多人将 substance 译为'实体'，这在亚里士多德认为个别事物是第一 ousia 时是可以的，但亚里士多德在《形而上学》中，对此的看法发生了根本转变，认为只有表述事物本质的'形式'才是最先的第一 ousia 时，这个'形式'已经是抽象的'是'，而不是实在的存在体了，所以我们以为应将 ousia 译为'本体'。"[2] 汪先生等学者提出的这个反对理由着眼于亚里士多德在不同著作中使用 ουσία 一词时的含义的变化，也考虑到中译名的实际含义。笔者认为，这个反对理由是比较强的。

王路教授在翻译亚里士多德的作品时把 ουσία 译为"实体"[3]，也认为"如果考虑到西方传统的习惯，也可以按照英译或德译把 ousia 翻译成'实体'或'本体'"[4]。但在以往的讨论中，他提出了反对把 ουσία 译为"本体"的理由。他说："在中文里也是同样的，比如'存在''实体''本体''本质'等等，我们根本看不出它们与'是'的联系。我们固然可以认为，亚里士多德的论述有这样那样的意思，表达了这样那样的思想，但是对于这些关键而

---

① 汪子嵩、范明生、陈村富、姚介厚：《希腊哲学史》第 3 卷，人民出版社，2003，第 728 页。

② 汪子嵩、王太庆：《关于"存在"和"是"》，见宋继杰主编：《BEING 与西方哲学传统》上卷，第 30 页。

③ 参见王路：《"是"与"真"——形而上学的基石》，第 172 页。

④ 同上书，第 148 页。

重要的术语的翻译，保留字面的联系与不保留字面的联系，还是
有很大差异的。"①王路教授把ουσία译为"所是"和"所是者"的
主张与他主张用"是"来翻译 being 的主张是相关联的。但他以
看不出与"是"的字面联系为由反对把 ουσία 译为"本体"，这样
的理由是不充分的。希腊词 εἰμί 不是只有系动词"是"一种含义，
用中文"是"或"是者"来翻译 ουσία 也同样切断了"字面的联
系"。我们既然认为亚里士多德是 ουσία 这个哲学范畴的创造者，
那就应该在阅读了亚里士多德本人对 ουσία 这个词的基本含义的
解释后，选择最恰当的中文词来作为 ουσία 的一般译名，在具体
翻译中则要进一步结合具体语境，选择最恰当的中文词来翻译。
ουσία 和 εἰμί 的其他各种变化形式一样，都不可能在选定了一个
中译名后，就在所有 ουσία 出现之处，将之一律译成这个选定的
中译名。

余纪元教授指出："ousia 出自希腊文'是'的分词现在时阴
性单数第一格。它与 on 的字根相同，可是在中文翻译中不管人们
将 on 译成'存在'、'有'还是'是'，ousia 却总被译成'实体'
或'本体'，毫不顾及它与on的字根联系。"②余纪元教授的这个提
醒是对的，但使我感到困惑不解的是，那些主张用"是"来翻译
εἰμί 的各种主要变化形式（ἐστί、εἶναι、ὄν）的学者为什么一碰上
ουσία 就不再坚持用"是"来翻译了呢？除了我上面说的把 ουσία
和 ὄν 当作一个词来处理这个原因之外，还有一个原因是，这些

---

① 王路：《"是"与"真"——形而上学的基石》，第147页。
② 余纪元：《亚里士多德论ON》，见宋继杰主编：《BEING与西方哲学传统》上卷，第212页。

学者越是读到亚里士多德本人对 ουσία 这个词的解释及其使用时的具体含义，就越觉得用"是"来翻译 ουσία 会产生更多的问题。在考虑 ουσία 的一般译名时，我们应将 ουσία 和 ὄν 当作两个词来理解与处理，应当回归到 ὄν 的基本含义"东西"或"事物"来考虑译名，而不应当从 εἰμί 的系动词含义"是"来考虑译名。把 ουσία 翻译为"本体"显然比翻译为"是"更加贴近亚里士多德对 ουσία 的含义的解释。

哲学是一种什么样的爱

陈建洪 *

"哲学是一种什么样的爱"这个主题包含两层含义。第一，哲学是一种爱，换句话说，爱规定了哲学的本质。第二，明确了哲学是一种爱之后，需要说明哲学究竟是一种什么样的爱。然后，通过"爱"这个概念来认识中国和西方思想传统的差异。

当我们说哲学是一种爱时，也就是说，哲学不是什么别的东西，而是一种爱。德国哲学家海德格尔写过一本小书，书名就叫《什么是哲学？》（ *Was ist das, die Philosophie?* ），其实更直白的翻译也可以是"哲学是个什么东西？"。那么，什么是哲学这个东西呢？实际上，哲学不是一个什么东西。当然，就"什么是哲学？"这个问题，可以给出许许多多的答案。比如最常见的说法：我们

---

* 陈建洪，中山大学哲学系教授。

一般称哲学是一种智慧，或者说哲学是一种特有的生活方式，或者说哲学是一门深奥的学问，或者说哲学是一个学科门类，等等。尽管可以说，哲学是一种智慧，是一种生活方式，是一门深奥学问，是一个学科门类，但无论哪一种说法，哲学的根本基础都在于它本身是一种爱。因为这种爱，它才是一种智慧；因为这种爱，它才是一种特有的生活方式；因为这种爱，它才是一门深奥的学问；因为这种爱，它才成为一个学科门类。

由此引发第二点思考：哲学是一种什么样的爱？对于"什么样"这一问题，可以分两个层次来说明：一是要说明它的类别，二是要涉及它的方式。

从类别上看，在我们的生活中存在着各种各样的爱，换句话说，爱有不同的种类、不同的类别。比如说，对某一样物品的爱，对某一个人的爱，对同乡以及同胞的爱；还有更为抽象和广泛意义上的爱，比如对民族、国家的爱，甚至还有跨越民族和国家的阶级之爱。此外，还有其他的类别，比如来自本能的性爱、宗教领域对神的圣爱、艺术领域对艺术的热爱。在哲学中，也存在一种爱，最为典型的就是柏拉图意义上的爱，大概可简单归结为对"理念"的爱。

从方式上看，爱又有着不同的方式。举个例子，我们自身思想传统中就存在着不同的爱，比如儒家的仁爱和墨家的兼爱。仁爱的基础是亲缘关系，是有差别的爱。"仁者，爱人。"（《孟子·离娄下》）"孝弟也者，其为仁之本欤。"（《论语·学而》）儒家所讲的"仁爱"是以家庭关系为基础的有差别的爱。与之相反，墨家则主张无差别的爱。墨家主张天下兼相爱，其理由是圣人要想治天下，就要知道乱从哪里来。墨家认为，乱源于人与人之间的不相爱，所以需要无差别的平等之爱。

人们通常认为哲学源于西方。如果哲学是一种爱，那么所谓西方意义上的哲学究竟是一种什么样的爱？它是哪一种类型的爱？它的体现方式又是什么？在此之前，我想先介绍几本书，同时简单梳理一下西方思想史上关于爱的不同理解，以及"爱"这个观念的变迁。这样，对我们整体理解哲学意义上的爱会有些帮助。

基于不同的路径，在西方思想史上，对"爱"的理解有所不同。现在翻译出版了很多著作，这里提及我所关注到的几本书。首先是美国学者欧文·辛格（Irving Singer）三卷本的《爱的本性》（*The Nature of Love*），从柏拉图开始，介绍了不同思想家、不同时代、不同类型的爱的观念，其中第一卷讲从柏拉图到路德的爱。[①] 和辛格的书相比较，西蒙·梅（Simon May）《爱的历史》（*Love：A History*）[②] 要更为简洁一些。梅从反思观念史的角度讨论了"爱"在整个西方包括哲学与宗教领域中观念上的变迁，从《圣经》一直讲到普鲁斯特（Proust）。关于探讨"爱"之不同类型的著作，比较经典的著作是刘易斯（C. S. Lewis，曾译为路易斯）的《四种爱》（*The Four Loves*）。[③] 这本《四种爱》实际上讨论了四个概念，用英文来讲是 affection、friendship、love、

---

① 参见辛格：《爱的本性（第一卷）——从柏拉图到路德》，高光杰、杨久清、王义奎译，云南人民出版社，1992。

② 参见梅：《爱的历史》，孙海玉译，中国人民大学出版社，2013。

③ 参见路易斯：《四种爱》，汪咏梅译，华东师范大学出版社，2007。

charity，其含义各有不同。第一种译作情爱，但其实意思主要是指亲情之爱，第二种是友爱，第三种是 eros 意义上的情爱，最后一种是仁爱。关于"爱"的类型的讨论，日本学者今道友信的《关于爱》也值得关注。今道友信这本书虽然很薄，但思路非常清晰。[①] 还有几本与哲学更加相关的著作也值得关注：法兰克福学派的埃里希·弗罗姆（Erich Fromm）的《爱的艺术》（*The Art of Love*）[②]，以及法国当代著名哲学学者阿兰·巴迪欧（Alain Badiou）的《爱的多重奏》（*Éloge de I'amour*）[③] 和让－吕克·南希（Jean-Luc Nancy）的《我有一点喜欢你 —— 关于爱》（*Je t'aime*，*un peu*，*beaucoup, passionnément... Petite Conférence sur l'amour*）[④]，他们在其著作中也都讨论到"爱"这个概念。除此之外，针对卡尔·施米特（Carl Schmitt）的论断，德里达探讨了"友爱"的政治学[⑤]，不过那是另外一个范畴。

一、西方思想史上关键的爱概念

西方思想史上关于"爱"的最原初的理解，是学习哲学史时一般都会碰到的，比如恩培多克勒的"爱"与"斗"。恩培多克

---

① 参见今道友信：《关于爱》，徐培、王洪波译，三联书店，1987。
② 参见弗罗姆：《爱的艺术》，李健鸣译，商务印书馆，1987。
③ 参见巴迪欧：《爱的多重奏》，邓刚译，华东师范大学出版社，2012。
④ 参见南希：《我有一点喜欢你——关于爱》，简燕宽译，新星出版社，2013。
⑤ 参见德里达：《〈友爱的政治学〉及其他》，胡继华译，吉林人民出版社，2011。

勒将这对概念作为宇宙生命的原则。在他看来，万物因爱而结为一体，然而在合二为一的同时又开始分离，进入由"争"和"斗"占上风的时代。宇宙本身是爱与斗、结合与分离相继交替的动荡、反复的舞台。爱是结合与统一的原理。"爱"用的是"Eros"（音译为厄洛斯）一词，也就是柏拉图文本中最常见到的 Eros。在关于柏拉图哲学的讨论中，我们一般称其为柏拉图之爱，或者柏拉图意义上的爱。不过，柏拉图并不把 Eros 作为宇宙生命的原则来讨论，而是把这种爱看作附身于灵魂之迷狂。这种爱是无常而有限的人对某种真正美与善的追求、对理念的追求。换句话说，作为有限的人希望能够与真正的美善结合成一体。这种对于非感觉的、纯粹的精神之美的追求与渴望，一般就叫作柏拉图意义上的爱。

回到恩培多克勒关于爱与斗的理论。恩培多克勒认为，爱作为合一的渴望，是斗的对立面。不过，这一理论自身却存在无法调和的矛盾。作为合一之爱具有排他性，这就容易造成纷争、罪恶和灭亡。这种爱如果抛弃掉它的排他性，就会丧失其于二者合一中寻求结合的光辉。就整个思路来讲，恩培多克勒关于爱与斗的理论存在着一定的矛盾。爱与斗不仅是对立的双方，而且爱为了合一就必须争斗。如果合一的原则限定于与特定对象和特定目标的结合——无论是与身体还是与灵魂的结合，那么爱自身所具有的矛盾就始终无法解决。也就是说，如果爱本身具有一种排他性，那么，它如何去面对第三方？如何面对世界以及其他开放的爱？

亚里士多德的哲学在某种意义上试图克服这个矛盾。亚里士多德区分了爱欲（Eros）与友爱（Philia）。也就是说，亚里士多德对爱本身进行了划分。爱是作为主宰自然万物的原则或者说作为对于理念的渴望，同时也包含了用于形容人与人之间关系的特有的爱。"爱"概念在亚里士多德那里出现了裂变。亚里士多德虽然区分了Eros 与 Philia，但是依然承认 Eros 为贯穿宇宙整体的生存与运动的源能量。也就是说，Eros 仍然是主宰自然万物合一的原则。不过，Eros 不是主宰人间亲密关系这种特别意义上的爱。亚里士多德将主宰人间亲密关系的这种特别的爱，命名为友爱。在《尼各马可伦理学》[①] 中，亚里士多德从三个方面解说这种爱。这三种友爱的基础分别是利益、快乐与德性。有用的友爱能够带来利益，快乐的友爱能够带来快乐，德性的友爱能够促进德性。第三种友爱本身就是一种德性，以一种理性认可的价值作为前提。交往双方具有共同的德性追求和向往。基于此，亚里士多德强调，真正的友爱是建立于德性基础之上的友爱。真正的友爱本身是一种德性，是友爱的最高体现，是有德者的君子之交。这种友爱跨越了年龄，跨越了性别，跨越了能力差异，跨越了身份不同，也跨越了出身差别，等等。可以说，亚里士多德首先用德性来定义友爱。

无论是从恩培多克勒到柏拉图的 Eros 还是亚里士多德的 Philia，二者都必然伴随着一种排他性的身心合一和融洽。这种合一和融洽要么渴望一种合一，要么追求相互的喜悦。这意味着，

---

① 参见亚里士多德：《尼各马可伦理学》，廖申白译注，商务印书馆，2003。

Philia 同样是一种排斥。这类被排斥的对象包括我们厌恶的人、我们的仇敌、我们反感的人、作奸犯科的人。这些人无论如何都不是 Philia 的对象，也不能被友爱包容。如此看来，Philia 这个概念同样会产生排他的问题。人无完人，我们每个人都可能在某一方面招人厌恶，在某些方面令人反感，那么这是不是就意味着没有完美的合一状态，同样也没有理想的友爱情谊？

Eros 和 Philia 两个概念都表现了不同意义的排他性。从概念史的角度来看，存在两种异曲同工的克服和发展。一种概念是斯多亚学派的普遍情感，另一种是基督教思想中的圣爱。斯多亚学派方面，希耶罗克勒斯（Hierocles the Stoic）就是一个代表。他用圈层关系来形容人间关系的远近亲疏。圈层的核心是身心构成的自我。圈层的最外围是人性。斯多亚学派把人间情感普遍化了，德性不再是区分标准。基督教方面，圣爱也就是 agape 这个概念实际上包含了爱我们可能厌恶的人。基督教思想首先把这种爱的能力看作源于上帝的圣爱，从此引申出人与人之间的相爱。根据这个概念，只要我们都是人，即便相互之间并没有什么亲情关系，也不可能放弃彼此相爱的能力。这种宗教意义上的"爱"不仅强调它的无索取性，而且强调自我牺牲、成就他人。这种无私圣爱 agape 便与希腊哲学意义上的 Eros 和 Philia 有了内涵上的差异和区分。

关于圣爱，《马太福音》中有一句话："日头照好人也照歹人，降雨给义人也给不义的人。"这种意义上的爱否定了以往一切以身体、血缘或道德为基础的爱，而是主张，只要是人，无论是邻居还是仇敌，就是爱的对象。所以，这种宗教意义上的"爱"是一种全新的概念。可以说，基督教意义上的"爱"重新把他人看作自己的兄弟姐妹，把被阶级、民族、血缘、年龄甚至德性等标准划分的人群，又重新看作同样的人。一个人如果觉悟到彼此都是人，那么爱就有可能实现。这意味着，不是因为什么事物是可喜的、伟大的，才去爱它，而是因为爱本身就是可喜的、伟大的。这一思路使基督教基本颠倒了过去关于爱的看法，成为思想史上的一个转折点。

不过，在历史实际中，基督教的"圣爱"概念也为自己造就了一种区分和排斥的新标准。这种新的区分标准就是是否信仰耶稣为基督，也就是划出了基督徒对非基督徒的排斥。只有基督教信仰征服世界的每一个角落，这种圣爱才能成为普遍的爱。在基督教思想史上，"爱"概念的发展存在着不同的路向。奥古斯丁更多地强调将圣灵看作爱的原型，而阿奎那则强调信仰由爱形成。不过，两人都强调爱在整个信仰体系里起着重要的作用。

基督教思想史上"爱"概念的发展，后来也有一定的反转。到了路德那里，爱与信仰之间的关系就颠倒过来了。爱不再是信仰的根本，而是由信仰才形成爱，由此区分神对于人的爱，或者神对于人的恩典，而人的爱慢慢会逐步从本能的角度来考虑。基于这一思路，帕斯卡尔（Blaise Pascal）在讨论爱时，会阐发出一种对立，即人对于神的爱与对于自身的爱之间的对立。依据这一理论，既然我们不能爱自身之外的东西，我们就必须爱我们自身之内的这个存在者，而我们自身之内的这个存在者又不能是我们自己。因而，帕斯卡尔要论证我们有爱上帝的义务，但我们的欲念却使我们背弃了上帝。这是帕斯卡尔思想中部分关于爱的观念。不过，无论是路德还是帕斯卡尔，都保留了基督徒与非基督徒之间的排斥性。

基督教之爱的排斥性同样在两个方面得到进一步拓展。一方面，方济各（San Francesco di Assisi）把基督教的这种"爱"概念进一步扩大化。如果说基督教把"爱"概念放在人与人之间的关系中来考虑的话，方济各则把这种兄弟姐妹的爱扩大到人类之外的一切造物。在他的作品中，他把太阳、云雀、麦子所有这些事物都视为爱的对象，由此引申出了一种新的自然观念，开创了对自然万事万物的爱。这种态度影响了文艺复兴的自然态度，催生了对自然以及整个世界本身的热爱。另一方面，16、17 世纪的哲学对基督教信仰的反动重新引出了哲学意义上的自爱与友爱，在政治上也试图逐步消弭各种差异造成的排斥性，倡导人之为人本身的普遍性。不过，哲学对现代世界的塑造重新出现了一种新的排斥性。这种排斥性标准落在了民族国家上：爱国主义。民族国家属性的差异取代了宗教信仰属性的差异。国家主义和国际主义之间的互斥从而成为现代世界的新矛盾。

二、什么是哲学意义上的爱？

在西方思想史上，存在着不同意义上的爱，对爱的理解各自不同。自哲学始，由哲学终。如此，我们不妨重新回到源头，转而讨论柏拉图所呈现的苏格拉底之爱与他的"无知之知"。苏格拉底的"无知之知"已经是西方哲学史上的经典概念和知识。我希望强调，这个"无知之知"应该与"爱"概念联系在一起来理解。从柏拉图的对话来看，他对苏格拉底有着不同的描述。无论是从《申辩篇》①还是从其他篇来看，苏格拉底都强调了自知无知的重要性。在《会饮篇》中，阿尔基比亚德承认，每逢面对苏格拉底时，他都会感觉忽略了自己，也就是忽略了对自己的认识。阿尔基比亚德称，除了苏格拉底，他生平从未在谁面前感到过羞愧。②那么，他为什么会在苏格拉底面前感到羞愧呢？那是因为，苏格拉底不断地向他强调，他忙于各种事物而忽略了认识自己。

在《斐多篇》中，苏格拉底临死前对朋友们所讲的，也在强调不该疏忽对自己的认识，他说："随你们做什么事，只要你们照管好自己。"③关于对自己的认识，在《斐德若篇》中也有个说法，即德尔斐神庙的神谕——"认识你自己"。苏格拉底认为，一个人如果还没有认识自己，就忙着研究一些跟他不相干的东西，是很可笑的。④在这个意义上，苏格拉底强调，要把神话这类的问题放在一旁，一般人怎么看它们，我们就怎么看它们。苏格拉底专心致志研究的不是神话，而是自己。所谓研究自己，就是研究人如何认识人本身的问题。关于对人本身的认识，《苏格拉底的申辩》给予了较为详细的论述。苏格拉底揭示，人都以为自己具有智慧，

---

① 参见柏拉图：《苏格拉底的申辩》，吴飞译，华夏出版社，2007。
② 参见柏拉图：《柏拉图的〈会饮〉》，刘小枫译，华夏出版社，2003。
③ 柏拉图：《斐多：柏拉图对话录之一》，杨绛译，辽宁人民出版社，2000，第96页。
④ 参见柏拉图：《斐德若篇》，朱光潜译，商务印书馆，2018。

但是实际上我们对自己所认为熟知的那部分并没有真正的知识。因此，当德尔斐神庙的神谕称没有人比苏格拉底更有智慧时，苏格拉底不断地去寻找比自己更有智慧的人。就在这个不断寻求的过程中，实际上也确立了苏格拉底所说的"无知之知"的意义。

苏格拉底关于"无知之知"的定义，是经过不断地对话得出的结论。如果说苏格拉底确实是最有智慧的人，那么这是因为他并不自以为知道那些自己所不知道的东西。可以说，神谕的意义就在于，最有智慧的人是这样一个人：他对于最为重要的那些事情，实际上并没有真正的知识，而且他知道自己缺乏这种真正的知识。这也可以概括苏格拉底的使命：苏格拉底让人意识到自己始终缺乏真正的知识这个事实。当苏格拉底声称自己什么都不懂的时候，他实际上是在批评一种传统的认识概念。他的哲学方法不在于传递一种知识，而恰恰在于提问。

在《会饮篇》开篇，大家可以注意到，苏格拉底提及，"我"并不是完全什么都不知道，而只是声称"我"对于任何重要的事情没有真正的知识，"我"唯一懂得的事情是爱。换句话说，苏格拉底的无知之知实际上是由对真正知识的爱驱动的。所以，在这个意义上，我认为苏格拉底"无知之知"的基础是一种爱。

苏格拉底的对话所表现的自知无知实际上表明了，一种真正的知识是不可能的。正是通过对话，苏格拉底让他的对话者发现，自己并没有拥有自己声称所具有的真正的知识。因此，我们需要发现、寻求真正的知识。这种寻求本身就是爱。在这个意义上，就苏格拉底这个形象本身来说，他是一个比较怪怪的存在。他的这种爱始终渴望获得真正的知识，但这种真正的知识却又始终在逃离我们的追求。知识和爱之间的差距就是所谓的智慧和哲学之间的距离。

苏格拉底明确地知道不可能到达他所要追寻的最终知识，但又始终没有放弃这个追求。可以说，柏拉图对话在哲学和智慧之间确立了一段几乎不可逾越的距离。正是在这个意义上，哲学通常被称为爱智慧。因此，哲学实际上是为自身缺乏的智慧所规定。也就是说，这个智慧始终是一种逃离哲学的因素。这个智慧虽然是逃离哲学的因素，但在一定意义上，它又在哲学知识内部而为哲人所渴望。或者可以说，哲学始终追寻的真正的知识又是它始终缺乏的知识。法国学者皮埃尔·阿多（Pierre Hadot）在《古代哲学的智慧》（*Qu'est-ce que la philosophie antique?*）一书中对哲学的这种反讽进行了描述。阿多认为，所谓哲学的反讽，指的是哲人始终是这样一种人，也就是柏拉图刻画的苏格拉底这种人。这种人始终知道自己并没有真正的知识，也知道自己并不是一个真正拥有智慧的人。因此，他既不是一个智慧的人，也不是一个不智慧的人。从这个意义上看，这种哲人的形象是不可归类的。[①]在《会饮篇》的最后，阿尔基比亚德就把苏格拉底看作一个不可归类的人，或者说一个前无古人、后无来者的这么一个人。在一定意义上，苏格拉底本身可以用 Eros 来表示，无论我们称之为原欲也好，还是称之为对真正的知识的不停渴望也罢。基于此，哲人的形象或者苏格拉底的形象，甚至 Eros 的形象，可以被看作一

① 参见阿多：《古代哲学的智慧》，张宪译，上海译文出版社，2012。

个没有壁炉、没有宅地的这么一种存在。所谓没有壁炉、没有宅地的存在，意味着它在这个世界上是一个无家可归的存在。这也是为什么哲学并不解决任何问题，而是一直提出问题。在一定程度上，提出问题就是一种质疑，是对常识、对我们自认为掌握的知识的质疑。这种精神在柏拉图的另一篇对话《高尔吉亚篇》中也有一个比较形象的说明。在《高尔吉亚篇》中，有一个智者叫卡里克勒斯，可以把他概括为绝望的知识分子。他认为，哲学类似于小孩子过家家一样的游戏，尽管它有助于年轻人的成长教育。他强调，哲学基本上是年轻人的学问，是年轻人的游戏。[①] 无独有偶，在《蒂迈欧篇》中，埃及的长者称，与埃及相比，希腊是年轻的。[②]

苏格拉底的无知之知根源于对真正的知识的追求，并规定着哲学。真正的知识始终与哲学保持着一道不可逾越的鸿沟。正是对智慧的追求这样一种爱始终在推动着哲学的发展。哲学是智慧的缺乏，这种缺乏反过来也驱动对智慧的爱。对比《会饮篇》中阿伽通的思想与这一缺乏思想，有助于加深对爱的理解。所谓会饮，就是指雅典名流的晚宴。顾名思义，会饮就是喝酒，而那一晚的喝酒却具有一定的思想史意义。在这部作品中，基本围绕两个人的思想进行探讨，一个是会饮的主人公阿伽通，另一个是苏格拉底。主题就是关于爱的不同理解。

---

① 参见施特劳斯：《修辞、政治与哲学——柏拉图〈高尔吉亚〉讲疏（1963年）》，李致远译，华东师范大学出版社，2017。

② 参见柏拉图：《蒂迈欧篇》，谢文郁译注，上海人民出版社，2003。

那次会饮的主题之所以确定为爱，是因为这些人一致认为Eros当时没能跻身众神行列，也就没有得到足够的青睐与颂扬。于是，他们决定要歌颂爱。可以说，这部作品是为了确立爱的神性地位。提议确立爱神这一地位的强烈程度也决定了这个提议的革命力度。提议的最终目的，实际上不只是要强调Eros是众神之一，更是要强调Eros作为所有神灵的首领，也就是众神之神。这个提议意味着，这次会饮要从思想上引发了一次神灵体系的革命。从整个《会饮篇》的目的来看，就是要确立Eros也就是爱神作为众神之神。

《会饮篇》描述的是雅典名流的聚会、喝酒。这个聚众会饮的故事里还套着另一场会饮，也就是诸神的会饮。这种诸神会饮由苏格拉底转述，据说由第奥提玛讲述。这场诸神会饮的故事讲述的是，为了庆祝阿芙洛狄忒的出生，宙斯邀请众神会饮庆祝。恰恰在诸神会饮之后，贫乏女神趁丰盈之神醉酒之际，在宙斯的花园里与其交合，从而怀上了Eros。因此，《会饮篇》中有两场会饮：一是诸神的会引，庆祝女爱神阿芙洛狄忒的诞生；二是雅典名流的会饮，目的是论证爱的首要地位，换句话说，要确立爱的根本重要性。这一论证基本上是由阿伽通的发言确立的。很多研究对苏格拉底和阿里斯托芬的发言都很重视，对阿伽通的发言则重视不足。

阿伽通否认厄洛斯或者爱是现存万世万物中最古老的神。他认为爱是最年轻的主神。很多研究《会饮篇》的学者会认为，阿伽通的讲话比较花哨，或者其整个篇章由漂亮的言辞堆砌而成。

实际上，阿伽通的观点对后面苏格拉底的观点起到很重要的铺垫作用。我认为苏格拉底至少跟阿伽通一样，都认为爱是年轻的，而不是古老的。这与前面几个人的观点都不太一样。阿伽通强调了厄洛斯的美轮美奂对于人类生活的重要性。在这一点上，苏格拉底与阿伽通不太一样。苏格拉底认为，"爱"概念始终是由缺乏引导的。阿伽通对于爱的力量则持更为肯定的态度。将爱看作一种征服，还是将爱视为一种否定和缺乏，这恰恰体现了悲剧诗人阿伽通和哲学家苏格拉底对爱的理解的差异。

阿伽通讲辞的整体基调是，以前人与人之间或者诸神之间的残杀也好，残暴也罢，都属于以前的主神命定神所主宰的统治时期，都属于过去的时代，现今的时代则是爱统治的时期。关于种种残杀、囚禁和各种暴行，荷马作品中就有各种典型描述。自Eros成为众神之神后，诸神不再相互残杀、囚禁或施加各种暴行。阿伽通描述了由爱主宰的世界会是什么样的世界。阿伽通对于爱的这种歌颂主旨在于确立一个由爱主宰的时代。那会是一个相互友爱、和平共处的时代。

就这一点来看，阿伽通的观念很现代。阿伽通认为，厄洛斯既然是众神之神，那么也会是众人之神。阿伽通的这个观点具有相当重要的转折性意义，而不是许多评注家所认为的那样：讲辞虽然华丽，但内容很空洞。与那些评注家所认为的不同，阿伽通的讲辞实则从总体上强调了整个会饮的核心精神：厄洛斯应当取代传统的奥林匹亚山神灵，成为新神灵体系中的众神之神。因此，整个《会饮篇》的根本目的在阿伽通讲辞中首先得到明确表达：拥戴过去备受忽视的厄洛斯，使之成为新一代的众神之王、众人之神。

在这个意义上，苏格拉底延续了阿伽通的思想。厄洛斯是不是神人共主？当然，苏格拉底在后面的对话中会否认厄洛斯是一个神灵，而明确指出它是一个居于神与人之间的精灵，即在神与人之间传递信息的精灵。因为人与神本不往来，正是作为这种精灵的厄洛斯促成了人与神之间的沟通和交谈。实际上，这个观点看似与阿伽通的观点完全不同，但在某种程度上却延伸了阿伽通的观点：在厄洛斯（爱）的统治下，诸神相互友爱、和平共处。同样，爱也能促成人与神之间的友爱与和平共处。

爱是诸神之间和人神之间沟通与交流的媒介，而且催生了整个世界的友谊与和平。这是阿伽通整个讲话中的一个突出观点。在苏格拉底那里，虽然有对这一观点的延续，但同样也有对它的否定。其否定主要表现在，阿伽通讲完后，苏格拉底会更多地从缺乏的角度来否定阿伽通强调爱作为征服的观点，也就是作为征服整个人神体系力量的观点。苏格拉底强调，哲学意义上的厄洛斯更多是一种缺乏，一种对于真正的知识的缺乏，但同时也是一种渴望。从这一点来看，作为一个哲学家，苏格拉底对爱的否定理解，与悲剧诗人阿伽通强调爱统治世界或者统治诸神是不同的。

三、如何看待中国的"亲""爱"？

我想由此转向一个比较大或者说比较宽泛的主题。这个主题就是所谓的亲与爱的问题。在中国传统思想中，血缘、血亲、亲情关系一直是社会的根本关系。即便是现在的中国，亲情传统依旧非常强烈。我们如何去认识这一传统？这是一个比较大的话题。从新文化运动以来的观念来看，亲情和爱情通常是对立的。比如，在新文化运动期间和之后的文学作品中，家族、父母通常会成为追求爱情和自由的束缚，或者是封建时代留下的束缚。鲁迅先生的《狂人日记》也带有那个时代的典型特征，暴露家族制度和所谓礼教传统的吃人文化。

新文化运动以来，中国的传统一直背负着沉重的"十字架"，一个吃人的"十字架"。关于这一点，近些年来已经有学者在重新检讨。从文化立场的强烈程度来看，张祥龙先生的思路最为典型。针对五四以来的新传统，张祥龙重新提出救救儒家。他特别强调儒家亲子之爱的精神，即由亲而爱的精神，认为只有复兴这种传统才能重新复兴中国文化，才能重新纠正所谓全球化的生存方式。

张祥龙先生强调亲子之爱是儒家的根本思想，首先体现在他于 2009 年出版的《孔子的现象学阐释九讲——礼乐人生与哲理》一书中。[1] 这一思想也贯穿于他随后出版的一系列关于中国哲学思想的著作中。张祥龙所说的亲子之爱包含三重意思。从最严格的意义上讲，亲子之爱是指天下父母对子女的自然之爱。这是最基础的、单向度的爱。从宽泛的意义上讲，由亲子关系所维系和表达的这种亲爱，包含了父母对子女的仁爱和子女对父母的孝爱，表达为上下传达和回应互通的爱。从延伸的意义上讲，儒家的这

---

[1]　参见张祥龙：《孔子的现象学阐释九讲——礼乐人生与哲理》，华东师范大学出版社，2009。

种亲爱必然延伸到家庭成员乃至家族亲戚之间的亲情，因而强调亲爱作为儒家传统的独特性。当然，张祥龙试图把亲情扩大到人之生存本身的普遍意义，这也体现了他自身的独特思路。

张祥龙把亲子之爱视作一切伦理关系的源头，也就是把亲爱看作儒家的独特思想传统。希腊哲学讲理念之爱，基督教传统强调上帝之爱，现代西方则强调人人平等的博爱。儒家传统与所有这些传统都不一样，它的根本基础就在于把亲子之爱与家庭关系视为人间生活的根本和源头。从这个立场出发，张祥龙认为，按照康有为的思想复兴当代儒家思想的道路比较可疑，因为康有为的大同思想最为关键的地方就在于没有立足于家或者家族这个概念。张祥龙认为康有为是现代的墨家，而不是儒家。

不管怎样，对亲爱与家庭的强调确实体现了中国或者儒家传统的特质。关于这一点，还可以对比费孝通先生在《乡土中国》里关于中国社会差序格局的说法。① 二者具有一定的相通性，虽然思想领域及其方式各有不同。张祥龙认为，重视亲子关系或者血缘家庭体现了儒家的思想特色，但这也正是它的弱点。这个所谓的弱点是指，儒家思想的这个特色在现代文化扩张和全球化的环境里显得特别脆弱，因为这种精神并不契合现代理论和政治国家构建的思路。有意思的是，张祥龙会把这种脆弱性视为一种柔性文化的代表，甚至把它叫作绿色文化，是一种相对于西方猎人文化的柔性力量。

---

① 参见费孝通：《乡土中国》，人民出版社，2008。

张祥龙认为，对亲子之爱和家族亲情本源性的强调，不止是中国文化的特质。也就是说，他不把这种文化只看作一种特殊主义，当然它也不是一种扩张式的普遍主义。张祥龙强调它具有普遍的意义。为什么认为它具有普遍的意义呢？从人的生存事实来看，亲子关系和血缘家庭本身是人之所以为人的基本要素与命脉。正是在这一点上，张祥龙强调，近代以来的西方哲学较少触及或根本回避亲子关系的问题，从而倾向于构建一个让人无家可归的社会。所以，张祥龙从儒家亲情的角度去反思现代社会，提醒我们，想家是一个最为原本的人类思想。我们本身应该生活在家庭里，而我们实际上也一直生活在家庭里。

这些年来不只是张祥龙那一辈的学者在强调亲子、家庭在中国传统与西方传统中的差异，更为年轻的学者，比如复旦大学哲学系教授孙向晨，也同样在思考，为什么在整个西方思想史中，"家"这个概念会显得很弱，如何做好来自中国的亲亲与来自西方的个体之间的平衡。①

陈来先生的《仁学本体论》是一本很厚的书，和张祥龙的思路有点不一样。张祥龙的思想特别强调亲子之爱与家庭对于整个儒家传统生命力的根本性、基础性地位；陈来则会更多地描述仁，也指出仁的原始含义是父母双亲的爱。这就是说，在原始的意义上，人立足于血缘的亲爱、亲缘意义上的爱。但这种血缘的亲爱在孔子那里已经得到超越，从血缘的亲爱演变成一种普遍的人际

---

① 参见孙向晨：《论家：个体与亲亲》，华东师范大学出版社，2019。

伦理，因此突破了家庭亲爱的局限性而具有普遍意义。这个思路强调了亲爱如何演变为具有普遍伦理意义的人际关系。^① 通过区分所谓仁学的三个阶段，即从先秦儒家到汉唐儒学再到宋明理学，陈来呈现了思想史的分析探讨。最后，陈来也试图强调仁学本体思想的现代意义。在这一点上，陈来和张祥龙的思路很不一样。张祥龙会更多地强调亲子之爱或者家庭这个传统与现代思想的不同，甚至与现代思想的完全对立；陈来则更多地强调儒家的仁爱观念与现代自由、平等、公正观念的相容性，甚至统贯这些观念，由此引申出所谓大同思想的仁学本体论。

中国传统，即便是到了现代，即便是经过很长一段时间的现代化，亲缘、亲族、家的概念始终占据着很重要的地位。这与我们对于家庭和亲爱概念的坚持有着很大的关系。这呈现了与西方社会结构的一个很大不同。在西方思想史上，对家庭和亲爱的强调相对都比较弱。回到最初谈到的西方思想史上各种"爱"概念的发展，如果做一个类比的话，法国学者库朗热（Fustel de Coulanges）讨论古代城邦时，强调了炉火与家族对于古希腊和罗马社会的根本意义。^② 不过，你会看到很多材料都来源于古代的宗教传统。希腊的哲学传统则更多地突破了血缘家族的范围。因此，从柏拉图的思想来看，所谓的理念之爱就是一种超越的爱，而不限制于任何家族、家庭、地域、阶级等因素。

① 参见陈来：《仁学本体论》，三联书店，2014。
② 参见库朗热：《古代城邦——古希腊罗马祭祀、权利和政制研究》，谭立铸等译，华东师范大学出版社，2006。

整个西方的思想传统更多地立足于爱，那种抽象意义上的爱，无论是理念也好，还是超越的神性也罢，又或者是大同和博爱，对这种意义上的爱的强调使其成为整个社会发展的基础。在中国的传统里，即便经过陈来从先秦开始一直描述下来的种种转变，再加上经过整个现代传统的洗礼，亲缘、亲爱、家、家族这些概念始终保持着活力和重要地位。费孝通讲的差序格局，从中心往外推，从最核心也是最亲密的父母、兄弟、姊妹关系往外推，因而这种关系会越推越远，越来越淡。这始终是中国社会的一个格局。即便经过社会形态的种种变革，对亲子、亲缘、血缘和家庭关系的重视，始终是中国现代社会没有完全脱离的思想基础。

四、结语

中国社会的传统是"亲的传统"，而西方社会的传统是"爱的传统"。中国立足于亲的传统，构建的是一个差序格局的社会，是一个由内而外的、由亲而疏的社会结构。西方立足于爱的传统，从而逐步过渡到一个所谓原子结构的社会。在原初意义上，哲学是人对于理念或者真正的知识的永远的渴望，但人最终也没有拥有真正的知识。在西方思想史上，无论是古代还是现代，无论是神学传统还是哲学传统，这一点始终以不同的方式得到坚持。我们中国的传统走的完全是另外一条路线，也就是建立在亲爱基础之上的社会结构。

第二编
灵魂与城邦

重思《理想国》中的城邦 – 灵魂类比 *

吴天岳 **

众所周知，"理想国"这一广为流传的翻译并未能准确传达柏拉图原题 πολιτεία 的丰富内涵。后者不但毫无"理想"或"空想"之意，而且并不局限于"国家"这一范畴，它首先指公民权、公民身份、公民的日常生活乃至全体公民和地理意义的城邦（与拉丁语 civitas 相应），进而指行政管理、政治体制及其所依存的宪法，有时也特指共和政体。① 虽然如此，在苏格拉底和格劳康兄弟的对谈中，确实提到"要用语言或理论（λόγῳ）塑造一个美好

---

* 本文删节版曾刊于《江苏社会科学》2009 年第 3 期。

** 吴天岳，北京大学哲学系长聘副教授。

① 参见 Liddell & Scott, *Greek-English Lexicon*, p.1434。本文沿用《理想国》这一翻译，只是因其广为人知，正如英文 *Republic* 这一同样不确切的翻译。

城邦的典型或模式（παράδειγμα）"（472d-e）①。苏格拉底后来将这一虚构的理想城邦称为"美好城邦"（καλλιπόλις）（527c），并且不惜笔墨详细刻画这一"理想国"所倚托的制度礼法、文化教育和其得以实现的诸多困难，以及由这一完美城邦蜕化而来的种种堕落的政体形式。正基于此，《理想国》一书如其译名所暗示的一样，被广泛地接受为一部政治哲学著作。

多少有些意外的是，有关这一美好城邦或者城邦的叙事②迟至《理想国》卷二中段才被引入。此前，苏格拉底明确他在卷一中与色拉叙马霍斯等人有关"正义"（δικαιοσύνη）③这一品德的讨论只是一个简短的引言（προοίμιον）。（357a）格劳康通过重构色拉叙马霍斯的论证重新确立了全书需要面对的挑战：说明正义和

---

① 有关这一言辞中的或理论中的城邦的引文，参见 M. F. Burnyeat, "Utopia and Fantasy: The Practicability of Plato's Ideally Just City", in Gail Fine ed., *Plato 2: Ethics, Politics, Religion, and the Soul*, Oxford University Press, 1999, p.297, esp. n.1. 本文《理想国》引文的中译文取自笔者校订的顾寿观的译文（柏拉图：《理想国》，顾寿观译，岳麓书社，2010），有些地方依据行文的方便参照希腊原文的最新校订本（*Plato's Respublica*, ed. S. R. Slings, Oxford University Press, 2003）略有调整。

② 迈尔斯·伯尼耶特（Myles Burnyeat）敏锐地注意到苏格拉底使用 μυθολέγειν（讲故事）这一动词来暗示这一理想城邦只存在于想象中。但是，这并不意味着"美好城邦"只是虚无依托的白日幻想，正相反，苏格拉底在其论述中力图证明其可行性。参见 Burnyeat, "Utopia and Fantasy: The Practicability of Plato's Ideally Just City", pp.297-308. 这在本文关于"哲学王"的扼要论述中也将得到印证。

③ 希腊语 δικαιοσύνη 一词含义丰富，既可以宽泛地指所有有德性的行为，亦即一个人应当完成的行为，这接近中国古人所说的"义"，同时也可以狭义地指做自己分内的事，特别指在经济事务中归还自己所欠的东西，获取自己应得的东西，与贪婪（πλεονεξία）相对。参见亚里士多德《论题篇》106b29 以及《尼各马可伦理学》1129a30-1130a13. 柏拉图在《理想国》中用此词既泛指人的行为的道德性，也专指分配中所涉及的品德和规范。本文沿用传统的"正义"这一翻译，但强调这一术语在古希腊伦理学中的特定含义。

不义各是什么，以此证明正义因其自身就可以被认为是好的或善的（ἀγαθός），并且能够带来远胜过不义的好处。（357b-368d）苏格拉底重新思考其论证的策略，不再致力于借助辩证法来凸显其论敌有关正义的定义所包含的矛盾，而是尝试正面地建构自己的正义理论。①

正是在上述理论背景下，苏格拉底引入关于城邦正义的讨论，希望它能如同较大的字母铭文一样，有助于我们认清内容相同但位于远处的小的铭文，亦即个人正义。（368d-369a）而在后来的对话中，此处的个人被等同于他/她所拥有的灵魂。（435c）②而只要"正义"一词在城邦和灵魂中所传达的信息一致或相似，对城邦正义的梳理就将为我们对灵魂正义的探询指明路向。这就是所谓的"城邦－灵魂类比"（the analogy of city and soul），它贯穿于《理想国》卷二到卷九的讨论，界定了其后的论证方向：通过分析城邦这一较大对象的阶级构成和内部正义来探寻灵魂这一较小的甚而完全不可见的对象的内在结构及正义。字母的比喻同时也强化了灵魂之于城邦的优先性：只有认识了灵魂的正义，我们才知

① 奥特弗利德·赫费（Otfried Höffe）将此称为《理想国》的双重转向：论证方法从批判到建构，论题从正义之为个人的属性（个人正义）到正义之为共同体的属性（政治正义或城邦正义）。后文将指出，赫费在此显然夸大了论题的转向，否则就难以解释《理想国》此后有关灵魂三分及个人品德的讨论。参见 Otfried Höffe, "Zur Analogie von Individuum und Polis", in *Platon: Politeia*, hrsg. von O. Höffe, Academie Verlag, 1997, pp.69-94, esp. 69。

② 参见 David Roochnik, *Beautiful City: The Dialectical Character of Plato's "Republic"*, Cornell University Press, 2003, p.12。

道什么是正义。① 因此，要理解《理想国》的整个论证结构，厘清其中政体剖析与灵魂探究之间的勾连，柏拉图对城邦正义的政治思考在《理想国》中的意义，或者说《理想国》在什么意义上算一部政治哲学著作，我们必须从反思城邦－灵魂类比开始。更重要的是，这一类比的引入不仅将苏格拉底指向对正义的政治思考，而且引出了苏格拉底或柏拉图对于正义和不义是什么的回答。如后文所见，柏拉图多次借助这一类比，既用城邦的内部和谐来说明灵魂的健康，也用灵魂的内在冲突来解释城邦中的不义。这意味着城邦－灵魂类比似乎不仅仅是话题的引子，更是柏拉图正义理论的构建要素，我们不可能逾越这一类比而直接谈论柏拉图的正义理论，无论是在灵魂层面还是在政治层面。

然而，柏拉图的城邦－灵魂类比及其在柏拉图正义理论中的论证作用，在当代著名哲学家伯纳德·威廉姆斯（Bernard Williams）那里遭遇了极为犀利的批评。如著名学者伯尼耶特所言，威廉姆斯写于 1973 年的《柏拉图〈理想国〉中的城邦－灵魂类比》（"The Analogy of City and Soul in Plato's Republic"，后文简称《类比》）一文"主宰了其后有关这一主题的讨论"。② 无论赞

---

① 虽然，如我们在后文中将更清楚地看到的，苏格拉底在434e-435a中修正了字母比喻中所暗含类比的单向性（从城邦到灵魂），强调我们也需要从灵魂返回到城邦，但其前提是，当我们把对城邦正义的认识应用于个人时得到了不同的结论，我们才需要回到城邦层面来验证我们的灵魂理论。如果结论相同，则无须这一回溯。也就是说，对类比双向性的强调并不必然地与灵魂在类比中的优先性冲突。

② 参见 Bernard Williams, *The Sense of the Past: Essays in the History of Philosophy*, ed. Myles Burnyeat, Princeton University Press, 2006, pp.108-117. 以下威廉姆斯《类比》一文页码均引自这一文集，此文原载于 *Exegesis and Argument: Studies in Greek Philosophy Presented to Gregory Vlastos*, ed. E. N. Lee etc., Van Gorcum, 1973, pp.196-206。

同或反对，后世学者鲜有不以此文为其论证的出发点的。①有鉴于此，本文将像格劳康复活色拉叙马霍斯的论证一样（358c），首先重构威廉姆斯的基本论证，以此澄清《理想国》由于引入城邦 - 灵魂类比而导致的正义理论和政治学说的困境；然后择要说明威廉姆斯的批评者们并未成功地化解《类比》一文对柏拉图《理想国》基本哲学论证的挑战；最后将尝试从威廉姆斯文章中大多数学者所忽略的一个关键环节出发，亦即柏拉图正义理论中理性的主导地位，重新反思城邦 - 灵魂类比在《理想国》一书中的作用与局限性。通过仔细地分析《理想国》卷四中有关正义的分工定义，扼要讨论卷五至卷七中的哲学王主张，本文力图论证柏拉图实际上将正义界定为理性部分的统治。这一新的正义定义将有助于我们从哲学上捍卫城邦 - 灵魂类比在《理想国》的整个论证结构中的合法性。

---

① G. R. F. 费拉里（G. R. F. Ferrari）就威廉姆斯对后世学者如约纳森·李尔（Jonathan Lear）、茱莉亚·安纳斯（Julia Annas）、奥特弗利德·赫费、特伦斯·埃尔文（Terence Irwin）、马里奥·韦杰蒂（Mario Vegetti）、诺伯特·布洛森纳（Norbert Blössner）等人的影响有一扼要评述。他自己的《柏拉图〈理想国〉中的城邦与灵魂》（*City and Soul in Plato's Republic*）一书在很大程度上亦可看作对威廉姆斯的回应。参见 G. R. F. Ferrari, *City and Soul in Plato's Republic*, University of Chicago Press, 2005, esp. pp.55-57. 应当指出，在 20 世纪 70 年代，威廉姆斯一文的影响还较为有限，例如 J. R. S. 威尔逊（J. R. S. Wilson）发表于 1976 年的《〈理想国〉卷四中的论证》["The Argument of Republic IV," *The Philosophical Quarterly* 26（1976）：111-124]、J. M. 库珀（J. M. Cooper）发表于 1977 年的《柏拉图的正义心理学》["The Psychology of Justice in Plato," *American Philosophical Quarterly* 14（1977）：151-157]，以及尼古拉斯·怀特（Nicholas White）出版于 1979 年的《柏拉图〈理想国〉指南》（*A Companion to Plato's Republic*, Basil Blackwell, 1979）一书都不曾提及威廉姆斯的这一论文。就笔者所见，分界点可能在于安纳斯的《柏拉图〈理想国〉导论》（*An Introduction to Plato's Republic*, the Clarendon Press, 1981），这本长期以来作为英语学界《理想国》入门的标准读物明确地承认了威廉姆斯对城邦 - 灵魂类比的贡献（pp.146-152）。

一、威廉姆斯论城邦 – 灵魂类比

威廉姆斯首先强调书写的比喻得以成立，关键在于不同形态的字母铭文传达的是同一内容，因此，我们在将对城邦正义的观察应用于个体或灵魂层面时，已经预设了

（1）有关城邦之为正义的解释与个人之为正义的解释相同。

而支撑这一预设的首先是一个语言事实，即希腊人用同一个词 δίκαιος（正义的）或 δικαιοσύνη（正义）来谈论城邦和个体灵魂的正义。（435a）在柏拉图看来，这暗示了城邦和灵魂中包含同一或相似的"形式"（εἶδος）①："一个正义的人，就正义的形式本身来说，和一个正义的城邦将是无所区别的，而是相像的。"（435b）显然，与字母书写的例子不同，城邦正义和灵魂正义之所指，或者说正义这一形式并非不言自明的，而恰好是《理想国》一书所要质询的对象：正义是什么？如果正义的定义自身仍然是晦暗不明的，我们就没有权利将它运用于城邦和灵魂然后断言它们就正义而言是相似的。②也就是说，我们必须要追问上述语言事实的哲

---

① 威廉姆斯将此处的 εἶδος 翻译为"特性"（characteristic）。虽然此处柏拉图还没有提出著名的"形式理论"（所谓"理念论"或"相论"），此处的 εἶδος 也并不指存在论上能够独立存在的形式，但有必要突出这一术语的一致性，这在后文中将得到证明。在此，我要感谢我的学生刘鑫提醒我注意 εἶδος 在柏拉图城邦 – 灵魂类比中的作用。

② 苏格拉底在卷一结尾处强调对正义的定义是我们必须采取的第一步，参见《理想国》354c："因为，只要我还不知道正义它是什么，我就很难知道它是不是一种品德，也不知道究竟一个拥有正义的人不幸福呢，还是幸福。"

学基础。

　　这同样也决定了城邦－灵魂类比不能是单向性的，否则，我们就会不再将"适用于城邦的正义解释必然适用于灵魂"这一未加解释的命题作为假设，而是视同公理性的真理。[①]正如威廉姆斯所指出，柏拉图自己敏锐地意识到这一点，强调在将关于城邦的正义的定义运用于灵魂时，我们还需要借助相对独立的原则来考虑灵魂的正义，如果二者冲突，我们还需要借助类比返回城邦这一层面，重新对照正义在两个不同层面的显现。威廉姆斯将其称之为"意义类比"（analogy of meaning）。[②]也就是说，类比的过程并非一个单向的由可见到不可见的过程，而是互动地逼近类比中所包含的相类的"意义"，亦即那在类比中起奠基作用的共同特

---

　　① 例如格列格里·弗拉斯托斯（Gregory Vlastos）在其经典论文《〈理想国〉中的正义与幸福》（"Justice and Happiness in the Republic"）中认为，苏格拉底／柏拉图将下述命题视为不证自明的真理："如果同一谓词可述谓任意两个不同事物，那么，尽管它们在其他方面可能不同，但就这同一谓词可以述谓它们二者来说，它们一定是完全相像的。"弗拉斯托斯认为这是导致苏格拉底混淆两种不同的正义定义（社会定义和心理定义）的根源之一。参见 Gregory Vlastos, "Justice and Happiness in the Republic", in Gregory Vlastos, *Platonic Studies*, Princeton University Press, second printing with corrections, 1981, pp.111-139, esp. pp.131-132. 值得一提的是，弗拉斯托斯在修订这篇最早发表于 1969 年的论文时，并没有提到威廉姆斯献给他的《类比》一文，而是坚持认为柏拉图的论证缺陷不在于类比自身，而在于正义定义的含混性。

　　② 参见 Williams, "The Analogy of City and Soul in Plato's Republic", p.108. 参见《理想国》434e："这就是，我们曾以为：如果我们在某个较大规模的具有正义的东西里事先已经试着对它有了观察，那么，这就有可能更容易在一个单一的个人中看到它。而我们以为这个东西应该是一个城邦，这样我们就尽我们的力来建造一个最好的（ἀρίστην）城邦，因为我们知道在一个好的城邦里是会有正义的。而凡是在城邦里发现的，我们就把它转移到个人中去；而如果它们是吻合一致的，那就一切顺利了；而如果在个人中有一点什么不同的情况，那就再回到那个城邦上，再来加以复核考校，而也许，在我们把这二者互相对比观察，也可以说是互相切磋琢磨中，就像从两个摩擦取火的木块中那样，我们能使那正义就像火花一样点燃、爆发出来……"

性或柏拉图所说的"形式"。

　　然而，威廉姆斯认为柏拉图在后文中并未贯彻这一"意义类比"，而是转而指出城邦内部的类别划分（εἴδη）[1]和城邦的习性（ἤθη）都可以还原到其构成部分，亦即个体公民层面。因为，当我们说一个城邦意气风发、热爱学习、贪财好货时，我们说的实际上是其公民具有这些特性。（435e-436a）威廉姆斯将这一还原论解释称为"整体－部分规则"，并认为它显然适用于正义这一城邦和个人的基本美德：

　　（2）一个城邦是正义的当且仅当城邦里的人是正义的。[2]

然而，柏拉图并不认为"整体－部分规则"自身就可以定义正义的本质。否则，如威廉姆斯所指出的，有关个人正义的解释将被还原为其组成部分的正义，这将招致无穷倒退。[3]因此，柏拉图在《理想国》中转向其他的模型或者解释来界定正义：

　　（3）正义即每一个要素（理性的、意气的和欲望的部分）
　　　　 从事属于自己本身的工作（τὸ τὰ αὑτοῦ πράττειν）。
　　　　 （433a）[4]

而这暗含了

---

[1]　根据语境，此处柏拉图用εἶδος的复数来指事物的种类，特指城邦内部不同阶级的划分，和上一段的属类（γένη）相同，仍然不宜翻译为"形式"。

[2]　Williams, "The Analogy of City and Soul in Plato's Republic", p.109.

[3]　Ibid., pp.109-110.

[4]　此处遵照威廉姆斯的英文翻译，后文将对这一短语及其翻译再做讨论。

（4）理性的部分居于统治地位。

而如果（3）是对正义的定义，我们从灵魂层面回到城邦，那么，一个城邦是正义的，这就意味着城邦里的要素或者说各个阶级从事属于自己本身的工作。也就是说，城邦里也要有理性的、意气的和欲望的部分。威廉姆斯认为这一对城邦构成的独特划分，连同柏拉图的灵魂三分学说，将会招致如下问题：

首先，这就意味着在正义的城邦里也存在着欲望的部分，而且它们还占据了城邦公民的大部分。而根据《理想国》435e 我们知道，一个城邦被称为意气昂扬的，在于其公民高昂的意气。同理，城邦里的一个阶级受欲望支配，这意味着构成这一阶级的人受欲望支配。这些人显然很难算作正义的人，说一个正义的城邦里充斥着不义的人，这显得荒谬。①

其次，同样的问题也出现在灵魂层面。我们可以从命题（2）出发，那么在正义的城邦里，欲望阶级（the epithymetic class）也应该是正义的。根据命题（3）和（4），在这一欲望阶级的个体灵魂内部，理性部分也应该居于统治地位（其作用当然受到限制，不同于哲学王灵魂中理性的作用），使他们能够从事属于自己的工作。而在城邦这一层面，所谓从事属于自己的工作同时也意味着不越俎代庖，欲望阶级不参与护卫者的统治工作。这一对城邦统治秩序的顺从，在于"理性"这一灵魂的最高能力的运用，否则他们都无法认清何谓自己的工作。我们如果就此回到个体灵

① 参见 Williams, "The Analogy of City and Soul in Plato's Republic", p.110。

魂层面，那么就不得不承认在一个正义的灵魂内部，灵魂的最低级部分也会倾听（harken to）理性的要求，并且拥有最小限度的理性以保障其功能的实现，而这和柏拉图的灵魂三分学说是矛盾的。因为柏拉图对灵魂不同部分的划分是基于所谓的"冲突原则"（436b-c），它不允许同一灵魂要素拥有不同的功能。[①]

威廉姆斯认为，柏拉图在卷八中讨论城邦或政体形式的蜕变时实际上弱化了"整体－部分规则"：

（5）一个城邦是正义的当且仅当城邦里居于主导地位的公民们是正义的。[②]

而且这一所谓的"主导－部分规则"并不局限于正义，在《理想国》卷八和卷九对城邦堕落的分析中，柏拉图将其普遍化了：

（6）一个城邦具有 F 这一性质当且仅当城邦里居于主导地位的公民们具有 F 这一性质。

此处 F 指的是城邦和灵魂共有的特性，例如正义、意气风发、荣誉至上、民主的，等等。然而，这一弱化的"整体－部分规则"并不能挽救柏拉图政治城邦图景的吸引力的缺乏。这首先体现在柏拉图对民主制的批评中。柏拉图定义的民主制，其特性在于它

---

① 参见 Williams, "The Analogy of City and Soul in Plato's Republic", pp.110-111。晚近有关柏拉图灵魂三分学说的研究概述，参见 G. R. F. Ferrari, "The Three-Part Soul", in G. R. F. Ferrari ed., *The Cambridge Companion to Plato's Republic*, Cambridge University Press, 2007, pp.165-201。 而在最新的一份研究中，杰西卡·摩斯（Jessica Moss）致力于调和柏拉图《理想国》卷四中的三分学说和他其他著作中的理性－非理性二分学说，参见 Jessica Moss, "Appearances and Calculations: Plato's Division of the Soul," *Oxford Studies in Ancient Philosophy*, vol. XXXIV (2008): 35-68。

② Williams, "The Analogy of City and Soul in Plato's Republic", p. 112.

包含各种类型的人，容纳不同的性格。（557c）另外，民主制的原则在于多数人统治，也就是说其主导部分必然是大多数。根据（6），大多数人具有民主的个性，或者说易变的个性（欲望总在不断变化），亦即是所谓的"闲人"。（564d-e）民主城邦里的公民大都具有同一性格，这显然和民主制包容所有性格这一特性抵牾。①

另外，这些民主城邦中的统治者或者大多数人构成了正义城邦中的最低阶层。其不同或许在于，这些受欲望控制的阶级在美好城邦中处于理性的统治下，而不居于主导地位。然而，威廉姆斯指出这里"统治"的意义是含混的。柏拉图仍然没有解释为什么美好城邦离不开这些可能成为民主城邦中的"闲人"的欲望阶级。同样困扰我们的是：是什么决定了同一类人在民主城邦和美好城邦中的不同？难道说在理想城邦中，他们自己也拥有（尽管是有限的）理性的控制吗？这将我们指向此前提到的类比在灵魂层面的困境。②

此外，要确立城邦与灵魂的完全相似，我们还必须确认灵魂的欲望部分与劳作阶层对应。显然，成为一个匠人并不取决于是否具有强烈的非理性的欲望，至多可以说成为铜匠的这类人恰好具有强烈的欲望。而且，这一拥有难受羁绊的欲望的阶级如何能在美好城邦中服从理性的统治，这一困难仍然没有消除。③而就意气的部分来说，意气作为灵魂的一个部分自身就是含混的：一方

---

① 参见 Williams, "The Analogy of City and Soul in Plato's Republic", pp.112-113。

② Ibid., pp.113-114.

③ Ibid., p.115.

面它接近我们所说的愤怒，另一方面它又是理性的助手。威廉姆斯借助《斐德若篇》中的例子来说明，愤怒这一情感并不像柏拉图在《理想国》中所假设的那样，总是站在理性这边。(《理想国》440b，《斐德若篇》254c）。①

威廉姆斯由此断定：柏拉图通过引入城邦－灵魂类比，在灵魂层面难以解释时就转向城邦（意气），或者反之（理性），或者二者并用（欲望），这并未能成功地解决用三分说来定义正义可能出现的困难，反而遮掩了对政治的心理读解和对灵魂的政治读解可能存在的悖谬。

二、对威廉姆斯的三种回应

威廉姆斯的文章以缜密的分析揭示出《理想国》中城邦－灵魂类比的特殊性：它不仅描述了城邦与灵魂之间横向的平行对应关系，而且在 435e 处力图用因果关系来解释类比中两个要素的垂直关系，亦即城邦的特性（例如正义）可以还原为其公民灵魂的秉性。要说明这一点，我们首先需要澄清"类比"一词的基本含义。

我们知道，西文的"类比"（英文 analogy，德、法文 analogie，拉丁文 analogia）一词可以溯源到古希腊语 ἀναλογία，本义指两种比例和关系的相似，这又被称为"比例类比"（analogy of

---

① 参见 Williams, "The Analogy of City and Soul in Plato's Republic", pp.116-117。

proportionality）。① 例如，"和谐"既可以指音阶包含的比例，也可以指天体运动反映的秩序，二者在古希腊人看来是相类的。《理想国》中关于正义的分工定义［前文命题（3）］显然适用于这一界定，因为正义在此能够作为一个类比词（analogical term）同时刻画城邦与灵魂，正是因为美好城邦的各阶级间的关系与正义灵魂的各要素间的关系是相似的。②

城邦-灵魂类比的特殊之处在于其类比的两端之间存在整体和部分的关系：城邦是由阶级构成的，而阶级正是由不同的个体灵魂构成的。《理想国》卷四在重新引入城邦-灵魂类比去讨论城邦的正义和灵魂的正义之前，首先讨论了城邦在什么意义上可以被称作智慧的、勇敢的和节制的。这些品德在日常用语中首先是用于个人的，而只在派生的意义上用来述谓一个政治实体。虽然在这一语境下我们仍然可以说城邦的智慧和个人的智慧是相似的、可类比的（analogical），但这里所呈现出的是一种不对称的对应关系：我们很难设想一个智慧的城邦里一个智慧的人也没有，但是很显然在愚蠢的城邦里也可以有聪明人（例如柏拉图眼中的雅典城的苏格拉底）。而此前，我们提到城邦-灵魂类比的引入在于说明灵魂自身的正义，

---

① 参见 E. J. Ashworth, "Medieval Theories of Analogy", *The Stanford Encyclopedia of Philosophy* (Fall 2008 Edition), ed. Edward N. Zalta, URL = http://plato.stanford.edu/archives/fall2008/entries/analogy-medieval/。需要指出的是，在《理想国》中柏拉图并没有用 ἀναλογία 或者其形容词 ἀνάλογος 来描述城邦与灵魂间的比较，而用 ὁμοιότης 或 ὅμοιος（含义均为"相似"，分别见 369a 与 435b）这一更加日常化的语言来表达二者间的关系，但这不妨碍我们用类比理论来解释这一比较。

② 费拉里在其著作中也正确地强调了城邦与灵魂的对应实际上是一种比例关系，参见 Ferrari, *City and Soul in Plato's Republic*, p.40。参见威廉姆斯的命题（3），这一正义的分工定义显然涉及事物的构成要素之间的关系，而根据命题（2），它显然可以用来刻画城邦与灵魂这两个不同的事物。

灵魂的这一优先性同样要求柏拉图和《理想国》的读者去考虑城邦的正义是否可以还原为个体灵魂的正义。威廉姆斯《类比》一文的意义正在于指明，当我们用因果关系来刻画灵魂与城邦的关系，特别是就正义这一品德而言，我们对《理想国》的解释就会在城邦与灵魂两个层面遇到难以克服的困难。

威廉姆斯对柏拉图的批评在晚近有关城邦－灵魂类比的研究中也遭到质疑。学者们并不怀疑威廉姆斯推理的有效性，转而考察其前提，或者说他对城邦－灵魂类比的还原论解读是否正确：（1）灵魂与城邦的类比是否包含横向的和纵向的层面；（2）灵魂与城邦的纵向关系是否应当解释为单向性的因果决定关系；（3）柏拉图是否接受上述类比作为其正义理论的不可分割的一部分。下文将简要考察李尔、费拉里、布洛森纳这三位学者从以上三个不同角度对威廉姆斯论证前提的批评和他们各自对城邦－灵魂类比的捍卫。①

李尔在其发表于 1992 年的《〈理想国〉的内与外》（"Inside

①　关于城邦－灵魂类比的讨论的其他文献，参见 Ferrari ed.，*The Cambridge Companion to Plato's Republic*, p.492。本文以李尔、费拉里、布洛森纳三人作为代表，因为他们代表了三种不同的灵魂－城邦诠释，而其他学者的研究或者坚持威廉姆斯的主张（参见 Ferrari, *City and Soul in Plato's Republic*, pp.55-57），如本书 81 页注释①中已经提到的茱莉亚·安纳斯，又如斯坦利·罗森（Stanley Rosen）的《柏拉图〈理想国〉研究》（*Plato's Republic: A Study*, Yale University Press, 2005, p.150）；或者他们对威廉姆斯的批评可以归属到上述三人之下，这一点将在后文注释中进一步说明。值得一提的是，尼古拉斯·史密斯（Nicholas Smith）的《柏拉图的灵魂－城邦类比》["Plato's Analogy of Soul and State," *The Journal of Ethics* 3（1999）: 31-49] 主要关注的是柏拉图由城邦－灵魂类比推导出的灵魂三分说，其目的只在于证明这一类比并不必然导致城邦的三分和灵魂的三分，而并没有对上述类比在整个《理想国》中的论证作用有更进一步的思考，故与本文的主旨无关。或许正因为这一点，史密斯的行文中出人意料地没有提及威廉姆斯和李尔的文章。

and Outside the Republic")一文中明确承认威廉姆斯"提供了我
们对柏拉图的类比的最富有洞察力的批评"①。与威廉姆斯一样，
李尔认为柏拉图的城邦－灵魂类比所呈现的不仅是二者间单纯的
相似性，或者说我们可以用"正义"这同一个词来谈论城邦与灵
魂这一语言事实，而且突出了城邦与灵魂之间的紧密关系。在李
尔看来，问题的关键在于如何解释这一关系，他认为威廉姆斯论
证的不成功之处在于对柏拉图心理学基本原则的误解。威廉姆斯
未能理解在柏拉图的心理学中，个体的心理状态不仅包括灵魂的
内在生活，而且反映灵魂之外世界的影响，后者主要体现为城邦
和政治生活，二者的互动构成对心理的动态描述。因此，柏拉图
的"灵魂分析"与"城邦分析"实际上是其心理学的内外两个不
同侧面。②由此，李尔认为威廉姆斯的"整体－部分规则"或者其
弱化的形式"主导－部分规则"都只体现了柏拉图心理学的"外
化"（externalization）层面："如果一个城邦是 F，那么必然有某
些公民的灵魂是 F，他们（连同他人）曾经促成城邦的塑造。"③另
外，城邦的存在或政治生活又通过教育等形式塑造着其公民的灵
魂，这就是所谓的"内化"（internalization）。④因此，城邦与灵魂
之间确实存在因果关联，但绝非单向的，而是双向的，或者说相
互依存的。正是柏拉图心理学（城邦－灵魂分析）中的交互作用

---

① 参见 Jonathan Lear, "Inside and Outside the Republic," *Phronesis* 37 (1992): 184-215。引文
在第 194 页。

② Ibid., pp.184-185.

③ Ibid., p.191.强调为笔者所加，以突出此命题与威廉姆斯的命题（1）和（6）之间的微妙差异。

④ Ibid., pp.186-190.

决定了城邦与灵魂之间正义的"同构"特征（isomorphism）。[①]

李尔的文章借助当代较为复杂的心理分析模型抛弃了前述威廉姆斯论证的第二个前提，而威廉姆斯所提及的正义城邦中能够顺从理性部分统治的欲望阶级也被解释为教育内在化的结果，由此无须解释这一阶级中的个人灵魂内部的欲望也包含理性的最小作用。[②]然而，这一论证首先缺乏有力的文本证据。正如费拉里一针见血的评论：《理想国》中教育固然重要，但却从未被用来支持城邦－灵魂类比，所谓的"外化"亦如此，寡头制并非具有寡头性格的人依照其心理特征设计塑造而成。[③]尽管李尔对城邦与灵魂纵向关系的解释更加复杂精致，这仍然不能阻止我们去追问灵魂的内和外谁更加本原。李尔依照《理想国》的次序以"内化"为先，因为只有在美好城邦中，个体灵魂才能通过恰当的教育成为正义。显然，在美好城邦中，教育（内化）的内容包含城邦的正义，即其和谐的结构特征。而这无疑与柏拉图在引入城邦－灵魂类比时所强调的灵魂的优先地位冲突。我们还可以进一步追问：这一结构特征何以被称为正义的？难道理性能够在城邦中有权统治不正是因为它可以类比于理性在灵魂中的统治地位吗？更重要

---

① 参见 Lear, "Inside and Outside the Republic", p.195。赫费同样强调在城邦与灵魂之间不仅存在一个单纯的类比，而且在强调灵魂优先的同时，还存在一种"相互依存"（Interdependenz）。当然，赫费认为这种依存不能被理解为李尔所说的内化和外化过程，并且强调这构成柏拉图对于城邦系谱研究的要素。参见 Höffe, "Zur Analogie von Individuum und Polis", pp.69-93，特别参见第78 页。然而，正如费拉里所指出的，就二人强调灵魂与城邦之间的双向因果关系而言，他们对威廉姆斯的批评并无本质区别。参见 Ferrari, *City and Soul in Plato's Republic*, pp.55-56。

② 参见 Lear, "Inside and Outside the Republic", pp.198-200。

③ 参见 Ferrari, *City and Soul in Plato's Republic*, pp.52-53。

的是，"内化"和"外化"仅仅揭示了正义这一谓词如何可以从城邦到灵魂，又从灵魂到城邦，而仍然没有解答柏拉图引入城邦－灵魂类比所要解决的最终问题：正义是什么？而在威廉姆斯的解释中，类比自身虽然不足以成为正义的定义，但却是用来推导和验证正义定义的有效手段。

　　费拉里在其《柏拉图〈理想国〉中的城邦与灵魂》一书中详尽地分析和尖锐地批评了威廉姆斯、安纳斯、李尔对城邦－灵魂类比的因果解释。费拉里追随埃尔文，要求彻底切断城邦－灵魂类比中所暗含的纵向联系。埃尔文将这一类比称为"政治类比"（political analogy），坚称它只适用于确认正义灵魂中有和美好城邦对应的部分以及相应的比例关系（类比的横向层面），我们没有理由把它扩展到城邦与灵魂所共有的品德。[①]从另一个角度看，这意味着构成正义城邦要素的个人并不必然是与城邦相类比的正义灵魂。[②]埃尔文并没有正面展开这一论证，而费拉里则不仅一再

①　参见 Terence Irwin, *Plato's Ethics*, Oxford University Press, 1995, p.230。埃尔文此处的用意仅仅在于说明，上述类比不足以说明勇敢这一属于士兵（意气部分）的品德可以推出灵魂的勇敢仅仅在于意气部分，而和知识或理性无关，并且因此和苏格拉底的理智主义主张冲突。必须指出的是，埃尔文的这一断言并没有充分的文本依据，例如在 441c 处，苏格拉底在确立了灵魂必然包含三个要素之后指出，"那么是不是我们前面的一个假设也就直接地成为必然，这就是：就像一个城邦如何能是，并且由于什么而是智慧的，同样，一个个人也就这样地是，并且也就正是由于那一点儿成为智慧的"。在这里，我们能够做出这样的推论正是因为城邦－灵魂类比适用于智慧这样的品德。

②　Ibid., p.230，引自 Ferrari, *City and Soul in Plato's Republic*, p.56。关于埃尔文的这一主张，参见 Wilson, "The Argument of Republic IV"。费拉里同时提到布洛森纳在《对话形式与论证：柏拉图〈理想国〉研究》（*Dialorgform und Argument: Studien zu Platons 'Politeia'*, Stuttgart, 1997）一书中追溯了这一主张的流变，参见此书第 179 页注释 492-493，转引自 Ferrari, *City and Soul in Plato's Republic*, p.56。

强调城邦－灵魂类比不多不少只是类比，不能用来揭示作为城邦公民的个体灵魂内部的品德[1]，而且正面地论述了城邦－灵魂类比的修辞功能。费拉里借用亚里士多德的术语将这一类比称为"类推隐喻或明喻"（μεταφορὰ κατὰ τὸ ἀνάλογον）[2]，这也就是我们前文提到的希腊文 ἀναλογία（类比）的本义。唯一需要强调的是这一比喻乃是双向的，以确保《理想国》中城邦与灵魂、政治与伦理之间的平衡。[3]这一类推的对称结构在荣誉制、寡头制和民主制城邦中尤为明显。一方面，从城邦类推到灵魂，使我们更好地把握城邦作为整体的道德特性和幸福之所在；另一方面，从灵魂类推到城邦，则让我们能够意识到个体外显的统一性可能遮盖的复杂性。[4]然而，在解释僭主和哲学王时，费拉里则承认柏拉图此时接受了威廉姆斯所提到的因果模型来解释城邦与灵魂的纵向关系，此时类比呈现出不对称的特征，更加聚焦于灵魂而不是城邦。[5]但他仍然认为，这一纵向的因果关系并不包含在类比之中，而在于其所运用的对象自身的特性，或者说更在于人性之中。[6]

　　费拉里的论述从根本上否定了威廉姆斯所依仗的前两个前提，但这并不足以从哲学上化解威廉姆斯所揭示的《理想国》中的内在悖论。首先，将类比解释为修辞手段无疑将弱化其哲学论证力，

---

[1]　参见 Ferrari, *City and Soul in Plato's Republic*, pp.53, 55, 60 etc。

[2]　参见亚里士多德：《诗学》1457b；《修辞学》1407a，1411a。转引自 Ferrari, *City and Soul in Plato's Republic*, p.61。

[3]　参见 Ferrari, *City and Soul in Plato's Republic*, p.59。

[4]　Ibid., pp.75-82.

[5]　Ibid., pp.85-89.

[6]　Ibid., p.97.

而且并不足以解释《理想国》中的政治叙事和灵魂叙事如何能够在个人幸福的实现这一点上统一起来。正如费拉里自己在批驳李尔之前所承认的，"尽管我们得以规避威廉姆斯令人不快的结论，但同时我们也彻底使灵魂脱离了城邦"①。此后的论述并没有令人信服地解决这一困难。因为，只要城邦中作为政治动物的个人不能等同于三分灵魂的拥有者，政治生活中的正义者不是灵魂内部和谐的个人，我们就难以回答格劳孔的挑战：正义的人为什么必然是幸福的人？和李尔一样，费拉里的解释使有关正义的定义成为一个突如其来并且难以验证的断言（claim）。其次，费拉里将僭主制城邦与僭主性格的人的相似性归于含混的人性，这无疑是难以让人满意的答复。因为，最初引入城邦－灵魂类比的意义正是要去揭示不可见的灵魂的本性（人性），于是这无异于从根本上消解了城邦－灵魂类比的论证价值。

布洛森纳的研究最早以德文论著的形式发表于 1997 年，对费拉里的修辞学解释产生了重要影响。② 2007 年他以此为基础写成《城邦－灵魂类比》（"The City-Soul Analogy"）一文，由费拉里翻译并收录在其主编的《剑桥研究指针：柏拉图的〈理想国〉》（*The Cambridge Companion to Plato's Republic*）一书中。③ 布洛森纳首先指出城邦－灵魂类比在《理想国》中并非一个一成不变的理论模型，在其最初引入时（368c-369a）它只是为了考察个体的

---

① Ferrari, *City and Soul in Plato's Republic*, p.50.

② Ibid., p.57.

③ 参见 Norbert Blössner, "The City-Soul Analogy", in Ferrari ed., *The Cambridge Companion to Plato's Republic*, pp.345-385。

道德属性，而且仅仅是针对正义这一品德，并且只是作为假设而存在。① 而在卷四中这一类比则被接受为确定的事实，柏拉图不再考虑这一类比的合法性，而是直接应用类比来考察灵魂的要素是否能与城邦的结构对应。② 然而，布洛森纳并不认为柏拉图有一个现成的灵魂学说需要借助类比进行说明。正相反，柏拉图是从城邦－灵魂的相似性出发在卷四中建构崭新的灵魂三分说。③ 和威廉姆斯一样，布洛森纳强调这一类比会带来难以解释的理论困难，同时表现在城邦与灵魂两个层面：如威廉姆斯已经提到的民主制城邦实际处于无政府状态，而在民主性格的灵魂内部却是各要素平等掌权；又如正义是否能带来好处只关乎个人，而与灵魂的要素无关。灵魂的要素或部分无所谓幸福不幸福，也无所谓正义不正义；否则，灵魂的正义可以还原到其构成要素的正义，将会导致无穷倒退。④

与前人不同的是，布洛森纳认为柏拉图并非对城邦－灵魂类比的局限性毫不知情，而是刻意采用这样一个具有内在缺陷的修辞手段，作为《理想国》整个论证构架中的一个推进环节。⑤ 借助《理想国》卷四中对城邦－灵魂类比的发展，柏拉图意在使对话者们进一步确信苏格拉底叙事的现实性，接受苏格拉底在卷二至卷四中构造的思想试验。在这一意义上，显然对城邦－灵魂类

---

① 参见 Blössner, "The City-Soul Analogy", pp.346-347。
② Ibid., pp.347-350.
③ Ibid., pp.354-358.
④ Ibid., pp.358-360. 布洛森纳明确提到了威廉姆斯的论证。
⑤ Ibid., pp.375-381.

比的因果解释有助于格劳孔兄弟相信类比的合法性，尽管细致的分析将揭示这一解释在逻辑推演上存在困难或者会带来不可克服的悖论。[①] 相应地，在卷八和卷九中，苏格拉底不仅抛弃了字母的比喻，也进一步发展了卷四中的灵魂三分说，灵魂的划分不再单纯地依赖个别行为，而是奠定于其所指向的生活目标。[②] 柏拉图有关不同形态的城邦与灵魂演化的分析不再依赖于前文的类比机制，而是共同指向不同形态的生活方式，由此指向《理想国》最终的论证目标：幸福和正义的生活形态不可分离。[③]

　　布洛森纳以发展的观点在《理想国》作为一个长篇对话的整体框架中来考察城邦－灵魂类比的论证作用，这无疑有助于克服受分析哲学传统影响的哲学史家支离文本的倾向。然而，将卷四中有关类比的说明解释为纯粹的修辞手段，而不具有哲学论证力，这和费拉里的解释一样缺乏吸引力。而且，认为柏拉图或苏格拉底有意识地通过采取表面上富有说服力而实际上缺乏哲学依据的策略来调整论证，以赢得对话者的信任，至少是表面的信任，这有违《理想国》中苏格拉底论述的基本宗旨，也让我们怀疑柏拉图作为写作者的真诚。在卷二的一开始，苏格拉底就明确地告诉格劳孔他不仅要让他们看起来像是信服，而且要让他们真正地信服正义在任何情况下都胜过不义。（357b）如前文所述，城邦－灵

---

① 参见 Blössner, "The City-Soul Analogy", pp.372-375，特别参见第 374 页。

② Ibid., pp.360-366，特别参见第 363 页。相关的文本可以参见《理想国》550b，553b-c，559e-561a，572d-573b。

③ Ibid., p.372.

魂类比的引入正标志着苏格拉底正面建构正义理论的开始。①更重要的是，布洛森纳强调要在《理想国》的整体结构中考察城邦－灵魂类比，但同时又直接从卷四跳到卷八，将中间三卷称为有待读者填补的空隙（lacuna）。②而在下文中，我们将看到这一盲点恰好是理解《理想国》中城邦－灵魂类比的关键。

三、重思柏拉图的正义定义：理性的主导地位 与城邦－灵魂类比

城邦－灵魂类比的引入在于澄清正义的意义。然而，类比自身，即使同时考虑其横向的相似性和纵向的因果决定关系，也并不能定义正义，否则将会导致循环论证和无穷倒退。威廉姆斯的这一哲学洞见毋庸置疑。因此，在卷四中重新引入类比之前，苏格拉底先给出了独立的正义定义："做自己的，不多管闲事，这就是正义"（τὸ τὰ αὑτοῦ πράττειν καὶ μὴ πολυπραγμονεῖν δικαιοσύνη ἐστί）。（433a）③苏格拉底强调这正是美好城邦得以建立所必须要贯彻的原则。

---

① 参见本书第 79 页注释①。

② 布洛森纳只是在脚注中提到费拉里尝试着去完成这一工作。参见 Blössner, "The City-Soul Analogy", p.350。

③ 此处的翻译追随弗拉斯托斯，用"做自己的"（to do one's own）这一直译来传达原文这一习语自身所固有的含蓄或含混。相关讨论，参见 Vlastos, "Justice and Happiness in the Republic", p.115；特别参见本书第 83 页注释①。

首先，城邦起源于"匮乏"（ἐνδεής）：个体不能自足，需要通过交往来满足其各种需求。（369b-c）同时"人人本性有别，不同的人适于不同的事"（370b）。因此，在好的城邦中[①]，每个人都应当专注于适合自己天性的技艺来保证每个人不同层面的需要得以最大限度的满足。由此可见，"自己的"这一略显含混的表述在这里指与个人本性禀赋匹配的工作或职业。正义在这里呈现为社会分工原则，它所关涉的首先是生产技艺和城邦公民的经济功能，随后技艺的范围扩大到战争（374b）和统治（412c 以下），个体的政治功能也得以划定，并由此区分出三个不同的阶级或群体。在此，我们暂且不考虑这一由经济行为到政治身份的推导是否合理，而是面对一个更加本原但同时也是为威廉姆斯及其批评者们所忽视的问题："做自己的"真是柏拉图对正义的定义吗？

从卷一苏格拉底对特拉需马科的批评中我们可以知道，正义的定义必须能够普遍适用于我们称之为"正义"的事物。我们既谈论政治正义，当然也谈论个人正义。当苏格拉底引入上述正义的定义时，我们显然还不能直接证明它适用于个体灵魂，而必须先证明灵魂可以同样区分出三个要素，灵魂的正义在于这三者都做自己的。（435c）而前文已经证明，城邦－灵魂类比可以让我们期待这一发现，但不能直接决定灵魂自身必然如此构造。柏拉图深谙其间的微妙差别，因此转向所谓的"对立原则"（principle of conflict）[②]来建构其灵魂三分理论。这一论证能否独立于城邦－灵

---

① 这不仅适用于后文所说的美好城邦，而且适用于苏格拉底最初构建的城邦（"猪的城邦"）。

② 费拉里强调这一表述优于"矛盾律"。参见 Ferrari, "The Three-Part Soul", p.168。

魂类比而成立，是另一个富有争议的话题。更为重要的是，如大卫·萨克斯（David Sachs）和弗拉斯托斯所指出的，灵魂自身的内部和谐显然不能等同于个人社会生活中表现出的正当行为，心理正义或柏拉图的正义并不是苏格拉底的对话者们所关心的社会正义和所谓的流俗正义。至少，柏拉图需要额外的论证来证明二者间的关联。[①] 这些困难都在向我们昭示要么柏拉图的正义理论有其难以克服的理论困难，要么"每一个要素或部分做自己的"并非柏拉图最终对正义的定义。

其次，普遍适用性仅仅规定了定义的形式特征，例如"人是两腿动物"同样适用于一切正常人，但显然不足以成为对人的确切定义。正如亚里士多德所言，定义表述（ὁριστικὸς λόγος）不仅要澄清事实，而且要包含并且揭示其理由（αἰτία）。[②] 正义的定义应当解释我们所谈论的正义行为，而当其定义了正义的本质时，它就应当成为一切正义行为的最终理由，而不能被还原到其他的正义表述上去。而在前文中，我们看到在《理想国》卷四中，城邦–灵魂类比得以适用正是因为类比的双方都包含了正义的"形式"（εἶδος）。（435b）虽然，柏拉图在这里尚未引入其形式理论，但对于熟悉柏拉图的读者而言，这无疑暗示了二者间的可能关联，这一点我们稍后说明。此处可以确定的是，正义的定义应当揭示正义这一类（εἶδος）事物的本质特征。

---

① 参见 David Sachs, "A Fallacy in Plato's Republic," *Philosophical Review* 72 (1963): 141-158；Vlastos, "Justice and Happiness in the Republic"。

② 亚里士多德：《论灵魂》413a13-16。中文翻译依据罗斯（Ross）评注本：Aristotle, *De Anima*, edited, with introduction and commentary by David Ross, Oxford University Press, 1961。

　　由此，我们回到"正义即城邦或灵魂的每一个要素做自己的"这一定义。首先，"自己的"是一个省略的有待补充的表述。同时，其修饰或限定的内容却是含混的。在城邦层面，我们看到城邦底层的商人和劳作阶层去做自己的事，不仅意味着专注于交换和生产，而且意味着他们不参与政事，甘心作为受统治者接受护卫者的统治。（434b-c）我们势必要追问：什么或者谁确立了这一政治地位划分的合法性？天性显然不是一个有说服力的解释。如果说他们操持手艺和买卖符合他们的天性，这还容易理解的话，我们却很难想象这些匠人和商贩凭借天性就能认识并且接受他们所应当承担的政治地位。这在灵魂层面显得更加尖锐：当我们说欲望做自己的事，显然是说欲望将我们指向物质的善和身体的快乐，因为这是欲望的自然倾向之所在，而不是像苏格拉底所说的那样，对理性和意气的部分俯首帖耳。（442a-b）即使退一步承认欲望的部分也有可能在正义的灵魂中做到这一点，但我们无疑又回到了威廉姆斯所指出的欲望中是否能够包含最低限度的理性这一困难。

　　所有这一切都要求我们反思正义的分工定义。一般而言，一种分工要能给城邦或者灵魂带来好处，其前提在于分工是合理的。而天性、禀赋、自然倾向显然不足以成为这一合理性的根基。与此相对，理性自身则无疑是一个强有力的候选人。只有理性才是智慧的，才能认识并且规定什么是适合于其他要素"自己的"，以确保整个灵魂的善得以实现。（441e）我们如果仔细考察灵魂三要素的不同职责，就会发现它们显然处于一个等级秩序之中，只有当理性的统治地位得以确认，其他两个要素才有可能履行其职责。

理性的优先性决定了正义的分工定义至少在灵魂层面可以还原为理性统治。此外，如果说勇敢这一品德还有争议的话，智慧和克制都要求理性在灵魂中的主导地位。（441c 以下）[1] 这也就是说，前文提及的威廉姆斯的命题（3）和（4）完全颠倒了二者间的因果关系。

当然，在这里我们将正义定义为"理性统治"，在卷四中这仍然只是一个合理的猜想或假设，特别是在城邦层面。因此，我们需要证明柏拉图确实接受这样一个假设，并且这一假设在哲学上至少是可以捍卫的（defensible），通过运用城邦－灵魂类比，不会产生荒谬的或难以接受的后果。

这首先将我们指向城邦－灵魂类比的研究者们所忽略的卷五至卷七的内容。众所周知，这一部分包含着柏拉图有关理想城邦的制度化构想，他以形式理论为基础的认识论和本体论模型，尤其是那三个令后人争执不休的隐喻或类比。下面的论述限于篇幅，只勾勒重要的论证线索，力求指明一种不同的《理想国》解读攻略。

当苏格拉底以为他已经完成对"正义是什么"的界定，可以开始讨论诸种不义的形态时，他的对话者却要求他澄清美好城邦的现实性。这一要求绝非离题，而是直接关系到城邦－灵魂类比的合法性。类比的目的固然指向灵魂自身的正义和幸福，然而，如果正义城邦在理论上（λόγῳ）[2] 的自洽性和合法性得不到证明，

---

[1] 有关《理想国》卷四中四主德能否统一于知识和理性这一问题，参见埃尔文对苏格拉底理智主义主张的捍卫（Terence Irwin, "The Parts of the Soul and the Cardinal Virtues", in *Platon: Politeia*, pp.119-139）。

[2] 参见本书第 78 页注释①。

我们就会相应地认为正义的灵魂也只是一个自相矛盾的虚构，正义自身就彻底丧失了容身之所（ἄτοπος）。因此，苏格拉底对所谓针对美好城邦的"三次攻击波"的回应，对于维护苏格拉底的灵魂分析乃至整个正义理论同样关键。而"哲学王"的现实性正是将"理性统治"这一新的定义应用于城邦以验证其合法性。

这里我们不可能介入亚里士多德以降对于美好城邦的可能性的批评，这需要在另外的场合做专门的研究。[①]在这里我们需要关注的是《理想国》所依凭的论证步骤，因为我们的目的仅在于指明城邦－灵魂类比在《理想国》的整个哲学论证框架中是可以捍卫的。

哲学家作为爱智者，他们爱的是美或者正义的本性，由此而能达到对美或者正义之所是的知识。（476b-c）而知识无疑是理性灵魂卓越性的体现。苏格拉底断言，这一哲学知识同时决定了哲学家能够拥有实践经验以及其他一系列成为统治者所要求的品德，如热爱真理、自我规约、豁达慷慨等，因为这些必要的品质相互

---

① 西方的主流观点认为《理想国》中用言语描绘的乌托邦固然与现实的城邦相去甚远，但它作为人类社会的完满形态却并非完全不可能，绝非白日梦般的幻想。对这一立场的经典捍卫，参见 Christoph Bobonich, *Plato's Utopia Recast: His Later Ethics and Politics*, Cambridge University Press, 2002。晚近的讨论，参见 Donald R. Morrison, "The Utopian Character of Plato's Ideal City", in Ferrari ed., *The Cambridge Companion to Plato's Republic*, pp.232-255。而另有部分学者则认为柏拉图有意向其读者揭示理想城邦根本不可能实现，这主要来自施特劳斯及其追随者，参见 Leo Strauss, *The City and Man*, University of Chicago Press, 1964；Allan Bloom, *The Republic of Plato, Translated with Notes and an Interpretive Essay*, Basic Books, Inc., 1968。

关联。（485a-486e）[1] 在这里，柏拉图不再借助城邦 - 灵魂类比的平行相应的特性，而是将正义城邦的统治者还原为自己灵魂由理性统治的哲学王。[2] 然而，灵魂中理性的统治地位不再是一个简单的断定，而是扎根于理性认识对象在本体论上的优先性：它所认识并且热爱的是那些永远是其所是的东西，而不是在人们的意见或信念中变动不居的对象。我们只有理解了前者，才能拥有真正的知识。[3]

在后来的交谈中，苏格拉底不厌其详地要求讨论哲学王的教育实现的每一个细节（504d 及以下），以确保他们拥有对善的形式的知识。这之后更是用太阳喻、线段喻和洞穴喻来论证作为知识对象的形式在本体论上的优先性以及理性认识之于感知的优越性。当哲学王真正被教育成材时，对于他们来说"最主要的和最不可或缺的是正义，他们服务于它，发扬光大它，并且因此来整顿和治理他们自己的城邦"（540e）。无论这一论证是否具有说服力，它都无疑表明苏格拉底试图捍卫哲学王的现实性，正是为了独立地证明"正义即理性统治"这一命题在城邦层面与灵魂层面的合法性，强调它们只有在其形式理论框架下才能得到正确的理

---

[1]　关于哲学家如何能够获取这些实践经验或统治技术的最新讨论，参见 David Sedley, "Philosophy, the Forms, and the Art of Ruling", in Ferrari ed., *The Cambridge Companion to Plato's Republic*, pp.256-283. 塞德利（Sedley）强调了数学知识在其中的关键作用。

[2]　威廉姆斯和他的批评者们都毫不怀疑城邦 - 灵魂的因果解释至少适用于哲学王这一特例。

[3]　关于知识和信念之区分的经典研究，参见 Gail Fine, "Knowledge and Belief in Republic V" and "Knowledge and Belief in Republic V-VII", both in Gail Fine, *Plato on Knowledge and Forms : Selected Essays*, the Clarendon Press, 2003. 法恩（Fine）虽然捍卫了形式知识的重要性，但并不否认在柏拉图的认识论体系中，我们仍然可以拥有对于可感世界的知识。

解。而只有在确立了形式理论及哲学王之后，苏格拉底和他的对话者们才承认有关正义的城邦 - 灵魂类比得出了最终答案。(541b)

当然，如果柏拉图的形式理论是可行的，这就意味着"正义"这一谓词适用于城邦与灵魂只是因为它们分有了同一个形式。然而，前文所提到的心理正义和社会正义之间的内在差异却决定了我们必须要去追问：这两种明显相区别的正义表象之后为何存在同一个正义形式或正义自身？而哲学王无疑正是弥合这两种正义表象外在差异的关键，因为他既能坚守灵魂自身的正义，也能因此确保城邦的正义。而将我们指向这一理论的无疑正是城邦 - 灵魂类比。

由此，我们重新回到威廉姆斯的论证中，我们并不需要否认他那些有切实文本依据的前提，而只需要将命题（3）和（4）合并为命题（4），即正义在于理性统治。这一苏格拉底式的理智主义命题无疑适用于威廉姆斯所说的主导 - 部分规则。同时，由于这一命题并不必然导致也不需要假设灵魂的三分①，威廉姆斯有关欲望和意气的困惑也将迎刃而解，因为需要通过类比加以验证的正义的定义并不包含这两个要素。

当然，这一新模型的困难还在于如何解释卷八和卷九中有关不义的城邦与不义的人之间的类比，在这里需要类比的显然不仅

① 关于这一点，我们只需要回想一下苏格拉底谈论的"猪的城邦"，它或许是一个更好的城邦对应着更好的个体灵魂。(544a) 费拉里富有洞见地指出，如果苏格拉底没有被格劳孔打断，他完全可以在健康但原始的城邦和正义的人之间建立平行对应关系，从而使城邦 - 灵魂类比更加一目了然。在那样的倾向下，苏格拉底可能更会强调灵魂内部的合作特性，而不是一个等级秩序或者不同要素之间的比例关系。参见 Ferrari, *City and Soul in Plato's Republic*, p.39。

仅是理性部分。但正如布洛森纳敏锐地注意到的，在这后两卷中柏拉图对城邦－灵魂类比的使用发生了根本的变化，不再依赖于前文提到的平行和纵向机制。在这里需要强调的是，这不仅仅是出于修辞的考虑。通过哲学王的例子，苏格拉底有力地呈现了城邦与灵魂的正义可以有效地统一在同一个个体的政治生活之中，相应地，我们对不义的城邦与灵魂的考察也应当指向不同形态的生活方式。① 更重要的是，此处讨论的是不义，而在《理想国》中品德（或善）只有单一的形式（ἐν εἶδος），而恶德（或恶）则有无数类别（ἄπειρα）。（445c）因此，我们也不能借用形式理论来解释其他的城邦与灵魂形态，而需要逐一考察它们之间的平行对应。

由此，我们敞开了对城邦－灵魂类比新的解释方向，它不仅有助于回应威廉姆斯通过缜密的论述提出的哲学批评，而且能够将这一类比置于《理想国》的整个论证框架中，揭示出它和形式理论之间的紧密联系，更好地明确了其论证作用：它自身不足以定义正义，而是引导出必须在本体论－认识论基础上加以把握的正义理论。由此，柏拉图在肯定灵魂优先性的基础上并没有否认政治分析的重要性，而是将二者都框定在形式理论中。同时，这一类比也成为验证正义的定义的利器，构成柏拉图正义理论的一个重要因素，尽管不是其前提。而当柏拉图完成对正义的定义，进而考察不义的城邦与不义的灵魂时，他依然借用城邦－灵魂类

---

① 布洛森纳正确地强调了这一点，但未能注意到卷五至卷七的讨论对城邦－灵魂类比的影响。

比，但其目的既不是勾画城邦类型学（typology），也不是呈清不同类别的灵魂结构，而是展示与哲学王对立的生活方式。正如哲学王的生活有其内外两面，后者亦如是。由此通过对比二者最终指向苏格拉底对格劳孔挑战的回应：正义作为一种生活方式如何在任何情形下都要胜过不义。

同时，必须承认的是这一论证的缺陷也同样在于其对柏拉图形而上学的依赖，如果形式理论崩解了，这一类比同样会丧失其合法性。也就是说，上述解释只是缓解了城邦－灵魂类比的理论危机，将其延宕至柏拉图本体论和认识论的合理性之中。同时，这一粗线条的勾勒还有很多细节有待丰满，尤其是城邦－灵魂类比在卷八和卷九中的运用。但是，它至少揭示了《理想国》卷二至卷九的内在统一性，不仅囊括政治哲学和伦理学，而且统摄其形式理论，其中作为"理想国"的"美好城邦"和哲学王的现实性构成论证的重要环节，我们只有在整体把握了柏拉图形式理论的基础上才有可能正确地理解或者批评其正义理论，无论它有关城邦还是有关灵魂。这一说法平淡无奇，不幸的是，城邦－灵魂类比的研究者们，无论是出自分析哲学背景，还是来自大陆哲学传统，都不约而同或有意规避了这一老套见解及其后的形而上学预设。①

① 本文受到中国博士后科学基金资助项目的资助，特此致谢。如果没有靳希平教授的教促，本文恕难完成，谨致谢意。我还要感谢参与我的"柏拉图与柏拉图传统"讨论课的北大同学，帮助我推进对《理想国》基本论证结构的反思。本文中文曾在"第四届南北哲学论坛"上宣读，英文曾在"第九届柏拉图大会"上宣读。

柏拉图《理想国》中的"善"

朱清华*

柏拉图在《理想国》中将善作为最高的理念。首先需要说明，柏拉图所用的 agathos 表示 good（好），我们译为善。中文的"善"在本来的用法中，不仅仅表示道德上的良善，而更像我们日常用法中的"好"。说某事"大善"，就是说某事"很好"，没有道德评价意味。agathos 表示好的、有用的、高贵的、善良的。和坏（kakos）相对的好，在荷马史诗中指英雄的勇敢和高贵，后来也表示道德上的优良，同时也指好的事物，比如财富、运气，等等。①

---

* 朱清华，首都师范大学哲学系教授。
① 参见 Liddell & Scott, *Greek-English Lexicon*, p.2.

一、人有目的的行为的目标都是善

1. 善是目标和幸福主义

苏格拉底、柏拉图以及亚里士多德都深信，善是人都在追求的东西。苏格拉底认为，"善是一切行为的目的，其他事物都为善而做，善却不是为其他事物而做"（《高尔吉亚篇》500a）①，"快乐以及其他事物都以善为目的，而不是善以快乐为目的"（《高尔吉亚篇》500a）。在《理想国》505e 处，柏拉图称："每个灵魂都追求善，做一切事情都是为了它。"这里所说的行为和追求，当然是指有意识、有目的的活动。

有人会指出，我们有一些行为，即使是有意识的行为，也不是向善的，有的是中性的，有的甚至是向恶的。这一点柏拉图早就做了解释。在《高尔吉亚篇》467d 处苏格拉底指出，人们有目的的行为中，人们所想要的不是正在做的，而是为之而做的，要那个目的（heneka）。这个目的就是善。任何事物或者是 agathon 或者是 kakon，或者既非 agathon 也非 kakon，而既非善的也非恶的，有时分有善，有时分有恶，有时二者都不分有。人们做这些中性的行动也都是为了 agathon。例如，杀人、抢劫、没收财产等行为本是人不愿意去做的，有人之所以去做，乃是因为其认为这

---

①　τέλος εἶναι ἁπασῶν τῶν πράξεων τὸ ἀγαθόν, καὶ ἐκείνου ἕνεκα δεῖν πάντα τἆλλα πράττεσθαι. 善是我们一切行为的目的，一切其他事物都为了它而做，而非善为了这些事物而做。

样对自己有好处。

对善的追求这个思想在亚里士多德《尼各马可伦理学》卷一的开头也得到说明："所有技艺和所有探索，同样，所有行动和选择看来都以某种善为目的：因此，善合理地被认为是所有事物的目的。"（《尼各马可伦理学》1094a）由于认为生活是对善的目的的追求，而对于人而言最完满的善莫过于幸福（eudaimonia），苏格拉底、柏拉图、亚里士多德也都强调幸福在生活中的重要地位，并将幸福作为衡量人生的重要标准。他们都被认为属于幸福主义（eudaimonism）。柏拉图在《理想国》[①]中也指出，"建造城邦的目的不是为了某个阶级的幸福，而是为了整体的最大幸福"（《理想国》418b）。城邦的那些护卫者物质生活极度简朴，别的公民可以拥有土地和豪宅以及其他气派的东西，祭神宴客，生活自在，而这些卫国者没有金银钱财，只能像雇佣兵一样在城邦里面站岗执勤，甚至不能旅游。虽然如此，他们却并不因此而不幸福。（《理想国》419）那些在城邦中被培养的哲学家过着最幸福的生活，并且他们在履行了自己的政治职责后，完全献身哲学生活，虽然尚在人世，却犹如到了"福岛"（Island of the Blessed）。

对不同的善的追求导致不同的生活，"一切问题中最大的一个问题：善的生活和恶的生活问题"（περὶ τοι τοῦ μεγίστου ἡ σκέψις, ἀγαθοῦ τε βίου καὶ κακοῦ）（《理想国》578cc），关于善的理念则

---

① 本文《理想国》内容的翻译据 Plato, *Complete Works*, ed. J. M. Cooper, Hackett Publishing Company, 1997；同时参考以下版本中的希腊文：Plato, *Republic*, Loeb Classical Library,1930；还参考了以下中译本：柏拉图：《理想国》（节选本），郭斌和、张竹明译，商务印书馆，2002。

是"最大的知识问题"(《理想国》505a)。而对于如此重要的东西，柏拉图认为人们实际上并没有真正的知识。柏拉图指出，众人都认为善是快乐，而更高雅些的人认为善是知识/智慧（phronesis）。(《理想国》505b)在《理想国》卷六中柏拉图对这两种说法都予以否定。对于第一种说法，他说，还有坏的快乐，所以快乐不是善。对于第二种说法，他说，这种说法最后导致同语反复：问这种知识是什么，只能回答是善的知识。

柏拉图在这里将这两个答复轻轻带过。但这两个看似不经意的回答，其实是柏拉图一直思考的问题。我们可以从柏拉图在多个对话中呈现出来的著名的两个划分中，对这两点分别予以考虑。

2. 善的层次

在苏格拉底和柏拉图对善的最粗略的划分中，即灵魂的善和外部的善的区别中灵魂的善被突出出来。"最好的人，你是雅典人，这个最伟大、最以智慧（sophia）和力量著称的城邦的人，你只想着聚敛尽可能多的钱财，追求名声和荣誉，却不关心也不求知（φροντίζω）智慧（φρόνησις）和真理（ἀληθείας），以及怎样使灵魂变成最好的（τῆς ψυχῆς ὅπως ὡς βελτῖστη），你不为这些事而羞愧吗？"(《申辩篇》29d)[1]

在苏格拉底看来，灵魂的善远比外部的善重要。而雅典人却不关心最重要的东西，反而蝇营狗苟于外部的那些"好"东西，即外在的善——钱财、名声和荣誉，却无视内在的善——智慧和

---

[1] 柏拉图：《苏格拉底的申辩》，吴飞译，第 108 页。译文有改动。

真理。这是让人大失所望的事情，配不上雅典人最伟大、智慧、勇敢的名声。苏格拉底穷其一生都在试图扭转雅典人的灵魂的目光，从向外求外部的善转为向内提高灵魂的善。无论是做"牛虻"，被称为魟鱼，或自愿为灵魂助产士，都是在做这一工作。

柏拉图不止于这种粗略划分，而是进一步通过划分来剖析最大的善是什么。

（1）肉体－灵魂划分中，它们各自的善。苏格拉底在论辩中，总是不失时机地将话题引向"灵魂"，从而构造出身体和灵魂的区别与高下。在《高尔吉亚篇》中，苏格拉底和高尔吉亚讨论修辞术是什么，他也引入了这个话题："我想，有这样一些你称为身体和灵魂的事物？"（《高尔吉亚篇》464a）于是，他提出在身体和灵魂两方面，都有真正的好的状态和虚假的好状态。对应好的状态有4门技艺——立法、正义、体育、医学，它们是以真正的善为目标的，身体方面是健康，灵魂方面是德性。对应4种坏的巧技——烹饪、修辞术、化妆修饰、诡辩。它们的目标只是快乐，而忽视善。如烹调，就仅仅是假冒医学，实际是一种奉承。在《理想国》卷九中，柏拉图指出充实身体和心灵的东西分别是食物和饮料与真意见、知识和理性，后者比前者更为实在。

（2）在灵魂内部对抗中，真正的善得以凸显。柏拉图将灵魂划分为三个部分：理性、激情和欲望。这里相互对抗的主要是欲望对理性的抵抗。一般地说，欲望追求的是快乐，而理性追求的是知识和智慧。

在卷九中柏拉图也说灵魂的三个部分各有各的快乐（τριτται

ἡδοναί），各有各的欲望和始点（ἐπιθυμίαι καὶ ἀρχαί）。在这里，他将灵魂三个部分追求的目标统称为快乐：人的灵魂有三个部分、三种快乐，有对应的三种欲望和统治类型。

> 第一部分：用于学习，是爱智的部分。
> 第二部分：用于发怒，爱荣誉，追求胜利。
> 第三部分：用于欲求，追求各种生理欲望的满足。

这两种说法都在柏拉图思想中有重要作用。前者构成善的追求中快乐和追求智慧的张力，后者表明在求知中仍然有快乐产生，并且是真正的快乐，而非混杂了痛苦的、以痛苦为前提的快乐。这种纯粹的快乐混合以理智（nous），构成最好的生活。

二、追求快乐还是追求善？

1. 对以追求快乐为目的的生活的批驳

在一般情况下，柏拉图用快乐来表示专门和身体相关的欲望的满足。这在很多地方表现出来。甚至有时他把善和快乐对立起来，以表明真正的善不是这种快乐。例如，他在说明修辞术等虚假的技艺时说："它的目的是快乐，而忽视最好的东西。"（《高尔吉亚篇》465a）

对快乐是善的这种大众性的普遍看法的批驳，在柏拉图这里最多最丰富。这大概是因为人们受身体相关的快乐影响最大，这种善的观点持有者最多，而对这种观点的批驳最能够将人的灵魂从生灭世界扭转到实在的世界。在《理想国》中，这种快乐－善的持有者的典型是类似卷一中出现的色拉叙马霍斯这样的智者和卷九中出现的僭主型的人。色拉叙马霍斯在说明"正义是强者的利益"时，将正义等同于利益，强者最能取得和保护自己的利益。而《高尔吉亚篇》中说得更加明确。波鲁斯为修辞术辩护，说修辞家像僭主一样，拥有最大的权力，生杀予夺，随心所欲。卡里克勒斯也主张，强者依循权力的真正本质，强者应当取得一切，包括用强权夺取弱者的财产。这是"天然的正义"（natural justice）。（《高尔吉亚篇》488b）说到底，他们都认为，他们所说的强者、独裁者的生活让人欣羡之处在于，他们能够使自己的欲望不受限制地得到最大满足，"我现在坦白告诉你的是，正当地生活的人应当让他的欲望尽可能地强，不要抑制它们，当他由于自己的气概和巧智达到了欲望的顶峰的时候，应当能够去服侍它们，满足每个欲望以其所欲求的东西"（《高尔吉亚篇》492a）。卡里克勒斯最终给出了自己对强者、优秀的人之自然的高贵和正义的解释，就是不限制自己的欲望，令其尽可能强大，理智和勇敢用来满足各种欲望。他反唇相讥哲学，提出适度地学习哲学有益于教养，终身学习哲学则是可笑的。（《高尔吉亚篇》485a-b）苏格拉底这种哲学的生活是可悲的。哲学就是夸夸其谈和做蠢事。

欲望是应当被节制，还是应当被尽量满足？哪种生活更值得选择？（《高尔吉亚篇》491a）这个问题也是《理想国》的一个基础性问题。如果生活就是对欲望的满足，即获得和身体相关的快

乐，那么建立卷四中灵魂的正义——在理智统治下的整体的和谐
一致——就是没有意义的。因为对于相信快乐即善的人而言，建
立一种统一和谐，目的也不过是最大地、有计划地满足欲望。在
《高尔吉亚篇》中，柏拉图对这种完全从欲望满足中获取幸福的
生活用两个比喻来彰显其不足取：（1）瓦罐喻。这种人的心灵是
有裂缝的罐子，日夜操劳也不能令罐子满盈。（2）瘙痒喻。苏格
拉底说，欲望没有止境，无法得到满足而终止，就像瘙痒，从瘙
痒得到快感如同满足一切欲望得到快感，其性质卑下不言而喻。
（《高尔吉亚篇》494c）在《理想国》卷九中，柏拉图又增加了新
的论证，论述以满足欲望为快乐的生活是不值得的生活。其中一
个是"灵魂塑像"（《理想国》588d）：多头怪兽、狮子、人构成
的人形，分别代表构成灵魂的欲望、激情和理性。在理性的统一
指挥下，通过对欲望的节制、对激情的塑造，灵魂形成协调的整
体，就是正义。如果有人说非正义对人有利，做正义的事情不能
带来好处，他就是主张，先喂饱多头怪兽，也喂饱狮子，使之肥
壮，然后饿其中的人，使之虚弱，这样另外两个就随便拖着它跑
了，让各个部分撕咬杀戮，而非培养它们和睦共处。

在《斐莱布篇》中，苏格拉底断然指出，快乐绝对不会是第
一位的善。即使所有的动物都来作证，也不是。大众说快乐是
生活中第一位的，也是以动物性为依据这样说的。（《斐莱布篇》
66b）

在柏拉图看来，欲望主宰的生活不但自身没有价值和混乱，
还造成了道德沦丧和社会正义的丧失。色欲（eros）成为"大翼

雄蜂",使人疯狂,丧失羞耻感。柏拉图对欲望的划分如下(《理想国》571b):

$$
\text{欲望}
\begin{cases}
\text{必要的} \\
\text{非必要的}
\begin{cases}
\text{合法的} \\
\text{不法的}
\end{cases}
\end{cases}
$$

不法的欲望在人睡觉的时候活跃起来:"摆脱羞耻和理性的控制,敢于同母亲或任何别的——男人、神、动物交媾,下流的谋杀,没有什么是不能吃的。"(《理想国》571c)在色欲的带领下,各种欲望沸腾不止,欲壑难填。《理想国》中人格之下滑也是对各种欲望的态度的依次堕落。民主类型的人追求自由,已经下降到了非必要的欲望的满足。而僭主型的人就是充满了不法的欲望并力求满足它们以获得快乐的人。

柏拉图在卷九中还对快乐进行了剖析,表明满足欲望获得的快乐不是真正的快乐,其他的快乐是混杂着痛苦的。所谓快乐,就是在痛苦和中间状态之间徘徊。而真正的快乐也就是纯粹的快乐,不伴随痛苦,诸如嗅觉、视觉、学习。柏拉图在《斐莱布篇》中对快乐的生成原理进行了说明。任何和身体相关的快乐实际上都是以痛苦为前提的。痛苦的消失就是快乐。灵魂和身体一样,有混合的快乐和痛苦。(《斐莱布篇》47e)灵魂自身的痛苦包括:嫉妒、恶意、悲伤、渴望、害怕、愤怒。在嘲笑、戏谑别人中获得的快乐,就是灵魂的混合的快乐。我们一生中所经历的大多数快乐,都属于这种混合的快乐。它们数量巨大,种类繁多,程度也可以达到很深。但是，这些快乐都和痛苦相伴。因为产自恶的身体和灵魂状态，为了脱离痛苦，而追求这样的快乐。但是它们又不能摆脱痛苦而单独获取。一个终结，另外一个也到头了。另外，柏拉图表明，快乐是生成性的，所以它自身不是善。生成的必然会毁灭。生成是快乐的，而毁灭带来痛苦。那些在生成中获得快乐的人，并没有获得善。快乐是生成，而目的是善。那么快乐自身就不是善，而是为了善。

2. 纯粹的快乐

苏格拉底说："快乐是一个词，但是形式有多样。不道德的人、愚昧的人感到快乐，道德的人、理智的人也感到快乐。他们的快乐是不同种类的。"（《斐莱布篇》12c）除了在欲望满足中获得的快乐之外，还有一种真实的快乐，即心灵纯粹的快乐。最好的生活是一种调和——快乐和理智、蜜和水的调和。我们需要的是真实的快乐。把它掺和进混合物中，以获得最大的善。而大多数快乐都是阻碍灵魂追求知识的。只有那些与理智接近的、真实的和纯粹的快乐，加上健康和节制以及其他促进德性的快乐，被允许进入善的名单。那些总是掺杂了愚痴和其他恶的快乐，对于追求最善和最稳定的混合的人来说，是完全不理智的。

《理想国》始于对色拉叙马霍斯挑战的回应，大致终于对僭主生活最不幸福的论证，之间将幸福的生活等同于正义的生活，正义在于理性的统率以对欲望的节制，这个结构也展示出柏拉图探索善和好的生活的一条线索：对以欲望满足之快乐为目的的生活的审视和否定，对以理性为统帅的真正的快乐和幸福生活的探求。

与僭主的生活相对照的，就是哲学家的生活。僭主拥有明显的善——快乐、荣誉，而哲学家却拥有真正的善——幸福。

总而言之，在快乐和善的关系上，柏拉图对狭义的满足欲望的快乐用大量笔墨进行批驳，但还有一种广义上的快乐——心灵纯粹的快乐，柏拉图将之容纳进了他的"好的生活"的规划中。虽然在善的次序中，即便是这种纯粹的快乐，排序也是最后的。

三、善与德性

苏格拉底要人提升自己的灵魂的善，主要是就德性而言的善。德性作为一种重要的善，其地位在苏格拉底那里自不待言。因为当人们说苏格拉底将哲学从天上拉到地上的时候，就是说他关注的是伦理学问题。苏格拉底说，生活得好就是生活得正义且光荣（To live well means the same thing as to live honorably or rightly）。（《克里托篇》48b）《理想国》卷二中对善的划分指出，正义这种统率性的德性属于最好的一类善：自身善，结果也善。结果善的意思是说，正义对正义的人有利。在这里顺便也可以看出柏拉图对利益的态度：承认利益是一种善，谈正义并不是"何必言利"的对利益的排斥态度。整个《理想国》都在回应卷一中提出的两个问题：正义是什么？正义是否有益于人？正义对人的益处表现在外在和内在两个方面：外在的利益是赢得荣誉和尊敬，甚至从长远来看对财产、朋友、结亲等都有好处；内在的利益在于灵魂的健康愉悦状态。

在《高尔吉亚篇》中苏格拉底说，最恶的之所以最恶，是因为它制造最大的痛苦和损害，而最大的恶（foulest of all）是不正义（injustice），即一般而言的灵魂的恶（vice of soul），而善，如果正义是其中最好的（kalos），则它一定会产生最大的快乐和利益。（《高尔吉亚篇》477c-d）这里柏拉图所说的最大的快乐当然不是满足和身体相关的欲望所获得的快感，而是灵魂自身的愉悦。这种善——对应于正义自身的善，柏拉图在《理想国》和《高尔吉亚篇》等中都将其比作灵魂的健康。生病的人接受医生的建议，约束自己。对于灵魂而言也是这样，约束欲望，只能做有益于改善灵魂的事情。（《高尔吉亚篇》505b）

追求欲望的满足，无止境地追求快乐，恰恰是无德性和不正义的起源。因为一味满足欲望就会不节制——节制是一种最基本的德性，其他的恶也会蜂拥而至，灵魂就会混乱无序。《高尔吉亚篇》中对此有初步的说明，《理想国》中则有系统的论述。正义的灵魂首先是以理性节制了欲望的有序和谐的灵魂。柏拉图既然将邪恶的来源归于欲望，那灵魂的善——正义——自然就也应在灵魂内部找到，并恰恰是在对欲望的约束中找到。同时，柏拉图相信，灵魂在无序中是坏的，在秩序中是好的（《高尔吉亚篇》504b），所以理性统率下灵魂达到的有序状态是灵魂最好的状态。将正义归于一种灵魂内部的和谐一致并非将正义非道德化，而是基于柏拉图的以下信念：欲望自身不会限制自己，而不加限制的欲望会导致混乱和邪恶，会带来痛苦和不幸；理性具有关于真正的善的知识，能够统率灵魂整体提升自身，趋向善。所以，柏拉图说具有这种有秩序的灵魂的人，即他说的正义的人，最不会做不正义的事情。《理想国》中正义的构想基本基于这种事实。

美德之所以是美德，最重要的是因为它和知识相伴。一味节制情欲并非总是美德，任何情况下都勇猛冲动也不是真正的勇敢。（《美诺篇》88b）只有在具体情况下知道如何行为最有利（最善），并择善去恶，行为才具有美德。事实上，柏拉图将知识和智慧作为灵魂的最重要的德性。他在《理想国》卷七中提出，"灵魂的其他德性大概有些类似于身体的德性"（《理想国》518e），都是通过习惯和训练形成的。而理智（φρονῆσαι）的德性似乎更加神圣。事实上，在柏拉图看来，德性只有在哲学家那里才是完善的和真正的。他说，勇敢尤其是哲学家的品质（《斐多篇》68c），节制也是；其他人的那些行为，只是放纵的另外表现，其目的是追逐更大的快乐（《斐多篇》69a）。那么，在追逐身体快乐、财富等的活动中表现出来的就不是勇敢，或者不是真正意义上的勇敢。只有哲学家摆脱肉体阻碍、追求睿智而表现出来的品质是真正的勇敢，如苏格拉底之选择死亡，勇敢地面对死亡。世俗人的道德都是赝品，所谓节制只是用小痛苦换大快乐，或者痛苦、快乐之间的交易，而真正的德性，只能用智慧来交换。（《斐多篇》69b）在柏拉图这里，德性之善的追求必然要走向对知识的追求。

四、善与知识

在前文提及的《理想国》卷六 505b 处对善的两种说法中，对快乐与善的关系已经说明，还有善与知识的关系。《高尔吉亚篇》中提出，"最可敬的是拥有知识，最耻辱的是没有知识"（《高尔吉亚篇》469c）。苏格拉底说，这个问题关系到有知识是最高贵的（kalliston），关系到是有知识的人还是无知的人更幸福。知识无疑是一种极其重要的善。在美德以及其他善中，知识是必不可少的，为了使人们所拥有的这种"善"真正成为好的和有益的。在《美诺篇》中，柏拉图提出了其他的善，诸如健康、强壮、美丽、财富等，但是表明这些东西也会带来伤害。（《美诺篇》87e）决定一个事物有益还是有害的，是能否正确使用它们。也就是说，是否具有正确使用它们的知识。灵魂的性质也是这样，可以是有益的，也可以为害。如果由智慧引导，就会导向幸福；如果由无知引导，则相反。（《美诺篇》88a）美德是一种善，是灵魂的属性。如果灵魂有智慧，这些性质就会带来益处，导向幸福；但如果无知，则导向损坏。例如，勇敢在无知的情况下会成为鲁莽，带来害处而非益处。真正的美德总是有益的，所以苏格拉底认为美德就是知识。（《美诺篇》88c）

但在《理想国》中，柏拉图对善是知识这种回答并不满意，原因在于，知识或智慧仍有其 arche（本原、统帅），这就是善自身。在《理想国》中，对正义的回答有"短的路"和"更长的路"，前者就是灵魂的和谐一致说，而后者是要对德性和正义有真正的知识，这需要深入正义的本原，即对善自身进行把握。柏拉图在太阳喻中说，就像将光和视觉看成太阳一样，这是正确的，但不能将它们当成太阳；同样将知识和真理（episteme，alētheia）看成善一样是正确的，但将它们认为是善就不对了。善的品格要更加高贵。（《理想国》509a）事实上，柏拉图认为善是知识和真理的原因（aitia），它给了知识的对象真理，给了认识者认识的能力。（《理想国》508e）更有甚者，它给了知识的对象存在和本质（einai and ousia），而善自身不是存在，而是超出于存在。（《理想国》509b）在线段喻中，善的位置也很清楚地表明了它作为知识的基石和本原的位置。在可知世界中，数学－理智活动是以假设为基础的认识活动，所获得的不是绝对意义上的知识，而只是知识的准备和入门阶段。在理念－理性/辩证法活动阶段，虽然以假设开始，但向上上升到本原，最终返回取消了假设，获得真知。那这个作为知识和存在的本原的善自身到底是什么？

1. 对善自身的种种理解

第一，善是神（Good-God）。在西方传统的解释中，善自身常常被理解为神（God）。自新柏拉图主义者普罗提诺（Plotinus）将善解释为"太一"，将它类比为上帝的说法就层出不穷。耶格尔作为柏拉图研究史上里程碑式的哲学家，他毫不怀疑善自身就是上帝。[1] 他认为善自身无论是作为第一原则，作为尺度，还是作

---

[1] 参见 Werner Jaeger, *Paideia: Ideals Greek Culture*, Oxford University Press, 1944, pp.285-288。

为幸福，都是上帝。策勒尔（Zeller）认为至善是一切事物追求的最终目的（目的论），等于基督教实际的一神：上帝。这个神以相为原型，用理性创造了世界。上帝因为其知识与美德而受到崇拜。至善是知识与美德的统一，就是造物者上帝。[①]

有人则认为善自身就是努斯（nous）。[②] 因为努斯发展所有积极价值的最终源泉，所以是价值的最终本原；又因为努斯将世界混沌变为有秩序的体系，不遗漏任何积极的价值潜能，尽可能地发展它们。这种理解和将善理解为上帝是很接近的。但问题是，在《斐多篇》中苏格拉底的"第二次航行"所说的原因是最高的善，努斯在安排世界的时候所参照的是善自身，即它的目的是善，安排世界的原则和出发点是善。但努斯自身似乎不能说就是善自身。

第二，至善是"一"。图宾根学派的乔瓦尼·利勒（Giovanni Reale）认为至善是最高原则。这一最高原则指的不是基督教的上帝，而是柏拉图不成文教义中的一与不定之二学说（the One and the Dyad）。至善是"一"，是存在的基础，是真，是善。[③] 它通过限定（delimitation，determination，definition）[④] 作用于它对立的原则"不定之二"。由于"一"与不定之二的相互作用，所以产生了相以及以相为原型的感觉现象世界。每个实体都体现了一与多

---

① 参见策勒尔：《古希腊哲学史纲》，翁绍军译，山东人民出版社，1992，第150-151页。

② 参见 Rupert Clendon Lodge, "The Platonic Highest Good," *The Philosophical Review* 36 (1927): 428-449。

③ 参见 Giovanni Reale, *Toward a New Interpretation of Plato*, trans. John R. Catan and Richard Davies, the Catholic University of America Press, p.167。

④ Ibid., p.150.

的结合。[①] 因而至善作为"一"不是上帝。"一"是神圣的，是高于上帝的最高尺度（measure，rule），就连上帝也必须遵循至善这一最高原则。不过，能够最完善地实现至善尺度功能的，正是上帝，因为上帝最像尺度[②]，上帝是一切事物中最善的。

第三，结构说。余纪元将善自身理解为善的结构——形式/理念之间的结构。[③] 正如灵魂中的正义是灵魂中各个部分的结构，唯有智慧、勇敢、节制都实现了，它才出现。善也类似，只有当形式各就各位的时候，善自身才显现。之所以说知识和真理来源于善，是因为对事物的完美知识需要知道它在作为其部分的目的论系统中的地位，而非孤立地知道该事物。此解释具有结构主义的意味。

这种说法如果不仅指诸如理性、激情、欲望的和谐结构这样的理念之间的关联，而且包含理念有尺度地结合和分离，则解释范围就更宽阔。不过，这种说法与尺度说也就区别不大了。

2.善自身－轭

海德格尔通过对柏拉图洞穴喻的诠释，提出了善之光源说。在海德格尔看来，柏拉图善的理念并非秘密，并非不可说，只是以和日常不同的方式被说，所以说它是"不可说的"。要理解这"不可说的"，只有在那些可说的基础上才能达到。

消极的自由是被解除枷锁，这种自由并未给人带来实质的解放。积极的自由是将自己系缚于"光明"，让光引领自己。海

---

① 参见 Reale, *Toward a New Interpretation of Plato*, p.150。

② Ibid., p.430.

③ 参见余纪元:《〈理想国〉讲演录》，中国人民大学出版社，2011，第 145 页。

德格尔称积极的自由是"看入光中"①。他说这种看是一种澄明之看（Lichtblick）。"自由的本质，简言之就是澄明之看：预先让光发出，并让自己系缚于光。"②光明在黑暗中辟出通道，打开一个敞亮之所，使目光得以自由地看。而人看入光中，就是让自己追随光，系缚于光。光是给出自由者，我们通过系缚于光而获得自由，透过光而看到存在者。这就是为什么说真正的自由并非完全没有约束，完全散漫没有方向，而是将自己系缚于那给出自由者（Freigebende，Freimachende）。海德格尔强调，这种系缚并不是放弃自己的自由，放弃自己的能力，而是由此获得能力。只有一种真正的澄明之看才能奠定人的自由的基础。"看入光中意味着，提前同给出自由的东西打交道。给出自由的东西就是解放者、造成自由者。看入光中就是对造成自由者成为自由的，我对它行为，在这个行为中它使我真正地自由：系缚于那让通过者。通过系缚获得能力，而非放弃能力。系缚不是丧失能力，而是占有。"③"系缚越是本源性的，就越是接近存在者。"④在这里，光即代表着理念。光是造成自由者、让通过者，那么理念也是如此。

　　前面的解释已经表明，理念（在柏拉图那里是知识和存在的来源，自身也是存在和真理自身，而海德格尔也将它表达为最存在者和最无蔽者）是一个预先的勾画、预先的构型，存在筹

　　① Heidegger, *Vom Wesen der Wahrheit. Zu Platons Höhlengleichnis und Theätet*, ed. H. Mörchen, Vittorio Klostermann, 1988, p.59.

　　② Ibid., p.60.

　　③ Ibid., p.59.

　　④ Ibid., p.60.

划。让存在者通过它而获得理解。在理念的看中，最存在者、最无蔽者——真、真理显现。那么这个构型、筹划来自何处？就是那超出它的赋能者。善的理念就是这个赋能者。光给出自由，是因为光敞开、打开一个场所，使人的眼睛可以自由通达。视觉，使事物在场，而且是最完美的在场形式——看到它们的型相（Gestalt）、边界（peras）。在可知世界，也需要这样的一个轭。有一个东西，它赋予灵魂的努斯理解力，而赋予可知的事物可知的能力。柏拉图说，那作为存在者的存在者，只有存在于无蔽（aletheia）中的时候，才是可通达的。（508e1ff.）"那提供给可被认识的存在者以无蔽的，和那授予认识者认识能力的，我说，是善的理念。"[①] 善的理念所轭住的，一方面是对存在的理解，另一方面是存在的敞开性，即无蔽。善从根本上令存在和无蔽可能。

对善的追问就是哲学的界限。追问至善就是追问真理的本质，也是追问存在的本质。

五、灵魂教育为目标的理想城邦
——在趋向善中获得幸福

柏拉图认为只拥有某个事物，而不拥有其善，那么这个事物就不值得拥有。在《理想国》中，柏拉图指出最大的幸福来自对

---

① Heidegger, *Vom Wesen der Wahrheit. Zu Platons Höhlengleichnis und Theätet*, p.104.

善自身的观看，即哲学沉思生活。柏拉图在论述哲学家的时候表明，哲学家在洞穴外面可以过最幸福的生活，沉思也是他最喜欢的生活方式，所以哲学家不愿意做王，因为那等同于回到洞穴"评价影像"。阿兰·布卢姆（Allan Bloom）甚至认为，人真正的德性唯有理智德性，哲学家或者说人真正的幸福只是在沉思中，所以哲学家不会返回洞穴做王。

《理想国》的主旨是教育，而且是灵魂塑造意义上的教育。从教育这个立足点出发，伽达默尔也指出："关于城邦的实际结构或制度的学说实际上并不是这部早期著作的核心。这里所关心的甚至不是城邦的公正法律，而是城邦的正确教育。"①

《理想国》卷二至卷三中的文艺审查和清洗是对灵魂塑造的准备，理想城邦是灵魂提升和潜能发挥最无碍的环境。在这种纯洁的幼年教育中，柏拉图的目的是让人在进入真正的学习之前，让心灵没有任何杂质和干扰因素，如同准备画画前将画板洗净。（《理想国》501a）

有人认为柏拉图的教育有洗脑嫌疑。这是不成立的。柏拉图所说的真正的学习过程没有任何一项是在灌输某种观念。幼年进行文艺教育的目的不是制造某种世界观和假象，而是消除不利于塑造灵魂的节制、勇敢和其他德性，即妨碍真知的因素。

何种教育能够通向至善？柏拉图认为现存的教育中没有这种教育方式，无论是音乐还是体育。各种技艺都不能，因为在

---

① 伽达默尔：《伽达默尔论柏拉图》，余纪元译，光明日报出版社，1992，第81页。

他的看法中，所有技艺都是卑下而机械的（banausoi, base and mechanical）。(《理想国》522b）唯有洞穴喻以及后面提供的教育程序中指出的灵魂转向，是理想国的核心诉求。"作为整体的灵魂必须转离变化世界，直至它的'眼睛'得以正面观看实在，观看所有实在中最明亮者，即我们所说的善者。"(《理想国》518c）教育所做的就是促使灵魂转向（conversion），而且是使灵魂更容易更有效地转向。

柏拉图建立这个"理想国"，甚至可以说是将亚里士多德作为个人选择的沉思生活——最幸福的生活——制度化为城邦生活，使每个人最大程度地过他的理性力所能及的幸福生活。这个城邦在现实中、在制度上也许并不存在，不能实现，但在心灵的"秘密王国"却一直存在。哲学家就是其无冕之王。

美、善与爱欲
——"柏拉图式的爱"的哲学意义

梁中和[*]

我们探讨的主题是两个关键词，一个是至善，另一个是爱欲，是柏拉图式的爱涉及哲学方面的最重要的两个关键词。在正式进入主题之前，我们先来介绍相关的人物，首先介绍两位，一位就是大家都非常熟悉的柏拉图所有对话的主角苏格拉底，另一位是大家相对陌生的阿尔喀比亚德。

一、苏格拉底的爱人

苏格拉底曾在《会饮篇》177d 处说他自己除了爱欲以外，其

---

[*]　梁中和，四川大学哲学系教授、西方古典哲学研究所所长。

他什么都不懂。这一反他在《申辩篇》中所说的"自知无知"态度。因为在《申辩篇》中他说他什么都不知道，他只知道自己无知这件事情。但是在《会饮篇》中，也是在所有柏拉图的著作中唯一一次破例，就是在《会饮篇》177d处，他说除了爱欲什么都不懂，也就是说在爱欲方面他是懂的，甚至是专家。

就是这么一个自称知道爱欲的人，在历史上的确也曾真实地有过一个爱人，只是我们后世没有特别多地去宣扬这个事情。他自己承认过的唯一一个爱人叫阿尔喀比亚德。我相信熟悉伯罗奔尼撒战争史的朋友们一定听说过这个名字，而且多多少少会对他有点兴趣。这个人出生在公元前450年，比苏格拉底整整小20岁，但是比苏格拉底早5年去世。他是当时雅典非常著名的政治家和军事家、将领、统帅。他出身高贵，他的父亲和母亲全都是当时重要的贵族，他母亲是伯里克利家族的近亲。他父亲在战场上阵亡，后来母亲也病逝，当时他和他的弟弟都还年幼，就被委托给了伯里克利收养。伯里克利成了他们的监护人，也就是说他们是当时雅典执政长官伯里克利的养子。

阿尔喀比亚德是一个典型的充满了生命活力的人，而且相貌非常俊美，据说是古希腊最漂亮的男人。后世有人说阿尔喀比亚德是这种人——"他年轻的时候，把别人的丈夫从妻子身边带走；他长大了，又把别人的妻子从丈夫身边带走。"也就是说，此人对男性和女性的吸引力都相当大，而他在历史上也的确是一个爱欲非常充沛的人。有记载甚至说，在伯罗奔尼撒战争后，因为雅典对他不公，他叛逃雅典跑到斯巴达，和斯巴达国王走得很亲近，甚至让斯巴达国王的王后怀孕，生了两个私生子，可以看出这个人的精力非常旺盛。他后来又叛逃了斯巴达，跑到波斯，帮助波斯攻打希腊。整体上看，他是一个声名狼藉的、非常放荡的人。

但就是这样一个人，他居然成为苏格拉底唯一承认的爱人，就是苏格拉底爱的对象，苏格拉底最初的追求者。在一篇叫作《阿尔喀比亚德前篇》的对话中，柏拉图记载了苏格拉底和阿尔喀比亚德最初谈话的内容。在这篇对话一开始，苏格拉底说：

> 克莱尼亚斯之子（这是指阿尔喀比亚德），依我看你一定会觉得很奇怪，因为我本来是你的第一个情人，当时你还有很多情人，常常缠着你和你谈话。现在他们都已不再做你的情人了，我却成了唯一一个对你不离不弃的，而且多年来我都一言未发。这倒不是因为有什么人不让我说，而是有一个灵明①在阻止，关于这个力量你自己以后会听说的。它现在已经解除了（阻止），所以我来了。我真心希望它以后不再阻止我。不过话说回来，我已经大体上考察了你的那些情人，尽管他们人数不少，而且神气活现的，但你的神气远远超过了他们，于是个个都跑掉了。让我来细说一下为什么你的神气高于他们，你宣称在任何事物上都不需要任何人，因为你现在拥有的已很丰厚，看起来，身体以始，终于灵魂，你都一无欠缺。首先，你自认为最俊美、最高大，很明显，这点上你并没有撒谎。其次，你以为自己属于全希腊最大城邦中最

---

① 这个灵明就是我们从《申辩篇》中知道的"灵机"（daemon），我把它翻译成"灵明"。

具活力的家族。通过你父亲你拥有最多、最优秀的朋友和亲戚。无论你需要什么，他们都会满足你。还有其他一些亲友，是由你母亲那里得来的，一点也不比你父亲那边的人少或差。你会认为克珊提普斯之子伯里克利拥有比上面所有提到的人更为强大的势力，他是你父亲留给你和你胞弟的保护人。他不仅可以在这个城邦，而且可以在全希腊乃至很多强大的蛮族地区为所欲为。我还要再（在这些优势上面）加上你是富人这一点，但是我想你在这一方面考虑得最少。你在所有这些优势上吹嘘自己，认为都强过你的情人们。他们的优势即便增强了，也赶不上你的，你并没有忽视这一切。因此我很理解你会奇怪，为什么我不想放弃对你的爱，以及当其他人躲开后，我留下来是抱了什么样的期望。①

上面这些就是《阿尔喀比亚德前篇》中苏格拉底遇到阿尔喀比亚德后和他交谈时的开场白。

这个开场白里面，我们可以看到苏格拉底表明了阿尔喀比亚德这个人的身份，他的处境是非常优越的。但是为什么他的情人们不在了呢？没有追求他了呢？因为阿尔喀比亚德已经成年，18岁以后他的胡子已经长起来了。这一点刚好是当时崇尚"男男"之风的古希腊人认为结束这种年长者和年少者爱欲关系的一件事情。

所以，我们在《普罗泰戈拉篇》一开篇的309a这一部分就可

---

① 柏拉图：《阿尔喀比亚德前篇》104a-c。引文出自：柏拉图：《阿尔喀比亚德》，梁中和译疏，华夏出版社，2009，第52-57页。译文有改动。

以看到，有朋友和苏格拉底打趣说："你这看起来像是打哪儿来呵，苏格拉底？岂不明摆着刚追过阿尔喀比亚德的青春么？其实，前不久我看到过他，看上去的确像是个美的男子诶，不过，[已]是男子咯，苏格拉底我们自己说哈，[他的]胡子已经发芽儿啦。"苏格拉底说了什么呢？他说："那又怎样？你不恰是荷马的追捧者么？荷马说，最魅人的青春劲儿恰是胡子初生，阿尔喀比亚德正是时候呵？"①

那胡子出生是什么意思呢？这其实是象征着肉体鲜嫩和理智萌生的时刻，恰好是他肉体的鲜嫩过去了，最青春亮丽的时段过去了，他灵魂中的理智逐渐完善起来，他的人格逐渐完善起来的时候。苏格拉底认为这是要开始教育人的时候，所以这个时候他来爱阿尔喀比亚德是恰逢其时的。

从苏格拉底选择阿尔喀比亚德的这个时间点，我们就可以看到苏格拉底其实并不是想要占有阿尔喀比亚德的这样一个娇好的少男身体。同样，《阿尔喀比亚德前篇》中说得非常清楚，他爱的是他的灵魂，而人本质上就是灵魂，这也是在柏拉图全集中唯一提到的人是灵魂的出处，就是《阿尔喀比亚德前篇》。

有的古代文献在提到苏格拉底的时候，似乎把他说成一个色迷迷地盯着那个少男看的老色鬼形象。这个形象在其他篇中也有印证，比如非常著名的《卡尔米德篇》，一开始讲到苏格拉底从战场上回来，就开始询问最近有没有在智慧上面表现得非常突出的

---

① 柏拉图：《普罗泰戈拉篇》309a。引文出自：《柏拉图四书》，刘小枫编译，三联书店，2015，第 39 页。

或者长得特别美的人。大家说有，然后就慢慢地引见了卡尔米德出来。卡尔米德刚好是柏拉图的亲舅舅。这样的例子还不少，苏格拉底挑选的似乎都是一些俊美的男子，而且家境都还不错，贵族出身，唯一的特例可能是泰阿泰德（《泰阿泰德篇》的对话主角，他相貌丑陋，像苏格拉底一样）。

他挑选这些是什么意思呢？据后世的一些传记说，苏格拉底喜欢让人照镜子，他说年轻人应该多照镜子。为什么呢？因为如果你长得丑的话，你看到镜子中的自己，就应该告诉自己，自己已经这么丑了，如果德性还不好，那岂不是一无是处？如果看到镜子中的自己很美，就应该告诉自己，既然自己的外表这么美，自己的德性应该和它匹配才好。这就表现了苏格拉底所谓的爱的一个实质，其实他爱的是人的灵魂。在他的爱中，希望人的德性是好的，这个是最初我们对苏格拉底式的爱的印象。

二、柏拉图式的爱

柏拉图本人关于爱欲这个问题的研究主要集中在《会饮篇》，其主角也是苏格拉底。所以，柏拉图是转述苏格拉底的观点还是陈述自己的观点，我们并不清楚。《会饮篇》中那么多的谈话，哪个谈话才是柏拉图的，我们不去计较。我们先大体上看一看《会饮篇》最核心的部分是怎么讲，是怎么描述所谓的苏格拉底式的或者柏拉图式的爱的。

　　在向苏格拉底展示爱欲的奥秘时，第奥提玛说："尽管相信好了，苏格拉底，要是你想到人们那么追求名声，你肯定会感到奇怪，觉得没有什么道理。除非你明白了我刚才所说的，想想看人们的成名欲，要流芳百世的欲望是何等强烈？为了名声，胜于为了儿女，人们不惜历经艰险，倾家荡产，不辞劳苦，甚至献出生命。他说要不是想到自己的德性会不死，我相信仅仅是为了德性永在，为了光耀的身后之名，他们才会如此，而且他们越要当高贵的人，就越要这么做，因为他们热爱的就是不死的。"①

　　第奥提玛接着说："再来说身体方面，生育欲望旺盛的这类人都喜欢接近女人，他们就是以这种方式来爱，通过生育子女使自己永生被记住，像他们以为的那样为自己带来永世的福气。灵魂方面生育欲望旺盛的人却不这样，他说因为这些人生育上的强烈欲望在灵魂而非身体，凭灵魂来生育和传宗接代。什么叫作凭灵魂来生育呢？就是凭睿哲和其他的美德。所有的诗人和各种所谓搞发明的手艺人都属于这类生育者，当然最重要、最美的睿哲就是用于治国齐家的，名字叫作明智和正义。

　　"从小时候起这种人的灵魂，就神灵感孕般孕育着这些美德，到了适当的年龄就产生要受孕生育子女的欲望。这时候依我看这类人就会到处寻找美，在美中生育。因为这类人绝不会与丑的生育子女，由于要生育，他当然钟情美的而非丑的身体，要生育一个美好、高贵、天资优异的灵魂，他就会神魂颠倒般地爱慕这样一个身心合一者。在这样的人面前他马上会滔滔不绝地大谈美德，

① 柏拉图：《会饮篇》208c-d。引文出自：刘小枫译本，未刊稿。

大谈一个好人该是什么样的，得追求什么，急切得要言传身教。

"依我看这类人去触动这位美人与他亲密相交，就是在让自己孕育已久的灵魂受孕、分娩。无论情伴在身边还是不在身边，这个人都会时时记挂情伴，同情伴一起哺育他们共同的生子，这样的恩爱情分要比基于共同拥有身生子女的夫妻情分更绸缪，情爱也更深醇，因为他们共同生育的子女更美更长久。谁都愿意在这种灵魂而非身体上生育子女。看看荷马、赫西俄德以及其他了不起的诗人，他们留下的子女多么让人羡慕，这些子女自己都是不死的，而且还让父母名声不死，永世长存。再不，要是你愿意的话，想想吕库戈斯（Lycurgus）在斯巴达留下的子女，他说他们挽救了斯巴达，甚至可以说挽救了整个希腊。

"你们雅典人那么崇敬梭伦，不就是因为他生育了法制。在其他许多地方，无论希腊还是外夷，这样的人还有不少，他们立功立言，孕育了各种美德。正是由于他们留下了这样的灵魂子女，后人才替他们建了许多庙宇，那些身生子女何曾替父母带来如此的崇敬。

"到此为止，苏格拉底，透露给你的爱欲奥秘你大概还能领悟，但即便走过迄今为止我们循正道所经历的路程，你是否有能力领悟最终、最高妙的奥秘我就不晓得了，反正我会把这个透露给你，她说不会有所保留，你尽自己所能试试，看能跟得上不。凡想循正道到达这一目的地的人，从小就要向往美的身体。要是给他领路的人引领得对头的话，首先当然是爱慕一个美的身体，在这个身体上生育美好的言论，随后他就得领悟到美在这个身体或那个身体中其实是相同的。也就是说，他该追求形象上的美，如果还不明白所有身体中的美其实是同一个美，那就太傻了。一旦明白这个道理，他就会成为爱所有美的身体的有情人，不再把强烈的爱欲专注于单单一个美的身体。因为，对于这有情人来说，一个美的身体实在是渺小而微不足道的。

"然后这有情人肯定会把灵魂的美看得比身体的美更珍贵，要是遇到一个人，有值得让人爱的灵魂，即便身体不是那么有吸引力，这有情人也会心满意足地爱恋他，呵护他，通过言谈来孕育，使这少男变得更高贵，不断有所长进。到了这一步，这有情人就感到自己被促使去关注、操持礼法中的美，从而看到美处处都是贯通的，最终懂得身体的美其实微不足道。

"经过这些操持，这有情人就得被引领到各种知识跟前，使他得以看到各种知识的美。一旦瞥见美的丰盈，他就不再像一个奴仆似的，蝇营狗苟于个别中的美，比如说某个少不更事的男孩，某个人或某种举止的美，变得小里小气、斤斤计较；毋宁说，一旦转向美的沧海，领略过美的奇观，他就会在对智慧的不可限量的热爱中孕育出许多美好的言辞、大器的思想，使自身不断坚实、圆满，直到可以瞥见那样一种知识，接下来就要说到的那种美的知识。"[1]

"不过你得尽自己所能，用心智听好了。"他说，"谁要是在爱欲方面被培育到这般境地，依序正确地瞥见各种各样的美的事物，

---

[1]　柏拉图：《会饮篇》209a-210e。引文出自：刘小枫译本，未刊稿。

在爱欲的道路上终至抵达终点，他就会突然瞥见，自如的美本身何等神奇。哦，苏格拉底，为了这美，他先前付出的所有艰辛都值了。首先，这美是永在的东西，不生不灭，不增不减。既非仅仅这点美，那点丑，也非这会儿美，过一会儿又不美，或者这样看来美，那样看来又丑，或者在这里看起来美，在别处看起来又丑。仿佛对于某人来说美，对于另一些人来说又丑。对于他来说，这美并非显得比如一张脸、一双手或身体上某个部分的美，也不呈现为某种说辞或者某种知识的美，不呈现为任何在某个地方的东西，比如在某个生物，在地上、天上或任何别处的东西。

　　"毋宁说这东西在他看来，自体自根、自存自在，永恒地与自身为一，所有别的美的东西不过是以某种方式分有其美；美的东西生生灭灭，美本身却始终如是，丝毫不会因为他而有所损益。也就是说，谁要是由那些感官现象出发，经正派的男童恋逐渐上升，开始瞥见那美，他就会美妙地触及这最后境地。自己或者经别人引导向爱欲的正确方式就是这样的，先从那美的东西开始，为了美本身，顺着这些美的东西逐渐上升，好像爬梯子，一阶一阶，从一个身体、两个身体上升到所有美的身体，再从美的身体上升到美的操持，由美的操持上升到种种美的学问，最后从学问上升到仅仅认识那美本身的学问，最终认识美之所是。"①

---

　　① 柏拉图：《会饮篇》211b-e。引文出自：刘小枫译本，未刊稿。

三、爱的阶梯

第二节这一长段就是在《会饮篇》中最后讲美的奥秘的最核心的部分，当然经历《会饮篇》讨论之前，直接用最后的奥秘其实有点突兀，但是这个会勾连起我们之前读《理想国》的一些经验，比如说我们再来看《理想国》中的一些相关段落，那里是怎么讲爱以及所谓的美的理念的。

> 那么，是不是这将是一种很适当的方式，如果我们这样来进行我们的申辩，就是说：凡是真正爱学问的人，他总是出于天性就要去朝向"是"，他不会停留于那呈现为多的表象，相反，他将一直向前追求，不疲软，不松弛他的爱恋，直到他通过他的灵魂中专门适用于去掌握每一个"是"的本性的那个部分，去掌握住了这样的事物的本性。因为，这是那与此有亲缘的部分；他通过灵魂中的这个部分，接近那真实的"是"，并和它真实地交汇，生育出了理智和真理，产生认识，真正地生活，有了营养，从而平静下来，停止了爱的激动，而在此之前则不会。(《理想国》490a-b)

> 他们怎么能够来争论呢？难道能说一个哲学家、一个爱智的人，不是一个爱"是"和爱真理的人吗？(《理想国》501d)

而我们又说有一个美本身，有一个善本身，以及同样，关于一切我们在此前把它们当作众多的东西来看的，现在反过来我们都把它们置于和它们每一个相应的单一的形式之下，因为这形式"是"单一的，我们说它们每一个"是其所是"。（《理想国》507b）

现在，因此，那给予被认知的东西真理而给予认知者认知能力的，你可以说，它就是那善的形式，或者说理念。你可以把它理解为知识和真理的起因，是被认识和所认知的东西。虽然认识和真理这两者是美好的，但是，如果你把它理解为是另一个比这两者都更加美好的东西，你的理解将是不会错的。而认识和真理，就像在前面，如果我们把光和视觉看作是和太阳相近似的东西，这是正确的，但是说它们就是太阳，那就错了。同样，在这里如果把知识和真理看成是和善相近似的东西，这也是正确的，但是说它们之中的任何一个就是善，那就错了。善就其所是而言乃是一种远远的、更为尊贵的事物。……你所说的真是一个绝顶美好的事物，如果它是认识和真理之源，可是它自身，就美好来说，又是超乎它们之上的；可以肯定，你说的它绝不是快乐。（《理想国》508e）①

上面四段引文所要给我们指向的苏格拉底式或柏拉图式的爱在它的对话中展现出来，其实是一个阶梯。有低端的，有开端的，但也有中间的，有顶端的。最低端的就是那些所有的美好事物，特

---

① 引文出自：柏拉图：《理想国》，顾寿观译，岳麓书社，2010。译文有改动。

别是人，美好的人，在这个语义中是美好的少年。这就是德性进步的一个基础。在这个基础之上，我们有一种向往至善的内在的驱动力，这种内在的驱动力就像是那个美的事物对我们的吸引力一样，会不断地引导我们去喜欢什么，追求什么，爱恋什么，欲望什么。所以，这种欲望是不断地往上引导，这个爱的阶梯就是一个向上的阶梯。但是也会有人滞留在其中，比如《会饮篇》一个段落中提到的那些爱名的人，爱利的人，爱在这个世间想要播撒自己后代的人。这些人有没有爱欲呢？当然有。他们的爱欲强大不强大呢？不可谓不强，而且这些人终其一生要努力去赚钱也好，事功也好，做各种各样的事情也好，他们的成就都不算小。但是在苏格拉底看来，他们都只是处于柏拉图式的爱的阶梯的初级阶段。也就是说，他们看到了这个世间的美、事物的美，但是他们用错误的方式想要去占有它。他们看到了自己生命的短暂，他们想要超越，想要不朽，但是他们用的方法却是错误的。比如说将自己的名声流传给后代，或者让自己的子女众多，靠子女的繁衍来留存自己的基因。这个是不是正确的方式呢？在苏格拉底看来，我们可以理解这样的爱欲，但这样的爱欲还只处于初级阶段，因为没有向上走更多，因为上面还有更高的东西。这个更高的东西是什么呢？说得笼统一点、模糊一点，就是美本身，或者《理想国》中讲的善本身——至善。

这样一说就非常玄了，玄而又玄了。我们可以理解人们对一般的美好的个体事物的喜好，不管是占有也好，还是把玩也好、欣赏也好，我们都好理解。但是对于美和善本身，我们怎么理解对它们的那种情感或者说更强的爱，怎么理解这种爱呢？我们有任何这样的相关经验吗？

我们可以回想一下有没有，我谈一下我的一次经历。去年"卡地亚珠宝"全国巡回展成都站，在四川省博物馆举行。我经常去四川省博物馆看一些文物，有珠宝展我也感兴趣，因为觉得那是人类的一些杰作，于是我就去看了。在看的过程中，我一边看一边发现人工的美，不过器物、珠宝这些东西其实并没有太多地打动我。但是，当我转头去看参加展览的人，我发现一些参展小孩的童真，或者一些大人的涵养和一些人的文明德性等，反倒比珠宝更让我觉得有吸引力。

也就是说，这些器物的美是冰冷的，哪怕是很多能工巧匠花了很多精力把它们创作出来、雕刻出来、打磨出来，不断地在贵族之间流传，然后又积攒了很多爱情故事在里面。即便是这样，这些器物本身也并没有办法给我们带来超过人的生命给我们带来的那种美感的吸引。这个时候我们有可能会慢慢地体会苏格拉底所说的美本身、善本身是什么。这种东西是一种源头性的。就是说，我们的生命如果说要有意义，这个意义的源头就是一种有点说不清的驱动力。我们细细解剖的话，这种驱动力最初有可能是出人头地，买房买车，结婚生子，过上所谓的幸福生活。

当我们一步一步在爱的阶梯——同时也是一个欲望满足的阶梯——上攀爬的时候，当我们一步一步想要企及我们称之为幸福的东西的时候，那种向上的动力是什么？那种动力是不是真的只是占有欲？只是一个填不满的自我的空洞？就是一个攫取性的自我人格，一直要靠不断攫取来丰富自己，但就像要填一个空洞一样，一直填不满。

以苏格拉底和柏拉图的思路来看，这个灵魂本身和我们的所属物不一样，比如说房子、车子、衣服，所有这些只是属于我们，但不是我们本身。而我们的身体似乎都是这样的，比如说在有些人去世之后，我们看到那个尸体的时候，我们知道那是那个人的形象，但是我们很难讲那个尸体就是他。为什么呢？因为在我们的记忆中，那个人有声音有表情，有他的精气神和说话的整个仪态以及整体的德性，而那个尸体没有，那个尸体就是一个肉身。

所以，如果这样来看的话，苏格拉底看到的人本身其实就是这个灵魂，而这个灵魂才是我们人应该去拥有的，应该去努力为它服务的一个对象。那么，这个灵魂有什么样的需要想让我们帮它实现呢？这个灵魂到底有什么想法要我们来为它服务呢？在苏格拉底和柏拉图看来，灵魂其实只有一个需要，那就是在这个爱的或者美的或者善的阶梯上向上攀爬，回到爱本身、美本身、善本身，回到那个所谓的理念的世界。

为什么说是回到呢？因为在他们的解释中，特别是用柏拉图主义的解释来看，灵魂就是从那里来的。就是说，这些美的事物，一切美好的事物，一切善好的事物，一切能够让存在成为存在的最根本的东西，都来自至善，来自那个理念的世界。这种观念影响非常深远，特别是后来和基督教结合后，和"基督教上帝造人，然后人背离上帝，要通过赎罪来回到上帝身边"这个理论结合后，影响就更深远了。

四、新柏拉图主义与基督教对
"柏拉图式的爱"的改造

柏拉图式的爱之所以能够被改造，最终成为我们今天百度百科里面的"柏拉图式的爱"这个条目、成为"精神之恋"这样一个说法，源于最初给它们提供了精神资源的柏拉图，但是后来有一个叫普罗提诺的新柏拉图主义者，他的想法起到了决定性的作用。在普罗提诺的文集——他的学生波斐利（Porphyry）编订的叫作《九章集》——中的 1.6.2、1.6.4、1.6.6、1.6.7 等处都讲到了美的问题，以及对美的爱的问题。普罗提诺说：

> 让我们回到开头，来讨论物体里面原初的美究竟是什么。这种美是我们乍一看就意识到的事物。灵魂谈论它的时候好像早就领会了它，并且认得它，欢迎它，甚至可以说适应它。而灵魂在遇到丑的时候，就会退缩、拒斥、避而远之，因为它与丑完全不合，格格不入。我们对此的解释是，因为灵魂本性上是其所是，在是的领域与高级实在相关。因此，它在看到某种与自己相似的东西，或者与它同类的实在的迹象的时候，就感到喜悦、激动，于是回归自己，想起自己以及自己的所有。从来未曾想象过正直的脸和道德秩序有多美的人，不可能谈论德性的壮美。暮星和晨星没有一个是美的，然而

必然有人能够借着灵魂的洞察力看到这种美。一旦看到了这种美，就必然比看到我们前面所讲的那些美更加兴奋、激动不已。因为他们现在所看到的是真正的美，每当接触到这种美的事物时，必然会产生以下这样的体验：迷惑、惊喜、渴望、挚爱以及激动得发抖的幸福。

　　人在接触不可见之美时会有这样的体验，所有的灵魂多多少少都会经历所有这些体验，但是当炽烈地喜爱不可见之物的时候，就会有特别的体验。正如对于有形体之物来说，所有人都能看到它们的美，但是并非所有人都受到强烈的震动，唯有那些被称为爱人或者爱美者的人，才会感受至深。理智以及一切属于理智的事物就是它的美，是它自己的美，而不是别人的美。也唯有到了那时，它才是真正的灵魂。因此，可以说灵魂成为善的和美的事物，就会变得与神相似。因为美以及其他一切引导在真存在者头上的事物都是从神来的。或者毋宁说美就是实在，丑就是另一种东西，或者叫非实在，并且是原初的恶。在神，善的与美的这两种性质，或者善与美这两种实在，是同一的。

　　因此，我们必须再次上升到善，那是每个灵魂都渴望的，凡见到过善的人都知道，当我说它是美的时候指的是什么。它因是善的而为人所渴望，对它的渴望引人向善，唯有那些上升到高级世界并且脱去他们下降时穿上的东西的人，才能获得它。等到在上升过程中抛弃了一切与神不相配的，他才能以自己的真我，看到那单独的、单纯的、单一的、纯洁的彼者。万有源于它，万物所望、所是、所活、所思的，唯有它，因为它是生命、心灵和是的原因。

不过有人看见了它，他才会感受到怎样的激情，该会怎样地渴望它合一，这是怎样的一种惊喜？还没有见过它的人，会把它作为善而渴望它，但凡见过它的，无不赞美它的美，无不满心的惊异和喜乐，无不感受到一种没有任何伤害的激荡，无不对它怀着真挚的爱情和热切的渴望。由此，他嘲笑一切其他爱情，鄙视他先前以为美的所有事物。①

普罗提诺相关的话还很多，不过上面这几段是比较典型、比较直观的。我们可以看到这里面有一个非常重要的东西，就是他继承了柏拉图在《泰阿泰德篇》176b 处的说法——人要尽量变得像神一样。这个理想当然是所有希腊人都拥有的，但是柏拉图主义者继承了这一点之后，就为他们的神学奠定了一个基础，即生活的理想。对于灵魂而言，生活的理想是回归上帝，回归神。（后来叫作上帝，我们翻译成"神"，以区别于基督教的"神"或"上帝"）而回归的那个源头是什么呢？就是普罗提诺讲的美本身、善本身。而灵魂又是产生自它们的，灵魂从这里来，灵魂本身的家就是至善这个领域，就是神的居所，只是后来流溢出来了。按照文艺复兴时期的说法，灵魂通过巨蟹座下降到人间，然后又通过摩羯座回到天上，回到世界灵魂里面，来了又去，只不过穿了一件肉身

---

① 普罗提诺：《九章集》1.6。普罗提诺：《九章集》上册，石敏敏译，中国社会科学出版社，2009，第 66 页。译文有改动。

的衣服。所以，这一段描述的人的灵魂对于回归自己的源头有着非常强烈的根本的倾向性，这种倾向性就是我们说的人性向善。就是这么一种想法，直接影响到了基督教产生之后的神学思想，特别是在文艺复兴时期，一个叫作斐奇诺（Ficino）的新柏拉图主义者，他融合了古代很多哲学思想传统，特别是柏拉图主义和新柏拉图主义的内容，重新提出了这么一个我们现在讲的"柏拉图式的爱"概念。

斐奇诺曾经在一封信中写到苏格拉底式的爱，后来逐渐演变成了柏拉图式的爱的这个说法。也就是说，这个概念是在文艺复兴时期发明的，而在此之前人们没有单独把它当作一个独立的说法来讲。这个说法经斐奇诺提出马上散播开来，因为在当时人文主义的那个世界，斐奇诺具有世界性的影响力（因为当时的所谓"世界"就是欧洲），宫廷里，贵族之间都传阅他注释的《会饮篇》评注，大家纷纷效仿、模拟或者感受这样一种爱。而且，这种爱居然还可以和基督教的基本教义吻合，所以就受到了更多的欢迎。

斐奇诺认为一段真实的爱的经历可以唤起一个人的灵魂和上帝相连的自然欲求，爱可能是从感官因素开始的，就像《会饮篇》中讲的，可以是一个起点，一个经验上的起点，但那只是对真正的爱的准备，也就是对上帝的爱的准备。点燃人类之间共同欲念的美和善，应该被理解为神的美和善的繁衍，我们对他人的爱，其实真正是属于上帝的。在哲学生涯中，爱人之间对真理的积极探求是爱的真正的基础，也形成了爱人之间的真正联系，真正神圣的爱是独立于二人之间的性关系的，是能够在同性或者异性之间存在的，这是他的一个基本想法。

大家可以想见这一想法当时会引起怎样的一种反映，因为当时的基督教世界是禁欲的，特别是男性之间的性行为是被严格禁止的。之前著名人文主义者布鲁尼（Bruni）在翻译《会饮篇》时删减了其中的一些相关内容，但斐奇诺重新把它们翻译出来了，引出来了，这个时候就会受到一些攻击，当时的确有一些护教者攻击他。但是他对这种男人和男人之间的爱做了一些解释，他在《圣经》中找到了一些依据，就是他对苏格拉底、阿尔喀比亚德身上产生的那种对于少年之美的爱恋和欲望做了重新解释。他说就像在《所罗门之歌》中一样，应该看成有寓意化的解释，而不能把它坐实，好像就是两个男人之间的事情。

斐奇诺和前人相比，他更是将柏拉图式的爱基督教化了。另外，斐奇诺强调柏拉图式的爱在新柏拉图主义形而上学中的位置，从而使这个概念更受欢迎。但他主体理论的大部分内容倚仗普罗提诺的文集和《会饮篇》中的一些片段，以及他对基督教内容的一些改造。

斐奇诺是怎么在理论上重新构建柏拉图式的爱的？斐奇诺并没有执着于只讲柏拉图式的爱的最高意义上的爱，他还讲了比较低端的爱。首先是灵魂对身体的爱，两性之间的爱；其次是灵魂之间超越性别的爱；最后是柏拉图式的爱的内在理论和最高的教义。

我们首先来看灵魂和身体的关系。灵魂似乎只是受制于身体，对身体似乎没有爱，因为这是柏拉图主义以来的教义。而且，基督教也会有类似的看法，灵魂只是将自己回归神圣的本性带到身体中来，因为它本性上是有活动的和有作用的，它一定会转向其本性上的最初对非物质者的可念，而这种可念将其完全转向了无形无象者，就是不可见者、无形者。

但是斐奇诺觉得人们不必总因为身体而烦恼，因为不是因为它屈从于某种势力，而是屈从于爱。正是爱的灵魂有机缘进入身体，身体也才有了生命，正是因为爱给予了子女和自己的手工艺品灵魂。斐奇诺说，在柏拉图看来，这种爱是满意的生命给予最切近者生命的分配欲望，这是生命者与物分享的欲望，是一种美好的甚至必然的欲望，我们姑且称这种欲望为爱愿。这个想法很有趣，也可以为很多人找到解释。当我们看到一个美人产生欲望时，我们不会像一般的基督徒那样自责，说自己动了淫念，生了邪心。其实这并不是我们的错，爱美之心人皆有之，它不是由于我们的自然本性，这个本性不是自然性，或者说荷尔蒙或者说基因决定。在柏拉图主义者看来，这个恰好是由人最根本的向善本质导致的。也就是说，我们喜欢美色只是因为我们刚开始踏上美的阶梯和爱的阶梯，没有前进的时候我们认为我们喜欢的是那个美色，但斐奇诺这些新柏拉图主义者解释，我们要知道这个爱不简单，我们不要着急把看到美人时产生的那种欲念掩盖掉，而是要随着这种欲望上升，随着这种爱欲去往更高的东西，不能轻易把它说成一个负面的东西，把它掐灭掉。

但灵魂对身体的爱欲是特别有限的，特别是对于人类而言，因为身体不是灵魂的源泉，这一点很清楚。但是我们不能说因为灵魂腐蚀身体，或者被身体玷污了而更不神圣，灵魂并没有被身体玷污，只是它因为爱身体而败坏了自己。因此，灵魂出于爱而进入身体，同样出于爱而离开它，前者是自己赋予，生命的爱欲所赐，后者是本性要求，源头的召唤。它对身体的爱是正当合法的，是有理由的，是有根源的。但需要注意的是，不要过度溺爱身体，要保持对神圣事物开放的灵性才不至于被物质障蔽了本性。

同时，斐奇诺的柏拉图式的爱也不妨碍两性之间的关系。斐奇诺说人们在说两个灵魂相互接近时首先是身体相互接近，并不奇怪，他认为性的结合不是罪恶，因为在向往善的时候自然会这样，罪恶在于夫妻两人缺乏节制。因此，斐奇诺不光不反对男女之间的性关系，而且认为那是自然本性的要求，罪责在于在这个关系上不节制，比如说我们发明避孕套，我们过度过分地去满足性欲，这个是他不赞同的。但是性欲本身，性本身，他不反对。斐奇诺还认为在柏拉图式的爱中，除了两性之间对于身体的爱，还有灵魂和灵魂之间的爱。其中一种非常基本的爱，就是我们讲的"友谊"。他认为真正的友谊要求培育灵魂的德性，这又有赖于对上帝的敬爱和渴慕。斐奇诺甚至说，决意培育灵魂者培育上帝，因此真正的朋友就是相互帮助培育灵魂。灵魂的培育基于德性的培育，德性基于智慧，智慧基于理解和神圣者，神圣的光赐予了这种知识，因此培育灵魂就是培育上帝本身。友谊就是两个灵魂在共同培育上帝中的至高和谐。斐奇诺曾经明确地点明了柏拉图式的爱和友谊的这种关系。他说友谊来自柏拉图式的爱，友谊在柏拉图式的爱中孕育、滋养，这种柏拉图式的爱的友谊比亲戚之间的关系还要可靠。在这种柏拉图式的爱诞生的友谊中，不同的身体拥有同一个灵魂。

这是什么意思呢？两个人之间为什么会有友谊？两个人之间有共同的喜好，比如喜欢集邮、喜欢游泳、喜欢看电影、喜欢吃炸鸡，但光是两个人喜欢的爱好，还不是斐奇诺讲的"柏拉图式的爱"所指向的第三者。他认为两个人相互在培育灵魂，而且在培育上帝，讲的是我们内心都有一种根本的对至善的趋向，关键是我们在我们的友谊中能不能培养起对美好东西的共同的趋向。举个例子：两个人去逛街，可能发现有一些品味是相同的，你们看到同样的画觉得都很美，看到同样的衣服都很喜欢，这个时候你们会觉得很默契，因为你们在经验上达到了审美的一致。你以为这只是人和人之间的偶然一个看法的契合，但是柏拉图主义者认为不是那么简单。我们之间的契合从来都没有那么偶然过，我们之间的契合从来都有一种必然性在里面，不是品位高低，不是地域、文化、年龄、性别的问题，而是因为那个东西真的美，只是我们在美的不同阶梯上看到的东西不一样。你们如果看到的东西一样，你们如果相互培植之后，你们让对方看到更美的东西，这就说明你们友谊指向的是第三者，而这个第三者就是美本身、善本身。

虽然说培育友谊，培育灵魂，培育德性，就是培育上帝，但没有那个第三者，任何友谊都不可能成立。狐朋狗友，利益之交，没有友谊，不是真正的亲密关系。真正的亲密关系一定有正当性的指向，这个指向保证这种关系不被破坏，不被摧毁，而且这种关系本身是正当的。所以，灵魂对美有一种天生的追求，或者说是爱恋的。而爱是对美的追求和享受，因此真爱和相互享受的美也是形式与灵魂的美。人与人之间的爱其实是相互获取、充实对方的形体与灵魂的美。这种人与人之间的真爱容易发生在男性之间，因为男性之间分享的理性更多，更不容易落入感官形式主义的追求。男性共同的精神追求也更多一些，男女之间限于性别之爱，男人之间则是精神的共同成长和培育，这个是柏拉图式的爱在人与人之间实施的本意。在古代，人们认为男性的理性更发达，而女人的情欲更丰富，更容易受情欲的牵绊和引导，于是会有一个直观印象，即男性之间更理性。这个是古人普遍的偏见，并不是我的观点。

但这个道理是清楚的，即人与人在一起的这种爱是需要理智参与的，而不是放纵欲望的相互占有，或者相互消费，特别是相互消费，比如对于美色的消费。但它是不是一个契机和开端呢？当然是，我们完全可以通过外形或者性情的美进一步上升。但是对于大多数人，往往并不是这样的。大多数人往往更满足于普通的消费，比如看见一双鞋子很好看，于是买了，过两天不会想到是不是要读一些更好的书，而是想着要不要换一双鞋子。这种消费是无穷无尽的，这种消费不会有任何价值上的纵向坐标树立起来。柏拉图式的爱的阶梯就不会在这里树立起来，这种平庸的世界、平面的世界就是尼采所说的"末人的世界"，或者有待"克服"的人类的世界。

但同样是这个世界，它并不是死板的，并不是不可能有纵向的一面。恰恰是在这种经验中的美里面，我们完全可以看到纵向的那一面。问题在于：我们在多大程度上看到那一面？我们在哪些时刻看到那一面？我们是否为看到的这个真实的东西做过任何努力，以及我们在哪些时候做过哪些努力？

同时，斐奇诺认为爱是一种向善的欲望。斐奇诺从柏拉图那里继承了一切向善的思想传统，认为万物都源于善，因此天生想回归那个源头。万物的所作所为都来自善、借助善、为了善，万物天生的根本性的渴欲就是向善的欲望。这种可欲不同于人的感官欲望，是根本性的存在倾向，包含在万物最根本的倾向中。这种欲望本身是善的，它本身也来自最初的善。万物都是由于神圣的善的吸引而寻求善的，万物的自然欲望都是指向善的，也就是指向生命和存在的。万物的一切欲望和行动都来自善，因此也都指向和归向善。

人的理性灵魂对真理和首要的善的可欲，是灵魂不朽的标志之一。理性灵魂构想出普遍的真理和至善的原则来追寻普遍的真与可欲的善，一切真实的事情都包含在普遍的真理中，一切善也都存在于普遍的善中。因此，理性灵魂不满足于知道一个真理，而是一再地去寻找真理。对善也一样，每一个真理和每一件善事都是上帝本身，它是最初的真理、首要的善。人们最渴望对它怎么样呢？就是成为它。

这里同样回到了我们之前提到的《泰阿泰德篇》176b，其中柏拉图提到我们必须尽快从此岸逃脱到彼岸。这个逃脱会尽可能地使我们变得与神相似，也就是带着智慧而变得正义和善。

当然，这里特别像是让人去信仰的一个东西，但是在斐奇诺和柏拉图主义的传统中还是有些不同的。它没有简单地倚重于上帝的权威性来树立一个审判者的形象、一个末世的审判者形象，说你们是罪人，你们有原初的罪，你们脱离了我，你们现在要回归；它并没有这些原初的意识，没有强调原罪。

斐奇诺强调的柏拉图主义传统的上帝是善的源头，神是善存在的源头。我们想要获得真实的存在，我们就是在需求善；我们所有生命的倾向和冲动，我们活着的所有意义，都是来自这个地方。这并不是由于人类的先祖亚当夏娃犯了罪，我们要替他们赎罪，或者我们继承了罪行所以要赎罪以后去回归。没有这种赎罪的想法，而是一种美的、善的发现以及回归的过程。整个回归过程有两条道路：一条是通过理智对至善进行沉思，然后进入上帝；另一条是通过意志进而对至善产生爱，然后进入上帝。前者重视的是先认识和理解，然后融合；后者重视的是先以其为目标的行动去爱，然后融合。用后人的话来说，前者大概是认识论范畴的，而后者是实践论范畴的。

从斐奇诺本身的倾向来看，他实际上特别重视实践这个维度。他认为，人类最容易做到的而且适合大多数人做的是，通过意志，通过对至善产生爱而进入上帝。换一个通俗的说法，他在这个意义上逐渐否定了苏格拉底的理智主义传统，特别是理智伦理主义传统。也就是说，我们首先不去理解好的事情的逻辑是什么，真正的推理和道理是怎么样的，而是首先知道我们有一个向善的根本倾向，然后服从它，在不断地服从和探索中去发现与理解，最后回归它。斐奇诺是强调这个路线的。因此，斐奇诺特别强调意志的作用，就是"我要怎样"的这个意志，而不是学者式的沉思、反省、反思。斐奇诺不是特别强调"反思企及善"的阶梯终点的这么一条道路。

在现代，我们看到了柏拉图式的爱在形而上学地引导人们去追求问题的意义，也看到了它对人们德性提升的意义，还看到了它在培育人和人之间的关系（友谊）方面的意义，甚至看到了它在人们对待平常事物特别是欲望方面的意义。但是它遇到了现代性的问题：我们称之为存在本身的源头，太一、至善、美本身、善本身、上帝等这些东西逐渐死去了，尼采宣布了上帝的死亡。

当我们已经用另外一套世界观、宇宙观去看待这个世界的时候，我们只会认为宇宙会有它自己的大爆炸之类的自行发生的原理。一切的事物都有自行发生和运作的原理，无论是医学上的还是生物学上的，所有这些我们都可以探索，所有这些都如其所是地是它们的样子。它们是什么样不重要，最重要的一点是它们和人没有关系。

但在文艺复兴之前所有这些都是相关的，宇宙论和人的伦理生活是直接相关的。有宇宙论的整套形而上学想法的支撑，才会有当时人们伦常生活的选择，但是现在没有了。"现在没有了"是指我们大多数人并不持有这样的想法，并不是说在实存的意义上不存在。我们很多人不再有这种类似于古代形而上学的、宇宙论的想法了，而是持有某种所谓"科学"的想法。

所以，产生了一个现代性的问题，这个现代性的问题就是我们的伦理学失去了根基，没有了形而上学根基。这就引发了新的讨论：我们需不需要补足这个根基，还是说我们可以过一种没有形而上学根基的伦理生活？这种伦理生活是什么样的？柏拉图式的爱所揭示的那种对人的向上的引导，这种阶梯的引导，纵向坐标的建立，是不是我们人活下去的根本动力？人如果失去这样一个动力，就完全是平面化的，完全没有根基了。这就是所谓的生命不能承受之轻，这是值得我们思考的。

同样的生命不能承受之重，就是那个形而上学的问题对我们的逼迫，那种形而上学的需求对我们的逼迫，它过分逼迫后我们个体能否承担？什么样的人有资格成为哲学家？承担起这个生命之重呢？我们可以继续深思。

第三编
哲人王与政治治理

家庭与城邦

——从柏拉图的《理想国》谈起

吴增定 *

众所周知，柏拉图在《理想国》中提出了一个著名思想，也就是完全废除私人的婚姻和家庭。这一思想作为柏拉图《理想国》中最有争议的思想之一，几乎受到了后人众口一词的批判，即使最坚定的柏拉图主义者似乎也很难为之辩护。对于中国人来说，柏拉图的这一思想更是显得荒谬绝伦。因为中国传统政治哲学——尤其是儒家——特别看重家庭，儒家几乎所有的美德、德性、道德法则、日常行为规范等，都是从家庭伦理中推出来的。比如说"仁者爱人"的起点是爱自己的亲人，然后由此推广出去。我们中国古代有一个说法——"国家"，一直流传至今。我们一直

＊　吴增定，北京大学哲学系教授。

是"家""国"并用。这是中国古代的一个基本价值取向。中国人一直倾向于认为国是家的放大。比如，中国古代的天子一方面是最高的政治权威、政治首脑，是一个国家的形象；但另一方面又是一个父亲的形象，也就是说，天下的臣民某种程度上讲都是他的子民。所以，天子实际上代表了两重身份，一重是政治权威，另一重是家庭中的父亲权威。在传统儒家的熏陶培养下，我们认为这是理所当然的，认为"国"就是"家"的放大，天子或皇帝的两重身份应该是和谐一致的，没有什么矛盾。

但是我们大概很少想到，中国古代政治的这两个取向——"国"和"家"——有时候并不是和谐一致的。比如说，我们在看电视剧时，经常会看到历朝历代都有兄弟为争夺王位而互相残杀。中国有句古话叫"天无二日，国无二主"，通俗地说就是"一山不容二虎"。其实，这种冲突不光发生在中国古代，也发生在古希腊时期。所以，现在我们把古希腊当作一个背景、一面镜子，先看看古希腊人是怎么理解这个问题的。

一、《理想国》里的"废除家庭"及其社会历史溯源

我们知道，《理想国》中最容易引起争议的部分就是废除家庭。因为柏拉图说，要建立一个完美的、正义的国家，就不能允许私人家庭的存在。柏拉图的理由非常简单。他认为，想要国家

完全公正，那么前提就是国家的统治者不能有私人的偏好和倾向。这是柏拉图要废除私人家庭的初衷。他认为，一个国家的统治者不能受到家庭儿女这些私人情感的影响，所以最好的办法是让统治者根本不知道哪个孩子是自己的。孩子生下来就由国家集体抚养。如果其中有一个孩子特别聪明，哪怕他是一个底层农民的孩子，他也应该上大学，做公务员，甚至最后成为国家的精英和栋梁。这才是一个公正的国家。从这一点来讲，柏拉图在《理想国》中废除家庭似乎也不是完全没有道理，并不是一个很疯狂的计划。

柏拉图《理想国》中的这些思想，如果追本溯源，并不是突如其来的，而是有一个长久的历史传统。那么，他废除家庭的想法是针对一个怎样的思想传统呢？如果我们读过柏拉图之前的希腊悲剧，我们就会非常清楚，家庭和城邦的冲突恰恰是希腊悲剧的永恒主题，而柏拉图所回应的也正是这个永恒主题。希腊悲剧之所以是悲剧，就是因为它深刻地揭示了家庭和城邦的内在冲突。这种悲剧性的冲突，在埃斯库罗斯和索福克勒斯这两位悲剧作家的作品中表现得非常典型。比如，索福克勒斯的《安提戈涅》就是我们非常熟悉的一部悲剧，而它的主题就是两种伦理之间的冲突：一个是克瑞翁代表的城邦的伦理，另一个是安提戈涅代表的家庭、亲情、血缘的伦理。而埃斯库罗斯的作品，尤其是他的《俄瑞斯忒亚》三联剧，比索福克勒斯表现得更加典型。在这部悲剧中，冲突的原因很简单，就是父亲被人杀害，儿子要为父报仇。复仇是古代世界最原始的正义观，它的基本逻辑是：你拿了我应得的东西，我必须得拿回来。我的命是我父亲给的，你把我的父亲杀了，这就相当于杀了我，所以我必须要拿你的命来抵偿。问题是：如果你的杀父凶手是你的母亲，那么你应不应该复仇呢？这就是希腊悲剧揭示出来的永恒冲突。

从更广泛的意义上讲，家庭和城邦的冲突并不局限于古希腊。在人类早期，各个民族都发生过类似的冲突。中国古代的一个典型例子是《左传·隐公元年》中的"郑伯克段于鄢"。郑伯是长子，理所当然继承王位，但是他的弟弟却要争夺他的王位。于是冲突产生了：是为了王位而杀掉弟弟，还是让位给弟弟？我们在《圣经》中也会看到类似的冲突。《圣经·创世记》中说，人类的罪是怎么来的呢？最早是来自人不听父亲的话。耶和华是父亲，亚当是儿子，儿子不听父亲的话，这就是人的头等大罪。什么叫不听父亲的话？就是父亲给你安排的生活，你不愿意过。《创世记》一开始就提到伊甸园的故事：伊甸园里有两棵树，一棵是生命之树，另一棵是知识之树；耶和华（父亲）警告亚当（儿子）说，你可以吃生命之树上的果实，不能吃知识之树上的果实，但亚当最后还是吃了知识之树上的果实，于是耶和华把他赶出了伊甸园，让他尝尽人间疾苦。这个故事的意思很简单：父亲对儿子说，你是我生的、我养的，所以你什么都要听我的，你将来的生活都要听我的，你自己不能选择和思考；儿子说，不行，他自己的人生道路和幸福得由他自己选择。接下来，亚当自己有了长子该隐、次子亚伯，哥哥为了和弟弟争宠，竟然把弟弟杀了。再后来，该隐建立了人类最早的城市。人类一代一代地繁衍，但人类的"罪"也一代一代地延续。直到最后，耶和华实在看不下去，就发大洪水把除诺亚一家之外的人类都灭掉了。所以，不尊重父亲的权威，在犹太人看来就是头等大罪。这就是所谓"原罪"的开始。在不听父亲的罪之后，紧接着就是兄弟相残之罪。所以，国家和文明的建立在很大程度上就是对父亲、兄弟等家庭和血缘伦理的否定与超越。只不过，这种否定与超越被犹太人看成一种罪。古罗马也有类似的记载。比如，李维在《罗马史》中就明确地说，罗马这个城市的建立同样伴随着兄弟相残。

我举这些例子是想说明，在各个民族的古代，家族仇杀和兄弟相争都不是偶然现象，而是跟政治权力的争夺联系在一起的。因为在古代社会，当人类从家庭和宗族过渡到国家时，必然会出现某种否定与超越家庭和血缘亲情的新秩序、新伦理。因为在家庭和家族中，秩序的建立与维持往往是靠亲情和血缘，血缘关系越近，关系就越亲、越好。家庭扩大到一定规模后就会变成家族，这时大家的亲情和血缘关系就会变淡；家族甚至可以再扩大变成部落，这时亲情和血缘关系几乎快没有了。不过，即便这样，它仍然是靠亲情和血缘来维系的。但是，从部落到国家，发生了一个重大和决定性的飞跃。现在，一个国家首脑或国王不再仅仅是一个家庭的家长，他处理事情就不能只考虑自己的私人和家族利益，而是必须对所有人一视同仁。所以，家庭和国家的冲突不是仅仅发生在人类的古代世界，而是植根于人性的深处。这就是希腊悲剧作家对人性的深刻洞察。

二、家庭与城邦的冲突：希腊悲剧的永恒主题

我首先要讲的希腊悲剧作品是埃斯库罗斯的《俄瑞斯忒亚》。《俄瑞斯忒亚》是一个三联剧，包括《阿伽门农》《奠酒人》《复仇女神》。故事的背景是荷马史诗中记载的特洛伊战争。当时，希腊军事统帅阿伽门农率领希腊联军远征特洛伊，十年后阿伽门农回到故乡阿尔戈斯，被其妻子也就是王后克鲁泰墨丝特拉和他的堂弟埃癸斯托斯联手杀害。第二部《奠酒人》讲的是阿伽门农的儿子俄瑞斯忒亚为了复仇，和朋友联手杀死了他的母亲即王后和他的堂叔。但是因为弑母是头等大罪，俄瑞斯忒亚就被代表血缘和亲情的复仇女神紧紧追赶，无路可逃。在第三部《复仇女神》中，俄瑞斯忒亚没有办法，最后求助于阿波罗，而阿波罗则请雅典娜帮忙。雅典娜在雅典举行了一次"民意测验"，在法庭上让雅典城邦评判俄瑞斯忒亚是否有罪，最后判定他无罪释放。

这个故事的线索非常清楚，讲的无外乎是家族复仇和王位争夺。那么，为什么称它为悲剧呢？这里，我要和大家简单地解释一下希腊"悲剧"的含义。希腊"悲剧"的核心并不是"悲"，而是冲突，是人与人之间的冲突，尤其是伦理与价值之间的冲突。但是，仅仅有冲突还不是悲剧。所谓悲剧性的冲突，必须是那些无法化解、无法解决的冲突。在这样的冲突面前，无论你怎么选择都是错的。以俄瑞斯忒亚为例。假定你是俄瑞斯忒亚，如果你

作为儿子不为自己的父亲复仇，作为王子不为自己的国王复仇，那么你肯定是不孝、不忠、不仁、不义；但是如果你复仇，那么你必然要杀死自己的母亲，这也肯定是不对的。这是一种两难处境。

接下来，我具体讲述一下《俄瑞斯忒亚》三联剧的冲突过程。首先，我们还是从《阿伽门农》谈起。这个悲剧有一个背景，也就是，阿伽门农将要率领希腊联军远征特洛伊。但希腊人要想跨海远征，就必须要有风，否则船舰无法远行。希腊神话认为控制风的权力掌握在狩猎女神和月亮女神阿耳忒弥斯手里。但阿伽门农有一次在打猎中不小心吵醒了阿耳忒弥斯，女神大发雷霆，就不再刮风。于是，船舰就不能出海，无法远征。阿耳忒弥斯要求阿伽门农献出自己的女儿，就答应刮风。这样一来，阿伽门农就立刻面临着两难冲突：作为国王，他不献出自己的女儿是不对的；作为父亲，他献出自己的女儿是不对的。阿伽门农可谓是五内俱焚。作为一个正常的父亲，他当然不愿意牺牲自己的女儿。但是他的部下却指责他不配做一个国王，因为他只关心自己女儿的命运，而不关心全体希腊人的命运。于是，阿伽门农万般无奈，只好献出自己的女儿。不过，阿伽门农的妻子，也就是王后，却因此对他产生了极端的仇恨，并且发誓要复仇。在古希腊，男人和女人的身份有很大的差别。男人有多重身份：作为城邦的公民，他有一重公的身份；作为家庭成员，他又有一重私的身份。阿伽门农既是家庭中的父亲、丈夫，又是国家的国王。但是女人只有一重身份，她是完完全全属于家庭的。对于王后来说，女儿是她的心头肉。丈夫杀死了女儿，为了复仇，她找了阿伽门农的堂弟埃癸斯托斯作为帮手。那么，埃癸斯托斯为什么答应王后呢？因为他也要复仇。这是另一个很长的故事，是另一段血海深仇。简单地说，阿伽门农的父亲阿特柔斯和埃癸斯托斯的父亲苏厄斯特斯是亲兄弟，但阿特柔斯怀疑苏厄斯特斯勾引自己的妻子。为了复仇，他设计抓住苏厄斯特斯的儿子，将之剁成肉酱并且煮熟，然后让苏厄斯特斯吃。等苏厄斯特斯吃完之后，阿特柔斯告诉他，他刚才吃的是他自己儿子的肉。苏厄斯特斯含恨自杀，并且在自杀之前发了一个毒誓，诅咒阿特柔斯家族永远不得好报，所以埃癸斯托斯要为自己的父亲和兄弟复仇。于是，王后与埃癸斯托斯一拍即合，设计把阿伽门农杀死了。埃癸斯托斯还进一步篡夺了阿伽门农的王位。我们可以看到，在这个悲剧中，每一方都把"正义"挂在嘴边，每个人都声称自己是正义的。

在《奠酒人》中，埃斯库罗斯讲述了阿伽门农的儿子俄瑞斯忒亚的复仇。阿伽门农的儿子在很小的时候就被王后送走，因为王后不愿意让儿子知道他母亲杀死父亲的事情。很多年之后，俄瑞斯忒亚回到故乡，要为父亲复仇。他复仇的原因非常充分：首先，他的父亲被杀；其次，他的王位被篡夺。无论在什么意义上，他都应该复仇。在古希腊人眼里，复仇是一种自然和原始的正义。古希腊人完全不理解基督教和现代社会所谓的博爱，他们认为复仇是一种非常正义和高贵的行动。在古希腊人看来，俄瑞斯忒亚为父亲复仇是天经地义的，是一种原始的正义。但是他在伦理上却陷入了纠结，因为他的杀父仇人恰恰是自己的母亲。当俄瑞斯忒亚用剑指着自己的母亲时，双方有一段非常经典的对话。俄瑞斯忒亚的母亲，也就是王后，对俄瑞斯忒亚说："你无论如何都不能杀我，因为我是你的亲生母亲，你是我身上的肉，你是喝我的奶水长大的；无论我做了什么，你都没有资格杀死我。"但是，俄瑞斯忒亚反过来指责她说："那么，你怎么能忍心杀死和自己同床共枕的丈夫？"王后为自己辩护：她和阿伽门农没有任何血缘关系，他们之间——用现代的话说——只是一种后天的契约关系，所以杀死他不是什么大罪；但是，阿伽门农却杀死了她的女儿，这当然"是可忍，孰不可忍"。王后这样辩护之后，俄瑞斯忒亚有点下不了手。他的朋友普拉德斯给他打了一针强心剂，让他不要违背神的诺言，给父亲、国王复仇。于是，俄瑞斯忒亚最终痛下杀手。但他母亲在临死之前也给了他一个诅咒。一个人杀了自己的母亲，无论是出于什么理由，都不能给自己辩护。从此之后，他将在这个世上永远不得安宁，永远受到复仇女神的惩罚。他永远是一个肮脏的人、一个罪孽深重的人，没有任何地方可以归属。俄瑞斯忒亚猛然觉得，复仇女神像恶狗一般紧紧地追赶他，迫使他不得不四处流亡。

接下来是第三部《复仇女神》。这部剧一开始就提到，俄瑞斯忒亚因为犯下弑母大罪而被复仇女神追赶，无路可逃，不得已向太阳神阿波罗求救。阿波罗不仅是一位新神，而且是一位男性之神，他代表了父亲、城邦、理性和光明。而复仇女神是传统的旧神，代表了所有女性和家庭的价值。因为俄瑞斯忒亚，复仇女神与阿波罗产生了激烈的冲突。复仇女神指责阿波罗对俄瑞斯忒亚的袒护，认为他否定了家庭、血缘和亲情这种神圣与古老的价值。

试想，假如儿子杀害母亲都可以容忍，假如弑母之罪都得不到惩罚，那么人世间还有什么正义可言？假如这个底线都能突破，那么还有什么不能做呢？而阿波罗则重申，俄瑞斯忒亚为了父亲和城邦复仇是天经地义的。他们双方争执不下，最后找到雅典娜做裁判。雅典娜的身份很有意思。她虽然是一位女神，但却没有母亲，因为她是从宙斯的前额生出来的。作为一位智慧女神，她想到的解决办法是在她的卫城雅典设立一个特别法庭，由俄瑞斯忒亚和复仇女神双方各自陈述理由，并且让雅典人评判俄瑞斯忒亚是否有罪。而且，我们需要特别注意，当时雅典在古希腊是一个民主城邦的典范。对于希腊人来说，民主是一个新神取代旧神的过程，是对传统伦理道德的颠覆。陪审团的判决结果很有戏剧性，一半人认为俄瑞斯忒亚有罪，另一半人认为他无罪，双方僵持不下，谁也不能说服谁。最后，雅典娜投了决定性的一票，认为俄瑞斯忒亚无罪。所以，俄瑞斯忒亚就被无罪释放了。

那么，雅典娜的智慧体现在什么地方呢？事实上，雅典娜与其说解决了这个问题，不如说回避了这个问题，是和稀泥。她真正的智慧在于，她觉得这个问题是永远无法解决的，是永远没有答案的。如果追究谁对谁错，那么结果必然是一代一代的血腥仇杀，"冤冤相报何时了"。因为复仇的每一方都有他们自己的充分理由。对于这个结果，复仇女神当然不会满意，甚至觉得受到了天大的侮辱，控诉雅典娜和阿波罗这些年轻的神明竟然敢背叛与践踏"古老的法律"，诅咒从此之后，包括雅典在内的整个人类世界必将充满罪恶、冲突和仇杀。雅典娜无法回应复仇女神的指控，只能恩威并用，一边威胁，一边笼络：一方面向复仇女神表明虽然她们是古老的神明，代表了古老和神圣的传统，但现在是一个民主的时代，旧的传统不再是神圣不可侵犯的；另一方面给复仇女神一块地方，让雅典人民祭祀她们。雅典娜就是用这样的手段平息了复仇女神的义愤。

在整个《俄瑞斯忒亚》三联剧中，我们可以注意到一个现象：剧中的每个人都把"正义"挂在嘴边，都认为自己是正义的，而别人是有罪的或不正义的；但实际上没有一个人是完完全全的罪人，也没有一个人是完全无辜的。后来德国哲学家黑格尔有一个很经典的说法。他说这是一种"片面的合理性"，也就是说，每个人的行动就自身来说都是合理的，但在整体上却是片面和错误的。因为片面，每个人都会否定自己，并且相互产生冲突，由此克服自身的片面性，在更高的阶段达到新的统一。这就是黑格尔所谓的"辩证法"。但是，黑格尔的看法显然不符合希腊悲剧作家的原意。事实上，他们并不认为悲剧中的冲突可以解决，可以在更高的阶段达到统一。对于他们来说，家庭与城邦的冲突是必然的，是不可能化解的。这一点在索福克勒斯的《安提戈涅》中体现得更清楚，所以我们接下来简单地讲述一下《安提戈涅》的剧情和寓意。

要讲《安提戈涅》，当然不能不提安提戈涅的父亲俄狄浦斯。俄狄浦斯得知自己弑父娶母的真相之后，便戳瞎自己的双眼，并且放弃王位，流亡他乡。多年之后，他的两个儿子，也就是安提戈涅的两个哥哥，为争夺王位而相互为敌。当王位由哥哥继承之后，弟弟便引来外敌入侵自己的城邦，试图以武力夺取王位。颇有戏剧意味的是，兄弟二人竟然在战场上同时杀死对方。于是，城邦的王位最后落到了他们的舅舅克瑞翁的手里。作为城邦的新国王，克瑞翁做的第一件事情就是厚葬哥哥，因为他是保卫城邦的英雄；同时让他的弟弟暴尸街头，不允许任何人安葬他的尸体。古希腊人有一点跟中国古人差不多，也就是说，他们都承认死者为大。一个人无论生前犯下了多大的罪，只要死了都应该被宽恕，应该入土为安。反过来说，假如一个人死了却得不到安葬，这无疑是对他最大的侮辱和惩罚。所以我们很容易理解，安提戈涅，作为妹妹，为什么要安葬自己的哥哥。当然，安提戈涅这么做就和克瑞翁发生了冲突。她被当成罪犯抓了起来，甚至有可能被判处死刑。

我们主要关心的是，安提戈涅和克瑞翁双方都摆出了什么理由。安提戈涅的逻辑跟《复仇女神》中复仇女神的差不多。在一个妹妹眼里，没有什么有罪的哥哥和无罪的哥哥之分，哥哥就是哥哥，手心手背都是肉。当克瑞翁指责安提戈涅违反了法时，她断然否定。她认为克瑞翁所说的法只是城邦的法，是人制定的法，但她自己遵守的却是神的法。神的法是家庭、亲情和血缘的法，比人的法或城邦的法更古老、更神圣。克瑞翁的理由是：城邦的法就是唯一的法，必须拥有至高无上的权威；假如人人都像安提戈涅那样用亲情和血缘的原则来挑战它，那么法和城邦的权威何在，又如何能让人服从？当时这个城邦经历了这么多的内乱和战争，一直处于风雨飘摇之中：首先是老国王拉伊俄斯被人杀死，然后是新国王俄狄浦斯弑父娶母，之后又是两个王子为争夺王位自相残杀。当克瑞翁继承王位之后，他首先需要做的事就是恢复国家的秩序，恢复法律的地位和权威。俗话说"乱世用重典"，非常时期需要严刑峻法；否则，谁会尊重城邦和法律呢？

所以，家庭与城邦的冲突是希腊悲剧的永恒主题。通过埃斯库罗斯的《俄瑞斯忒亚》三联剧和索福克勒斯的《安提戈涅》，我们不难理解悲剧的含义。什么叫悲剧？悲剧就是无法化解的冲突，无法解决的问题。这是前苏格拉底时期希腊悲剧作家揭示出来的主题。有了这个大的背景，我们就比较好理解柏拉图和亚里士多德的相关思想了。

三、政治哲学的维度：柏拉图的意图
与亚里士多德的批判

柏拉图在《理想国》中提出了很多看起来不可思议甚至荒谬的思想，其中最难让人接受的有两个：一个是废除私有财产，另一个是废除私人家庭。先说第一个，也就是废除私有财产。后世很多人把柏拉图与共产主义联系在一起，这当然不能说完全没有道理。但二者还是有很大的不同，因为柏拉图强调的仅仅是城邦的统治者不能有私人财产，而马克思的共产主义则认为所有人都不应该有私人财产。柏拉图的意思是：一个城邦的统治者当然不应该有私人财产，因为一旦统治者追求私人财产，那么他的统治

就慢慢地导向追求私利，从而不可能是公正的。为什么要废除私人家庭？道理类似。因为统治者一旦有了私人的小家庭，他的情感和利益追求就必然导向自己的小家庭。为此，柏拉图提出了很多很有意思的设想。比如，孩子生下来之后由城邦集体抚养，父母不知道谁是自己的亲生孩子，孩子也不知道谁是自己的亲生父母。在《理想国》卷八中，柏拉图在谈到一个正义的城邦为什么会败坏时，认为主要的原因是城邦的统治者考虑的不再是整个城邦的共同利益，而是自己私人的和小家庭的利益。

不过需要注意的是，柏拉图的本意并不是完全废除家庭，而是仅仅废除私人家庭。也就是说，他恰恰想把整个城邦变成一个家庭，变成一个唯一的大家庭。在这个大家庭里，有共同的父亲，共同的母亲，共同的兄弟姐妹，共同的儿女，共同的孙子孙女，等等。这样一来，整个城邦就不存在人与人之间的利益争夺了，也不会有冲突了。人与人之间为什么相争呢？我跟你为什么争？我的财富为什么不能给你？我的房子为什么不能给你？那是因为你是你，我是我，我们两个人属于完全不相干的两个家庭。但是，如果我们是一家人，我的就是你的，你的就是我的，我的电脑随便你用，你的房子我随便住，大家还有必要争吗？除此之外，柏拉图还提到了很多其他好处。比如说，一个人受到敌人的伤害，那么就意味着整个城邦的人都受到伤害；就好比一个手指疼，那么整个身体都会感到疼。反过来说，一个人高兴，整个城邦的人都会感到高兴。柏拉图说，你看这个城邦是多么团结一致啊！这样一个城邦有共同的利益、共同的情感，亲密团结如一家人。这难道不是最正义、最完美和最有力量的城邦吗？

柏拉图的设计听起来当然完全不可行，甚至显得非常荒谬和疯狂。但是，我们只要仔细地思考一下，就会觉得还是非常有启发性的。实际上，我们也经常把城邦或国家比作一个大家庭，甚至比作母亲。我们中国人经常说"祖国母亲"，英文中也有motherland，意思就是，祖国是我们的母亲，我们都是她的孩子。此外，还有一个跟"祖国母亲"相关的词语——"同胞"。什么叫"同胞"呢？就是一母所生的孩子。我们城邦或国家的所有公民都是同胞，都是亲人，而不是不相干的陌生人。比如几年前四川和云南都发生了地震，为什么远在东北和西北的中国人会感同身受，并且积极捐款援助？那是因为大家都觉得自己是同胞，是亲人。此外，柏拉图的设计还有一个非常合理的考虑。假如你是一个城邦的国王，或者说一个国家的统治者，那么你当然不能只考虑自己和自己家庭的私人利益，而是必须首先考虑城邦的公共利益。这意味着，你必然在某种程度上把整个城邦的公民都看成自己的同胞或亲人；否则，你为什么会关心他们呢？在这个意义上，柏拉图的意图恰恰是要消除家庭与城邦之间的冲突。

柏拉图的这些思想受到了他的学生亚里士多德的尖锐批评。不过，亚里士多德的批评并不是全盘否定。事实上，他在很多方面都继承了柏拉图的思想，尤其是对友爱的重要性的强调。所以，我们在此先介绍一下亚里士多德对柏拉图的具体批评，然后指出他们的共同点。亚里士多德对柏拉图的批评，是以家庭与城邦的区分为出发点的。在《政治学》一开始亚里士多德就指出，家庭与城邦代表了人性的不同层次，或者说意味着人性的不同秩序。人天生是城邦的动物，是社会群居的动物。人最原始的群体组织是家庭，家庭扩大就变成家族和村落，村落结合就变成城邦。而城邦是人性的最高层次和目的，与家庭有着本质的区别。他认为，柏拉图的错误就是混淆了家庭与城邦的本质区别，因为取消私人家庭的做法只会把城邦倒退和降低为家庭。

首先，亚里士多德认为废除私人家庭是不可行的。亚里士多德的理由是，你不可能让父母跟自己的孩子不相认。原因很简单：绝大多数孩子长得都像父母；即使看上去和父母不太像，但是假如拿他和陌生人相比，他的长相仍然会比后者更像他的父母。为了论证这一点，亚里士多德甚至举了一个很夸张的例子。在上利比亚地区有一个部落还处在母系社会，孩子只知其母，不知其父。一个女人和男人生了孩子之后，孩子由母亲单独抚养长大。等到孩子成年后，父亲再凭长相把孩子认领回去。这个例子很形象地说明，完全废除私人家庭是根本做不到的。

其次，亚里士多德认为废除私人家庭是不可取的。为什么不可取呢？因为一旦把整个城邦的私有家庭都废除，公民之间的情感和关爱就会丧失，而不会变得亲如一家。这就好比说，一块糖果你吃起来觉得很甜，但是如果把它扔到池塘里，那就基本上尝不出一点甜味了；如果把它扔到大海里，那就相当于根本没有糖了。这个比喻也能说明，为什么古希腊人认为"博爱"是不可能的。因为爱这种情感一定是有限的，你给了这个人就不能给那个人，给了少数的人就不能给多数的人。如果你爱自己的亲人，那么你对其他人的爱自然就会减少。你不是神，你不可能有无限的爱给无限的人。这是人性的特点。如果你想博爱，那么这就意味着你谁也不爱，就好比把一块糖扔到了大海里，很快就被稀释得无影无踪，不可能尝出甜味。假如你有一个兄弟，你们自然会相亲相爱；假如你有十个兄弟，你们之间的感情仍然有可能维持；但假如你有几百个、几千个、几万个兄弟，那么你怎么可能都爱他们？在爱这个问题上，古希腊主流的政治思想比较接近中国儒家，也就是说，二者承认爱有差等，爱有亲疏远近。亚里士多德也在这个意义上批评柏拉图。他认为，假如柏拉图废除了私人家庭，那么整个城邦中的爱也会随之减弱，甚至消失。这和柏拉图的本意恰恰是背道而驰的。

亚里士多德还指出，如果废除家庭，那就必将导致人伦秩序的瓦解，说得简单一点，就是避免不了乱伦。柏拉图在《理想国》中也提到如何避免乱伦，还讲了很多具体措施。但亚里士多德认为，这些措施都不可能完全防止乱伦。但是，如果乱伦都不可避免，甚至被允许，那么人类秩序还有什么神圣性可言呢？我们知道，人类社会的首要禁忌就是乱伦，就是说父母子女之间、兄弟姐妹之间不能够发生性关系。这首先是为了物种的健康延续，其次更重要的是为了建立社会的基本伦常秩序，如父子、夫妻、兄弟姐妹等。

不过，尽管亚里士多德批评柏拉图，但他仍然在一点上和柏拉图一致。亚里士多德认为，一个城邦虽然不是家庭，但必须拥有某种类似于家庭的东西。城邦的公民应该拥有一些基本的共同情感，类似于兄弟之间的友爱，而不能仅仅是一种陌生人的关系，仅仅通过法律或契约来维持。亚里士多德在《伦理学》中花了很大的篇幅来讲友爱。他说一个城邦假如只有正义或法律，是远远不够的，因为这样一来，人与人之间就变成了陌生人，仅仅关心自己的法律权利和义务。人与人之间还必须互帮互助、相互团结、相互关心。你为什么要关心一个你不认识的同胞？不是或者不仅是因为你道德高尚，而首先是因为你们之间有一种类似于亲情一样的感情。古希腊人有一句格言——"朋友之间，不分彼此"，说的就是这个意思。在这一点上，我觉得亚里士多德和柏拉图是一致的。

　　总结一下，我认为古希腊的政治哲学的核心问题就是家庭与城邦的关系。古希腊人认识到，人既需要家庭，又需要国家。假如人只有家庭，那么人与人之间必然陷入血腥的家族仇杀，每个人都追求自己的私利，城邦不可能获得团结和统一。假如只有城邦，那么人与人之间就是冰冷冷的陌生人关系。所以，对于人来说，最好的结果就是家庭和城邦都需要，二者缺一不可。但非常可悲的是，这二者在人性深处往往是不兼容的，注定会产生冲突。这是希腊悲剧的智慧。在这一点上，柏拉图和亚里士多德，与其说是解决希腊悲剧的问题，不如说是调和问题，甚至回避问题。当然，回避问题并不是一个贬义词，而是一个更高层次的解决，是对一个不可解决的问题的解决。

美丽城之丑

——亚里士多德对《理想国》的批评

刘玮 *

　　据说亚里士多德在柏拉图学园里已经表现出了高度的批判性，经常跟柏拉图对着干，柏拉图似乎还评论过亚里士多德像一个小马驹一样，稍微长大一点就开始踹它妈妈。从亚里士多德自己的作品里，我们也看到他是一个批判性非常强的人，经常毫不留情、一针见血地批评前辈和同辈的学者，以及自己的老师，当然也有很多时候人们会批评亚里士多德故意歪曲前人和自己老师的学说。关于亚里士多德笔下的"哲学史"是否客观，他的批评是否公正，很多问题都是开放的，我们今天只是站在亚里士多德的角度做一个关于《理想国》的讨论，尤其是对《理想国》里政治学说的讨

---

　　* 刘玮，中国人民大学哲学院教授、杰出青年学者。

论。强调我们今天讨论的是政治学说方面的批判，是因为《理想国》是一部非常多维度的作品，在里面哲学、政治学、社会学、美学、伦理学等熔为一炉，涉及的内容非常广，而我们今天要讨论的主要是政治学或者政治哲学角度的反思。我们首先概述一下柏拉图关于理想城邦的基本观点，然后展开亚里士多德对他的批评。

一、"美丽城"之美

柏拉图自己当然认为"理想国"这个城邦非常美，称它为"最美的城邦"（Kallipolis），也就是我们这里说的"美丽城"。柏拉图把它称作一个模板或者范本（paradeigma），这个词经常用来指柏拉图的理念，因为理念作为这个世界之外的存在，是所有这个世界中可感存在的模板。

说到美丽城的这个"美"，学界有一种非常著名的观点认为，《理想国》里面构造的这一套理想城邦的制度都是反讽，柏拉图并没有真正打算让这个城邦变成现实，或者更极端的理解是，这个城邦构建的方式本来就是悖论性的，包含了诸多矛盾，没有任何可能性在现实中实现。

不过，如果柏拉图的整个计划就是一个巨大的反讽，那么我们今天的整个讨论就没有什么意义了。我相信柏拉图在写作《理想国》的时候，是把它当作一个严肃的政治构想的，主要有五个方面的理由。第一，柏拉图在讨论这几个政治筹划的时候反复强调，它们是有可能实现的，虽然他的措辞经常是"不是不可能"，也就是说可能性确实不大，但毕竟强调的是"可能"。第二，柏拉图自己在卷九中讲过，这个城邦是我们在画布上描绘的城邦，或者在言辞中构建的城邦，它是一个模板，至于能不能实现，是另外的事情，我们现在讨论的是作为模板的理想城邦是不是最好的。即便它没有办法在现实中实现，也不影响这个模板依然是最美的模板，柏拉图很看重的是这个模板本身。第三，在《蒂迈欧篇》这部讨论宇宙论的作品中，苏格拉底跟几个朋友讨论了关于理想城邦的建构问题，柏拉图在那里复述了《理想国》中的基本内容。我们通常认为《蒂迈欧篇》是比《理想国》晚得多的作品，到那个时候柏拉图依然几乎一字不差地重复了《理想国》中的很多内容，尤其是关于男女平等、共产共妻制度的内容。第四，在柏拉图最晚的作品《法律篇》里，他明确讲到那里讨论到的城邦是一个"次优的城邦"，在那个语境下看，最优的城邦似乎还是《理想国》中讨论的由哲人王统治的城邦。这样看来，柏拉图在写完《理想国》以后，不管是在《蒂迈欧篇》里也好，还是在《法律篇》里也好，都是把《理想国》中的这个规划当作完美的规划，或者重述或者强调那才是最好的政治架构。第五，从亚里士多德的角度讲，他在《政治学》中花了很大篇幅去批评柏拉图对理想城邦的建构，如果亚里士多德愿意花这样的笔墨、这样的精力去批判它，至少表明在亚里士多德心中这个计划是一个严肃的计划，至少不是一个反讽性的计划。

我们下面来讨论构建"美丽城"的几个关键环节。在卷二和卷三中，柏拉图讨论了文艺教育和体育教育，最核心的主张就是严格的审查制度，不仅对教育的内容有审查，而且对教育的形式也有审查，比如：不能用悲剧或者喜剧的模仿来教育孩子；吕底亚调式要被排除，多利安调式和弗里吉亚调式可以保留；乐器里面能够发出不同音域的声响，能够刺激人感官的一律要从美丽城中排除掉。在体育教育方面，柏拉图强调体育教育其实不是一种简单的身体训练。针对灵魂的塑造，文艺教育和体育教育分别指向灵魂品质的两端，文艺教育是更和平的，体育教育是更狂暴的，这两种教育最终达到平衡，就保证了护卫者的灵魂中既有温和的一面，又有狂暴的一面。

从卷五至卷七，柏拉图提到了三个非常著名的"浪潮"。第一个浪潮是男女平等，柏拉图可能是西方最早或者接近最早提出这个观念的人。（在他之前，阿里斯托芬有一部叫《女性公民大会》的喜剧，里面也提到女性占领了公民大会，制定了一系列有利于女性或者有利于结束战争的政策。有人说柏拉图借用了阿里斯托芬的喜剧资源。）第二个浪潮是所谓的"共产主义"，要在军队和护卫者中间实现共产共妻共子。第三个浪潮也是最大的浪潮，就是哲学家应该当王。

我们现在具体来看一下这三个浪潮。第一个浪潮是男女平等。柏拉图在引入男女平等的时候用了一个很有意思的类比，来论证男女平等是有自然基础的，他用的是狗的类比。这是一个非常重要的类比，在《理想国》中贯穿始终。柏拉图从最开始讲护卫者的特征时就提到，必须把他们培养得像狗一样，要对自己人、对朋友非常温和，而对敌人则要非常狂暴。培养像狗一样的护卫者，就是文艺教育和体育教育的任务。

苏格拉底问他的对话者：公狗和母狗是不是一起狩猎、一起看家、一起保护小狗？对话者回答：是，确实是这样。在狗的世界里虽然有雌雄之间的分工，就是一个生孩子，一个不生孩子，但是这样的分工并没有影响它们在其他方面的平等，尤其是在跟狗所结成的共同体相关的方面。基于这个看法，苏格拉底认为，我们有必要挑战之前认定的男女之间的不平等地位。

这时候格劳孔提出反驳：如果引入这样一个男女平等的观念，尤其在战争中要实现男女平等的话，就会造成一种非常诡异的情况，我们会看到女性跟男性一样赤身裸体地在训练场上训练。从对话者根深蒂固的观念来看，这是一件无法接受的、有伤风化的事情。但苏格拉底的回应也很简单，他说关于什么东西有伤风化，什么东西是对的或者错的，其实只有一个标准，就是"好"。好是唯一的标准，只要是好的东西，当我们确定了它、实现了它，它带来很多好的结果，人们就会慢慢接受它，把它当成一种常态，而不再认为它有伤风化。很多年前男人在一起赤身裸体训练的时候，人们也认为有伤风化，但是他们发现这样确实有利于孩子，培养了更好的体格，也就接受了这种训练方式。苏格拉底说，只要一个东西确实是好的，人们就会逐渐接受它。习俗这种东西是可以变的，而它的基础是由"好"确定的"自然"。基于这样的自然，他认为男女之间应该平等，而且是在各个方面都要平等，战场上、政治组织上，等等。

　　这时格劳孔又提出了问题：男女在本性上是不是有差别，这个差别是不是应该影响他们的分工？毕竟女人要怀孕、生孩子、哺育孩子等，这会不会导致她们不能像男人一样平等地参与政治生活？苏格拉底认为，当我们讨论差别的时候，要看这个差别是不是和我们要讨论的问题相关。他举了一个例子，我们看到一个秃子是木匠，另外一个有头发的人不是木匠，难道就可以从这里归纳出所有秃子都适合当木匠，所有有头发的人都不适合当木匠吗？显然不能，而且我们也确实看到很多女人在政治智慧方面一点都不逊于男人。在苏格拉底看来，生不生孩子、养不养孩子这件事跟能不能参与政治生活没有任何关系。男女在生养孩子上的这个分工，并不是政治意义上也不是哲学意义上的，所以这个美丽城里的哲学家完全有可能是女性。

　　在第一个浪潮中，柏拉图给出了一个相对系统的从自然出发、依据自然而建立的以"好"为目标的政治安排。我们按照这个标准去制定具体的政策，最后确定了男女在这个城邦里应该承担平等的政治角色。

　　第二个浪潮是所谓的"共产主义"。柏拉图再次用了狗的类比，但是和第一个浪潮强调狗的"自然"状态相反，这里使用的类比是"反自然的"。苏格拉底讲的是我们人如何培育那些纯种的猎狗、鸟和马。我们养这些动物，都希望血统纯粹高贵，可能带来的结果是它们很漂亮、很值钱，或者具有最好的基因特征。苏格拉底说，你们看到了我们养这些动物的时候都希望找纯种的、最好的，人也一样。这在某种意义上是反自然的，因为养纯种的动物恰恰是人为选择的结果，我们人干预它，使它变得更好，或者保持最好的基因，在自然里面可能不是这样，自然选择的结果是什么样都有，最后留下来的是最适应环境的，而不是基因保持得最好的。甚至有可能出现纯种的东西反而生命力差，基因里面缺少某些东西反而更容易得病、寿命更短。所以，这种人工选择是反自然的技艺，苏格拉底用它来论证自己的"优生学"考量。

在美丽城安排孩子的生育时，我们总是希望生出最好的孩子。我们都知道，《理想国》中不同的公民被分成了金、银、铜、铁四等，金等级是统治者，银等级是辅助者，铜、铁等级是生产者。当然这个城邦里不可能全都是金、银等级，但我们要保证的是金、银等级能够在内部进行繁衍，能够尽可能生出金、银等级的后代，这个就需要苏格拉底讲到的这种"非自然选择"或者"优生学"理论。我们要把最好的、最勇敢的、杀敌最多的男人挑出来，让他们能够跟更多拥有同样特质的女性生孩子，这也是对他们的奖赏。苏格拉底还特意叮嘱对话者，这里需要一些机制，比如我们要用某种抽签的办法，使那些最优秀的男人总是能够中签，跟尽可能高贵的、勇敢的女性生下后代，这样就能保证城邦里良好基因的延续。（"欺骗"也是《理想国》中的一件特别重要的事情，一个贯穿始终的主题。）苏格拉底还做出了更具体的规定，比如生育时间最好在冬天，孩子生出来后就立刻抱走，不要让父母辨认出自己的孩子，然后把这些孩子放到一起抚养、一起教育。

柏拉图制定了一系列的政策，保证优秀的男性有更多的机会和优秀的女性生下优秀的孩子，并且要保证孩子跟父母不得相认。

这里的基本考虑就是，当人们能够区分出"你的"和"我的"时，这个城邦就危险了。一个最好的城邦一定是所有的人对所有的东西都说这是"我们的"，而不是区分"你的"和"我的"。一旦有了私有财产、私人的妻子孩子，有了"你的"和"我的"之间的区分，只要人们开始有了一己私利，这个城邦就面临很大的危险，最终就会瓦解。对于城邦来讲，最大的好就是让城邦成为"一"，最大的坏就是城邦分裂，不再是一个城邦，而是若干个不同的城邦。共同的欢乐和痛苦团结城邦，而私人情感分裂城邦，柏拉图的基本精神就是让这个城邦成为一个整体，所有人都对所有东西有同样的认同。在柏拉图看来，"私有制"堪称万恶之源。

第三个浪潮是哲学家要统治城邦。苏格拉底说，只有哲学与政治权力的偶然结合，或者那些哲学家做国王统治城邦，或者那些被称为国王和统治者的人真正与充分地从事哲学，政治才有希望。最后这一点很重要，不是要让一个统治者假装自己是一个哲学家，不是出版了一两本哲学著作，就可以说自己是哲学家了。我们可以举狄奥尼修斯二世的例子。狄奥尼修斯二世号称自己非常喜爱哲学，把柏拉图召唤过去，教自己哲学。但是柏拉图去了之后发现他自己写了一本哲学著作，在宫廷上非常狂妄地宣称自己解决了哲学的问题。柏拉图对此失望至极。苏格拉底在这里说的不是这种意义上的实践哲学，而是要真正与充分地从事哲学。除非能够让政治和哲学合于一处，否则城邦的病患就没有止息，人类的病患同样如此。

在柏拉图看来，第三个浪潮是所有浪潮中最大的，同时又是其他两个浪潮得以实现的保证，也是实现"美丽城"所需要的最小的变动。因为当城邦有了正确的领导、正确的统治者之后，前两个浪潮看上去是有希望由他颁布的法令直接实现的。但问题就在于这个"偶然结合"怎么能够实现。不管怎样，哲学和政治权力的结合，是整部《理想国》中最困难的问题，这里面有两个方面的困难：一方面是如何让政治接受哲学，另一方面是如何让哲学承担政治使命。柏拉图更多的时候是在讨论后者：哲学家出了洞穴，我们有什么办法能让他回到洞穴里？柏拉图给出的基本上是一个强迫式的图景，因为哲学家不愿意回去，所以要强迫他回去。强迫的方式有不同，可能是一种武力上的强迫，也可能是一种灵魂上的讲道理，比如出于城邦的培养应该回去，出于解救生活在水深火热之中的人们应该回去，等等。

　　如何让政治接受哲学，很可能是更困难的事情，因为柏拉图明确地讲到哲学家出了洞穴再回到洞穴里面，是要面临巨大危险的，洞穴里面的人如果能够自由行动的话，甚至会弄死这个哲学家。柏拉图在这样写的时候肯定想的是苏格拉底受审并被雅典人处死的场景。就算哲学家能够接受政治，政治如何接受哲学家也是一个巨大的问题。在卷五中，苏格拉底的对话者指责民众，说民众不可能接受哲学家，哲学家不可能统治。苏格拉底说不要这么诋毁民众，民众也是可以被说服的。（我们可以用这个说服与强迫的主题去串联整部《理想国》。比如《理想国》一开始就是玻勒马霍斯派人拦住苏格拉底，跟苏格拉底说要么跟他走，要么打一架。苏格拉底说："我能不能说服你？"玻勒马霍斯说："我不听你说话你怎么能说服我呢？"于是，很简单他打发掉了苏格拉底给出的可能性。从《理想国》的一开始，说服和强迫这两个尖锐的主题就出现在我们面前，这个问题也贯穿这部作品的始终。）

接下来就是苏格拉底给哲学家唱的赞歌。他赞美哲学家热爱学习、热爱真理、憎恨错误、善于学习、节制、高贵、勇敢、正义、温和、有序，等等。柏拉图能够想到的几乎所有好词都给了哲学家。正是因为哲学家拥有了所有这些美好的品质，他们才有基本的资格进行统治，或者说有统治的必要条件。但是真正让哲学家有充分的资格进行统治的是他们拥有"善的理念"，就像柏拉图在洞穴喻中说的，哲学家因为最终看到了太阳，就充分认识了一切好的根源或本原。柏拉图的基本理论是：世上所有的事物都是因为理念而存在，而好的理念或善的理念又是一切理念中最高的，是其他理念的依据。这是一个自上而下的图景，你把握了上面的东西，就一定能够把握下面的东西，这在柏拉图看来是很自然的事情，因为下面的东西都是以不完满的方式分有上面的东西。对于哲学家来讲，善的理念就是一切东西好之为好的最终标准，它是一切存在的标准，也是一切东西能够被人们认识的标准，因为它像阳光一样照亮了所有的东西，使你可以看到它们。柏拉图甚至说这个东西是"超越存在"的，是一切存在的最高原则。这也为后来的新柏拉图主义神学，甚至基督教神秘主义奠定了基础。有这么一个最高的存在，它超越存在，你是不可能用存在的方式言说它的，这个就是神。

哲学家因为把握了所有事物的最高原则，所以就自然全都能够把握下面的东西，他也就自然应该成为统治者。因为统治城邦要干的事情就是要给城邦里的每个人或者城邦整体最好的东西，让他们或它变好。而哲学家把握的是好的理念、好的最终原则，有了这个东西，一切东西的好他都清楚，都可以很好地分配，所以当然应该是统治者。

二、"美丽城"之丑

说完了柏拉图心中这个"美丽城"有多美，下面我们来看亚里士多德对柏拉图的批评。

首先来看看亚里士多德对柏拉图的整体态度。我们刚才说过，亚里士多德很可能从他还在柏拉图学园里学习的时候就非常不安分，喜欢批评老师。亚里士多德在自己的作品里也非常不客气，有时候甚至相当刻薄，但是在一个地方，亚里士多德不知道为什么突然"良心发现"，以一种非常温存的方式形容他跟柏拉图之间的关系。他说，一个是真理，一个是朋友，我们二者都爱；但是虔诚（hosios）应该首先归于真理：虽然我们很爱提出善的理念的人，因为他们是朋友，但是不管怎样我们要更多地爱真理，对真理保持虔诚的态度。正是从这段话里我们得到了那个非常有名的拉丁谚语：amicus Plato, sed magis veritas amica（柏拉图是朋友，但真理更是朋友）。中文版就是大家耳熟能详的"吾爱吾师，但吾更爱真理"。亚里士多德虽然有时候有些刻薄，但是整体而言非常尊重前人的贡献。前人往往已经给自己的研究打下了很好的基础，我们是在去粗取精、去伪存真的过程中来筛选与整理前人提出的问题和结论。亚里士多德说真理就像一个大门，人们都能摸到一些，虽然可能摸不到全貌，但讲的话里边总是有一些道理，他的学说大多建立在前人的基础上。

下面我要针对刚才提出的关于柏拉图理论的四点，来谈亚里士多德自己的理论和他对柏拉图的批评。第一，他大体上同意柏拉图关于文艺教育和体育教育的看法；第二，他反对男女平等；第三，他是反对共产共妻；第四，在我看来亚里士多德有保留地批评柏拉图哲人王的观念，但是很大程度上接受了这个观念。

我们先来看他对柏拉图文艺教育和体育教育的基本看法。亚里士多德也认为构建一个完美的城邦（他称之为"依靠祈祷的城邦"）是政治学要去完成的任务。这里面最核心的也是教育，在这一点上他跟柏拉图是一脉相承的。对于任何一个完美的政治共同体而言，教育都是最核心的。亚里士多德和柏拉图一样，对于什么时候生孩子都要规定（他当然不会规定让优秀的男子尽可能多生孩子），男性从 35 岁到 50 岁，在他看来是最好的生育年龄，女性比男性小十七八岁比较合适。从这个开始规定，到怀孕的时候女性应该做什么——比如多散步，孩子出生后前几年干什么，7 岁到 14 岁干什么，以后干什么，一步一步规定得非常细致。在文艺教育和体育教育方面，他跟柏拉图的观念也基本一致。他也认为，教育分成两种，一种是文艺的，一种是体育的；他也要对文艺教育的内容和形式做一些区分、筛选，认为不是所有的东西都可以在城邦里出现。但是他比柏拉图宽容很多。例如，他允许悲剧、喜剧在城邦里存在，并且赋予悲剧重要的作用。他明确讨论了悲剧的净化（katharsis）功能。亚里士多德允许灵魂中欲求的部分通过悲剧得到净化，也就是人的情感，尤其是怜悯和恐惧这样的情感，通过悲剧方式得以某种意义上的宣泄或者平衡。他比柏拉图更理解情感在生活中发挥着非常重要的作用，而不像柏拉图那样基本上是用理性来压制欲求和情感。在这个方面，他的观察也比柏拉图更接近人的实际情况。

在体育教育和文艺教育的问题上，亚里士多德和柏拉图也有一些细节上的差别。比如，他不认为体育教育是直接塑造灵魂的，而是认为体育教育针对的是身体，而文艺教育针对的才是灵魂。在音乐的调式方面，他跟柏拉图也有一些不太一样的地方，柏拉图比较喜欢多利安调式和弗里吉亚调式；而在亚里士多德看来，多利安这种比较适合行军的调式并不适合城邦，已经显得过于狂放了，有点像酒神狂饮时的音乐。如果跟我们今天的音乐联系起来，柏拉图可能会认为贝多芬音乐是最好的，那种英雄的气概最适合城邦，但亚里士多德会说那个已经过头了，巴赫音乐那种秩序感才是最好的。在这个意义上比较亚里士多德和柏拉图的理想城邦，亚里士多德的这个城邦看上去确实更和平，不像柏拉图那么强调护卫者的作用，也没有特别强调军人阶层，反而更多强调这个城邦要塑造人们的品格，使他们能够着眼于闲暇。亚里士多德当然并不排斥战争，那是必须有的，在任何一个希腊城邦里战争都是必不可少的基本生存语境。但亚里士多德强调的重点是战争是为了和平，教育最终是为了让人们可以安享和平与闲暇。他心目中的公民，灵魂应该是有序的，应该具备基本的德性，应该知道如何享受闲暇，这个是政治生活所能提供给公民的最好的东西。闲暇的时候干点什么？可以读诗，可以看戏，可以欣赏音乐，也可以从事一些"哲学"活动。亚里士多德《政治学》卷八中明确提到公民要从事"哲学"活动，但那里提到的"哲学"并不是严格意义上的哲学，也就是《尼各马可伦理学》最后一卷讨论的那种跟神相似、纯粹沉思的生活，因为那种生活不可能适合大众。但是理想城邦里的公民可以从事宽泛意义上的哲学活动，可以从事一些研究，阅读一些更深入、更科学化的东西。

下面我们再来看看亚里士多德对柏拉图"三个浪潮"展开的一系列批评。第一点就是关于男女平等。我们经常说亚里士多德是一个"男性沙文主义者"，而且是一个很顽固的"男性沙文主义者"，而柏拉图则是男女平等最早的支持者。但其实说回柏拉图，他也只有在《理想国》中才表现得极其尊重女性，在他的晚期作品比如《蒂迈欧篇》和《法律篇》中，这个立场就已经严重后退了。在《蒂迈欧篇》中他甚至主张工匠神最开始创造的人全是男性，那些在这一辈子没有过好的男性，灵魂转世之后才变成了女性。也就是说，柏拉图不只有女性主义者喜爱的一面，还有女性主义者痛恨的一面。

亚里士多德对柏拉图提出支持男女平等的"自然"类比做了一个非常有趣的评论。他说与野兽进行比较从而表明女性应该和男性过相同的生活是没有意义的，因为野兽不会进行家政管理。

也就是说，在亚里士多德看来，用野兽做类比来理解男女之间的关系是不对的，因为我们讨论的恰恰是一种不同于野兽生活的人类生活，一种政治生活，而对于人类生活和政治生活来讲性别差异是相关的，有重要的意义。那么这个差异的意义在哪里呢？在亚里士多德看来，男人跟女人的灵魂是不同的：男性是更理性的动物，女性是更情感化的动物。

亚里士多德看到的就是男性和女性在理性能力方面存在差别，而政治生活是需要我们通过理性来安排的。大多数的统治与被统治都是依据自然的，比如自由人统治奴隶，男性统治女性，成年的男人统治孩子，因为虽然所有人都拥有灵魂的不同部分，但是它们的关系在不同的人那里存在不同。奴隶的灵魂几乎没有理性思虑能力，小孩拥有理性思虑能力但是还不完全，女性拥有理性思虑能力但是缺乏支配性。亚里士多德认为我们能够观察到的不同的统治方式其实是有自然基础的，政治生活的安排、习俗、法律都要依据自然。只是他所依据的自然跟柏拉图所依据的自然并不完全一样，至少就我们现在讨论的这个问题而言不一样。柏拉图依据的是一种生物意义上的自然，我们看到的是公的母的动物在做同样的事情；而亚里士多德所说的自然是灵魂不同结构意义上的自然，他认为男人、女人、孩子、奴隶的灵魂是有不同结构的，这些不同的结构决定了他们在家庭里、在城邦里的地位不同。

亚里士多德在这里强调的差别是理性思虑部分的差别，也就是通过思虑的方式，以好生活为目的，以理性的方式决定自己应该如何生活，如何做事。在他看来，不同的人在这方面的理性能力有非常大的不同，奴隶基本上没有这种思虑能力，无论如何都没有办法安排好自己的生活，因此亚里士多德主张奴隶制，认为有些人依据自然就应当成为奴隶，波斯人、印度人、埃及人，在他看来就是自然的奴隶。他们缺乏理性能力，不能安排好自己的生活，所以希腊人把他们当奴隶其实是为他们好，让他们能够参与到文明的、理性的生活中。奴隶服务于主人，在他看来很大程度上也是对奴隶的一种成全。通过分享主人的生活，通过帮助主人干这干那，奴隶分有了一部分理性，反而提升了他们生活的档次。孩子当然是有理性的，但是还不完全，需要经过长期的培养、教育逐渐发展完善。而在他看来女性的理性能力有所不足，一方面可能表现在女性思虑得不那么周全，另一方面女性更情绪化，更容易抛弃理性思虑的结果，所以在这个意义上女性的理性能力也是不完全的，没有很好地把握或者控制非理性的部分。基于这样的看法，男性跟女性之间有一种自然的统治与被统治关系。他认为在家庭里男人应该起主导作用，他用贤人制（aristocracy）来类比男人与女人之间的关系。贤人制就是最好的人统治，在家庭里男人与女人理性能力的差别决定了应该由男性起主导作用。

下面我们来看看为什么说亚里士多德就算是犯了错误也是用一种有趣的或者科学的方式犯错的。

第一，亚里士多德基于经验观察，发现雄性动物和雌性动物有一些特征上的差别，而且这些差别在他看来几乎适用于所有的动物，只有极少数的例外。他说："除了熊和豹以外，其他一切动物总是雌性更加软弱，更加恶毒，不那么简单，更加冲动，更加关注后代的抚养，而雄性更有血气，更野蛮，更简单，不那么狡猾。"这些特征的迹象在任何地方都或多或少能看到，最明显的就是在人类这里，人类的本性是最全面和完全的，因此在人类这里上面提到的特征也最明显。他说："女性更加富有同情心，更容易落泪，更容易嫉妒，更爱争吵，更容易骂人和打架，女人比男人更容易绝望，更少有希望，更没有羞耻，更喜欢说谎，更爱欺骗，但是记性更好，更警醒，更容易退缩，更不容易采取行动，并且需要更少的营养。"（《动物志》607a34-b13）这里的观察似乎有一些今天依然是人们挂在嘴边的关于男性和女性的差别。我们看到，亚里士多德很努力地在寻找一些样本，去观看雌雄动物之间的差别，他并不是空穴来风地坐在那里想男人就应该比女人强，他的这个理论背后是有经验观察作为支撑的，这里面体现的大都是女性不如男性那么理性。

　　第二，除了这些观察之外，亚里士多德还有更加理论化的反思。他在《论动物的生殖》中提到了一种基于他的"质形论"（hylomorphism，也就是质料和形式理论）的生殖理论。在他看来，雄性和雌性都产生种子，男性的叫精子、精液，女性的叫经血，男性的精子提供了胚胎的形式和动力，而女性的经血则提供了胚胎的质料。大家知道形式和质料之间有一个非常截然的等级差别：形式是确定的，使一个事物是其所是并且成为实体的东西；质料是不确定的、更远离实体的东西。最终，一切生物体、一切自然物、一切实体都是某个形式加到了质料之上，是形式规定了质料，形式在存在的等级上高于质料。根据亚里士多德的质形论，男性是在生育中提供形式的一方，而女性则是提供质料的一方，在这个意义上男性比女性的地位更高。这个理论背后还有更多生物性的东西。他说不管男性还是女性的"种子"都是由血液和不同营养物调和而成，这种调和需要体热，男性因为比女性有更多的热量，所以他们的调和进行得更加完善，产生出来的就是能够赋予后代形式的精子，而女性因为身体温度不如男性高，调和得就不够完善，只能产生经血，而不能产生精子，只能提供质料性的本原。亚里士多德还说过一句很冒犯女性的话，他说"雌性是有缺陷的雄性"。在他看来，能不能产生带有后代形式的精子，提供了一个个体是不是完善的标准。男性因为有这个能力所以是完善的，而女性没有所以是有缺陷的。后代的性别取决于精子里面所带的热量能否征服经血的冷：如果征服了，生出来的就是男孩；如果没有征服，生出来的就是女孩。这些理论从今天的角度看当然毫无价值，但是我想说的是亚里士多德即便是"扯淡"，也是尽他所能在"扯淡"，他想要给男女之间的差别找到一种生物学上的基础。我们今天大可以诉诸更加科学的理论驳斥亚里士多德，但是我们不必说他的错误就是因为他简单地接受了某种希腊或者雅典的意识形态，他是在进行他能力范围内的科学研究，有这样一套观察和理论在后面作为支撑，所以他认为男性比女性完善。如果我们拿出确凿的证据证明他的这些观察和理论是错误的，他应该也会心悦诚服地接受男女平等。

上面就是亚里士多德对柏拉图《理想国》中第一个浪潮的批评。他认为男女平等在政治共同体中是不可能实现的，也是不应

该实现的，这是"反自然"的，因为女性在理性上低于男性，而
政治活动说到底是一种理性活动，所以在政治活动中应该由更
加理性的男性起支配作用，所以不能出现"哲人女王"这样的
构想。

　　下面我们来看亚里士多德对柏拉图《理想国》中第二个浪潮
"共产主义"的批评。首先，亚里士多德对"共产主义"有一个整
体性的批评，就是柏拉图想要让这个城邦成为"一"，想要让所有
的人对所有的东西都说这是"我的"，或者"我们的"，而亚里士
多德认为这个根本目标就是错误的。他说很明显，城邦越是变成
"一"，就越不是一个城邦，因为城邦依据自然就是由不同的人组
成的，如果变成"一"，就把城邦变成了家庭，又从家庭变成了个
人，这样只会毁掉城邦。在柏拉图看来，城邦越团结，所有的人
思想越一致，目标越一致越好；而在亚里士多德看来，城邦依据
自然就不可能是所有人只想着同一件事。我们不可能要求，更不
可能实现让所有人以完全相同的东西为目标，这样只会把城邦中
本来应该有的异质性打破，就会让城邦关系坍塌成一种家庭关系；
如果还要更大的统一，那么最后就会把家庭变成一个人。当城邦
坍塌成一个人的时候，才能最大限度地保证城邦是"一"。如果以
"一"为目标，那么政治家从一开始就搞错了目标。作为一个好的
城邦，政治家所要做的是保证人民的幸福，而不是让所有人都有
完全一致的想法。

　　其次，亚里士多德批评了"共产主义"的"整体幸福"观点。
他说柏拉图在很多地方都说想要城邦整体的幸福，而不管这里面

的某个人或者某个等级是不是达到了最大限度的幸福。柏拉图说过两次这样的话，尤其是在针对护卫者的时候。对话者问他：把护卫者弄得这么惨，没有家庭、没有孩子、没有财产，这样真的好吗？柏拉图回答说：这个没有关系，我要关注的不是他们某个人或某些人能够实现最大的幸福，而是这个城邦整体的幸福。他甚至要在这个基础上再增加他们的"悲催"，他们不仅没有财产，还不能出去旅游，等等。让哲学家回到洞穴中也类似，回到洞穴中对于哲学家来讲无论如何都不是最幸福的。柏拉图关注的不是某个人、某个阶层能够实现最大限度的幸福，而是让这个城邦整体在一个结构的意义上能够实现最大的幸福，为此他不惜牺牲其中某些人的幸福。

当然在柏拉图看来，他的这些安排是不是对个人幸福的牺牲，我们还可以讨论，但是从亚里士多德的角度看一定是牺牲。生产者等级一定是牺牲了参与公共生活的权利，他们是"单向度的人"，只有私人生活，只有生产性的生活，没有机会参与城邦的公共决策。护卫者也是"单向度的人"，他们牺牲了自己的私人生活，没有妻子，没有自己的孩子，没有自己的财产，只有一个公共的维度。而哲学家看上去既有公共的维度又有私人的维度，既可以生活在洞穴外面进行沉思又可以回到洞穴里面进行统治，但是回到洞穴里面进行统治的那一部分恰恰是哲学家不愿意进行的，他们也牺牲了个人的幸福，他们不能最大限度地享受与理念合一的状态，而不得不参与政治事务。

在亚里士多德看来，柏拉图牺牲了很多人的幸福，在他的

"美丽城"中甚至没有人达到了真正的幸福。他认为，柏拉图为了城邦整体的幸福而剥夺了个人的幸福，但是除非所有人、大多数人或者一部分人是幸福的，否则整体不可能幸福，因为幸福不是一个抽象的概念，而是切切实实落实在个人身上的。柏拉图讲整体没问题，但整体恰恰是由部分构成的，这是亚里士多德的一个非常基本的学说，就是整体和部分之间的关系，整体当然有目的和形式上的优先性，但整体本身可能并不是一个实体，城邦不是实体，城邦只能由公民构成，只有在这个衍生的意义上才是实体。如果构成整体的每个部分都不幸福，那又凭什么说整体是幸福的呢？亚里士多德的这个批评非常重要。我们不能为了一个抽象的、整体性的目的而牺牲构成这个东西的每一个个体；如果每一个个体都不幸福，你还说整体很幸福，这听上去就是一个悖论。

上面是亚里士多德从整体上对柏拉图"共产主义"观念的两个批评：一个是说柏拉图想要把城邦变成"一"，这是不可能的，违背了城邦的自然本性；另一个是说柏拉图所要追求的幸福是不可能实现的，因为他在把"一"分解成"多"的时候，任何"多"都没有实现幸福。下面我们再来看一些具体的批评。

首先亚里士多德批评了柏拉图要取消家庭，取消私人领域。亚里士多德对这一点非常不满，做了非常详细的批评。基本的原则就是亚里士多德主张"人是家庭的动物"，因此不能取消私人家庭。我们都知道亚里士多德反复提到"人是政治的动物"，但是大多数人不太注意他还在另外一个地方说过："人不仅是政治的动物，而且是家庭的动物……人有与那些他们自然亲近的人组成共同关系的倾向。"（《欧德谟伦理学》1242a22-25）他还说："男女之间的友爱是自然的，男女形成夫妻比形成城邦更加自然，因为家庭先于城邦。"（《尼各马可伦理学》1162a17-19）家庭在某种意义上是先于城邦的，因为男女结合而成的这个生育繁殖的共同体是人必须要实现的。男女结合并且生下后代，这个对柏拉图、亚里士多德同样重要，都是一个物种能够分有永恒的方式。在《会饮篇》中柏拉图借第奥提玛之口讲了很多爱的意义，其中一个就是爱使我们能够在肉体和灵魂上分有永恒。亚里士多德也一样，他认为物种之所以是不灭的，恰恰是因为男女之间的结合、雌雄之间的结合保证了物种的延续，使每个物种都可以用一种最接近神的方式生活，因为神最本质的属性就是永恒性或者不朽，而物种的延续就是永恒性的体现，所以雌雄之间的结合是任何一个物种的自然要求。对于人类来讲，我们可以想象没有城邦的生活状态，但是假如没有男女之间的结合，人类这个物种就不存在了。亚里士多德在《政治学》中讲到城邦起源时，也是从家庭这个最小的共同体讲起的。家庭在亚里士多德那里发挥着非常重要的经济功能和教育功能，甚至为我们理解政治关系提供了范本，比如父子之间的关系在他看来就类似于君臣之间的关系，男女之间是一种贤人制的关系，兄弟之间是一种政制关系——一种平等者之间的政治关系。他绝对不会允许柏拉图否定家庭的作用，更不能允许取消基本的家庭关系。

接下来，亚里士多德讨论了假如真的取消家庭，城邦像柏拉图设想的那样变成共产共妻共子会导致什么样的结果。他说对于每一个人来讲，"我的""我爱的"都是最强烈的情感。知道某个东西属于我是很重要的。这是我的，我才会关心它，才会爱护它，才会投入精力和时间去保护它。他说"共产主义"不可能培养起这样一种感情，因为所有的东西都不是"我的"。亚里士多德说，在这个意义上我有一个属于自己的表亲比有一百个属于所有人的孩子要好，那个表亲虽然很远，但他是"我的"表亲，而这一百个孩子哪个都不是"我的"。这样的城邦构成方式没有任何意义，不能培养起任何人对城邦的感情。柏拉图的想法是，因为这一百个孩子全是你的，所以你就会保护所有的孩子；而亚里士多德则认为，这样做只会让我觉得这一百个孩子哪个都不是我的，我对谁都不会上心。亚里士多德用了一个我们今天也会用的词来描述这种稀释了的友爱关系——"水"（hudarēs）。他认为，柏拉图的"共产主义"安排不可能培养起真正的爱，不管是亲子之爱还是兄弟之爱，而只会把这种情感"变水"，就像把一杯酒倒进了水缸。他强调的恰恰是我们说"我的"和"我爱的"时候，这个是人之为人最基本、最强烈的感情，人总是要区分出"我的"和"你的"，我只爱我的东西，这是一种自然情感，任何人都没有办法改变。

亚里士多德还谈到了一些更实际的问题。比如父母和孩子之间的不确定性会带来很多问题。柏拉图虽然想的是一百个孩子全是"我的"，所有的人都管我叫爸爸。但是亚里士多德相信人们总会有一种自然倾向，会试图找到真正属于自己的东西。我看着这一百个孩子一定会找哪个孩子长得像我，这才是人的自然情感。如果发现了但还不确定，我就会处于一种怀疑和焦虑的状态。比如我怀疑有三个孩子比较像我，但是没有办法判断这三个孩子中到底哪个或哪几个真的是我的，那么在面对这一百个孩子的时候，我大概只会对这三个孩子格外偏爱，或者找机会提携这三个孩子，同时也会怀疑是不是真的就是这三个。这会让那些父母处于一种极度焦虑的状态，只会给这个城邦的组织安排造成更大的麻烦。

亚里士多德还讲到共妻共子会导致更大的罪行。柏拉图本来制定这项制度是希望所有的平辈都是兄弟，所有差辈的都是父子，所以谁也不会骂谁或打谁。但亚里士多德认为人性里面总有血气的方面，你不可能彻底避免在城邦里的吵架拌嘴甚至大打出手。而现在谁都不确定自己的孩子或父亲，这样反而有可能导致更大的罪行。正常情况下，假如我被一个年轻人杀了，那最多就是一起杀人案；但是，如果那个孩子真的是我儿子，那他杀了我就变成弑父大罪，会给整个城邦带来更大的"污染"，就像俄狄浦斯虽然是在不知情的情况下杀死了自己的父亲，但是也给忒拜城带来了瘟疫。我们不知道亚里士多德是不是很严肃地看待这种对城邦的污染，但通常的观念是这么干很可能会在城邦里导致更大的罪行。在自然家庭的环境下，杀死父亲这样的事情恐怕很难发生，但是当把城邦变成一个家庭结构的时候，在大家都不明真相的情况下，就有可能发生了。

针对柏拉图"共产主义"里面的财产安排，亚里士多德也做了尖锐的批评。因为我们是在讨论"共同体"，所以一定有某些东西是共同的，所以财产的使用方面也有三种不同的安排，第一种是私有公用，第二种是公有私用，第三种是公有公用，第三种柏拉图的主张。在亚里士多德看来，后两种都不行，都不足以让这个城邦的经济运转和财政安排保持良好的秩序。亚里士多德很清楚地认识到柏拉图主张的公有公用不利于提高人们的生产积极性，而只会导致"三个和尚没水喝"的结果，只会导致人们对公用物品没有任何真正的关心。

和前面关于家庭的讨论类似，知道某些东西是"我的财产"会带来非常自然的快乐。亚里士多德讲到，在帮助朋友或者实现慷慨、节制这些德性的时候，我也需要私有财产。因为慷他人之慨太容易了，我拿着公款去吃喝，我拿着公款去送礼，根本体现不出我这个人的德性。亚里士多德认为，德性对于每个人的幸福来讲是最实质性的，幸福的定义就是灵魂合乎德性的活动，所以你要实践那些德性。而你要想实践那些德性，就需要拥有自己的财产，没有这个也就无所谓慷慨。柏拉图取消了私有财产，也就剥夺了人们培养慷慨德性的机会。

在柏拉图看来，私有制是万恶之源，解决了财产问题，我们就解决了城邦中的一切或者大部分问题。但亚里士多德不这么认为，他认为财产分配不是最重要的，真正关键的是教育。你如果搞好了对孩子们的教育，告诉他们什么样的东西应该关心，什么样的德性应该培养，什么样的行动应该去做，那么，即便在私有制条件下，他们也一定会做慷慨、节制、正义的事情。在他看来，柏拉图的财产安排根本无法解决任何问题，而只会导致大家谁也不关心公共事务，这跟柏拉图最开始的意图是背道而驰的。这就是我们要讨论的亚里士多德对柏拉图"第二个浪潮"的批评。

最后，我们来说哲人王，也就是柏拉图的最后一个浪潮。首先亚里士多德肯定是对这个观念有保留的，保留不在于哲人王本身，而在于哲人王之所以是王的原因。在柏拉图那里，哲学家因为把握了好的理念或者善的理念所以成为王，有一个自上而下的秩序，把握了最高的存在，同时也就把握了政治领域的最终根源，所以他可以支配下面所有的东西。但亚里士多德恰恰是要批评这个好的理念或者善的理念，他在两部伦理学著作中都花了很大篇幅批评这个理念对我们实现幸福没有任何实质性的意义。某个人绝不可能是因为把握到了一个超越可感世界的好的理念或者善的理念，就变成了一个好人、一个好的统治者。

我们这里讲其中的五点：第一，亚里士多德说理念没有先后，都应该是平等的，但好的东西是有先后的，比如实体的好一定好于其他东西的好，实体是最基本的存在，所有其他的存在都是附加在实体之上的。第二，亚里士多德说"好"是可以在十个范畴上被讨论的，我们可以讲实体的好，比如神、灵魂；我们可以讲数量的好，比如今天的温度合适；我们可以讲性质上的好，比如一个道德上的好人；我们也可以讲关系上的好、位置上的好、时间上的好，等等。但是并没有任何一个科学能够研究十个范畴，所以没有一个研究好的科学。在柏拉图看来，哲学就是研究理念的，这是一个学科。亚里士多德说好是在不同的意义上被言说的，有不同的含义；有多少种含义或者存在，好就有多少种含义，我们没有一个学科是研究"好"本身的。所以，即便你把握到好的理念，也不意味着你把握到了好的时机、好的位置、好的数量、好的性质，这些都是截然不同的事情。第三，在亚里士多德看来，"本身"是一个非常多余的概念，"好本身"并不比"好"更好，就像我们说白本身并不比白更白一样。同样，加上"永恒性"也没有任何帮助，一个永远白的东西，跟一个暂时白的东西相比，并不更白，你可以说它比第二个东西更永恒，但那是另外一个性质。所以，永恒的好并没有比暂时的好更好。好就是好，你赋予了它永恒性，但是附加上去以后没有给它这个性质本身增加任何内容。第四，亚里士多德还说善的理念太高远了，超出了人所能追求的范围，我们没有办法达到或者跟这样一个至高至纯的东西充分结合。这个理念可能很好，但并不是人的好，不是我们人作为生活在此时此地的生物所能希求的东西。第五，亚里士多德认为，这个好的理念也不能帮助我们实现自己的好。柏拉图认为把握到最高的东西一定能帮助我们把握到更低的东西，而亚里士多德认为把握这个最高的东西对于我们的日常生活没有任何意义。一个木匠要造一张好床，即使他充分理解了好的理念也并不能帮他把床造好。柏拉图认为这是很自然的，因为好床分有了好的理念，所以把握了好的理念，就一定把握到了好床，所以能造出来。而亚里士多德认为这个联系太虚无缥缈了。总的来讲，亚里士多德认为，在柏拉图那里让哲学家能够有资格统治城邦的东西，并没有赋予这个人统治的合法性。

这是亚里士多德对哲人王观念有保留的部分，下面我们再来说说亚里士多德其实在另外一方面也赞同这个观念。这一点是有争议的。很多人认为亚里士多德理想中的政治家跟柏拉图的哲学家是截然不同的，而我认为他们两个人在这个问题上有很大的一致性。讨论这个一致性，需要首先讨论明智与智慧的关系。智慧（sophia）就是亚里士多德那里哲学家所需要的最高的理智德性，也就是把握到最神圣的、最崇高的对象的灵魂状态。明智（phronēsis）就是实践理智，是我们以幸福为目标去安排我们的生活的德性，它是一种计算性的理性能力。这两个德性之间有一种服务与被服务的关系。亚里士多德认为，"明智既不是智慧的支配者，也不是灵魂更好的那部分的支配者。就像医术不是健康的支配者，因为医术并不利用健康，而是要产生健康，它为健康做出规定，但并不规定健康。此外，说明智支配智慧就是让政治学统治诸神，因为它规定城邦中的一切"（《尼各马可伦理学》1145a6-11）。这段话的意思就是，明智与智慧的关系就像医术与健康的关系，医术并不告诉你健康是什么，健康是一个客观的事情。医术并不规定健康，它并不是命令或者指定健康是什么，它只是去认识健康，然后把健康当作目标去实现。明智与智慧的关系也是这样的。智慧的目标是最神圣、最崇高的那些对象，尤其是神学，或许也包括宇宙论和存在论等。而明智像医术一样服务于智慧，它并不规定智慧，只是帮助智慧得以实现。这个比喻说明智并不支配或者统治智慧，就像我们说政治学不能统治诸神一样。政治学规定城邦里的一切，神在某种意义上也是城邦里的一部分，因为神是我们崇拜的对象，但是它在性质上、地位上远远超出了政治学，所以政治学并不能规定神。

这么来看，明智就是服务于智慧的，是智慧的必要条件，就像医学是健康的必要条件。或许有人会说有的人不需要医学就能健康，但这不是亚里士多德在这个语境下讨论的问题。这个语境是讲医学服务于健康，医学使人拥有健康。同样，当我们看到一个人是智慧之人的时候，也就可以知道他有明智规划自己的生活，以智慧为目标，帮助他去实现智慧这样一种最高的理智德性。在这个意义上，明智是智慧的必要非充分条件。因为有些人是明智的，但是并没有智慧，因为智慧要求更高的纯粹理性的能力，也就是理论理性的能力。但是我们也必须要说，所有智慧的人都一定是明智的，因为如果没有明智，人就不可能实现智慧。因为我们人生中有太多纷繁复杂的事情需要明智来处理，才能保证我们最终沿着智慧之路行进，实现最高的理智德性。亚里士多德在《大伦理学》中提到的一句话很有意思，即"明智就像智慧的管家"，后面说的就是明智要帮助智慧者规划他的生活，使他最终实现智慧这种最高的理智德性。

　　这样，我们可以说智慧者一定是明智者，而明智者不一定是智慧者，智慧者一定拥有明智这种德性。下一步就是看明智这种德性有多重要。刚才提到了明智就是帮助我们规划一生，使我们能够实现好的生活。亚里士多德还讲过政治和明智其实是同一种状态，只是它们的所是不同。为什么呢？因为有很多种明智，或者说明智有很多个层面。第一个是个人层面的明智，只管我自己的生活，但是即便我只管我自己的生活，也依然要以政治共同体为着眼点去规划我的生活，因为每个人都是政治的动物，每个人都要在城邦里才能实现自己的幸福。所以，即便是个人层面上的明智，也要关注政治共同体的整体安排。第二个是家庭层面的明智，就是让我的家富足，家庭成员之间关系和谐，维持正常运转。第三个是政治层面的明智，这种明智还可以具体分为两个部分：一部分是立法性的明智，从普遍的意义上规定了城邦应该做什么，怎么实现城邦的良好组织；另一部分是政治性的明智，它是从具体个案的意义上做决定，确定我们下一步要怎么办，比如是战还是和。明智有不同的层面，所以它不一定全部都是政治性的，但它和政治又使用同一种德性，都是一种计算性的能力。当我们说一个人是明智者的时候，就意味着他在个人层面、家庭层面、政治层面已经实现了所有这些东西。

　　一个明智者就是亚里士多德那里最好的政治家，政治所需要的德性就是明智。粗略地说，政治并不必然需要哲学家，明智的政治家已经可以给我们带来良好的政治共同体，比如他说伯里克利是一个明智者，就是说伯里克利为雅典选取正确的政治策略。（亚里士多德也在伯里克利将民主制极端化的意义上批评过他。）拥有明智的人可以成为一个很好的政治家，可以很好地安排城邦的生活。那么，哲学家在他之上增加了什么？我们说哲学家一定是明智者，同时他在明智之上增加了对于闲暇的真正把握。因为在闲暇里面最好的生活其实是哲学。亚里士多德说工作是为了闲暇，战争是为了和平。最高的闲暇生活，就是哲学家所能过的理性沉思的生活。只有哲学家真正过上了这样的生活，也只有哲学家知道这种生活真正的价值所在。亚里士多德对于哲学家的这种沉思的生活有一个礼赞，说它是最持续的、最快乐的、最适合闲暇的、最接近神的，等等。它是一种超人的德性，而只有哲学家才把握到了这样一种超人的维度，所以这是一种自上而下的方式，在这个地方他很像柏拉图，他也可以自上而下地看到政治共同体中的整体结构，他能够比政治家看得更高、更远，能够更好地安排政治之上的那部分生活。

闲暇其实有两个层面的意思。一个是政治层面的意思，它是跟手工业劳作相对的，就是说整天劳作的人不可能有闲暇去进行政治生活，政治生活首先需要闲暇。所以，在亚里士多德的理想城邦里，他是把手工业者排除在公民范围之外的。政治家可以实现这个层面的闲暇。在这之上还有一种更高层面的闲暇，就是哲学生活所需要的。相对于哲学家享受的那种闲暇，政治生活也是一种无闲暇。相对于政治生活，手工业者的生活是一种无闲暇。只有哲学家才能在最高的意义上把握闲暇的真正意义。而这不是所有人都能实现的，只有极少数理智上足够高，并且有实践智慧、能够有明智安排他们生活的人才能实现。但是，如果完全没有这个维度，那么城邦就不可能是绝对意义上的完美城邦，所以只有哲学家才能从这个角度去统治。而哲学家同时也拥有了明智这种政治性的德性，这让他可以统治城邦。在这个意义上讲，亚里士多德那里的哲学家就是一个拥有超凡德性的人，是一个"人中之神"，因为他是最接近神的人。他的生活方式即沉思的生活方式是最接近神的生活方式。

亚里士多德说，假如在一个不好的城邦里，这样的人出现了，我们所要做的就是驱逐他，以此保持这个城邦的平衡。雅典发明了陶片放逐法就是做这样的事情，把大家认为这个城邦里最有权势、最有可能夺取僭主之位的人赶走。亚里士多德说，在一个不理想的城邦里，人们一定会选择这种方式去保持城邦的平衡。而在一个理想的城邦里，也就是在一个人们知道什么人应该统治的城邦里，假如有这样一个超凡之人出现，那么最自然的方式就是所有人都心悦诚服地服从他的统治，因此这样的人在城邦中就会成为永远的王。

亚里士多德以这样的方式解决了《理想国》中最大的悖论，也就是哲学与政治权力结合的问题。在亚里士多德看来，这需要一个前提，就是在最好的城邦里。最好的城邦是可以通过新建一个城邦（比如他在《政治学》第七、八两卷里的构想），或者通过立法者的努力逐渐改变一个现有城邦来实现的。在这个最佳政体中，人们知道什么人应该统治，而这个时候，假如一个最应该统治的人出现在这个城邦里，最自然的方式就是所有人都拜倒在他脚下，请求他来统治。这样就不需要《理想国》中的哲学家被强迫回到洞穴里面，在亚里士多德这里应该是人们山呼海啸地拥护哲学家成为永远的王。亚里士多德最终在这个意义上认可了柏拉图的一个基本观念：哲学家作为最神圣的、最拥有德性的人，理应在政治共同体中居于统治地位。

亚里士多德最终同意了柏拉图的观念，说到底还是哲学家应该成为王，但他们之间还是有一个巨大的不同：柏拉图永远是手指天上，柏拉图那里的哲学家、那个王最终是一个观天者，看着天上的模板；而亚里士多德那里的哲学家则是一个脚踏实地的人，他并不仅仅是因为拥有哲学智慧、因为拥有观天的能力才会成为统治者，更是因为他有了明智，对这个纷繁的世界了然于胸。同时，他也有一个高出明智的维度，可以帮助他更好地理解人类生活本身。

重思哲人王难题 *

张新刚 **

一、哲人王的位置

在《理想国》卷五中提出前两次浪潮之后，美丽城的可能性
问题突然被提了出来，可能性问题也构成了卷五的三次浪潮中最
大的巨浪。对此，苏格拉底回答说：

> 除非哲学家们在我们的这些城邦里是君主，或者那些现
> 在我们称之为君主或掌权者的人认真地、充分地从事哲学思
> 考，并且这二者，也就是说政治力量和哲学思考，能够相契
> 和重合，而那许多形形色色的在这二者之中只是单独地是其

---

* 本文曾刊于《古典学评论》第 3 辑，上海三联书店，2017，第 91-109 页。

** 张新刚，山东大学历史文化学院教授。

中之一的人们被严格地禁止这样做。不这样做，我们这些城
邦的弊端是不会有一个尽头的，并且，在我看来，人类的命
运也是不会有所好转的。（5.473d）

由此，哲人－王成为搭建美丽城的最后一块石材，也是美丽城得
以可能的基石。哲人作为城邦的统治者自然引出与之相关的两个
问题：第一，哲人为何能够有资格统治？第二，为什么必须由哲
人统治，美丽城才是可能的？苏格拉底在卷五至卷七中对这两个
问题进行了详尽的回答。

　　对于第一个问题，学者们已有丰富的阐释与解①，本文这里
只做简单的梳理。在苏格拉底看来，真正的哲学家爱的是整个智
慧，看的是真理。哲学家拥有的是真正的知识，知识是针对"存
在"，认识存在如其所是（478a），并且知识也是所有力量中最为
强大的（477d）。与知识相对的是意见或信念，意见被确定为介于
知识和无知之间的力量，其对象是处于绝对的存在和完全的非存
在之间的东西，这样的意见比知识黯淡，比无知明亮。（478c-d）
拥有知识的人，也就是哲学家，有能力接近美本身并且能够直接
切着美自身来观看美。（476b）而与哲学家相对是那些爱听唱和爱
看戏的人，他们喜爱美丽的声音、色泽和形体，但是他们的心灵
没有能力看到并且喜爱美的自然本身（476b），他们不承认有美本
身，也不承认有永远同一而不变化的美的理念（idean）（479a）。
后者就像在睡梦中，而拥有知识的哲学家则是真正清醒的人。哲

---

① 参见 Sedley, "Philosophy, the Forms, and the Art of Ruling", pp.256-271。

学家"永远亲近和喜爱那样一种学问，它向他们展示那样的'存在'的东西，这个'存在'的东西永远是'存在'（tes ousiastes aei ouses），而并不受生成和毁灭这两个极端的驱使而晃荡、游移着"（485b）。哲学家正是因为对于最真实的事物有着明晰的洞察，能够永远以此为标准，并尽可能精细地观察其细节，所以能够建立关于美、正义和善的事物的礼法，并在建立后对其进行严加护卫和保持。基于哲学家认识力量上的优胜，他们最为适合承担城邦统治者的角色。

到了卷六，苏格拉底又进一步将最重大的学问落在善的理念（he tou agathoui idea）上面："那给予被认知的东西真理而给予认识者认识能力的，就是善的理念；你可以，把它理解为知识和真理的起因，是被认识所认知的东西。"（508e）"对于那些被认识的事物来说，不但它们之所以被认识是从善那里得来的，而且它们的存在（to einai te kai ten ousian）①也是由于善而为它们所具有的，而善并非存在，而是在尊严上和力量上都更加超越于存在之上。"（509b）以上关于善的理念与存在和力量关系的话非常难以理解与解释，但可以明确的是，超越存在的善的理念是存在，同时也是存在得以被认识的源泉，也就是知识的力量的根源。"在可认识的世界中，善的理念是那最后的，并且也是最难为人所见的东西；但是它一经为人所见，就应该由此得出结论——对于一切事物来说，它是那一切正确和美好的事物之因……凡想要正确行事的人，

---

① 关于这里einai与ousia的理解，参见柏拉图：《理想国》，顾寿观译，第314页注1。此处将其一并翻译为"存在"，并不区别处理。

不论在私人事务上还是在公众事务上，都是必须对它有所见和有所认识的。"（517c）能够做到这一点的只有哲学家，故而哲学家最有资格作为城邦的统治者。①

在解决了哲学家有能力担任城邦的统治者之后，柏拉图做了进一步的推进，即只有哲学家当王才能彻底拯救城邦。如果说第一个问题的回答是从积极的角度解决了哲人为王的问题，那么对第二个问题的回答就是从消极层面来佐证哲人应该为王。因为在现实的城邦中，柏拉图看到：

> 现在许许多多城邦都是被那些为了一些影子而互相斗争不已，为了权力和统治而结帮成派、纷争不已的人所统治的那样，似乎统治就是那了不起的善了。而真理，我想毋宁是如下这样：在一个城邦里，本来是要去进行统治的人们却最不热衷于去进行统治，这个城邦，必然地，它将是一个被治理得最好、最安定的城邦，而凡是具有与此相反的统治者的城邦，就将正好是一种相反的情况。
>
> …………
>
> 如果你能够找到一种生活方式，它对于那些要去进行统治的人来说，是一种比那进行统治更加美好的生活，那样，

---

① 有学者会提出疑问：何以认识能力更高的哲学家会具备具体实践的统治能力或技艺呢？对于柏拉图来说，这个问题不存在，或者说，柏拉图认为拥有知识的哲学家并不会在实际工作中遇到困难。如484d处，苏格拉底直接表示"我们要把那些认识每一个存在的东西，又在经验上也丝毫不逊于前者，而在任何其他品德上也不次于他们的人立为护卫者"，统治者的实际统治经验在他的理解中是自然而然地具备的，并且不逊于其他任何人。

你那个城邦就有可能成为一个治理得很好的城邦了；因为唯
有在这一个城邦里，才将是由那些真正的富人进行统治的，
不是金钱上、财富上的富有，而是凡是一个幸福的人所应该
富有的事物上的富有，也就是说，一种善好的、明智的生活。
而相反，如果是一些丐儿，一些在自身的善和美好上饥渴万
状的人，如果将是他们去料理公共事务，一心以为从那里他
们就该可以去尽情地巧取豪夺了，那就没有可能；因为，去
进行统治就成了一件你争我夺、为人人所垂涎的事，这样的
在自身之间进行的、内部残杀的战争就必将把这些人本身毁
了，并且也毁掉整个城邦。（520c-521a）

综上，我们可以清楚地看到，哲学的特质规定了一种新的生活方
式，并且重新确立了什么是真正美好的生活。对于哲学家来说，
真正的幸福是善好和明智的生活，而非普通城邦所追求的财富和
名声，所以哲学家不仅最有资格统治城邦，而且最应该进行统治。
因为只有哲学的生活方式才是对政治官职持有最为鄙薄的态度，
政治生活对于哲学家来说并非最好的生活方式，由此保证了哲学
家不会通过统治来谋求功名利禄，这就从消极层面避免了城邦的
分裂与内乱。

　　但是哲人王的解决方案也在理论上带来了很大的困难，成为
学者们争论不休的问题。这一困难简单说来就是哲学家并不愿意
进行统治。因为哲学家一旦走出洞穴，"就不再愿意处理有关人间
的事了，而且，他们的灵魂总是倾向于和盼望着想要不断地停留

在这个高度"（517c），在经历了真正的美好生活之后，哲学家似乎必须被逼迫来进行统治[1]，我们可以将这一难题称为"哲人王难题"。经过对哲人王合理性和必需性的阐释，我们可以发现这一难题产生的根本原因在于城邦政治的内在困境。在柏拉图看来，城邦祸患的根源在于对更好生活的错误理解，当人们把追求的目标放在金银财富甚至名声上面，政治统治就很自然地沦为腐败生活的工具，在这一政治现实主义的框架下，城邦的政治难题是无解的，城邦将永远成为权力的角斗场。也就是说，在政治的范围内是无法彻底解决困扰城邦的纷争与内乱的，而要走出这一困境，柏拉图提供的新思路就是将政治的基础奠定在哲学上面。只有超出政治、引入哲学才能为城邦提供新的良善思路，但恰恰是在政治与哲学结合的这一点上，哲学的超越性实际上也为政治生活带来了潜在的困难：政治生活从根本上说是没有意义的，那哲人如何愿意从事烦劳的统治呢？

二、哲人如何愿意统治？

"哲人王难题"是长期困扰《理想国》的读者和研究者的问题，由此也产生了诸多试图解决这一难题的方案，而最为直接

---

[1]　关于该问题的性质，诸多学者都进行了阐述，晚近的部分讨论参见 Nicholas Smith, "Return to the Cave", in Mark L. McPherran ed., *Plato's Republic: A Critical Guide*, Cambridge University Press, 2010, pp.83-102；E. Brown, "Justice and Compulsion for Plato's Philosopher-rulers," *Ancient Philosophy* 20(2000):1-18；Sedley, "Philosophy, the Form and the Art of Ruling"；等等。

的一个选择就是证明哲学家愿意统治，统治就其自身来说是值得哲学家从事的活动。本文下面讨论几种有代表性的方案，在辨析之后，我们会发现，沿这一思路前进的方案有着难以解决的困难。

第一种方案是，哲学家关于理念的知识本身就足以能够使他们主动地进行统治。在这一方案中，被引用得最多的一段文本是：

> 一个人，如果他真正地一心扑在存在上，是无暇去关注那些人事上的小是小非的，他无暇去和他们争执，并从而陷自己于好恶恩仇之中，相反，他注视的是那井然有序的、永恒不变的事物，并且当他看到，如何它们既不互相为不义也不互相受不义之害，它们是和谐美好、秩序井然，合乎理性的，他就会努力去模拟、仿效它们，并且，尽量地使自己和它们相像并且融为一体。（6.500b-c）

这段关键文本使很多学者推导出，哲学家统治是在履行对理念的模仿："我们应当行正义之事，是因为我们认识到有一种各得其所的秩序典范，人们需得模仿它。回到洞穴的哲学家并不是仅仅想要帮助那些居住在洞穴里的人，他这样做，是因为他铭记其他人为他做过的，而且他认识到这就要求他须反过来报答他们。爱正义的人就是爱人类事务中某种特定秩序典范的人。他并不是随便用什么方式来造福于这些人，而是以一种平衡的方式将他们恰当地安排在人类关系之中。"①

克劳特（Kraut）提出的这种模仿论实际上面临着三个重要挑战②：第一个挑战，前文《理想国》引文实际讲述的重点是哲学家自己是想要模仿存在的，用苏格拉底的话说，他会尽可能地成为一个"与神近似的人"③，但并不是说哲学家想要在城邦中模仿理念，将其作为人类行为规范。第二个挑战，正如伯尼耶特正确地指出的那样④，理想城邦并不是一个理念，那么由此一来，如何能够声称哲人主动通过模仿来实现统治活动呢？第三个挑战（这是文本上最困难的挑战），苏格拉底虽然在上述引文之后不久就提到哲学家不仅需要用他看到的模式塑造自己，还要将之模印到人们的，不单是个人的，而且是社会和公众的习性上去，但这一要求的前提是哲学家被"迫使"这么做。⑤哲学家并没有内在的动机主动地要去模仿，而完全是被迫的，所以试图通过模仿论来为哲人统治提供主动的积极理由在文本上是很难成立的。

与克劳特相似的是埃尔文的观点，但与克劳特不同的是，埃尔文更多地从《理想国》之外的文本中寻找解决方案。在《会饮篇》对爱欲的讨论中，第奥提玛说："凭灵魂生育就是凭明智和其他美德；所有诗人和各种所谓搞发明的手艺人都属于这类生育者。

---

① R. Kraut, "Return to the Cave: Republic 519-521," *Proceeding of the Boston Area Colloquium in Ancient Philosophy* 7(1991):43-62.

② 参见布朗（Brown）、塞德利关于第一个和第三个挑战的非常精彩的分析。

③ 柏拉图：《理想国》6.500d。

④ 参见 Myles F. Burnyeat, "Utopia and Fantasy: The Practicability of Plato's ideally Just City", in Gail Fine ed., *Plato 2: Ethics, Politics, Religion, and the Soul*, pp.289-299。

⑤ 参见柏拉图：《理想国》6.500d。

当然，最重要、最美的明智是用于治国齐家的。"① 紧接着，第奥提玛还举例阐释这爱的奥秘："看看莱库古在斯巴达留下的子女，他们挽救了斯巴达，甚至可以说挽救了整个希腊。你们雅典人那么崇敬梭伦，不就因为他生育了法制。"② 从这些话中，学者们看到"哲学家因为知道什么是真正的正义和善，故而会将真正的德性实现出来，对德性之理念的钦佩会激发他将别人也变成富有德性，并按此来立法"③。

这一解释方案的困难在于，我们很难判定《会饮篇》中的这段话是否能被直接用来证明《理想国》的难题，我们在后者中找不到相应的类似表述。埃尔文自己在引证的时候给出的《理想国》文本是 520c3-6，但这段文本是说哲学家一旦习惯回到洞穴后的生活，就能"比洞穴中的人们千万倍地更加善于观看，能认识每一个映像，知道它们是什么东西以及它们属于什么的映像"。柏拉图在这里强调的是哲学家善于这么做，而并非有内在动机回到洞穴中。

与上述方案类似的是，另有学者会通过柏拉图的其他对话来为哲人提供一些积极的统治理由，比如在《蒂迈欧篇》中，神圣创世主之所以创造世界，是因为"他是善的，而因为他之良善，所以他不会嫉妒任何事物。因此，一旦摆脱了嫉妒，他就会想让每一事物都尽可能地像自己一般。实际上，有智慧的人们会告诉

---

① 柏拉图：《会饮篇》209a。引文出自《柏拉图四书》，刘小枫编译。
② 柏拉图：《会饮篇》209d-e。
③ T. Irwin, *Plato's Moral Theory:The Early and Middle Dialogues*, Oxford University Press, 1977, p.237.

你，正是因为这一想法而非其他什么事情，才是世界生成起初的首要原因。神想让所有事物变得尽可能地好，而无物是坏的"[1]。按照这段文本，如果将哲人与神类比的话，那哲人就不仅追求自己的好，更是有内在的欲望想让整个世界变得尽可能地好。[2]但这一方案的问题在于哲学家是否能够和创世的神类比呢？前文提到，哲学家要做的是将自己变成与神近似的人，与神是有着根本的差别的。另外，在《理想国》中我们难以找到与之匹配的文本支持，在克劳特倚重的那段文本中，如之前的分析所显示的那样，哲学家恰恰是不会自己主动进行统治的，需要被逼迫回到洞穴中进行统治。

以上三种方案的共同点是，希望从哲学家内部找到主动统治的理由，通过对理念特别是善的理念的观看以及哲学的性质推导出动机，但是都缺乏源自《理想国》的坚实的文本证据支撑。如果说从哲学家自身无法找到合理的解释，那紧接着的一个思路就是做统治者能够为哲学家带来好处。

《理想国》卷六中描述哲学家形象时有一段重要的话：

> （哲学家）在思想上看清楚了所有这一切，他保持沉默，
> 他只是去做他自己的事情……如果他自己，在不义和亵渎中，
> 终于能保持着自身的清白而度过他在这个人世间的一生，而

---

① 柏拉图：《蒂迈欧篇》，谢文郁译，上海人民出版社，2005，29e-30a。

② 此类观点，参见 J. M. Cooper, "The Psychology of Justice in Plato," *American Philosophical Quarterly*,1977: 151-157; T. Mahoney, "Do Plato's Philosopher-Rulers Sacrifice Self-Interest to Justice?", *Phronesis* 37(1992):264-282。

当他需要离去的时候终于到来时，他能够带着美好的希望，愉悦地、和平地离去。

可是，在他离去的时候，他的成就也已经是不小的了呢。

但是，也不是最大的，他不曾找到一个和他相当的城邦；因为在一个和他的品质相当的城邦里，不但他本人将得到更加完满的发展，并且，和他本人的福祉在一起，他也将有益于公众的福祉。（496d-497a）

从以上引文中可以看到，哲学家一旦生活在与之相配的城邦中，就能够得到更加完满的发展。这似乎在说，虽然他已经成为哲人，但如果环境不好的话，他是达不到最高境界的。那么，苏格拉底这里说的"更加完满"究竟是什么意思呢？不幸的是，苏格拉底在后面并没有给出明确的回答，学者们只能通过此处的线索进行发挥。比如在洞穴喻中，柏拉图给出了一个人从洞穴中上升，走到洞穴之外见到真实世界和太阳，并且又重新回到洞穴中的过程。这一完整的上升与下降的过程被学者用来论证，爱学习的哲学家必须走完整个过程才能够获得完满的幸福，并对善有完整的把握。[1] 按照这一观点，哲学家的本性是想要理解整全的事物，这既包括神圣事物也包括人事。（486a5-11）但是哲学家即便身处洞穴外，仍需回到凡俗事务中来，这不是因为他需要"更多的经验，而是重新来看待经验"，由此才得以完成整个的灵魂转向。[2] 这样，

---

[1] 参见 D. Dobbs, "The Justice of Socrates' Philosopher Kings," *American Journal of Political Science* 29 (1985):809-826。

[2] Ibid., p.820.

苏格拉底的哲学家从其政治义务中受益，通过扮演自己在政治共同体中的角色发展出真正的整全智慧。

　　这一思路实际上假定走出洞穴后，哲学家并没有成为完善意义上的哲学家，仍然存在缺陷，该缺陷必须通过政治生活才能得以补偿。但是，这一预设与《理想国》中对哲学家和哲学生活的描述存在着根本的矛盾。根据苏格拉底的说法，"凡是到达了那里（洞穴之外）的人，他们就不再愿意处理有关人间的事了，而且，他们的灵魂总是倾向于和盼望着想要不断地停留在这个高度"①，"那能够在教育和文化中优游卒岁、度过终生的人……心满意足，就不想再去有什么作为了，一心以为就在他的有生之年，他已经是移居在那些幸福之岛上的人了"②。从这些引文可以看出，对于哲学家来说，一旦灵魂转向真正的存在以及存在中最为明亮的善，他们就已经是真正的哲学家了，而且能够获得幸福，并不需要回到洞穴中通过政治统治来完善自己对善的静观。

　　统治如果对于哲学生活自身而言不是内在必需的，那是否有可能对于哲学家的幸福或持久幸福是有益的呢？晚近的一种观点认为，对于哲学家来说幸福至少需要部分地和别人结合为一个整体，从而决定了哲学家必须将其他人的善纳入自己的善之中，或者将其他人的善视为自己的善。③与此类似，在一篇讨论正义与他

---

　　①　柏拉图：《理想国》7.517c-d。

　　②　柏拉图：《理想国》7.519c。

　　③　参见 Rachel G. K. Singpurwalla, "Plato's Defense of Justice in the Republic", in Gerasimos Xenophon Santas ed., *The Blackwell Guide to Plato's Republic*, Blackwell Publishing, 2006, esp. pp.276-280。

人之善的文章中，莎拉·沃特洛（Sarah Waterlow）提醒我们注意到《理想国》卷四中关于人的正义定义的一段话：

> 亲爱的格劳孔，这是（并且也是为什么它能有助于我们的原因）正义的某种影像，也就是说：一个鞋匠，按他的本性，正确的就是应该去制鞋，而不去做任何其他；而一个木匠，去做木工，以及其他一切，也都是如此……而真正说来，虽然这样的一种情形也的确看来就是我们所说的正义，但这并不是就着一个人外在地完成他的本职而说的，而是就着他的内在的行为，也就是说，真正地就着他自己以及他自己的一切内涵而说的。他不允许每一个在他之中的部分不做它本分的事，也不允许在灵魂中的那些属类和部分互相越俎代庖；相反，他是把真正属于自己的内部家务管理好，他自己是他自己的主人，他使自己秩序井然，并从而自己成为自己的朋友，和自己和睦友好……在一切情形下从杂多中得出一致，成为一个单一的人，克制的、和谐一致的，并且正是这样，然后他才有所作为，不论这是为了获取财物，或是为了颐养身体，或是某种政治行动，或是涉及私人交易往来。在所有这些事物中，他认为并称为正义和美好的行为的，是那种能够保持和促成这样一种灵魂状态的行为，而所谓聪明智慧的，是那种指导这种行为的知识；而他认为并称为不正义的行为的，正是那总是要破坏这种心灵状态的行为，而凡是指导这种行为的信念，则称之为无知和谬见。（443c-444a）

沃特洛正确地指出，正义在这里被界定为内在的状态，但是作为灵魂状态的正义也有正义行动的要求，即要保持和促成这一灵魂状态。正义的行动不仅是从正义的状态而来的行动，更是要将正义状态产生出来的行动。① 正是从这里，我们看到有可能打开正义的人自己和其他人关系的潜在解释空间，进而将他人的善好与自己的善好结合在一起。哲学家作为正义的人，自然也需要做出正义的行动来保持和促成自己灵魂的正义状态，这或许为哲学家思虑其他人的善并回到洞穴中进行统治提供了理由。简言之，哲学家的哲学生活本身不需要政治，但是哲学家想要长时间地维持哲学生活，则必须顾及其他人，并通过和其他人的共同生活来实现。

　　本部分讨论的这诸多方案，基本都试图为哲学家进行统治寻找到内在的动机，或是受到善的理念的激发或要求，或是统治能内在或外在地完善哲学生活。但是所有这些方案最终都面临着一个根本的文本困难，那就是如何解释本文在第一部分中提到的，哲学生活如果和政治生活有着本质的差异，并且是更值得过的生活，那么哲学家是不愿意为王的。《理想国》从一开始就向我们传递了一个信息，即真正的统治者恰恰是需要被迫才会担当统治重任的，除去被迫，柏拉图并没有给出真正可行的哲人为王的方案。如果依循《理想国》的总体思路，则承认必然性 / 被迫（anagke）的原因是更合理的。

---

① 参见 S. Waterlow, "The Good of Others in Plato's Republic," *Proceedings of the Aristotlian Society* 73(1972-1973):26-28。

三、anagke 与正义

将哲人统治的实现落在 anagke 上面，实际上是苏格拉底从卷一到卷七一直持有的主张①，具体来看，柏拉图有三次重要的阐释来说明这一观点。第一次是在卷一对色拉叙马霍斯的反驳中，苏格拉底首次提出好人是不愿意进行统治的：

> 那些优秀的人既不是因为金钱的缘故而决定去进行统治，也不是因为名誉的缘故……因此，对于这样的人来说，如果要他们去进行统治，没有强制和惩罚是不行的。而这看来，也就是为什么一个人，如果不几经强迫，自愿地便径直去进行统治，总要被认为是一件不光彩的事。而说到惩罚，那么最大的惩罚却是：除非自己去进行统治，就要被比自己更差的人统治。很明显，我认为，那些干练明达的人，每当他们进行统治时，正是由于惧怕这样的惩罚才统治的。而那时候，他们走向统治，并不像是走向一件好事，也不是为了在统治职务中去谋求生活享受；而只是由于不得已，由于没有别的比他们自己更好的人，甚至没有与他们自己相像的人可以信托。因此，很有可能，假如有那么一个城邦，在那里全部都

---

① 持这一主张的学者，参见 Brown, "Justice and Compulsion for Plato's Philosopher-rulers"; E. Brown, "Minding the Gap in Plato's Republic," *Philosophical Studies* 117(2004): 272-302; Sedley, "Philosophy, the Form and Art of Ruling"。

是好人，那就人人将争着不去参与统治，就像今天人人争相去进行统治那样；而在那里，也就可以清楚地看到：真正说来，一个真正的统治者，按他的天性，是不会去谋求他自己的利益的，而是谋求他的被统治者的利益；从而，每一个稍具明智意识的人都将宁可选择接受他人的利益，而不愿挑起担子来自己去施利于他人。（1.347b-e）

苏格拉底这里借用技艺类比的结构，即技艺的好处是由技艺施加的对象获得的，统治的结构也决定了是被统治者获益，所以统治本身是要付出辛劳的。按照这一逻辑，统治者的好处并不能从统治中获得，这也是在后面卷七中所揭示出的要点。所以，柏拉图在《理想国》一开篇就给出了统治必须基于强迫的观点，并且直接将这强迫的性质归结为"被比自己更差的人统治"。按照这一观点，我们可以在消极的意义上认为，统治还是能给统治者带来一些作为后果的好处的，即类似沃特洛为我们指出的正义维持自身的行动的要求。统治者通过自己辛劳地承担统治任务，至少保证了自己不会因为更差的人统治而直接将自己正义生活的环境倾覆。

　　在开始哲学的讨论之前，我们在卷一末尾处看到的是好人不愿为统治者，随着讨论的推进，在对高贵的谎言的讲述中，苏格拉底再一次向我们确证了统治者是不会自愿进行统治的。[1]在卷三

---

　　① 斯科菲尔德（Schofield）在晚近的一篇文章中也提出将高贵的谎言与哲人回到洞穴进行对比讨论，参见 M. Schofield, "The Noble Lie", in Ferrari ed., *The Cambridge Companion to Plato's Republic*, pp. 138-164。

结尾处，苏格拉底谈完护卫者的教育之后，将城邦的统治者问题提了出来，并在将护卫者树立为城邦统治者之后，突然插入了高贵的谎言。苏格拉底说："前面我们说到过那种应有的、必需的欺骗，现在我们要问，我们应该怎样来运用它们呢——怎样用它们之中的一个正当的、高尚的欺骗来说服主要是统治者自己，或者，如果不能，就来说服其他的城邦居民？"（414b-c）这个首先要说服统治者的谎言的目的是，让统治者能够"更多地关心城邦和关心他人"，将城邦中的其他人当成自己的兄弟一样关心。从这一视角来看，这个高贵的谎言的两个部分的侧重点就更为明晰了。谎言的第一部分，即所有人被从同一个大地母亲中送出，所有人都是兄弟般的关系；第二部分关于灵魂金、银、铜、铁等级的描述是在强调应该由金、银等级的人来统治，具备金、银灵魂的人不能推脱统治职责，而应该担负起自己应该承担的统治职责。

高贵的谎言首先要说服的就是灵魂中被混入金、银的统治者，那为什么苏格拉底还说"有可能说服不了他们"呢？这是因为，经过卷二、卷三的城邦净化，格劳孔在卷二中提出的发烧的城邦或奢靡的城邦已经基本退烧，所有超过生活必需的部分也逐步被剔除出城邦，同时，通过对诗歌的审查和对教育的立法，护卫者已经成为热爱智慧并意气高昂的人，到卷三结尾处，苏格拉底已经可以确保护卫者不会成为色拉叙马霍斯口中的利用自己的强力从统治中获利的统治者了。但是，这也带来了另一方面的问题，即护卫者们一旦将真理和智慧作为自己生活的目标，自然便成为卷一中说的"好人"，不会把统治作为自己的利益，也就不会愿意统治。正是出于这一考虑，才需要对统治者们讲述这一谎言，劝说他们不要只考虑自己的利益，还要考虑城邦整体与其他人的利益。基于同样的理由，苏格拉底才会接着说，如果说服不了统治者，就要说服其他城邦居民。苏格拉底这里的意思首先不是让其他城邦居民接受金、银、铜、铁等级的划分，而是在承认这一前提的基础上让其他人来请求护卫者成为统治者，如苏格拉底在卷六中所言："真理应该是：如果一个人病了，不论他是有钱人还是穷人，都必须是他走到医生的门上去；同样，一切需要被管辖的人，走到那能够进行管辖的人的门上去，而不是那进行管辖的人，如果他真的是一个有点用处的人的话，要求请求那些受管辖的人接受他的管辖。"（489b-c）

如果本文对"高贵的谎言"的性质的理解不错的话，那么这一谎言实际上从反面说明了护卫者不会自愿统治，他们需要被说服或者被城邦其他居民请求来统治。《理想国》的这一线索在提出哲人王后得以最终展开，强迫几乎成为哲人进行统治的唯一表述[①]：

1. 除非是要等到那少数的，并不是变坏了的，但是，现在，却被人们称为是无用的哲学家们，出于某种机遇，不论他们愿意还是不愿意，都被迫地必须来负担起照管城邦的职责，而那城邦必须来服从他们……（499b）

2. 如果与哲学最有亲缘的人或者在漫漫的过去的岁月中

---

① 布朗对相关文本有梳理，参见 Brown, "Justice and Compulsion for Plato's Philosopher-ruler"。本文此处在其列举的基础上补充了三处新的文本。

曾经，或者在目前某个不能为我们目睹的远方四夷中正在，或者甚至，在以后的年代中将要，被迫地不得不担负起照管城邦的职责……（499c）

3. 那么如果有必要迫使这个哲学家要去注意把他在那里所看到的模式，不独是依照它来塑造他自己，并且用它来模印到人们的，不单是个人的，而且是社会和公众的习性上去……（500d）

4. 而我们作为城邦的奠基人的职责，就在于迫使那些具有最好天性的人，去接触那最大的学问，去观看那善和去攀登那时所说的上升之路，在既已攀登上去了，而且也有了足够的观察之后，我们就不再允许他们做我们现在所允许的事了……在原地逗留不前，站着不动，不愿再下去走向那些被捆绑的人了……（519c-d）

5. 亲爱的朋友，你又忘记了，我们立法的本意不在于，使城邦之中某一个单一的阶层生活得与众不同地好，而是相反，要在整个城邦里都做到这一点，它既用劝说也用强迫使全体城邦和谐地集合为一个整体，使凡是每一个人所能贡献给集体的东西都作为益处提供给大家分享，并且，法律，它在一个城邦里造就这样一些人，它并不是为了放任他们每个人都随心所欲地去各行其是，相反，它是为了它自己能够利用他们来把整个城邦联系、结合起来。（519e-520a）

6. 在我们对他们提出要求，迫使他们去照管和护卫他人的时候，我们将是能够对他们说出正义的、公平的理由的。

（520a）

7. 我们将是对着正义的人下达着正义的命令。可是，毫无疑问，他们中的每一个人都将是像一件被迫的、不得已的事情那样去进行统治，这和目前每一个城邦里进行着统治的人相比，情形正好相反。（520e）

8. 因此，除了那些对于如何最好地治理城邦具有最明智的理解，并且拥有政治之外的荣誉和超越于政治之上的生活的人，此外，还有什么其他人是你应该强迫他去进行保卫城邦的工作的人呢？（521b）

9. 在这之后，他们还必须将要再一次回到我们前面所说的洞穴里去，并且被迫使去管理有关战争的事，以及充任各种适宜于年轻人担当的职务……（539e）

10. 每一个人都要去处理繁杂的政治事务，并且担当统治者的职务，这是为了城邦的缘故，而并不是把它当作什么美好的事情，相反，这只是必需的不得已而为之的事。（540b）

正如布朗敏锐发现的那样，上述这些文本中，强迫哲学家进行统治的是城邦的建立者或法律。也就是说，哲学家之所以会进行统治完全是基于政治的理由，而非出于某种内在的动机。本文之所以非常彻底地秉持这一观点，是因为柏拉图明确提到，在某些情况下，哲学家是能够逃离这种强迫、过独善其身的哲学生活的。在卷六中，苏格拉底描述哲学的天性有着各种腐蚀的危险，而只有少数人有可能幸免，这很少数的人"偶然地，是那些由于被逐出城邦、遭到流放而得以幸免于难的、生性高尚而又教养很好的人，他们由于不受种种腐蚀因素的影响，得以不违背他们的天性，长期和哲学相亲相伴；或者，这是在一个小城邦里，当那里有一个天生的精神开阔恢宏的人，他鄙薄乡曲的城邦事务，并且鄙视它；而更有一小部分则可能从其他技艺中脱离出来的，他们由于天性的优秀，理所当然地鄙薄这些行业，从而走向哲学"（496a-b）。这些少数能够有幸走上哲学道路的人都是远离政治事务的人，他们或者不在城邦中生活，或者在思想上已经看清楚城邦事务，从而能够在不义中独善其身。从这段话中可以看出，柏拉图通过给出几种走上哲学道路的方式，实际上为我们提供了某些能够脱离城邦政治生活的纯粹哲人的例子，这些人是无须也不愿涉足政治的。存在着少数哲学家的例子，恰恰从反面向我们证明了哲学家不会出于个体动机而主动愿意承担统治职责。这也进一步证实了，只有通过强迫，哲人才会为王。

至此我们可以清楚地看到哲人王与美丽城的复杂关系：一方面，哲人王的最初引入是为了解决美丽城的可能性问题，只有哲学家成为统治者才能使美丽城得以最终建立；但是另一方面，哲人为王自身又构成一个无法解决的难题，哲人是不愿进行统治的，只有美丽城的奠基人和立法者的强迫才能使他们从事烦劳的城邦事务，除了美丽城之外，也没有哪种政体能够使哲人成为统治者。所以，综合来看，《理想国》中的哲学家生产机制是在城邦主导下进行的，这样一来，美丽城中的哲学家在数量上是相对较多的，在培养上也更为稳定。更为重要的是，城邦培养出的哲学家能够持续地维持城邦的正义，为城邦源源不断地提供明智的统治者，哲学家们"总是把别人教育成为这样的人，并且把后者作为护卫者遗留给城邦"（540b）。在明晰了这一相互需求的关系之后，仍有一个关键问题需要回答，那就是：城邦的奠基人和立法者强迫哲人回到洞穴中，这是不是对他们行不义呢？①

　　要回答这一问题，需要将城邦的正义与哲人的正义分开来讨论。从城邦的角度看，让哲学家统治是正义的，这正义又可分为两种意涵：首先，哲人统治符合城邦正义的要求；其次，哲人统治符合归还所欠的正义观。我们先看第一点，在《理想国》卷四中，苏格拉底对城邦正义的理解是："每一个单个的个人应该只照管有关城邦事务中的单一的一件事，对于这一件事，这个个人的天性是最为适宜的。"（433a，433d）哲学家因为能看到善本身，并能用其来整饬城邦，自然是城邦范围内最适合和最应该担任统治职责的人。此外，虽然对于哲学家来说，最好的生活是静观沉思的生活，但城邦正义的要求是就有关城邦事务而言的，哲学家的天性是最适宜做统治者的。所以，我们可以进一步理解，从城邦内部来看，立法的本意不是使城邦的某一个阶层生活得与众不同地好，而是要让整个城邦做到这一点，进而哲人统治是合乎正义安排的。

　　此外，从哲人对城邦的亏欠来看，哲人被强迫进行统治也是正义的。苏格拉底在卷七中说，强迫哲学家进行统治并不是不义，

---

　　① 格劳孔说："那就变成我们是要去对他们行不义了，要去使他们过一种较低等的生活了，而本来他们是能够过更好的生活的。"（7.519d）

而是对正义的人提出的正义的命令。因为在这个城邦里，哲学家并不是基于偶然的原因或纯粹凭靠自己的努力而成就的，他们是按照立法者全面而详细的培养计划被城邦培养出来的。"那些在别的城邦里成长为哲学家的人们，也许可以说，这是很自然的事，是可以不必去过问在这些城邦里的患难与纷扰的，因为他们是在得不到所在城邦政权的任何支持的情况下，自发地产生出来的。"（520b）而在美丽城中，哲学家们享受了更加优越和更加完备的教育，并且立法者使他们能够更有能力把哲学和政治结合起来，因此，他们就有义务回到城邦进行统治。① 苏格拉底在这里给出的是"归还所欠"式的正义观，在卷一中这一西蒙尼德式正义观受到严重的挑战，那苏格拉底在卷七中给出的理由是否站得住脚呢？如果仔细考察的话，答案应该是肯定的。在卷一对西蒙尼德式正义观的批评中，苏格拉底援用的例子是一个人在朋友清醒的时候从其手中取了武器，当朋友疯了，向他索还时，不应该按照"归还所欠"的原则将武器还给朋友。这个例子中的一个重要条件是朋友疯了，从而将归还所欠的特殊性强调出来，由此所指向的是为了朋友的善好来决定是否归还。如果置换到哲人和城邦的例子中的话，苏格拉底是不会否认哲人为了城邦的好来归还对城邦的亏欠的。基于以上考虑，我们可以得出结论说，从城邦及城邦正义的角度，无论这正义是卷四中的城邦正义观还是基于对方的善好的归还所欠的正义观，要求哲人统治城邦都是正义的命令和

---

① 参见柏拉图：《理想国》7.519e-520c。

要求。

　　但是从哲学家的角度看，进行统治是否有损其自身的正义呢？如果哲学家在洞穴外是正义的话，那么回到洞穴中之后是不是肯定就是不义呢？对于这一问题，我们要说，无论哲学家在洞穴外还是回到洞穴中，他都是正义的。按照卷四中对灵魂正义的描述，正义首要的是灵魂的内部状态，灵魂中的每一部分各安其分，彼此和谐一致。按照这一正义观，哲学家之为哲学家是不可能不义的。之所以这么说，是因为正义在德性序列中的位置。我们可以说，正义作为《理想国》整部对话的主题是贯穿城邦与个人关系的主线，但正义绝非最重大的学问，真正最重大的学问是关于德性本身的善的理念："至于说到那个关于善的理念，它是那最重大的学问，而正义以及其他一切事物，当它们和这个形式相结合时，它们就成为有用的、使人受益的东西。"（505a）灵魂真正追求的是关于善的智慧，只有在明白和知晓这一点之后，人们才能充分认识正义和美是什么。所以，当我们将哲学家界定为能够观看那善本身的人时，实际上就已经超越了正义层面，而来到了灵魂中最高的理性思维部分。这也是柏拉图在卷十中不再提灵魂三分的原因：

　　　　让我们不要如此设想，因为这在道理上是说不通的；并且也让我们不要认为，就灵魂的最真实的天性来说，它会是一个充满着许多杂驳纷呈的内容、自身之间不一致、互相参差龃龉的东西……可是说到它（灵魂）的真实的性质，我们就不能，就像我们现在所做的那样，从它已经受到和肉体的结合以及其他种种缺陷的损害之后的形相来观察它；相反，纯粹的它是一种怎样的性质，这是需要充分地用理性的眼光来加以仔细审视的，而凡是这样去做的人必将能看到它是无限地更加美好的，并且也将更加清楚地看到正义和不正义的种种形相以及我们在前面谈到过的一切……我们应该向着另一边看一眼……向着它爱智慧的一边；我们应该想到这是和什么接触和联系在一起的，它所向往和它所与之结交来往的是什么。因为，它是和那神性的、不朽的、永"是"的事物共生在一起的。（611a-e）

当观察灵魂的真正性质时，柏拉图提醒我们要把现在灵魂的状况进行过滤和净化，因为通常所讨论的灵魂因为肉体和其他原因，已经"四周长满了一层厚厚的、粗粝的泥土和岩石的外壳"，而如果把这些羁绊灵魂本性的外壳去除掉，灵魂的生活方式就远远超越了卷四中对个体正义的规定，而全面朝向了对智慧的爱。根据这一思路，纯粹的哲学生活无疑是最高的生活样式，这种高于正义的生活自然不会是不义的，那么哲学家的生活无论是在其静观沉思中，还是在统治城邦的过程中，都是正义的。[①] 统治并不会使哲学家不义，而只是会让其不能在全部时间都过上最高的生活。

----

① 我们如果可以引入《法律篇》中对善的讨论，那么就会发现同样的结论，在这部最后的对话作品中，柏拉图明确提出了善的序列，其中神圣善好包括智慧、节制、正义和勇敢，智慧在这个序列中居于统领性地位。参见柏拉图：《法律篇》631b-e。

如果本文的解释成立的话，我们可以得出结论说，在《理想国》中，哲人更高的生活方式决定了其不会有内在动机主动进行统治，哲学家回到洞穴中的理由只有一个，即某种必然性或强迫，这一强迫主要来自城邦的奠基人和立法者。所以，只有这样一种政治哲学的解决方案才能使哲人王得以可能，但无论从城邦还是哲人的角度看，哲人统治并不违背城邦或个人的正义原则，特别是统治并不会使哲人灵魂失序，而只是使哲人无法最大限度地过最高的生活。但是，这一最大限度符合《理想国》文本的思路必须回答以下问题：如果哲学家为王只有通过外在的强迫才能实现，《理想国》的美丽城就没有充足的内在动力能够实现，那么美丽城在多大意义上是严肃的呢？《理想国》政治方案的性质究竟应该怎样理解呢？

四、结论：《理想国》中的政治与幸福生活

正如本文一开始提出的那样，哲人王是整部书的最高潮和政治方案的最后一块拼图，哲人－王组合的成功与否决定着整个美丽城的成败。我们在不得不面对哲人只有受外在强迫才能为王的结论时，就不得不重新审视《理想国》政治方案的严肃性了。20世纪有很多学者基于哲人王的困境，试图给出美丽城实际上是不可能的，柏拉图也清楚地认识到他的建议是不可能的，甚至包括哲

人王在内的很多安排从根本上是反讽的。[①] 本文不能同意这一观点。根据前面的分析，这一困难的实质是，柏拉图解决城邦政治疾患的方法是走出城邦，向比城邦更高的智慧寻求新的基础。这种从政治领域之外为政治奠基的思路是柏拉图政治哲学的重要创见，并且在其最后一部对话作品《法律篇》中，柏拉图仍然坚持了同样的思路。所以，本文认为《理想国》中的政治方案是严肃而认真的。

但是，正如这些学者看到的那样，哲学和政治二者性质并不相同。对于政治来说，最大的善是城邦的统一以及公民德性的提升；而对于哲学家来说，最大的善是超越政治生活的静观。超越政治的哲学在为城邦提供了可靠基础之外，也为哲学家不愿统治城邦提供了充足理由。那么，柏拉图如此勾画这一城邦是想做什么呢？本文倾向的解释是，柏拉图在《理想国》中的政治方案最终是服务于其对灵魂的讨论的，他确实明确意识到美丽城构建的内在困难，但通过这一政治方案，柏拉图希望让读者最终看到正义自身。正如安纳斯提醒我们注意到，柏拉图在《理想国》中并不是让我们把首要的注意力放在寻找美丽城的理念或范型上，而是让我们寻找正义的理念或范型，并在灵魂中将其实现。[②] 柏拉图在卷九结尾处说人应该注视自己"灵魂中的政体"，并且他会"至

[①] 参见 John Sallis, *Being and Logos: The Way of Platonic Dialogue*, Duquesne University Press, 1975；Allan Bloom, *The Republic of Plato, Translated with Notes and an Interpretive Essay*, Basic Books, Inc., 1968；Strauss, *The City and Man*。

[②] 参见 Julia Annas, "Politics and Ethics in Plato's Republic", in Otfried Höffe ed., *Politeia*, Klassiker Auslegen, 7. Akademie Verlag, 1997, p.108。

少在他自身城邦里；当然，的确，也许并不在他的祖国的城邦里（除非是有什么天命的机缘）"（591e-592a）积极参与政治事务。而"天上的城邦"恰恰也是就灵魂而言的，用苏格拉底的话说："在天上，对于范式愿意去观看并且在观看中愿意在自身之中建立一个城邦的人来说，也许是存在这样一个模型的。"（592b）在这里，柏拉图非常明确地告诉我们，天上的城邦并不是美丽城地上实现的范型，而是我们灵魂秩序或灵魂中城邦的范型，所以，《理想国》中的政治构想最终仍要服务于理解灵魂的最高生活。如果我们对《理想国》意图的把握是正确的话，那么：一方面，其中的政治方案是严肃的，因为它提供了城邦良好秩序的新思路和新基础；但另一方面，政治方案并不是整部对话首要的关切点，它是为了说明和教育对话者以及我们这些后来的读者如何在灵魂中构建良好的政制，并走上爱智慧的路。

浅析柏拉图《理想国》中的家庭与城邦 *

王玉峰 **

　　家庭与国家之间的关系是政治哲学中的一个基本问题。柏拉图在《理想国》中向我们展示了家庭与国家之间存在的根本性张力，但是他提出的"公妻制"主张也遭到了后来学者的许多非议。本文的主要目的是，首先简要地回顾一下柏拉图《理想国》中"公妻制"的基本内容，然后再来看一下后来学者对它的主要批评，最后分析一下柏拉图在《理想国》中主张"公妻制"的原因。

---

　*　本文主要内容曾刊于《中外人文精神研究》第 9 辑，人民出版社，2016。

　**　王玉峰，北京市社会科学院哲学研究所研究员。

一、柏拉图《理想国》中的"公妻制"

在《理想国》中，柏拉图强烈地认为私人家庭的存在会破坏城邦的统一，以及削弱公民之间"不分你我""同甘共苦"的情感。因此，柏拉图站在城邦的立场上，主张完全取消私人家庭，推行所谓的"公妻制"。

> 女人应该归这些男人所有，任何人都不得与任何人组成一夫一妻的小家庭。同样地，儿童也都公有，父母不知道谁是自己的子女，子女也不知道谁是自己的父母。[①]

按照柏拉图的设想，这样的一个城邦将会是一个"大家庭"，所有的"儿女"都会成为所有"父母"的儿女，反之亦然，而同辈人之间则彼此以兄弟姐妹相称。柏拉图认为，这样一种家庭的亲情将会使这个城邦的公民彼此之间团结友爱、苦乐与共，远离一切仇恨和纷争。而城邦分裂的根源就在于公民彼此之间区分"你""我"，不能异口同声地说这是"我的"和这不是"我的"。[②]他认为，在一个公妻制的城邦中不会发生这样的情况。

> 那么，这个国家不同于别的任何国家，在这里大家更将

---

① 柏拉图：《理想国》457c-d。译文出自：柏拉图：《理想国》，郭斌和、张竹明译，商务印书馆，1997。

② 参见柏拉图：《理想国》462b-c。

异口同声歌颂我们刚才所说的"我的"这个词。如果有任何一个人的境遇好，大家就都说"我的境遇好"；如果有任何一个人的境遇不好，大家就都说"我的境遇不好"。①

如果真的能够做到所有的公民团结一心、不分彼此，柏拉图就认为这样的城邦是最好的。他确信，"当全体公民对于养生送死尽量做到万家同欢万家同悲时"②，这种"同甘共苦"也就是整个城邦团结的纽带。因此，柏拉图显然认为他的这种公妻制的做法会促成公民之间的"团结一心"和城邦的幸福。

我们有没有讲过，这种认识这种措辞能够引起同甘共苦彼此一体的感觉？……那么，护卫者们将比别的公民更将共有同一事物，并称之为"我的"，而且因这种共有关系，他们苦乐同感。③

那么，在这种"公妻制"政策下，人们是如何生育的呢？在《理想国》中，柏拉图提出了一种"优生学"。他观察到，在动物中，比如在猎狗、公鸡和马中，纯种的后代往往比较优秀。所以，他主张优秀的男人应该尽可能地和优秀的女人在一起生育后代，而最坏的男女就应该尽量少结合。

---

① 柏拉图：《理想国》463e。
② 柏拉图：《理想国》462b。
③ 柏拉图：《理想国》464a。

> 最好的男人必须与最好的女人尽多结合在一起；反之，最坏的与最坏的要尽少结合在一起。最好者的下一代必须培养成长，最坏者的下一代则不予养育，如果品种要保持最高质量的话。①

而在柏拉图看来，为了避免那些不合格者的怨恨，一种被统治者设计出来并且可加以操控的"抽签"制度就是必要的。

> 我想某些巧妙的抽签办法一定要设计出来，以使不合格者在每次求偶的时候只好怪自己运气不好而不能怪统治者。②

在柏拉图看来，生育中，这种可以被操控的"抽签"制度除了统治者之外，别人都是不应该知道的。

还有，在这种"公妻制"政策下，由于所有子女都是所有父母的孩子，那么乱伦将不可避免。柏拉图在《理想国》中虽然禁止了父女、母子等长辈和后辈之间的乱伦，但是他允许兄妹之间的乱伦。③

柏拉图确信地说，在辅助者之间妇女儿童的这种公有制对于国家来说是最大的善，并且是这种善的原因。④

---

① 柏拉图：《理想国》459d-e。
② 柏拉图：《理想国》460a。
③ 参见柏拉图：《理想国》461d-e。
④ 参见柏拉图：《理想国》464b。

二、对柏拉图的"公妻制"的批评

柏拉图主张"公妻制"的初衷是为了整个国家最大的幸福，但他的这种"公妻制"主张却遭到了后来学者的普遍批评。学者们的一个基本看法是，家庭的存在有着自然的基础，柏拉图取消了家庭也就损害了人们的一些深层情感，从而他的"理想国"既是不可实践的，也是不可欲的。

格鲁伯在《柏拉图的思想》（*Plato's Thought*）中说：

> 几乎任何一个《理想国》的读者都会感觉到这样一种方案既不具有可实践性，也不可欲。不可实践，是因为它需要不自然的克制、虚假的投票，而且相貌的相似这一事实会在大多数情况下泄露与父母血亲相联系的迹象。不可欲，是因为它损害了一些人类最深的感情，它在夫妻之间完全忽略了爱情的因素，并且剥夺了个人在其家庭范围内的安全感。[1]

厄奈斯特·巴克（Ernest Barke）也认为柏拉图取消私人家庭的做法，由于摧毁了个体自我意识的基础，从而使他自己"谆谆教诲的正确自我意识变得不可能了"。他说：

> 自我固然应该生长，并向外伸展其枝节，但它同样必须

---

[1] G. M. A. Grube, *Plato's Thought,* the Athlone Press, 1980, p.270.

有一个根基。广泛的利益也许值得欲求，但这种扩展是没有
价值的，除非它建立的基础是强烈的个性和个体自我的自觉
意识。除非我们假设有这样一种自我意识，否则把自己等同
于一种广泛的利益毫无意义，其结果也毫无意义。柏拉图的
错误在于，他在构思上层建筑时忽略了基础——在追求自我
的延伸时，他忘记了它必须先有一定的强度。……当柏拉图
废除财产和家庭时，他真正摧毁的正是这样一种独立自我意
识的力量；因为它们是任何个体自我之自觉意识的必要基础。
因此，柏拉图共产主义的一个缺陷就是：由于摧毁了一切自
我意识的基础，从而他所谆谆教诲的正确自我意识也就变得
不可能了。①

A. E. 泰勒（A. E. Taylor）批评柏拉图的家庭方案是一种"无法忍
受的严厉"②。那么，应该如何看待学者们的这些批评意见呢？我
们可以说，柏拉图当然并不是某种现代意义上的个人主义者、自
由主义者或者浪漫主义者。他并不会承认人在自然上就是自由或
独立的"个体"，也没有把"爱情"看得过于神圣。但是，这并不
表明柏拉图的家庭政策就是无可争议的。我们知道，最早批判柏
拉图家庭政策的恰恰是他的学生亚里士多德。而亚里士多德也并
不持有现代自由主义者或浪漫主义者的意见。
　　亚里士多德曾在《政治学》中以一种"自然史"的方式描述

---

① 厄奈斯特·巴克：《希腊政治理论：柏拉图及其前人》，卢华萍译，吉林人民出版社，2003，
第 322-323 页。

② A. E. Taylor, *Plato: The Man and His Work*, Methuen, 1926, p.278.

了"城邦"是如何由"家庭"一步步演变而来的。亚里士多德认为，男女两性有别，男人和女人只有结合在一起才能繁衍后代；而人的体力和智力水平也不同，所谓"劳心者治人，劳力者治于人"。这样，基于"男女"和"主奴"这两种关系，就首先形成了"家庭"。

> 最初，互相依存的两个生物必须结合，雌雄（男女）不能单独延续其种类，这就得先成为配偶。人类和一般动物以及植物相同，都要使自己遗留形性相肖的后嗣，所以配偶是出于生理的自然，并不是出于思虑的结合。接着还得有统治者和被统治者的结合，使二者互相维系而得到共同保全。凡是富有理智而遇事能操持远见的，往往成为统治的主人；凡是具有体力而能担任由他人凭远见所安排的事务的，也就自然地成为被统治者，而处于奴隶从属的地位。……由于男女同主奴这两种关系的结合，首先就出现了"家庭"。……家庭就成为人类满足日常生活需要而建立的社会的基本形式。①

在家庭的基础上，逐渐形成了"村坊"，"村坊最自然的形式是由一个家庭繁殖而衍生的聚落"②。若干村坊的组合最后形成了"城邦"。"等到由若干村坊组合而为城邦，社会就进化到高级而完备的境界，在这种社会团体内，人类的生活可以获得完全的自给自

---

① 亚里士多德：《政治学》1252a26-34，1252b10，1252b13-14。
② 亚里士多德：《政治学》1252b18。

足。"① 这样，从家庭到村坊，再由村坊到城邦，就是我们人类生活的一个自然演化过程。

亚里士多德把"家庭"看作人类生活的一个自然的起点，而"城邦"则是人类生活自然演化的终点或完成。② 这样，家庭就是城邦的一个自然基础。如果说柏拉图在《理想国》中以一种最高的政治标准取消了家庭，那么亚里士多德则在《政治学》中保留了家庭。亚里士多德正是由于肯定了"家庭"的某种自然正当性，所以才批评柏拉图完全取消家庭的做法。

在亚里士多德看来，家庭的基础在于人的某种"爱欲"，而这种"爱欲"是有朽的人类实现不朽的一种方式，因此首先表现为一种"自爱"。而人类这种"自爱"应该有一个自然的限度：一方面，它不能过度，否则它就会变成令人可鄙的"自私"；另一方面，它也不是无节制的"博爱"，因为那种毫无差等的"博爱"只会淡化甚至败坏爱的德性。③

事实上，根据血缘的亲疏，这种爱会自然地呈现出一种"差等"。自己的父母当然总是更加疼爱自己的孩子，这种爱不会毫无差等地扩大到整个城邦的范围。柏拉图主张在一个城邦里，所有的父母同等地爱所有的孩子，这已然超出了人类自然情感的某种限度。

正是因为这种"公妻制"有违一般的人性，所以亚里士多德

---

①　亚里士多德：《政治学》1252b28-29。

②　参见亚里士多德：《政治学》1252b30-1253a2。

③　参见亚里士多德：《政治学》1262b14-24，1263b1-5，等等。

认为，柏拉图不但不可能通过这种手段实现他最初设想的美好的目的，甚至会适得其反。亚里士多德说，哪怕就算是城邦的所有公民都能像柏拉图设想的那样对于所有的事情都异口同声地说"这是我的"和"这不是我的"，也未必真能导致城邦的融洽，这样做实际上还会引起损害①，原因在于：

> 凡是属于最大多数人的公共的事物常常是最少受人照顾的事物，人们关怀着自己的所有，而忽视公共的事物；对于公共的一切，他们至多只留心到其中与他个人多少有些相关的事物。人们要是认为某一事物已有别人在执管，他就不再去注意了，在他自己想来，这不是他对那一事物特别疏忽；在家庭中，情况正是这样，成群的奴婢往往不如少数侍从更为得力。（柏拉图所述苏格拉底的制度，）每个公民将有一千个儿子：可是这些儿子不是个别公民的儿子，每个公民应该是任何儿子的父亲，每个儿子也应该是所有父亲的儿子，结果是任何父亲都不管任何儿子。②

因此，亚里士多德不无讽刺地说：

> 人们宁愿是某一个人的嫡堂兄弟，也不乐于成为（柏拉图式）那样的儿子。③

---

① 参见亚里士多德：《政治学》1261b30-32。
② 亚里士多德：《政治学》1261b33-40。
③ 亚里士多德：《政治学》1262a14-15。

所以，在亚里士多德看来，柏拉图"公妻制"的效果一定会相反于他原来所企求的目的。柏拉图原本想通过这种"公妻制"来加强公民之间的团结友爱精神，可是他的做法实际上反而使人们之间的感情变得很淡。

> 恰恰像一勺甜酒混入了一缸清水，亲属感情是这样淡而无味，在这种社会体制中父亲不得爱护儿子，儿子也不得孝顺父亲，兄弟之间不必相敬相爱，亲属的名分和称号实际上已失去了原来的意义。①

在家庭问题上，后世的学者从各自的立场出发，更多地追随亚里士多德，而批评柏拉图。可是，我们不要忘记，柏拉图正是为了公民们的"幸福"才建议取消私人家庭、实行公妻制的。② 在《理想国》卷四一开头，阿德曼托斯就质疑苏格拉底：护卫者们没有任何私有财产，过着完全公共的生活，这种生活对于他们而言是否幸福？苏格拉底的回答是，他们建立整个国家不是为了某一个阶层的单独突出的幸福，而是为了全体公民的最大幸福。③ 这样，私有家庭的存在就似乎妨碍了整个城邦整体的幸福。在这里，柏拉图并不像现代自由主义者比如霍布斯那样，把人想象成没有任何社会关系、完全独立和自由的"个体"，而是把个人看作城邦整体的一个部分，认为只有在整个城邦中，个人才成其为真正的人。

---

① 亚里士多德：《政治学》1262b18-21。
② 参见柏拉图：《理想国》464a。
③ 参见柏拉图：《理想国》419-420。

所以，柏拉图对人的幸福的理解并不是自由主义和浪漫主义的，他并不是从一些个人的心理感受出发来理解人的幸福，而是从整个城邦的统一性出发来理解的。

> 在任用我们的护卫者时，我们必须考虑，我们是否应该割裂开来单独注意他们的最大幸福，或者说，是否能把这个幸福原则不放在国家里作为一个整体来考虑。我们必须劝导护卫者及其辅助者，竭力尽责，做好自己的工作。也劝导其他的人，大家和他们一样。这样一来，整个国家将得到非常和谐的发展，各个阶级将得到自然赋予它们的那一份幸福。[1]

但是问题恰恰在于：一个城邦能否达到像一个人那样的统一性？这个问题直接和《理想国》中的一个核心问题相关：城邦的正义和个人的正义是否一致？

三、柏拉图主张"公妻制"的原因

从《理想国》中的论证来看，柏拉图推行"公妻制"就是为了回答"城邦的正义"和"个人的正义"是否一致这个问题。如果柏拉图要论证城邦的正义和个人的正义是一致的，那么他就有必要表明城邦与个人是同构的。而由于一个人具有统一的身心结构，所以当他的某一部分感到痛苦或者快乐时，他是整个人都感

---

[1] 柏拉图：《理想国》421b-c。

觉到了。

> 比如像我们中间某一个人的手指受伤了，整个身心作为
> 一个人的有机体，在统一指挥下，对一部分所感受的痛苦，
> 浑身都感觉到了，这就是我们说这个人在手指部分有痛苦了。
> 这个道理同样可应用到一个人的其他部分，说一个人感到痛
> 苦或感到快乐。①

而如果一个城邦像一个人那样自然，那么一个城邦的所有公民就
都应该有这种"同甘共苦"的感觉。可是，如何才能使整个城邦
的所有公民能像一个人那样对痛苦和快乐拥有统一的感觉呢？在
柏拉图看来，这就必须取消私人家庭，实行公妻制。因为家庭是
一个比城邦还要封闭的共同体，如果每个人的情感都局限于私人
家庭这个小圈子，每个人都只关心自己的妻子和儿女，那么柏拉
图设想的那种所有公民"同甘共苦"的情形就不可能出现。因此，
柏拉图虽然没有像浪漫主义者那样把个人情感看作神圣的，但也
并没有像一些批判者说的那样，忽略了家庭生活中的情感因素。
柏拉图恰恰是看到了家庭情感的排外性，而这种排外性会威胁城
邦的统一。就像约翰·伯内特（John Burnet）说的那样："柏拉图
攻击的正是这种排外性。柏拉图并不认为家庭软弱得无法服务于
任何目的，而是过于强大，以至于无法等同于国家的一个单位，
而且其要求过于严苛，以至于成员们无法自由发展。"②

---

① 柏拉图：《理想国》462c-d。
② 转引自厄奈斯特·巴克：《希腊政治理论：柏拉图及其前人》，卢华萍译，第304页注释2。

这样，我们可以看到，公妻制是否可行直接关涉到整部《理想国》中的核心论证。也正是在这里，柏拉图揭示出了"城邦"和"个人"这个类比的一个严重困难：由于身体的彻底私有性质，一个城邦无法做到像一个人那样的统一性。就算柏拉图把城邦变成了一个充满亲情的大家庭，他也无法严格地证明城邦的结构和个人的结构是一样的。因为就算某些家庭成员是个人的自然延伸，可是家庭仍然不是个人。在这里，正如布卢姆所说的那样："城邦不会获得那种程度的统一，因为，有一种东西是无法成为公共的：身体。每个人的身体都是他自己的。"[1] 也正是从这个意义上，布卢姆认为"城邦的统一依赖于对身体的遗忘"[2]。一些人可能会说，柏拉图当然并不是想表明一个城邦可以拥有一个身体，因为这是明显不可能的事情。但柏拉图在其最好的城邦中实行公妻制的意图或许仅仅是想使所有的公民在心理或情感方面趋于一致。但正是基于血缘的亲疏，人的情感才有了自然上的差等。亚里士多德和后来的学者正是基于"爱有差等"的人类自然情感来批评柏拉图的家庭政策的。

推行"公妻制"不仅是"城邦的正义"和"个人的正义"之间一致性论证的关键，而且是"正义"的一个必然要求。在《理想国》卷四中，城邦的"正义"被规定为在城邦中每个人都做一份适合其天性的工作。[3] 因此，"正义"就非常类似于组建城邦的

---

[1] Bloom, *The Republic of Plato, Translated with Notes and an Interpretive Essay*, p.386.

[2] Ibid.

[3] 参见柏拉图：《理想国》433a-434c。

"专业化分工原则"。如果我们把这种"正义"或者"专业化分工原则"贯彻到底，那就必然会导致一个彻底的公有制社会。因为一个人在城邦里只能做一份适合其天性的工作，那么他就不能兼职其他工作。作为城邦的一名公民，他将不再是任何私人团体的成员，因此也不可能是任何私人家庭的丈夫或妻子。护卫者们的工作是服务于整个城邦的整体利益的，他们必须全心全意服务于城邦的整体利益，而不能追求任何私人利益。这样，护卫者们就过着一种完全公共性的生活。因此，一种彻底的专业化分工原则将会导致私人家庭的彻底消失。取消私人家庭，正是贯彻正义原则的必然后果。

如果组建城邦的原则是"正义"，而家庭的基础则是人的某种"爱欲"，那么我们会看到在人性中这两种不同的东西恰恰是矛盾的。正义要求人必须大公无私，而爱欲则自然地存在差等。如果要完全地实现城邦的正义，一个人就必须从小家庭中解放出来，克服自然亲情的障碍，对所有人一视同仁。因此，在一个城邦中"正义"的完全实现，其代价就是私有家庭的彻底消失以及相应的家庭伦理的瓦解。反之，如果在城邦中保留"家庭"，那么就不可能完全地实现"正义"。

柏拉图看到了"家庭"和"城邦"之间存在的这种永恒的张力。"家庭"和"城邦"从本性上都是某种封闭的共同体，因此它们都要求其成员的某种忠诚性。如果是这样，那么"忠孝"就必然难以两全。人的"爱欲"和城邦的"正义"会把人带到两条完全相反的道路上。柏拉图的深刻之处在于，他看到了这种冲突和这种冲突的不可调和性。如果要在城邦内实行完全的正义，就必须牺牲人的爱欲。

如果人的这种"爱欲"和城邦的"正义"之间有着一种不可调和的冲突，那么，在这二者之间的任何调和都不过是一种"折中"或"妥协"，亚里士多德的《政治学》也不例外。亚里士多德似乎是降低了柏拉图城邦正义的标准从而在某种程度上保存了柏拉图所要取消的家庭和爱欲。无论是彻底坚持"正义"原则而取消"家庭"，还是在"正义"与"爱欲"之间做出某种折中从而保留"家庭"，都有其代价。柏拉图的"美丽城"从来都没有真正实现过，在我们人类的现实中更多还是采取了一种妥协的折中主义。

在这个问题上，中国的儒家就是一种典型的妥协主义。梁漱溟先生在《乡村建设理论》一书中认为，由儒家文化塑造的中国传统社会具有"职业分立"和"伦理本位"这两种主要特征。[①]事实上，这两种特征是存在着张力的，从某种意义上它们甚至是互相矛盾的。如果一个社会的"职业分立"能够达到柏拉图"理想国"那样的程度，也就是一个人只做一份适合其天性的工作，那么以家庭伦理为出发点的儒家"伦理本位"原则就必然会瓦解。如果过于坚持"伦理本位"，一个国家就很难完全坚持"正义"。儒家清楚地看到了家与国之间存在的这种基本的张力，在家庭伦理与国家正义之间发生冲突的时候，儒家基本采取了一种"容隐

---

① 参见梁漱溟：《乡村建设理论》，上海人民出版社，2006，第24-27页。

制"的折中主义方案。但是在现代社会，儒家的生存空间似乎越来越小。我们可以看到，儒家宣扬的那套家庭伦理之所以能在中国具有如此悠久的生命力，在很大程度上是因为中国传统社会一直是一个专业化分工并不那么强的农业社会。随着中国逐渐走出农业社会，进入了一个专业化分工更明确的工业化和后工业化社会，强调以家庭伦理为出发点的儒家文明也就不可避免地逐渐式微。当然，只要还有家庭存在，儒家的那套家庭伦理就不会完全消失和丧失其意义。

　　家与国之间的关系是政治哲学的一个基本问题，它们之间的紧张根植于我们的人性，因此是值得我们思考的一个永恒的问题。这个问题无论希腊人还是中国人，无论是古人还是现代人，都会不可避免地遇到。作为一个普通人，我们其实一直生活在家与国之间的那种张力中，从来不曾完全摆脱过，也永远都不会完全摆脱。

第四编
自然、存在与理念

《理想国》中的"数学因素"

张祥龙 *

今天有机会和大家交流很高兴，但是首先我想说明三点：第一点，我不是专门研究古希腊哲学的，虽然从年轻的时候起就比较喜欢古希腊哲学，尤其喜欢柏拉图和毕达哥拉斯。当然，亚里士多德我也喜欢。我记得上大学的时候，对亚里士多德没多少感觉，觉得他绕来绕去的，尤其是其《形而上学》。一直到后来读了海德格尔，才体会到亚里士多德哲学特别是他的美学和伦理学的魅力，才能够欣赏他。但是对于毕达哥拉斯和巴门尼德，特别是柏拉图，一直是非常有感觉的。后来贺麟先生多次跟我讲过古希腊哲学的地位，尤其是通过研读贺先生的著作，看出他理解的辩证法虽以黑格尔为高峰，但基本源自古希腊，把柏拉图以来西方

---

* 张祥龙（1949—2022），著名哲学家，北京大学哲学系教授。

的唯理论（rationalism）看作西方整个思想而不光是哲学的脊梁。而其中的要害他也经常强调，下面我们会说到，就跟我们今天要讲的所谓的"数学因素"很有关系。

第二点，我理解的《理想国》，有我的偏见造就的解读视角，这偏见就是受到了海德格尔的影响。比如数学因素这个角度，我是从海德格尔那里借鉴的。

第三点，今天除了想尽量原本地去理解这个问题，可能还有一些我对柏拉图的批评，也是班门弄斧，但是我希望不被大家看作一种恶意的批评。尽量做到在东西比较的视野中，从我理解的哲学角度做一些反思和评议，这就是大致的背景。

一、"数学因素"

《理想国》本来是个翻译得不够准确的书名，更接近原文的翻译是"《国家篇》"。但我今天还是想坚持这个译名，不是我多拥护"《理想国》"，只是谈到今天这个问题，这个翻译更好，因为情况确实是：柏拉图在这本书里按照他的理想，来构建一个最佳的国家，或者说一种最佳的人类生存方式。这是让我选择《理想国》这个译名的理由，和后文要讲的数学因素很有关系。柏拉图的思想是极其深邃和多维的，在西方历史上，通过全球化在人类史上产生了巨大的影响，现在还很有现实意义。

先讲引子，即贯穿这次讲座的"数学因素"。这是海德格尔提出来的，他说从古希腊开始，西方思想中就出现了这么一个因素，从表面上看是数学的一个形容词名词化，但是它不完全等同于数学，可是和数学尤其是古希腊的数学很有关系，因为那种数学是数学因素最清楚明白的一种表现。下面我们也会看到，它确实不只是数学，这是海德格尔视角的独特之处。按照海德格尔的说法，这个数学因素主导了西方哲学的主流，甚至通过近代笛卡尔的学说，参与造就了近现代的西方科学技术，尤其是现代技术，使整个人类历史发生了改变。

海德格尔先给了数学因素一个很一般的说法，即可学的东西，可以学到的东西，因而同时也是可教的东西。这个东西可学可教，这有什么新鲜的？什么东西不可学不可教呢？妈妈告诉孩子的是可教的，哲学家告诉众人的也是可教的，但这是一个误导，我们恰恰会看到，苏格拉底说其实智慧是不可教的。

海德格尔曾说：数学因素就是"那种关于物——物体的物、万物的物——的其实已经为我们所认识的东西"①。意思是说，这个东西我们知道了，可能我们自己不知道自己知道了，可实际上我们凭借着它而知道了万物，甚至知道了我们自己。数学因素对西方哲学的影响太深远了。像康德先验论，就可以帮助大家理解海德格尔所谓的数学因素。我们人类有一些先天知识，或者说先天综合判断能力。这些先天知识里面有十二个知性的范畴，以及感性的空间和时间形式，这些是我们已经知道的。我们凭借着它们去认识世间万物。科学之所以可能，数学之所以可能，就是因为

---

① 《海德格尔选集》下卷，孙周兴选编，三联书店，1996，第850页。

数学因素。

　　数学因素就是关于物的已经被我们认知的东西。这个思想表面上看并不难理解，就是先天论和先验论，但其实它有非常深刻的一面。当年我跟从贺麟先生学西方哲学的时候，首先学的是斯宾诺莎哲学，贺先生就一再跟我讲这个意思，后来读他的著作也是如此。比如说斯宾诺莎全部学说的方法，很奇特的是直观法。其灵魂甚至可以说是西方唯理论的灵魂，是什么呢？贺先生用了一句斯宾诺莎的原话回答："一如光明，一方面表示光明之为光明，一方面又表示黑暗之为黑暗"。这是上半句，是大实话，唯理论起头的部分全部都是大实话。就像古希腊的巴门尼德说的"存在者只是存在，不可能是非存在"，都是大实话。但不要认为这是没有意义的，里面就隐含着让西方之所以那么强大的东西。斯宾诺莎这句话的下半句是："所以真理一方面是真理自身的标准，一方面又是鉴定错误的标准"。光明能表明它自身，它不依靠黑暗来表明它自身，但是黑暗之所以黑暗，却要靠光明来表明。你如果根本不知道光明，又怎么知道什么是黑暗呢？你天生如果就在一个黑暗的环境里，就根本不知道那是黑暗，只有见到了光明，才知道那是黑暗。真理是自身的标准，你认识真理不用靠其他的什么；而认识错误就不能只靠错误，而更要靠真理。有的真理你天生就能知道，例如二加二等于四，等等。为什么二加二等于五就错了呢？要靠真理来使我们知道它是错的，而这个真理是我们已经知道的。所以，这个数学因素，大家反复体会，就会对其有较深入的认知。

从表面上看，西方哲学中存在着与上述思路对立的另一种思路，就是所谓的经验论或实证论。我们人类的心灵就是一块白板，没有什么已知的东西，一切知识都是通过感官从外界接受过来的，一切真理都要靠经验实证来反复确认。好像这是科学的特点，和古代传统的西方形而上学不一样。其实，科学家一定是带有已知的一些东西（科学假说也好，科学模型也好）去逼问自然、拷问自然，这样研究才会深入，才能逼问出靠经验总结永远都想不到的那些东西。牛顿说的那些东西，爱因斯坦说的那些东西，都是一种逼问或审讯自然的结果。爱因斯坦预测一条光线经过重引力场会发生弯曲。如果不是靠数学因素和自由想象而形成的这个科学假说，人们怎么会跑到非洲沙漠中去，在日全食时去做那个著名实验？人们怎么会想到可能有这个事情呢？刚开始，爱因斯坦讲的完全就是假说，连物理学界的主流思想家都不认同，觉得莫名其妙，人们靠经验做梦也想不到它。

我觉得经验论或实证主义的确有它们很出色的一面，它们是数学因素造就的整个西方主流的"泻药"或者"解药"，先验论要用它们来平衡一下，但西方真正的思想脊梁还是所谓的数学因素。在这个所谓的数学因素里，从古希腊思想的发展到后来尤其是近代自然科学的出现，最容易被我们抓住或最明确地被我们把握的就是数学。

当然，我要一再强调这里说的是古希腊的数学，而不是巴比伦的数学，也不是古埃及的数学。

比如说柏拉图的《美诺篇》，引导我们看数学和所谓的已经为我们所认知的数学因素的关系。刚开始，苏格拉底和美诺讨论美德是不是可以教的。苏格拉底主张美德是没法教的。怎么会没法教呢？因为苏格拉底认为他连美德本身是什么都不知道。美诺这个贵族小伙子年轻气盛，问苏格拉底：你怎么连美德是什么都不知道呢？苏格拉底就说：既然你知道，请你告诉我吧。美诺上来就说战士的美德是什么，政治家的美德是什么，男人的美德是什么，女人的美德是什么，说了一大堆。苏格拉底说：好哇，我要一个美德，你给了我像蜂群那样的一大窝；但实际上我要的恰恰是美德本身是什么，而不是美德的众多表现是什么。于是，美诺就尝试给美德本身下定义，但总是不成功。他就困惑极了，说：我明明知道美德本身是什么，不然不会对美德的表现说三道四，可怎么就抓不到美德本身这条泥鳅呢？看来人无法通过学习或下定义来获得它。

由此，他们就说到美德到底可教还是不可教，或可学还是不可学。可教和可学是一个事情的两面。苏格拉底说，实际上我们所谓的外在意义上的学习似乎是不可能的。这就是所谓的学习悖论。苏格拉底问美诺：你学的东西是不是你已经知道了的呢？美诺说：当然是我不知道的。苏格拉底说：如果你不知道它是什么，你怎么学它呢？你根本不知道它是什么，碰到它你都不知道这就是它啊。另外，如果你要学的东西是你已经知道的，那你还用学它吗？所以说学习这个过程是不存在的，学习恰恰是一件说不清的事情。

柏拉图或他书中的苏格拉底就提出，真正的学习是回忆我们已经知道的东西。这就是所谓的学习等于回忆说。这个东西即理念或理式。我们来到这个世界上，被某个因素触动，让我们回忆起它。这就是数学因素的一个很典型的表现，而且他举的例子恰恰就是数学的。苏格拉底是怎么对美诺论述学习就是回忆的呢？

　　苏格拉底对美诺说：好吧，你把你们家里的一个小奴隶叫来，你保证他没有学过几何。我绝不告诉他几何问题的答案，我只是向他发问，看他能不能自己回忆起他已经知道的东西。于是，苏格拉底向小奴隶提出一个问题：已知一个正方形的边长是 2 尺，面积画出来了，都是很直观的，1 平方尺 1 个方块，整个面积是多少？4 平方尺，这个小孩能容易地辨认出来或数出来。他说：小朋友，你给我找一个比它面积大 1 倍的正方形好不好？那个小孩说：好，它的边长应该是 4 尺，比原来的边长长 1 倍。苏格拉底就按孩子说的，画了一个边长是 4 尺的更大的正方形。然后问孩子：你说这个是多少平方尺？这个小孩数出来是 16 平方尺，比要求的 8 平方尺大了 1 倍。苏格拉底再问：比第一个正方形大 1 倍的正方形的边长是多少呢？孩子说：一定是 3 尺，4 尺和 2 尺中间嘛。于是苏格拉底又按照边长为 3 尺画了一个正方形，他们全是直观地看，这个正方形的面积是 9 平方尺，已经很接近了。那个应该是 8 平方尺。那个小孩说：我实在是不知道了。苏格拉底说：美诺你看，我根本没有告诉他，只通过发问，像电鳗一样刺激他，他就已经知道自己是无知的，以前那些想法是错误的，实际上他离真理就不远了，他不知道正确怎么会知道错误呢？然后苏格拉底再针对直观到的图形发问，引导小孩子知道，要得到正方形面积的一半，可以靠对角线将正方形分成两半。大正方形由 4 个小正方形组成，将 4 个小正方形的 4 条对角线连接起来在中间形成一个正方形，不就是面积为 16 平方尺正方形的一半即面积为 8 平方尺的正方形了吗？苏格拉底表面上没有告诉他该做什么，就是发问，最后小孩自己找到了，这个 8 平方尺正方形的边长应该是 4 平方尺正方形中的小正方形的对角线。

苏格拉底再次问美诺：你的确没有教过他几何学？美诺说：我真的没有教过，而且担保别人也没教过。苏格拉底就说：你看，他本来就知道了这知识，它们已经在他心里，我只是通过这些刺激把它们唤出来而已。这也就是很有名的知识在于回忆的学说。他说通过这个可以明了，我们每个人天生已经知道了最重要的东西，我们的灵魂中有一些永恒不朽的知识，证明这灵魂不像我们的肉体是可以死亡的，所以灵魂一定不朽，大家努力去回忆，自己的生活经验和知识就会越来越得以提升。

二、毕达哥拉斯

数学因素的最早提出者是毕达哥拉斯。数学因素实际上从古希腊哲学的开端时就存在。泰勒斯是第一个西方哲学家，同时又是一个伟大的数学家、天文学家。天文跟数学天然就连在一起。泰勒斯预言了日全食，很了不起。泰勒斯主张水是万物的本原，后来他开创的米利都学派中的阿那克西曼德主张无定是万物的本原。这些人其实都有数学头脑。到了毕达哥拉斯，数学因素就被公开提出来，他主张数是万物的本原，很了不起。

　　毕达哥拉斯本人创立了一个影响深远的学派。他年轻时离开相对"落后"的希腊文化领地，到当时"先进"的文化领地即巴比伦、埃及"留学"，学了很多那里的数学、天文学、宗教知识。希腊人的特点是能够把人家那种实用性的数学做形式化的改造，提升为特别纯粹的东西。他创立的这个学派，是一种宗教，也是一种政党，还是一个科学研究团体，它存在了 800 年，其中出了很多西方科学、数学、宗教方面的重要人物和成果。所以，罗素说过，毕达哥拉斯就其聪明和不聪明而言，都是西方历史上很重要的少数几个人之一。罗素是很不喜欢毕达哥拉斯的思想气质的，因为他在认识论上主张经验论，但他能看出这一点，是因为他又是一位数学家和形式实在论者。我完全同意罗素的讲法，认为流行的西方哲学史，中国人写的也算在内，对毕达哥拉斯的地位估计得很不够。

　　我们来看亚里士多德关于毕达哥拉斯学说的一段记载。他写道："他们认为数先于整个宇宙，也先于一切自然事物——因为没有数，任何东西都不能存在，也不能被认知，而数即使离开别的事物也是能够被认知的。因此，他们认为数的元素和第一原则就是万物的第一原则。"（《亚里士多德残篇选》）这段话的意思非常明确，就是说没有数存在，任何东西都既不能存在，也不能被认知，而数离开别的东西也能被认知。是不是这样呢？我们人生中各种各样的知识，如关于美德的知识，关于构建国家的知识，关于管理和科学的知识，按毕达哥拉斯学派讲的，都是起源于数学的知识，实际上就是起源于数学因素。一加一等于二，一只山羊加一只山羊是两只山羊，世界上所有两个东西放在一起都是两个东西。当然，时间长了就变了，一只公山羊加一只母山羊就不一定是两只山羊了。而我们中国人恰恰特别重视一只公山羊碰到一只母山羊的那个情况，所谓阴阳碰到一起就会生出新东西，就不一样了。但是西方人倾向于认为，知识涉及的东西肯定是充分对象化的、不变的。问题是：我们人类是先学的数即先学数学后学其他知识吗？一个孩子一开始你不教他语言，先教他数，有没有这样的孩子？我知道有一个小神童，是北大哲学系一个老师的孩子。听他爸妈说，这个孩子平常让他干什么事他都不愿意干，除非给他一个奖赏。什么奖赏呢？让他做数学题。这个孩子天生就是一个数学神童，很享受做数学题。可是我也不相信他爸爸妈妈一开始先教他一加一等于二，先不教他叫爸爸妈妈。

按照毕达哥拉斯学派的说法，我们人类应该是先学数再学语言的。表面看来，这种说法有些荒谬，但它很深刻，抓住了一部分真理。人在处于某些研究的情境中时，数往往走在经验之前。亚里士多德记载的这段话，让我们想起另一个很著名的记载：毕达哥拉斯经过一个铁匠铺，听到里面铁匠打铁的声音，形成了一个和声，或者叫谐音，挺好听的。他就进去检查那些铁匠用的锤子，称它们的重量，发现它们的重量成数学比例，共有三种比例，涉及整数的前四个数。他就说，世界上的音乐，谐音也好，和声也好，都是出自数字的关系。他将这个思路加以推广和深化，认为整个宇宙和人生就是一个大和声，于是就形成了数本原说。实际上那些铁匠和当时的那些音乐家根本不知道这种数学因素。可按照柏拉图的说法，实际上我们已经潜在地知道了这个东西，音乐家和听众听到和声就觉得好听，就开始被唤起回忆，所以这里面有更深的东西。

实际上都是数字关系，尤其是数的比例关系。一切真实的、美好的东西都是这样成比例的；而那些破残的、不美好的东西，就是因为比例关系被破坏了。整个宇宙就像一曲交响乐那样的和声大合唱、大演奏，不同的星体按照不同数学比例的轨道运动，形成了宏大之极的和声，正像我们中国古人说的天籁，但毕达哥拉斯的天籁完全是数学化的。你如果问：为什么我听不到天籁呢？他的回答是：你的心思太杂，如果你心正思纯，多喝泉水后就能听到。我去过希腊的德尔斐神庙，据说古代时，这里的女祭司做预言之前很多天不吃饭，就喝旁边一个圣泉的水，再吸一种植物的烟，进入出神状态，就能预言。

毕达哥拉斯学派崇尚真正纯粹的数学。毕达哥拉斯定理就是我们大家都知道的勾股定理，毕达哥拉斯不仅发现了这个定理，而且最重要的是证明了这个是不会错的。其实古埃及人早就发现了这个定理，但是从形式上证明它不会错，是另一个层次，所以毕达哥拉斯学派宰了一百头牛来庆祝。发现数学定理，也就等于发现世界和人生的深层规律。所以，这种纯粹的数学对于他来讲是最纯洁、高贵和普适的知识，而且他说这知识存在于整个宇宙中，当然也存在于人类心中，因为人类属于宇宙。

　　毕达哥拉斯实际上深刻地影响了柏拉图。柏拉图表面上的老师是苏格拉底，苏格拉底死前对他的学生说"你们这些人在我死后去游历"，因为雅典也要迫害他们。柏拉图在他游学期间交了一些朋友，有埃利亚学派的，有毕达哥拉斯学派的，还买了一些毕达哥拉斯学派人的著作，以至于后来有人说柏拉图的《蒂迈欧篇》是抄袭毕达哥拉斯学派某人的著作。这个很难定下来，因为古代没有明确版权意识，吸收改造到一定程度，就可以不算抄袭了。反正柏拉图受毕达哥拉斯的影响极其深远，我们可以看到，在柏拉图思想形成的那个阶段，这种影响就已经很明显了。从他成熟期的代表作《理想国》，还有其他一些晚年著作，以及一些所谓的"不成文学说"（主要记载在亚里士多德的著作中）中，可以看到数学因素的决定性地位。《蒂迈欧篇》和这个不成文学说简直就是毕达哥拉斯学派的一种柏拉图版。

　　柏拉图游历完了以后到雅典建立了他自己的学园。他的学园门上有一块牌子，上面写着"不懂几何学者请勿入内"。他实际上把他老师苏格拉底寻找美德的普遍定义的对谈法，通过数学因素改造成了后来所谓的辩证法。苏格拉底的对谈法，于当场情境化的对谈中逐渐深化，让对方自相矛盾。对谈本身是一种有生产性的过程，一种接生婆的艺术。在柏拉图这里开始改变了，他融入了毕达哥拉斯的思想，把这种对谈法改变为朝向原型（idea，eidos）并且以这种原型为基础的辩证法。

三、原型论

　　"理想国"实际上就是建立在理想或者原型基础上的国度，是按照柏拉图找到的至善的原型，还有由至善统率的另外四个希腊人最看重的美德即智慧、勇敢、节制、公正来设计的国家。

　　什么是 eidos？它现在比较通行的英文翻译是大写的"Form"（形式），是一种理想化的而非经验化的形式。在中文世界，eidos 一般翻译成理念。陈康先生提出来说谈不上"念"，"念"是我们心中的念头，把 eidos 主观观念化了。他认为 eidos 应该翻译成"相"，意味着我们看见的东西又存在于我们心中。陈康先生说 eidos 这个词的本义就是看见，或被看见的东西之形相，翻译成"理念"太抽象了，翻译成"相"才有了直观意味，直接看到的相，当然肯定是我们心灵看到的相。我觉得翻译成"相"有精彩处，动词性相有观看、省察之义，名词性相即所看到的东西之相状，大致符合陈康先生讲的 eidos 的本义；但还是有问题，因为它把柏拉图的数学因素淡化了，容易跟东方的一些思想如佛教中讲的"相"混淆。西方这些年将 eidos 译为"Form"，有它的道理，所以中译为"原型"可能更合适些。

　　另外还有很多不同的翻译。吴寿彭先生说 eidos 的原形动词 eideo 还有认识的意思，到柏拉图那里，认识的意思压过了经验的看的意思，所以译为"理型"或"理念"也无大错。他译为"意式"或"通式"。简单说来，我比较赞同罗念生先生的译法。罗念生先生是我们中国很重要的一位希腊文翻译家，译出了不少希腊悲剧。他提出将 eidos 翻译为原型和模式，我也接受。我觉得"原型"是最好的，而且通俗。一类事物的原型就是其根据。所有的床之所以叫作床，按照柏拉图的观点来讲就是因为它们分享了床的这个原型。原型是永恒不变的，一类事物只有一个原型。但为什么一定要设定原型我们才知道床是床呢？难道我们不能从生活经验中知道床是床吗？柏拉图告诉我们，经验让我们知道它是床，但如果我们的脑子或者灵魂里原来没有床这个原型，那么我们是永远都不会知道我们睡那个东西叫床的。

这是怎么一个逻辑呢？我们举例说明。比如，你看到姚明和乔丹站在一起，你就说姚明比乔丹高，你说自己靠直觉比较而得知姚明比乔丹高，没有用什么高的原型。但柏拉图说：不然，你若连高本身都不知道，怎么会知道有高矮这么一回事呢？你怎么会说姚明比乔丹高呢？你怎么不说姚明比乔丹肥、比乔丹重、比乔丹白，却非要说比乔丹高呢？一定是你事先已经知道高了，而且不是经验的高，是高的本身，你才在经验刺激下依据这高本身来说姚明比乔丹高。

柏拉图在《理想国》卷六中用了一个著名的比喻，用太阳及阳光来比喻至善和各种各样的原型，没有太阳，没有至善和那些原型，我们根本就不可能认识万物。他的思想是这样的：我们之所以能看到一棵树，除了有我们和这棵树之外，还必须有光，如果漆黑一片，我们就根本看不见。柏拉图说的最高的原型至善，它放出的光芒，就是我们精神的或者整个世界的最终真理的来源。至善放出的光芒使我们看见其他原型，然后再通过这些原型放出的光芒看见具体的事物。这个思想反映在他的洞穴喻中。一群人生活在一个漆黑的洞穴中，靠背后的一堆篝火发出的光来认识洞穴壁上的影子。篝火和这群人之间有一些家伙拿着一些木偶在晃悠，这群人就认为洞穴壁上的影子是世界的真相，但实际上只是些事物的影子。这时候有一个人挣脱了套在身上的锁链，爬出了洞穴，到了外面，之后阳光把他的眼睛刺得什么也看不见，更不用说直接看太阳了。他觉得太阳是最可怕的，于是他只能去看现实世界中的东西，当然只能靠太阳光去看见它们。后来这个人习惯了这个相比于洞穴中的影子而言更真实的世界，开始能够直接看太阳，他才算真正的哲学家，爱智慧本身而非仅仅它的实用阴影，之后发现所有智慧的来源原来是那个太阳（至善）。这个人得了真理以后，又要去洞穴里拯救其他人，但最后他就像苏格拉底一样被他的同胞们杀掉了，因为那些人习惯了一个阴暗的世界，若要把他们带到光明的世界，他们受不了，觉得那是一个"要另立新神"的邪恶世界。

洞穴喻和太阳喻中包含着两个世界思想。一个是以数学因素为主导、以古希腊数学为模型的纯粹的、超越的、完全存在而没有任何非存在因素的原型的世界、纯存在的世界。后来中世纪基督教利用它来说上帝的美好、永恒的世界。另一个是我们平常生活于其中的经验的、不纯粹的、掺杂的世界。

美好真实的世界以至善为源头，就是我们刚才说的太阳，它放出的光芒就是众原型，比如说美德的原型等。

数学的和更纯粹的原型组成了所谓的可知世界，一个永恒不变的世界。在它之下是经验世界，这个经验世界又分为两块：第一块是我们日常看见的所谓的真实世界，实际上是可知世界的阴影，我们误以为真实；第二块是对这个真实世界的再表象的世界，实际上是一个想象世界。比如，一张桌子是对桌子原型的拷贝，是它的副本，那么艺术家画的桌子则是这个副本的副本。

按前面的介绍，在可知世界即原型世界中，数学的原型比较低，更高的是美德的原型，最上面的是至善。数学原型特别重要，它是激发了古希腊人的那种原创想象的原型。

为什么古希腊人能产生这种纯粹的数学？他们从别的地方学到的那些数学却没有那么纯粹。我认为这跟他们的语言特点有关。

为什么数学的原型还比较低呢？因为它有假设，经验的假设。比如，几何学家讨论三角形，先在桌子或者墙壁上画一个三角形，让别人直观到这个三角形，虽然他要说的是那个三角形的原型。但柏拉图说数学还是要依据经验的形象让我们知道真正抽象的三角形，所以它还不够纯粹，实际上就是它体现的数学因素还不够已知。真正已知的东西凭它自身的光明就可知，我们知道它是太阳，我们看太阳靠的还是太阳的光，所以柏拉图说数学的原型还不够高，要再往上走。

柏拉图认为，数学的公理或原型里面隐含着假设，经验的假设，所以真正的哲学家要把它们当作假设，而不是当作绝对自明的公理，故而要从这种不太纯粹的原型再往上走，通过所谓的辩证运动，思想的区别、划分和再结合，发现更纯粹的原型，最后达到毫无经验假设的纯原型。这个过程或原型攀登法以及它的推导就叫辩证法。

后来，这个辩证法经过中世纪神学的改造和利用，受到亚里士多德主义的影响，到了黑格尔就成其大观，最后马克思把黑格尔头脚颠倒的辩证法改造成了唯物辩证法、历史唯物主义，一直影响到我们中国人 1949 年之后整个现代思想史的现实，直到现在还在起某种作用。

柏拉图有一段很著名的讲辩证法的话，出自《理想国》511b："至于讲到可知世界的另一部分，你要明白，我指的是逻各斯本身凭着辩证法的力量而达到的那种知识。在这里假设不是被用作原理，而是仅仅被用作假设，即被用作一个阶段的起点，以便从这个起点，一直上升到高于假设的世界，上升到绝对原理，并且在达到绝对原理之后，又回过头来把握那些以绝对原理为根据提出来的东西，最后下降到结论。"这就是辩证法。先上升，从洞穴中爬出来，上升到无前提的绝对原理，即至善，看到太阳，然后再回去。在这个过程中不使用任何感性事物，只使用原型，从一个原型到另一个原型，最后归结到原型。辩证法就是原型攀登法和推演普照法。

可以用一句话总结，原型论是《理想国》的原型，因为整个《理想国》是按照正义的原型、智慧的原型、勇敢的原型等各种美德的原型设计的；但是数学因素和代表了它的思想方法则是原型论的源头，是它的原型。所以，原型的原型实际上是数学因素。

为什么呢？我们为什么能够把经验主义的最基本的东西全抛到一边，从原型到原型，最后归结为原型呢？就是因为按照柏拉图的学说，原型就在我们的灵魂之中。当然，要经过很多训练，最后只有那些哲人，那些完全摆脱了感性诱惑的人，才能进入辩证法的这么一个上升和下降的过程。后来黑格尔把它改造为主客体之间的螺旋式上升。马克思把它改造成人类历史、世界历史发展的螺旋式上升，最后上升到共产主义。这个思路跟儒家讲的良知良能是形似，而不是神似，二者之间还有很大的差距。

四、《理想国》国家设计中的数学因素

柏拉图的原型论是典型的普遍主义。什么是普遍主义？就是说我们人类有一种能力，我们能够通过某种办法，当然这里是指通过数学原型概念化，找到一种真理，这种真理可以无障碍地跨越时空，因而是无条件地普遍适用的。

柏拉图的原型论是非常纯粹的，所以柏拉图在设计一个理想国家的时候，就要摒弃很多我们人生中觉得是经验的东西，比如民族文化。他的"理想国"中要排除诗人和艺术家。为什么呢？因为他们及其作品是拷贝的拷贝，只会蛊惑人心。我们看一张桌子，某种意义上就是受骗，我们发现它后面的原型才知道它的真理。在柏拉图看来，诗人和艺术家让我们偏离了对这个世界真实的认识，所以"理想国"中不能有他们。

柏拉图的"理想国"中还不能有家庭。为什么不能有家庭？不是说所有人都不能有家庭，只有这个国家的统治者不能有家庭，因为有家庭，人就会贪欲，就会有私心，就会为自己家里着想，而不为国家、为人民着想。

依据智慧、勇敢、节制和正义，柏拉图设计了三层国家的居民。第一层是具有智慧的哲学家。一定要哲学家做王，做最高的统治者，国家才有救，才会走上正确道路。为什么呢？因为我们已经认知的真理或原型被哲学家意识到的最多，其他人都还被蒙蔽着，要靠哲学家来启蒙，所以哲学家领导国家一定是最合理的。

第二层是护卫者，国家需要武力保护，对内维持秩序，对外抵御侵略。当时希腊人脑子里的国家就是城邦，城邦和城邦之间经常爆发战争，还有异族入侵，所以需要有护卫者保家卫国。护卫者也要学习智慧，最大的智慧是听从哲学王的领导，但他们的首要美德是勇敢，是由智慧引导的内勇，不是蛮勇。

这两层人组成了国家的统治者，他们从小就要接受最好的教育和严格的训练，让他们逐渐摆脱人天生就有的贪图安逸和享受的倾向。这个国家设想和斯巴达有关系，斯巴达是柏拉图脑子里的原型之一。哲学王爱智慧、有智慧和用智慧，护卫者则要勇敢地去实现和保卫智慧。

第三层是被统治者，包括各种各样的平民百姓，工匠、商人、农民、女人、孩子和奴隶属于这个大阶层，他们有自己的家庭，过着可怜的、现象化的、热闹的、世俗的生活，他们遵守的美德是节制。而正义则是各个阶层各司其职、各尽其责。

整个国家是以无家者统率有家者，数学因素统率经验因素，从上向下的这样一种金字塔规范。大家都服从最高的哲学王的统治，而没有或者缺少从下向上的构造。

五、《理想国》、中国古代哲学和人类的命运

现在有一个相关的问题：数学因素或者是像康德说的人为自然立法的能力，实际上还包括人类为自己的社会立法，是不是我们人类的宿命？西方已经成功到现在这个程度，按照海德格尔和其他一些思想家的判断，绝对跟这个有关。西方按照它发展出近现代科学，向前推进了工业革命，现在更是正在发生着一场强劲的科技革命，尤其是数字化革命，把数学因素更鲜明地实现出来。可以说，我们生活在一个毕达哥拉斯时代，也是大半个柏拉图时代。

这个过程是完全合理的，我们应该为它唱赞歌，还是说我们应该心存警惕和不安？这个是研究哲学和历史的人应该思考的大问题。整个这个时代朝向的是越来越毕达哥拉斯化的世界，这是我们应该明白的。古希腊那么多杰出的哲学和宗教学说，为什么毕达哥拉斯的学说一出来就对后世有那么长远和致命的影响？究其原因，关键是它符合了西方语言参与造就的希腊人和西方人的基本思维方式，和我们中国人的中文造就的是不一样的。

比如，希腊人想出来原子论，主张世界由原子构成，可是提出后没多久就被忘记了。但毕达哥拉斯的数本原论一直没有被忘

记，虽然毕达哥拉斯本人被人家割了喉咙。他遵守自己的戒律，后面有人追杀他，前面有豆子地，戒律中有一条是既不能踩豆子，也不能吃豆子，所以到了那里他就不跑了，宁可死，最后那些家伙追上来杀了他。

但毕达哥拉斯学派还在延续，其中借助于柏拉图，甚至借助了一小部分的亚里士多德，经过了大希腊时代、罗马时代、中世纪，一直到近现代。我是把近代自然科学的出现与毕达哥拉斯主义和柏拉图主义的回潮联系在一起的。近代自然科学的一个重要特点是数学化，哥白尼、伽利略最后把观察到的资料都变成数学公式表达出来，地球绕着太阳转，用数学公式来算就更简洁一些。其实一开始，日心说在很多经验观察方面并不充沛，是思想、观念和数学因素走在实验数据之前。

数学因素走在经验观察之前，这个从来都没有断。中世纪安瑟伦对上帝本体论的证明就是一个典型。我们完全靠脑子里的东西就能证明上帝。上帝是什么？是"不能有比他更伟大者"。上帝这个词的含义就是不能有比上帝更伟大的存在者，上帝是最伟大的。安瑟伦说：只要承认上帝观念是指不能设想比他更伟大的，那么就能推出上帝在现实中存在。为什么呢？因为上帝不可能只在我们的思想中存在。没人否定上帝可以在思想中存在，因为我们有关于上帝的观念，上帝在我们的思想中已经存在了。但是很多人——比如无神论者——说上帝在现实中根本不存在。安瑟伦说：不对，如果上帝只在脑子里存在，而不在现实中存在，那么他就不是没有比他更伟大的存在者，因为人们还能设想另外一个更伟大者，不管把他叫上帝还是叫魔鬼，这个更伟大者既在观念中存在又在现实中存在，他就比所谓的上帝更伟大了，这就跟上帝的那个原型或原义产生矛盾了，因此不成立。如果它不成立，那么它的反面就必成立。用这个数学的反证法，上帝就一定会在现实中存在，因为按其原义就没有比上帝更伟大者。

又比如笛卡尔，他开创了近代西方哲学，按海德格尔的说法，笛卡尔实际上造就了现代主客二分的形而上学，与现代科技的出现很有关系。笛卡尔说，我思故我在。我思为什么是绝对存在的、绝对不可怀疑的？我思就意味着我知道我思，我在思，我思考的东西、对象，都可以被怀疑，唯一不能怀疑的就是我正在思考，而且我知道我正在思考。所以，数学因素到笛卡尔这里以一种特别原本的主体方式展示了出来。笛卡尔是一位伟大的数学家，发现了笛卡尔坐标。这样的关键处都跟数学有关。

我们中国古人的思想跟它有些相似的地方。一个伟大的哲理传统、宗教传统，在我看来往往都有一种演绎能力。中国古人的确有这种演绎能力，就是根据现有的推出未来的，推出过去的，但是它不等于数学因素。它跟数学因素有重合的部分，但是在关键的地方有区别，因为中国人讲的所谓的先天，是不能被充分认知的，它不是表现为一个原型，尤其是数学化的原型，所以老子才会说"道可道，非常道"。能够充分说出来的、表达清楚的，像用数学的方式讲出来的东西，在中国古人看来还不是最终的哲理。但是中国古人承认有先天的东西，如儒家讲的良知良能、道家讲的道性。有这种先天的东西，我们才能认知这个世界和人生，最后发现其中的天道、地道、人道。这是个极为关键的区别。

我们心中已有的那种东西到底是一种原型，还是一种认知倾向、一种感受趋势？中国古人认为主要是后者。比如说孟子讲良知良能，父母天然就知道慈爱，更重要的是子女天然就知道孝顺父母。但问题是：孝顺父母这个原始冲动是靠原型来实现的吗？中国古人的主要思维倾向可从《周易》中看出来：最真实的东西是变化的样式。《周易》的"易"字有三层含义——简易、变易、不易，要害是承认变化，存在的根本处有变化。中国古人的认知倾向是以简易的方式或阴阳的方式顺着这个变化趋势走，然后实现内在于变化的结构。而西方人认为最根本、原初的是不变的东西，我们靠它来认识这些变化不纯的东西，所以要通过这不变的原型来建立一个更理想的、不变的、美好的世界。这是两个不同的文明走向。我觉得现在的人类被数学因素控制了，所以从文明效应上看，柏拉图的《理想国》写得再牵强，甚至有些地方比较荒谬，也不失其崇高地位和深远影响力。但是，这种牵强并不因为被科学化、被高技术化，就失去它荒诞的那一面，它摧残自然生命和人类天性的那一面。西方这个主流传统带来了庄子说的那种"神生不定"的状态和对人类生存的巨大威胁。我把中国的推演来源叫作象数因素，而不是数学因素；或者称之为技艺因素，以家庭为根的技艺。怎么能够不忘初衷？除了这些数学因素之外，逐渐把象数因素或技艺因素渗透进世界发展的趋势中，使我们面对的世界和未来不那么可怕，是我们应该做的思考。

柏拉图理念与亚里士多德形式之异同

吕纯山 *

　　中文世界的哲学史一般把形而上学意义上的柏拉图的 εἶδος①
与亚里士多德的 εἶδος——尽管英文用同一个词"form"翻译——
分别翻译为"理念"②和"形式",我们的哲学史也似乎倾向于
强调这两个概念之间的区别,甚至突出亚里士多德对理念论的
批评。然而,在笔者看来,他们二人的 εἶδος 尽管有区别,但更
具有深刻的一致性——根本而言都是真正存在的东西,都是 ὄν
(being),都是可感事物的本质和原因,同时也都是知识或定义
所描述的对象种 (εἶδος,species),也都涉及复合物,尤其在知
识论领域。总之,他们二人的 εἶδος 都是既个别又普遍的。因此,

---

　　*　吕纯山,天津外国语大学欧美文化哲学研究所副研究员。

　　①　柏拉图也用 ἰδέα 这个词来表述理念。

　　②　或"相""型""理型",等等。

本文将围绕 εἶδος 一词在柏拉图和亚里士多德那里存在论与知识论上的区别和一致性，澄清理念、形式以及种在二人哲学体系中的功能。

一、柏拉图的理念

柏拉图的理念，是对存在（ὄν，being）问题的回答，就是世界上真正存在的东西，而根本上是知识的对象，是与可感事物分离存在的某一类的事物本身（αὐτό），就是可感事物的种（εἶδος）或属（γένος）（请注意种和属在柏拉图这里是不区分的，做出区分的是亚里士多德），如善、恶、美、丑、正义、智慧、勇敢、节制、大小、相等、倍或半、轻重、厚薄、软硬、人、动物、躺椅、石头、马车等，它们每一个自身都是一，具有唯一性，同时也是可感事物的模型和原因，或者说可感事物或行为分有或模仿它们，可知而不可见。在我们最为熟悉的《理想国》中，理念多是后来我们所称的伦理学概念。而在被称为晚期著作的《泰阿泰德篇》①等对话中，柏拉图关注的重心放在了可感世界，就可感的个别事物的种而言，就是"集合"（ἄθροισμα）："我们必须这样来表述

---

① 参考的希腊文本是 E. A. Duke, W. F. Hicken, W. S. M. Nicoll, D. B. Robinson, and J. C. G. Strachan, *Platonis Opera*, Tomvs. I, Oxford University Press, 1995；英译本是 *Plato: Complete Works*, ed. J. M. Cooper, Hackett Publishing Company, 1997。本文所有《泰阿泰德篇》的引文均出自：柏拉图：《泰阿泰德》，詹文杰译注，商务印书馆，2015。有些地方有改动。

个别的东西以及许多东西的集合，所谓集合就是指人、石头、动物以及事物的种（εἶδος）。"（《泰阿泰德篇》157b-c）他还提到了可知的复合物（συλλαβή）概念，并进一步认为复合物是元素与路径的结合。这样两种种概念理论就为亚里士多德后来的发展提供了丰富的理论基础。

在一些对话中，柏拉图强调，可感事物是因为分有或模仿理念才存在。比如苏格拉底这个人，他分有人、动物、善、智慧、勇敢、高、丑等各种理念，各种各样的理念集中在这样的个别事物身上。可感事物不是比理念少，而是比理念多，而且杂。它们可见而不可知，对它们只能有意见而不能有知识。在《蒂迈欧篇》①中引入被称为"接受者"（πανδεχές）或"容器"（ὑποδόχη）的"第三者"（τρίτον γένος, τρίγωνον），试图克服理念与可感事物之间的对立，并认为可感事物才有形状（μορφή）和各种性质（πάθη），但始终坚持理念的分离性。在这一对话中，柏拉图肯定可感事物是接受者与理念的摹本的复合。

总之，我们说，柏拉图的理念是个别的，因为理念本身是一，就是与个别事物一样的分离存在的东西；说理念是普遍的，因为它本身是种属，是普遍的类，比如人本身、动物本身这样的理念，就是我们的知识和定义的对象。

---

① 参考的希腊文本是 I. Burnet, *Platonis Opera*, Tomvs. IV, Oxford University Press, 1902；英译本是 *Plato: Complete Works*, ed. J. M. Cooper, Hackett Publishing Company, 1997。本文所有《蒂迈欧篇》的引文均出自：柏拉图：《蒂迈欧篇》，谢文郁译，上海人民出版社，2003。有些地方有改动。

二、亚里士多德对理念论的批评

在《形而上学》①Z 卷，亚里士多德对实体理论的阐述是在与柏拉图理念论的对话中展开的，尤其在 Z 6、Z 8、Z 13-16 等章节。亚里士多德在 Z 6 和 Z 8 强调，一个与可感的个别事物分离的理念既然不是事物的本质，那么对于事物来说就没有任何意义，也是不必要的假设；Z 13-16 强调了普遍者不是实体，这里的普遍者包括理念，也包括属概念和种概念，实际上也对存在论和知识论上的 εἶδος 进行了区分。而除此之外，《形而上学》A 6、A 9、M 4 和 M 5 等章节也集中讨论了理念论的问题，而这些文本中的一些说法更为读者所熟知。下面我们列举几段著名的话来看一下这些批评的落脚点在哪里。

> 比一切都重要的是，人们不禁要问，对可感觉的永恒东西，或对有生灭的东西，理念到底有什么用处，它们既不是运动的原因，也不是变化的原因。它们对于其他事物的认识也毫无帮助（因为它们并不是这些现象的实体，如不然就在它们之中了），同样也无助于它们的存在，它们并不存在于分有理念的东西之中。（A 9, 990b8-11）

---

① 参考的希腊文本是 W. Jaeger, *Aristotelis Metaphysica*, Oxford Classical Texts,1957；英译本是 W. D. Ross, *Aristotle's Metaphysics*, Oxford University Press, 1924。本文所有《形而上学》的引文均出自：亚里士多德：《形而上学》，苗力田译，中国人民大学出版社，2003。有些地方有改动。

总而言之，我们忽略了智慧在于寻求日常所见事物的原因，我们提出实体，但所说的却是与此不同的另外一种实体。为什么那些实体会成为这些东西的实体，我们只说了一些不着边际的话。所谓的分有（μετέχειν），正如我们前面所说，是毫无价值的。（992a25-30）

同时，其他东西也不以通常所说的任何方式出于理念。说理念是模型（παραδείγματα），为其他东西所分有完全是空话和诗的比喻。按照理念进行的模仿是什么呢？即使不用模仿某物也可以存在和生成。（M5, 1079b24-28）

此外，人们还认为，实体和它作为其实体的东西不能分离（χωρὶς）存在，如若理念是与事物分离的，怎么会是事物的实体呢？（1079b36-1080a2）

他们（指柏拉图学派）不但把理念当作普遍实体，同时还把它们当作分离存在的和个别事物。前面已经讨论过，这些说法是不可能的。……使它们（指普遍与个别）不分离是对的。事实很明显，离开了普遍就不可能获得科学知识，分离（χωρίζειν）是理念论所遇种种困难的原因。（M9, 1086a34-b6）

我们看到，上述几段话所批评的柏拉图理念论的问题，其实只有一个核心，就是在解释理念与可感事物的关系上的说法不成功，即后者对前者的"分有"或"模仿"都是空话，因此与可感事物分离存在的理念对于解释可感事物的原因或运动没有任何帮助。实际上，亚里士多德在自己的哲学中强调了两种关系上的不分离——种属与个别的可感事物的不分离，可感事物中形式与质料的不分离。我们知道，亚里士多德引入质料概念，并使之成为他哲学的核心概念之一，肯定实体就是形式、质料和二者的复合物，在他这里，质料和形式构成了个别事物，后者才是绝对分离的存储，形式只在描述中分离。理念作为一种与个别事物分离的存在，既不是事物的本质，也不是事物的原因——本质和原因是第一实体形式的功能，也是《形而上学》Z 卷文本的论证线索，不是事物存在的原因也不是事物运动的原因，总之跟事物没有关系，因此说分有或模仿都是没有意义的话。许多《形而上学》Z 卷的研究者或者认为形式是普遍的，或者认为形式是个别的，多与《范畴篇》的第二实体种相联系而思考，经常选择性地忽视了 Z 卷与柏拉图哲学的关系，实际上亚里士多德不仅没有否定柏拉图理念的普遍性和个别性，反而更强调并发展了这两个特征。只是由于主题的限制，他在 Z 卷论证的是形式作为第一实体的个别性，知识论上普遍的种不是实体，但对于 εἶδος 作为定义的对象是普遍的形式还是普遍的质形复合物的问题，在这一卷并没有结论。甚至在笔者看来，Z 卷的论证体现的或许恰恰是，亚里士多德对柏拉图分离而普遍的理念如何发展为不与质料分离存在的内在而个别的形式的过程的解释。

三、亚里士多德的形式

具体到亚里士多德的 εἶδος，也是既有形式的意义，又有种的意义，我们先谈表示形式的 εἶδος。而在此之前，我们需要解释一下亚里士多德形而上学的核心概念——实体（οὐσία）。亚里士多德与柏拉图要回答的问题是一样的：究竟什么是真正的、最真实的存在？柏拉图说是知识的对象理念，亚里士多德说是十个范畴——实体、数量、性质、关系、处所、时候、姿态、具有、主动、被动，其中实体是首要的范畴，并区分了作为个别事物的第一实体和作为种属的第二实体。《形而上学》核心卷进一步回答什么是严格意义上的实体的问题，把个别事物区分为质料和形式，肯定实体就是形式、质料和二者的复合物，而形式是第一实体，因为它是事物的本质和原因，而且就可感世界的个别事物而言，形式是不与质料分离而存在的，只是在描述中分离。

当然，亚里士多德对分离而普遍的理念的接受和改造不是一蹴而就的。首先，他在《形而上学》中把柏拉图用以形容可感事物的 μορφή 与 εἶδος 两个词并列使用，指涉作为实体的形式。同时，亚里士多德也曾把个别事物的各种性质（πάθη）用形式来表达。甚至，亚里士多德曾直接把普遍而分离的理念放入质料之中。实际上，亚里士多德对形式讨论得最多的文本是《形而上学》Z、H、Θ、Λ 卷。为了证明形式是第一实体，亚里士多德首先肯定实体就是本质（τὸ τί ἦν εἶναι，苗力田先生翻译为"是其所是"），属于每一事物——尽管在逻辑学著作中，亚里士多德把本质等同于普遍的种概念。本质与每一事物是同一的，进而与每一事物中的形式同一，因此，作为每一事物的本质，形式也是定义所描述的对象；同时，形式还是使质料成为个别事物的原因（αἰτία），而且在质料与形式的根本关系上，形式作为"这一个"对质料进行谓述。一句话，形式既是每一事物的本质和原因，也是谓述质料的，是"这一个"。笔者引述极具代表性的两段话，以加深大家的印象：

> 因为可分离者和这一个看起来最属于实体。因此，形式和由二者构成的东西可能相比于质料更是实体。（Z3，1029a29-b1）

> 有三种实体——质料……；本性（φύσις），一个这一个和朝向它运动的状态（ἕξις）；第三就是由这二者组成的个别事物。（Λ3，1070a9）

作为世界中的典型实体，质形复合物显然是亚里士多德最为重视的对象，其中的形式既作为个别实体的第一位存在，是每一事物的本质和原因，还表达事物的本性和状态，同时又作为实体定义的对象。那么，形式究竟是个别的、普遍的，还是既不普遍又不个别？这些不同的说法都有支持者。即使坚持既普遍又个别的学者，也似乎只是把形式的普遍性理解为种概念，并没有区分普遍的形式和普遍的种。学者们似乎过多强调了亚里士多德对理念的批评，反而相对忽视了他对这个概念的继承和改造。或许是因为柏拉图和亚里士多德所流传的著作都比较丰富吧，亚里士多德的形式理论和柏拉图的理念论，似乎更多地被分别独立研究。然而，在笔者看来，亚里士多德不仅把形式放在了质料之中，而且重点论述了在可感事物中的个别形式的功能。在对 εἶδος 的使用上，亚里士多德要比柏拉图深入、广泛得多。在他那里，形式是本质，是原因，是目的，是功能，是本性，是状态，是灵魂，在生物学中还是可遗传的东西。尤其是在灵魂和躯体的关系上，柏拉图认为灵魂是在理念世界里的，是对理念进行观照的认识能力，但并没有说灵魂就是理念；而亚里士多德明确地说灵魂就是实体，就是形式和现实，人作为质形复合物的典型代表，就是灵魂和躯体的复合物。

不仅如此。如果说 Z7-8 是由于插入的缘故而造成了文本的复杂性的话（我们在下文展开讨论），那么 Z10-11 则以矛盾的论述和对形式作为定义对象的强调而著名。Z10-11 告诉我们，虽然我们面对质形复合物进行定义，但定义只能针对其中的形式，构成定义的部分也只能是对形式的描述。他提到的复合物有由弧形构成的圆形、由字母构成的音节、由锐角构成的直角、由骨肉肌腱等构成的人，以及扁鼻、铜球、泥像等，但是他却强调定义扁鼻或铜球时只能对"扁"或"球形"（σφαῖρα）进行描述。实际上，如他在其他文本如《物理学》《论天》中所强调的那样，扁鼻和铜球与扁和球形是分别属于物理学和数学的两类定义对象："没有质料的形式的描述区别于在质料中的形状的描述，这

个说明是正确的，而且还可以把它假定为一条真理。"（《论天》
I.9, 278a24）[①]事实上，他所提到的作为形式的对象是圆形、直线、
球形、扁形、各种形状、灵魂、一般的天，其中数学对象和一般
的概念与柏拉图所讨论的对象并无二异，所给出的定义方式也一
致。亚里士多德认为，即使所有圆形的东西都是铜质的，所有的
灵魂都不脱离肉体，铜或肉体等也只能作为质料，只能是复合物
的（συνόλου）部分，绝不是描述所指的形式的部分，所以不包含
在描述之中。因此，于人而言就是对灵魂的描述（ἀνθρώπου ὁ τῆς
ψυχῆς λόγος）。（Z11, 1037a24-29）这样，虽然在存在上形式不脱
离质料，但在定义上只有形式作为对象，而作为复合实体定义对
象的形式当然不是个别的，而是普遍的。因此，一种普遍的形式，
或许是亚里士多德思想发展上的又一个阶段。

　　一句话，亚里士多德所强调的可感事物中的、作为第一实体
的形式，不脱离质料而存在，是个别的，同时作为普遍定义的对
象，又是普遍的，与柏拉图的理念具有不同意义的双重特征。

四、作为种的 εἶδος

　　对于作为种的 εἶδος，亚里士多德一方面继承了柏拉图那里的
如伦理学概念等一般的类概念，另一方面发展了柏拉图那里作为

---

　　① 本文所有《论天》的引文均出自：亚里士多德：《论天》，徐开来译，见《亚里士多德全集》
第 2 卷，苗力田主编，中国人民大学出版社，1991。有些地方有改动。

可知的复合物的集合概念，明确提出质形复合物的类概念就是普遍的质形复合物，不过，后一概念的发展也并非一蹴而就。

在 Z 卷中，尤其在插入的 Z7-9，形式又被用"这样的"（τοιόνδε）来形容，复合物就是把理念放入个别的质料之中，从而把柏拉图的理念、种等同于形式概念，进入质料的就是以上概念，这给注释者造成了极大的困扰：

> 所以，用不着证明，没有必要把理念（εἶδος）当作模型来使用。而生成者具有充分的制作能力，形式因（τοῦ εἴδους αἴτιον）就存在于质料之中。而当我们有了整体，这样的形式（τοιόνδε εἶδος）在这些肉和这些骨骼之中，这就是卡里亚斯和苏格拉底；他们因为他们的质料而不同，因为质料是不同的，但在种上（τῷ εἴδει）是相同的，因为他们的种（εἶδος）是不可分的。（Z8, 1034a2-8）

注释者为这段话中的 εἶδος 究竟是理念、种还是形式，究竟是 τόδε τι 还是 τοιόνδε，一直争论不休，甚至还涉及究竟用系统论还是发生学立场来解释的方法论问题。在笔者看来，如上述引文所翻译的，理念、种和形式这三个概念在这里是同等意义的，而且就其插入而言，简单地把理念放入质料之中的做法，或者表达了亚里士多德克服理念分离的一个特殊阶段，这里的种概念尚未发展为普遍的质形复合物概念。不仅在这段话中，亚里士多德还在 Z7 的另一段话中这么描述质形复合物中的形式："我们从两方面来说铜球是什么，就质料说是铜，就形式说是这样的形状（τὸ εἶδος ὅτι σχῆμα τοιόνδε），而形状就是它所隶属的最初的属（τοῦτό ἐστι τὸ γένος εἰς ὃ πρῶτον τίθεται），那么，这个铜球在它的描述中就有质料。"（Z7，1033a1-3）把 εἶδος、σχῆμα 和 γένος 关联在一起，当然，γένος 和 σχῆμα 在这里的使用或许都与柏拉图一致，前者与作为种的 εἶδος 意义一致，即这里所谓"最初的属"与其他文本所强调的"最低的种"的指涉相同，σχῆμα 则与 μορφή 意义一样。这些表述或许都体现出与柏拉图哲学的密切关系。

同时，Z10-11 文本的描述是如此错综复杂，除了以上的否定性思想，也有我们在前文提到的种属是普遍的质形复合物概念的思想以及对复合物中质料的肯定："因此，关于定义有哪些困难，由于什么原因，已经讲过了。因此，将一切做这样的叙述并且抽取质料是白费功夫；因为对于一些东西来说，有可能这个就是在这个之中，或者这些就是这样。……因为动物是某一可感物，没有运动就不会被定义，因此没有以某种方式保持的各部分就不行。因为不是在一切方面手都是人的部分，只有能够执行这一功能（ἔργον）的才是，既然它有生命；无生命的不是部分。"（Z11，1036b21-32）这段话强调了定义中质料的重要性，并肯定了生物的"功能"及各部分的重要性。他指出，下定义时忽视质料是费力不讨好的，因为人总有部分，我们定义人这样的生物时，不能不提及其部分和部分的运动或功能。这里，明确提及了后来他在《论灵魂》中所论述的"功能"，虽然还没有像在《论灵魂》中对灵魂的定位那么明确，但也提示我们对人下定义时不只要对其灵魂进行描述，恐怕也不能忽视其躯体，因为功能和形式是事物本质的体现，质料是完成一定功能的必要条件。与柏拉图从理念出发思考可感事物的原因、从知识论到存在论的思路相反，亚里士多德从可感事物出发思考种属概念，坚持从存在论到知识论的思路。于是，对于种或属，如人、马、动物这些概念，亚里士多德有了与柏拉图完全不同的规定：

> 但是人、马和这样被应用到个别事物之上的术语，却是普遍的，不是实体，而是由这个特殊的描述和这个特殊的质料组成被当作普遍事物的某物。（ Z 10, 1035b27-28 ）
>
> 也很清楚灵魂是首要的实体而躯体是质料，人和动物是由被看作普遍的这二者构成的。（ Z 11, 1037a5 ）

这两段话明确地指出，人、马这样的种概念，是我们把个别人的个别灵魂［因为形式是描述（λόγος）的对象，亚里士多德有时候直接用 λόγος 表示形式］和质料当作普遍看待后产生的，动物这样的属也是。在这里，个别的灵魂和质料是实体，且灵魂是首要的实体，而种是普遍的，不是实体。种不是实体，是把个别的形式和个别的质料——灵魂和躯体是最为典型的形式和质料——当作普遍看待后产生的概念，那么种概念中是包含质料的。这样的普遍的质形复合物概念与我们刚才提及的柏拉图在《泰阿泰德篇》中说的可知的复合物可以类比，排除了后者所说的作为一个人名的音节这样的个别事物，这样前者就是后者的进一步发展和明确化，消除了柏拉图那里普遍的知识论和个别的存在论之间的模糊性。实际上，定义中不脱离质料的形式和普遍的质形复合物，或许并没有什么区分，因为形式和质料都要被提及。

五、柏拉图和亚里士多德 εἶδος 概念的一致性

通过前文的论述，我们可以看到，柏拉图和亚里士多德的 εἶδος 概念在很多方面都具有一致性。

第一，提出 εἶδος 都是为了回答存在问题。柏拉图首先从知识对象的角度出发，强调真正存在的是可知而不可见的理念，而可感事物并非真正的存在，它们是既存在又不存在的。亚里士多德也是回答存在问题，他用了十个范畴来回答，而形式就是首要范畴中的第一位存在。即使亚里士多德存在论上的形式不脱离质料，但是与质料相比，形式始终是支配性的，是事物的本质和决定事物是这一个的原因。同时，亚里士多德也没有否认形式是定义的对象。无论我们从存在论还是认识论的角度思考问题，都是形式而非质料起决定性作用，这一点与理念是一致的。

第二，都是种。就这个划分中最小的类概念而言，柏拉图与亚里士多德具有一致性，如智慧、德性、知识等一般性类概念。同时，对于如我们前文提及的人、动物、石头这类个别事物的"集合"，柏拉图把它们称为"可知的复合物"，当然，柏拉图的这种复合物也包含一个人的名字这样的音节，没有区分这一概念所指涉的是个别事物还是普遍的类。在亚里士多德这里，除了存在

论上的个别的质形复合物之外，还有普遍的质形复合物，也即种属概念，如人、马或动物。区别在于，在柏拉图那里种和属都是类，就是理念，这三个概念是一致的，但在亚里士多德这里却是不同的。种和属不同，例子就是"人"和"动物"，种和属在《范畴篇》中曾被称为第二实体，以与作为个别事物的最严格的第一实体相区别。但是在《形而上学》核心卷（Ζ、Η、Θ）中，个别事物、形式和质料成为最有代表性的实体，种、属和理念作为普遍者不再是实体，而成为知识论领域中定义或描述的普遍对象。

第三，都是本质，也就是定义的对象。虽然柏拉图没有用 τὸ τί ἦν εἶναι 这一词汇，但是苏格拉底从事物的普遍定义开始，就在追求那种后来被称为本质的东西，即"是什么"（τί ἐστί），只是他一直没有进一步的突破。柏拉图用理念替苏格拉底给出了答案，我们认识对象就是在追求那个存在着的善本身、正义本身、人本身等，这实际上就是事物的本质。到了亚里士多德这里，本质的指涉有过变化，在逻辑学著作中与柏拉图的看法一致，认为本质就是种，但在《形而上学》Ζ卷，肯定"是什么"（τί ἐστί）的首要意义就是这一个（τόδε τι），本质的首要意义是实体，也就是与每一事物同一的东西。在质形复合物中，就是形式，只有形式是本质，是无质料的实体。当然，作为定义对象的 εἶδος 究竟是普遍的还是个别的，究竟是形式还是种，是另外两个复杂的问题。

第四，都是原因。虽然亚里士多德批评理念因为分离而既不是事物存在的原因，也不是事物运动的原因，但是在柏拉图那里，理念是事物生成和存在的原因，事物因为分有和模仿理念而获得其存在。同样，在亚里士多德这里，形式是原因，是质料之所以是一个个别事物的原因，是砖瓦之所以是房屋的原因。换句话说，亚里士多德的批评也只是指出了理念的分离，却没有否认其是可感事物的原因的功能。甚至，他在《形而上学》Z17专门论证作为实体的形式是使质料成为个别事物的原因的一章中，用了与柏拉图的《泰阿泰德篇》中多次提及的分别作为元素和复合物的字母与音节的例子，用形式和质料代替了后者所论述的路径与元素，把路径与形式都当作使质料或元素成为"统一体"①的原因。

第五，都是个别的，虽然个别性的体现不同。在柏拉图那里，理念是一种分离独立的存在，如个别事物一样，这才引出"第三人"的问题，但一个具体事物是不同理念的集合体，每一个理念都是个别的一。在亚里士多德那里，个别的形式作为第一实体，是这一个，它谓述质料实际上就是赋予后者个别性。比如一张桌子，如此这般的形式使这块木头有了形状，具有了一定的状态，有了一定的功能，使木头成为这张桌子。

第六，都是普遍的，因为都是定义的对象。笔者之所以把这一点与第二点分开罗列，是因为在这里存在着个别性与普遍性的张力。在柏拉图哲学中，理念本来就是知识的对象，本来就是种属，本来就是类概念，就具有普遍性。而在亚里士多德这里，他

---

① 例如柏拉图在《泰阿泰德篇》中说："或许我们应该设定音节不是那些字母，而是由它们产生的某个种/统一体（ἕν τι εἶδος），它拥有自己的一个种/统一体（ἰδέαν μίαν αὐτοῦ αὑτοῦ ἔχον），与那些字母不同。"（203e）"音节是由榫合在一起的若干字母形成的某一个种/统一体（ἕν τι εἶδος），对于语言文字而言是这样，对于其他各种东西而言也是这样。"（204a）这些表述中，εἶδος/ἰδέα可能兼有一类事物的"种"和个别事物是"统一体"的含义，意在强调复合物和元素的不同。

多次强调质料是潜在的这一个，形式是现实的这一个，个别事物就是可感的这一个，似乎一直在强调其个别性。但是，如何对形式进行描述？比如说，我们承认一个一个的人都有不同的灵魂和躯体，甚至不同的动力因（父亲），但是我们不仅不会试图去描述这一个个个别的灵魂，而且认为这样做没用，因为个别的人都有朽。我们会试图对人有一个共同的描述，或者对大家都具有的灵魂有一个描述。但究竟是对人还是对灵魂进行描述？笔者认为亚里士多德曾经有过困惑——亚里士多德至少在《形而上学》Z卷和 H 卷，给出了不同的答案，但最后肯定是一致的，那就是，无论对人还是灵魂下定义，都是对灵魂和躯体的描述，前者是普遍的质形复合物，后者不脱离躯体或质料。因此，就质形复合物而言，存在的是不脱离质料的个别的形式，但定义的是种，即普遍的复合物。在《形而上学》Λ5 中，亚里士多德进一步明确了这一点："那些属于同一种（εἶδος）的事物，它们的原因和元素是不同的，不是在种（εἶδος）上，而是因为不同的个别事物，你的质料、形式（εἶδος）、动力因和我的是不同的，但它们在其普遍的描述上是相同的。"（1071a26-29）

因此，最后一点我们要说的是，两人的 εἶδος 都既是个别的又是普遍的。亚里士多德研究者有时可能只关注亚里士多德哲学，而没有把注意力放到柏拉图的理念上，因此对于 εἶδος 是普遍的还是个别的争论延续了多年，至今仍然没有尘埃落定。但如果把两人的这个概念进行比较，就可以知道它们之间深刻的渊源。

六、εἶδος 的翻译

最后，讲一讲对 εἶδος 在柏拉图和亚里士多德哲学中被翻译成完全不同的两个词的不满。

εἶδος 既是柏拉图哲学的核心词汇，也是亚里士多德哲学的核心词汇，但是在中文的翻译中我们分别翻译为"理念"和"形式"，在字面上割裂了二者根本上的一致性，后者直接来源于前者。在柏拉图哲学中，学人们对于翻译为"理念"还是"相"或者其他翻译如"型""理型"等有所争论，汪子嵩先生等主编的《希腊哲学史》采用的是他们的老师陈康先生最早提倡的"相"，这个翻译也为一批学人呼应；同时也有学者为传统的"理念"这一翻译辩护。前一派学者的基本思想是，这个词在词源意义上是"看"，是用眼睛看到的东西，是在感觉与理智区分的意义上肯定理智"看"到的是 εἶδος，因此主张翻译为"相"，兼有感觉认识和理智认识的意思。而"相"在中文中有容貌和物体的外形之意，笔者猜测陈康先生主张用"相"翻译 εἶδος 应取自佛学中的意义，指能表现于外、由心识观察描写的各种特征。但柏拉图的 εἶδος 却恰恰不是表现于外的东西，他使用这个词根本也不是从词源上来用的，进入他哲学中的这个词的意义就是理智认识，就是所谓知识的对象，也就是传统翻译的"理念"，翻译为"相"显然过度解释了这个词，是不合适的。

同一个词，到了亚里士多德哲学中，被翻译为"形式"。当然，与柏拉图对这个概念的使用相比较，翻译为"形式"，不仅有理性认识对象的意义，而且有事物外观的意义，指复合物的形状（μορφή）、状态（ἕξις）和本性（φύσις），比如铜球的球形，还指事物的功能，并把灵魂概念也纳入进来。但，无论"形"还是"式"或者"形式"，均倾向于事物外在表现的意思，似乎罕有理智认识的意味，突出不了实际上在亚里士多德哲学中这个词本身与柏拉图哲学的深刻渊源和对理智认识的强调，只相对顾及了它的感性认识的一面。不知道"形式"这个译名是否直接来自对英文"form"的翻译？因此，在这里笔者想指出的是：虽然我们对于柏拉图哲学中这个词究竟翻译为"理念"还是"相"或其他争论不休，但毕竟已经有人注意到翻译的妥帖与否的问题；而在亚里士多德哲学中，大家对"形式"这样的翻译竟然毫无异议，全然忽视了它的更复杂的兼有理性和感性认识的特征。笔者也暂无更合适的词来翻译，暂用"形式"，但并不意味着对这个译名满意，希望行家能就此展开讨论，最终找到一个更为完美的译名。

Physis 与 be[*]
——一个对欧洲语言系动词的词源学考察

王文华[**]

　　众所周知，西方哲学中"ontology"（本体论）一词源于希腊文系动词 ov（on）的现在分词之一 onto（相当于英语中的 being）；亚里士多德所谓的第一哲学，西方哲学的本体论（ontology），指的就是研究 being 的学问。being 问题是希腊哲学乃至整个西方哲学的中心问题。近几年来我国古典哲学界学者对希腊哲学乃至西方哲学中的核心词语 be 展开了一系列深入的讨论，为我们认识希腊哲学的本质提供了重要线索。他们的一个共同特点是，在揭示 on 的本质意义的同时特别突出了 on 与 physis

---

　＊　本文原刊于《世界哲学》2011 年第 2 期。

　＊＊　王文华，国际关系学院教授。

（自然）的对立，强调了本体论哲学与希腊自然哲学的差异和对立。本文在赞同这一观点的同时将力图补充说明，本体论哲学是对希腊自然哲学的充分继承，二者具有紧密的统一性，而欧洲诸多语言如英语、德语、法语以及拉丁语等的系动词的词源学演变可以说同古希腊哲学的 physis 与 on 这一统一性特征一脉相承，它为古希腊哲学的这一特征提供了佐证。

一、being 的研究现状

对于西方语言中 be 动词的意义，波兰著名逻辑学家莱斯涅夫斯基（Lesniewski）、罗素、蒯因、海德格尔、法国哲学史家吉尔松（Gilson）、卡恩等都有过深入研究。他们认为 be 至少有四种含义：（1）表示活着、生存、存在；（2）表述作用；（3）表示认同；（4）表示种属包含。而传统西方哲学的本体论就是建立在这个词义混乱的 on 基础之上的。他们的讨论对本体论的合法性提出了根本性的挑战和质疑。

理解 being 问题也是我们中国学者认识希腊哲学乃至整个西方哲学的中心问题，而如何用适当和准确的中文词语来翻译这个希腊哲学中的 on 以及后来西方哲学中的 being（英）、das Sein（德）、Seiend（德）等，在我国哲学界也经历过一番挫折和反复。大体说来，中国人对于 on 这个词有"存在""有""在""是"等译法。与此相关，对于 to on ei on（being as being）也有"存在之为存在""有之为有""是之为是"，或者"有本身""存在本身""是本身"等多种译法。陈康先生在其 1944 年出版的《柏拉图巴曼尼得斯篇》译注里主张把 on 翻译为"是"，他是中文界郑重提出这个翻译和理解问题的第一人。1993 年，王太庆先生在一篇文章中十分郑重地进行了自我批评，并主张修改以前"存在"的翻译方法，重新将 on 翻译为"是"。此后，他与汪子嵩在《复旦学报》2000 年第 1 期上合作发表了《关于"存在"与"是"》的文章，希望重新翻译 on 这个词。同时，他们一致认为，希腊哲学的核心是其求真之学，这是西方逻辑、科学和理性的发源地，而这个发源地与其"是"字有着密切的关系，因为唯有这个字才能构成表达命题和判断的真值的关键成分。

金克木先生从事的是梵语研究，但对于我们的研究也有很大启发。他认为，梵语中的 bhu- 与希腊文 physis 同源，as- 与欧洲语言中的 *es-（即欧洲语言中的系动词 is、est、ist）同源。这两个词是梵语中的核心词汇，都可以表示存在，但是，bhu- 指行为过程，侧重于具体意义的存在，或动的、相对意义的存在，而 as- 则指行为的完成，侧重于单纯的、抽象意义的存在，或静的、绝对意义的存在。另外，梵语波你尼系统认为，一切名词都出于述词，因此表示动词意义的词根就构成了梵语构词的基础。从哲学角度看，这种思想表示，古印度人认为，宇宙万物的根本是行为和动作，动是根本，静是表现。[①] 所以，佛教要破我，认为永恒不变的我是不存在的。可以说，bhu- 与 as- 在词义上既对立又统一。

---

① 参见金克木:《梵佛探》，河北教育出版社，1996，第 30-31 页。

吠陀梵语系动词变位简表（一）

as（to be）形式来源于 PIE[①] 词根 *es-

人称	Present，Indicative，Active		
	Singular	**Dual**	**Plural**
1st	asmi	svas	smas
2nd	asi	sthas	stha
3rd	asti	stas	santi

吠陀梵语系动词变位简表（二）

bhū（to be）来源于 PIE 词根 *bhu-

人称	Present，Indicative，Active		
	Singular	**Dual**	**Plural**
1st	bhavāmi	bhvāvas（i）	bhavāmas（i）
2nd	bhavasi	bhavathas	bhavatha
3rd	Bhavati	bhavatas	bhavanti

  杨适教授在前人研究的基础上又进行了进一步探究。他认为，与古代印度人一样，希腊哲学是从研究宇宙万事万物的存在开始的。最初的这个存在主要用 physis 来表示。早期希腊的自然哲学（physics）的根本特征正在于关注自然万物及其本原的不确定性，如米利都学派的阿那克西曼德提出的"无规定性"。后来的巴门尼德对此不满意，因为那些总在变动的东西没有确定性，人无法把握事物的真相，无法论证认识的真理性，因此他便改弦更张，开始用 estin 这个同样表示"存在"的词语取代 physis，以便显示出

---

  ① PIE，即 Proto-Indo-European Language，原始印欧语。

真实存在的确定性，认为变动不居的自然本原不适合做哲学的基础，唯有 estin / on 表示的存在才合适，人的认识从而也才可靠。因为，要想把握事物的真相，首先就必须把对象确定，把它视为稳定的而非总在流变的东西，否则它就会像天上的飞鸟一样抓不住了。于是，对象即存在的确定性就被高度地突出了出来："它就是如此，不能不是如此的一个东西。"而在思维和语言上，就必须采用判断命题的句型，用句子的主语的"是"行为来表明。正是这种哲学实践和认识的发展，造成了希腊哲学从自然哲学到第一哲学的转变，从而也使希腊语中 *es- 的系动词的作用获得了空前的认识论意义，并使其作为存在动词的表静含义获得了空前发展，成为表示本体的关键词。从此，希腊哲学就在这个强烈对比之下走上了本体论之路，这种倾向在巴门尼德和柏拉图的哲学中表现得再清楚不过了。因此，才有亚里士多德将第一哲学概括为研究 on 之为 on 的学问。

　　金克木先生还表示，西方文字中的 be 动词之所以能够将主语和表语紧紧地"系缚"在一起，充当陈述句和判断句中起关键作用的系动词，就是因为从其词根 *es- 继承来的静态含义或者说确定的性质，适宜于表示事物与事物之间、事物与其属性之间持续的关联，而且只有稳定静态的东西才能进行认识判断。而它之所以能够表示"存在""活着"的动词和名词含义，也是因为它原来就与根词 bhu-（phu- 或 phy-）同样都是最根本的存在动词，表示自然和生命的活动与持存的含义，所以其名词化形式 on（being）也就适合表示本体（根本性的存在）。印度人与希腊人虽然在词源上使用了同一对词，但是，印度人侧重于 bhu-（become，becoming），意思主要是"有-存在"，因此中文佛经一般都将其翻译为"有"，而希腊人则侧重于 *es-（be，being），哲学中主要表示"真"。于是，后来的文化发展就产生了很大的差异。[1]

但是，金克木同时也指出，尽管如此，这绝不意味着对 physis 和 on 的研究是完全对立的。虽然梵语中的 as-"指单纯的、抽象意义的存在，或静的、绝对的存在"，而 bhu-"指变动的、具体意义的存在，或动的、相对意义的存在"，但是，在实际应用中，这两个词"可互换的情况很多，区别不突出"[2]。因为过分强调二者的对立，忽视其联系或者说继承发展关系，突出希腊本体论哲学与希腊自然哲学的差异和分歧，容易导致忽视前者与后者间紧密联系的后果。

实际上，physis（自然）始终是希腊哲学所要探究的重要对象和基础。不仅对于早期的自然哲学家们如此，对于后世的柏拉图、亚里士多德、伊壁鸠鲁学派、斯多亚学派等也都是如此。虽然前、后期的研究有明显差别，自然哲学家们最初思考的本原（archē）还是比较素朴的，主要探究"'自然万物的由来'，是一种宇宙起源论意义上的本原。他们认为水、火、气、土或无规定的混沌是本原，猜测和研究了使自然生生不已和变化运动的原因，如泰勒斯说磁石也有灵魂，赫拉克利特说对立统一是自然中普遍存在的逻各斯。很清楚，这些'本原'（archē）所突出的特点是存在的

---

[1] 参见杨适：《古希腊哲学探本》，第 31-33 页。
[2] 转引上书，第 67 页。

生命和流变。它同后来的希腊哲学 ontology 中'本体'（ousia）以存在的确定、不变性质为特征，形成了鲜明的对比（在巴门尼德和早期柏拉图那里表现得最明确）"[1]。"生生不已的自然不仅是哲学最深层的全面的考察对象，也是后来'第一哲学'（＝存在／是论＝本体论）这种最能显出希腊哲学特点的哲学形态的深层基础，或与之不能分的基础。希腊哲学从'自然学'开端，通过'数（哲）学'过渡到古典时代的'存在／是论（本体论）'，最后又在晚期希腊哲学中返回以'自然（哲）学'为中心的形态，与 ontology 合为互相诠释的一体。"[2] 所以，希腊哲学绝不仅仅是本体论（ontology），而首先是自然学。

可见，要想澄清希腊 ontology（on 学、be 学）的意义，我们需要将它与 physis 结合起来研究。

二、古希腊语中的 physis

从词源学的角度看，bhu 印欧语系的根为 bhu-、bheu-，梵文为 bhu-，希腊文为 phy- 或 phy-，即希腊哲学中的 physis 一词，拉丁文为 fui、fuo，本意为依靠自己的力量，能自然而然地生长、涌现、出现。[3] 现代西方语言中的 physics（"物理学"）一

---

① 杨适：《古希腊哲学探本》，第 105-106 页。
② 同上书，第 106-107 页。
③ 参见海德格尔：《形而上学导论》，熊伟、王庆节译，商务印书馆，1996，第 70-74 页。

词都源于这个词根，古希腊各个哲学流派包括斯多亚学派都有关于 physics 的研究，当时其意义不是现代所谓的"物理学"，而是自然哲学。比如，亚里士多德的 *ta physika* 卷的真正意思不是《物理学》而是《自然之物》，讨论的是他对自然的研究。

根据《希英大辞典》中的说法，希腊语 physis 一词有如下 7 类含义（笔者翻译）[①]：

Ⅰ. 根源

Ⅱ. 人或物因生长而形成的自然形式或结构：

　　1. 自然本性，结构

　　2. 外在形式，外表

　　3. 医学：构造，性情；自然位置

　　4. 内心的本性、禀性；动物的本能、天性

Ⅲ. 自然秩序

Ⅳ. 哲学含义：

　　1. 作为生发性力量的自然，宇宙中的生长本原，比如斯多亚哲学中激发生物生长和自我维系的内在之火

　　2. 元素，基本物质

　　3. 自然，创生

　　4. 毕达哥拉斯学派对"不定的二"的称呼

Ⅴ. 具体名词术语，生物之义，经常用作集体名词，比如 θνητή φ. 表示"人类"；植物或物质的质料

---

① 参见 Liddel & Scott, *Greek-English Lexicon*。

Ⅵ.种类，物种

Ⅶ.1.性别；2.性别特征

我们从中可以看出，physis 一词的基本含义是"自然""天然"。希腊文中有许多词都以此为词根，如 phyton phre、phyllon，大多数都与"天然成长的东西"有关。英语中的部分词汇也来源于它，例如：

1. Phyllis ——维吉尔、贺拉斯作品中的女名，后成为欧洲田园诗歌中长相一般的乡村女子的常用名，意为"树叶"，是对古希腊语 Phyllis 的借用。这个名字来源于 phyllon，来自 PIE *bhel-"to thrive，bloom"。

2. Physic ——关于自然的研究，包括医学、自然科学。现在英语中的 physical、physician、physics 都是从这个词衍生出来的。

3. phyton——生长，植物。

4. phyle——部落，种族。

5. phyma ——生长，肿瘤。

6. physiognomy ——面相学。

7. physiology ——生理学。

8. phyto ——英语词根，表示"植物"。

9. foetus——"胎"。

这些词基本上都没有离开"自然生长、出现"这层意思。

在前文所列《希英大辞典》对 physis 的 7 类释义中，第 V、

Ⅵ、Ⅶ类意思虽然似乎距离其原初含义"自然"稍微远一些，但仔细考究我们也会发现它们也没有脱离这层原始含义：如第Ⅴ类含义，生物种类的集体名词，如人类，也是"天然生长"出来的东西；而第Ⅵ、Ⅶ类含义"物种""性别""性别特征"则更是"天然生出"的自然本性。

第Ⅳ类"哲学含义"依然能够体现这一特点。在这类意思中，第2、3种含义"元素，基本物质""自然，创生"，实际上就是一般自然哲学家那里的所谓本原，与第Ⅰ类意思"根源"具有相同的本质。第4种含义提及毕达哥拉斯学派的思想，该学派用physis来称呼"不定的二"，这依然是强调physis倾向于表示"变化"含义的特点。第1种含义"作为生发性力量的自然，宇宙中的生长本原，比如斯多亚哲学中激发生物生长和自我维系的内在之火"则与上面这几种含义有所不同。表面上，斯多亚哲学将世界的本原归结为"火"，与赫拉克利特相似，但同时它又将这个本原说成理性逻各斯（logos），并广泛学习与借鉴柏拉图和亚里士多德的思想，具有相对独立的逻辑学研究，因此形成一种将"自然学"与本体论合二为一的独特哲学体系。

physis与on的统一关系意义重大，非常有趣的是，从词源学的角度看，欧洲诸语言中的系动词be同样体现了这种动与静、确定与不确定的统一。

三、欧洲语言中的 be 动词

在探讨欧洲语言中的系动词之前，我们先来看看希腊语中的
be 动词。古希腊语 eimi（I am）来源于印欧语词根 *es-，其主要
变位形式如下：

		荷马希腊文	古典希腊文 （阿提卡地区）	现代希腊文
直陈现在时	1st sg.	εἰμί（eimi）	εἰμί（eimi）	είμαι（ime）
	2nd sg.	εἶς, ἐσσί（eis, essi）	εἶ（ei）	είσαι（ise）
	3rd sg.	ἐστί（v）[esti（n）]	ἐστί（v）[esti（n）]	είναι（ine）
	1st pl.	εἰμέν（eimen）	ἐσμέν（esmen）	είμαστε（imaste）
	2nd pl.	ἐστέ（este）	ἐστέ（este）	είστε（iste）
	3rd pl.	εἰσί（v）, ἔασι [eisi（n）, easi]	εἰσί（v）[eisi（n）]	είναι（ine）
直陈过去时	1st sg.	ἦα, ἔον（ēa, eon）	ἦ（v）[ē（n）]	ήμουν（imoun）
	2nd sg.	ἦσθα, ἔησθα（ēstha, eēstha）	ἦς, ἦσθα（ēs, ēstha）	ήσουν（isoun）
	3rd sg.	ἦ（ε）v, ἔην [ē（e）n, eēn]	ἦν（ēn）	ήταν（itan）
	1st pl.	ἦμεν（ēmen）	ἦμεν（ēmen）ἦστε	ήμασταν（imastan）
	2nd pl.	ἦτε（ēte）	ἔατε（ēste, eate）	ήσασταν（isastan）
	3rd pl.	ἦσαν（ēsan）	ἦσαν ἔσαν（ēsan, esan）	ήταν（itan）

续前表

		荷马希腊文	古典希腊文（阿提卡地区）	现代希腊文
虚拟式	1st sg.	ἔω（eō）	ὦ（ō）	
	2nd sg.	ἔῃς, ἔοις（eēis, eois）	ᾖς（ēis）	
	3rd sg.	ἔῃ（σι）, ῇσι（ν）, ἔοι [eēi（si）, ēisi（n）, eoi]	ᾖ（ēi）	
	1st pl.		ὦμεν（ōmen）	
	2nd pl.		ἦτε（ēte）	
	3rd pl.	ἔωσι（ν）[eōsi（n）]	ὦσι（ν）[ōsi（n）]	
祈愿式	1st sg.	εἴην（eiēn）	εἴην（eiēn）	
	2nd sg.	εἴης（eiēs）	εἴης（eiēs）	
	3rd sg.	εἴη（eiē）	εἴη（eiē）	
	1st pl.		εἴημεν, εἶμεν [ei（ē）men]	
	2nd pl.	εἶτε（eite）	εἴητε, εἶτε [ei（ē）te]	
	3rd pl.	εἶεν（eien）	εἴησαν, εἶεν（eiēsan, eien）	
祈使式	2nd sg.	ἔσσο, ἴσθι（esso, isthi）		
	2nd pl.	ἔστε（este）		
不定式		εἶναι, ἔμ（μ）εν（αι）[einai, em（m）en（ai）]	εἶναι（einai）	
分词		ἐών, ἐόντ-（eōn, eont-） fem. ἐοῦσα（eousa）	ὤν, ὄντ-（ōn, ont-） fem. οὖσα（ousa）	

根据现代历史语言学的研究成果，古希腊语的所有系动词均来源于原始印欧语（PIE）词根 *es-。而西方哲学中 ontology 一词就得名于此系动词的分词形式 ont-。从前表我们可以清晰地看出，古希腊语的系动词与其"physis"（自然）一词在使用上互不相通，截然分开。这与其他欧洲语言完全不同。

在逐一分析这些语言之前，我们需要说明，这里的这个 PIE 词根 *es- 的 e- 级（e-grade）元音变换在后世欧洲语言中都有保留，梵语 as-、英语 is、德语 ist、拉丁语 est 均源于此。而它的零级（zero-grade）变换则以 s- 形式体现出来，如德语 sind、拉丁语 sumus、吠陀梵语 smas 等。这是现代印欧语言的系动词的重要形式之一，与古希腊语一致，此处毋庸多言。我们接下来就看看这些主要语言的系动词的变位形式。

先来看英语。我们通常所谓的英语系动词原形 be，在古英语（O. E.）中写作 beon、beom、bion，意思为"be，exist，come to be，become"，来源于古日耳曼语（P. Gmc.）词根 *beo-、*beu-。罗杰·拉斯（Roger Lass）将 be 动词说成"语义相关的词语变位片段组合"（"a collection of semantically related paradigm fragments"），而威克利（Weekley）则将其称为"古英语不同方言的偶然融合"["an accidental conglomeration from the different Old English dial（ect）s"]。be 动词不仅是现代英语中最不规则但使用最频繁的一个动词，同时也是几乎所有日耳曼语共有的一个词语。现代英语的 be 动词有 8 种变化形式：BE、AM、ARE、IS、WAS、WERE、BEING、BEEN，除了 IS，这些变化形式都来源于两种完全不同的动词，或者说 be 动词是用两个迥然不同类的动词融合而成的。其中，一类是 b- 根词（"b-root"），即 be；另一类是 am / was（当然这两个词也是由不同的词融合而成的）。b- 根词的源头就是我们前文提到的原始印欧语词根 *bheu-、*bhu-，意思是"生长，出现，成为"（"grow，come into being，become"）。德语现在时第一、二人称单数 bin 和 bist［来源于古高地日耳曼语（O. H. G.）bim "I am"、bist "thou art"］、拉丁语系动词 esse 的过去时（perf.）fui（"I was"）等、古教会斯拉夫语（O. C. S.——Old Church Slavonic，目前所知最古老的斯拉夫语，9 世纪通行于现马其顿和保加利亚地区）byti（"be"）、希腊语 phu-（"become"）、古爱尔兰语（O. Ir.）bi'u（"I am"）、立陶宛语（Lith.）bu'ti（"to be"）、俄语 byt'（"to be"）等都为 b- 根词，梵语中的 bhavah（"becoming"）、bhavati（"becomes，happens"）、bhumih（"earth，world"）等都与其同源。

古英语 be 动词变位表

人称	SING.（单数）	PL.（复数）
1st pres.	ic eom ic beo	we sind（on） we beoð
2nd pres.	þu eart þu bist	ge sind（on） ge beoð
3rd pres.	he is he bið	hie sind（on） hie beoð
1st pret.	ic wæs	we wæron
2nd pret.	þu wære	ge waeron

续前表

人称	SING.（单数）	PL.（复数）
3rd pret.	heo wæs	hie wæron
1st pret. subj.	ic wære	we wæren
2nd pret. subj.	þu wære	ge wæren
3rd pret. subj.	Egcferð wære	hie wæren

英语中还有一些词汇也同样来自这个词根，如：

1. Bole（树干）——来自古北欧语（O. N.）bolr（树干），源于古日耳曼语（P. Gmc.）*bulas，最终都来自古印欧语 *bhel-，意思为"吹，胀"。试比较希腊语 phyllon（叶子）、phallos（肿胀的阴茎），拉丁语 flos（花）、florere（开花，繁盛）、folium（叶子），古普鲁士语（O. Prus.）balsinis（垫子），古北欧语 belgr（袋子），古英语 bolla（锅，杯，碗），古爱尔兰语 bolgaim［（我）胀］、blath（花）、bolach（粉刺，脓包）、bolg（袋子），布列塔尼语（Bret.）bolc'h（亚麻豆荚），塞尔维亚语 buljiti（瞪眼，眼球突出），塞尔维亚－克罗地亚语 blazina（枕头）。

2. belly（肚子）——来自古英语 belg、bylg（W. Saxon），boelg（Anglian，皮带，皮包），来自古日耳曼语 *balgiz（袋），源于古印欧语 *bhelgh-（胀），词根 *bhel-（充气，肿胀）的引申义。比较古北欧语 belgr（袋）、bylgja（波浪），哥特语（Goth.）balgs（皮酒囊）。

3. blade（刀刃）——古英语 bloed（叶子，铲、桨等的页状部分），古日耳曼语 *bladaz［比较古夫里斯语（O. Fris.）bled

（叶子），德语 blatt，古北欧语 blað]，源于古印欧语 *bhle-to-，*bhel- 加后缀，意思为（繁荣，开花）。

4. Blast（疾风）——古英语 bloest（阵风），源自古印欧语 *bhle-，词根 *bhel- 的变体。

5. Blaze（宣扬）—— 来自中古荷兰语（M.Du.）blasen（吹喇叭），源自古日耳曼语 *blaes-an，来自古印欧语 *bhle-，词根 *bhel- 的变体。

6. Bloat（肿胀）——原意为"松弛"，17 世纪意思变为"肿胀"。可能源于古北欧语 blautr（浸透，因烹煮而变软），来自古日耳曼语 *blaut-，来自古印欧语 *bhleu-，词根 *bhel- 的引申义。

7. Blood（血液）—— 古英语为 blod，来自古日耳曼语 *blodam（比较古夫里斯语 blod，古北欧语 bloe，中古荷兰语 bloet，古高地日耳曼语 bluot，德语 Blut，哥特语 bloþ），源自古印欧语 *bhlo-to，*bhel- 加后缀 -，意思为"肿胀，喷射"或"喷射物"[比较哥特语 bloþ（血液），bloma（鲜花）]，*bhel-（繁荣，开花）的引申义。

8. Bloom（花）——来自古北欧语 blomi（鲜花，或花、叶的总称），来自古日耳曼语 *blomon [比较古撒克逊语（O. S.）blomo，荷兰语（Du.）bloem，德语 Blume]，源自古印欧语 *bhle-。blossom、blow（花）亦同。

9. Boil（疡肿）——来自古英语 byl、byle，后者又来自西日耳曼语 *bulja（肿胀）[比较哥特语 ufbauljan（to puff up），冰岛语 beyla（hump）]，源自古印欧语 *bhleu-。

10. Bold（鲁莽，勇敢）——古英语 beald（W. Saxon）、bald（Anglian），来自古日耳曼语 *balthaz［比较古高地日耳曼语 bald（勇敢，迅疾），以及 Archibald、Leopold、Theobald 之类的人名；哥特语 balþei（勇敢）；古北欧语 ballr（可怕，危险）］，可能源于古印欧语 *bhle-to-，*bhel- 加后缀。古法语 / 普鲁旺斯语（O. Fr. / Prov.）Baut、意大利语 baldo（勇敢）是从日耳曼语中借来的外来词。

在古英语中，b- 根词没有过去时，经常被用作 am / was 的将来时，13 世纪，取代且成为 am / was 的不定式、分词和祈使式，此后其复数形式（we beth，ye ben，they be）转变为中古英语（M. E.）的通用形式，并逐渐成为单数 be（I be，thou beest，he beth）动词的通用形式。但 16 世纪，are 形式取而代之成为 be 复数的合法词形。

be 动词的另一类词形构成是 am / was。am 在古英语中拼写为 eom，［盎格鲁－撒克逊的麦西亚（Mercia）王国的麦西亚语为 eam，盎格鲁－撒克逊的诺森伯里亚（Northumbria）王国的诺森伯里亚语为 am］，来源于古印欧语 *esmi-［比较古北欧语 emi，哥特语 im，赫梯语（Hittite）esmi，古教会斯拉夫语 jesmi，立陶宛语（Lith.）esmi］，其基本词根依然是前文提到的古希腊语的源头 *es- 根。古英语中该词根只在现在时中出现，所有其他形式均由 w- 根（W-BASE）词表示，如 were、was。这种 am 与 was 的合作现象，语言学界称为 *es-*wes- 现象。13 世纪后，*es-*wes- 主要倾向于表示"存在"（existence），而 beon（即 be）在意义上更接近于"变成，成为"（come to be）。古英语 am 有两种复数形式，即 sind / sindon, sie 与 earon / aron。前一种形式在 13 世纪早期逐渐消失不用（德语中的第三人称复数 sind 仍然使用），并被 be 及其变形取代。但是 aron（aren, arn, are, 源自古日耳曼语 *ar-, 可能是古印欧语词根 *es- 的变体）继续使用，并在与 be 词融合的过程中逐渐侵蚀了后者的一些使用。在 16 世纪早期，are[①] 成为标准英语，而 art 在 19 世纪成为古体，退出历史舞台。

w- 根（W-BASE）词，我们可以拿 was 来说明。was 在古英语中写作 wesan, 第一、二人称单数写作 wæs、wæron, 源自古日耳曼语 *wesanan [比较古撒克逊语 wesan, 古北欧语 vesa, 古夫里斯语 wesa, 中古荷兰语 wesen, 荷兰语 wezen, 古高地日耳曼语 wesen（being, existence）, 哥特语 wisan（to be）, 现代德语分词 gewesen], 根源于古印欧语词根 *wes-, 意思为"停留，居住"（remain, abide, dwell）。wesan 尽管是 am 的过去时形式，但它在古英语中是一个与 am 截然不同的动词，这一趋势在古日耳曼语中已经体现了出来，哥特语、古北欧语中即已如此。

小结一下，英语中的 be 动词形式有三个来源：第一个是 "be"，来源于 PIE 的 bhu- 根，即与希腊语 physis 同源，表示"生长"（to grow）、"变成"（to become）；第二个是 is / am / are, 来

---

① 关于 are，学界另有一种说法认为它来源于 PIE 词根 *er-, 意思是 "to move"（移动）。这个词根很可能就是古北欧语以及后来的斯堪的纳维亚语现在时词干的来源：古北欧语 em、ert、er、erum、eru；其中的第二人称形式被借用到英语中成为 art 和 are。参见 Calvert Watkins, *American Heritage Dictionary of Indo-European Roots*, 2nd revised edition, Houghton-Mifflin, 1985, 2000。

源于 PIE *es-，与希腊语 esti 同源，表示"存在"（to be）；第三个是 was / were，与 PIE *wes- 同源，表示"居留"（to remain, stay）。

　　我们可以用同样的方法考察欧洲的其他语言。显然，拉丁语中的直陈式现在时、虚拟式、未完成时等，均源自 PIE *es-；将来虚拟式（此为英语"future"一词的词源）、完成时、将来完成时等均源自 PIE 的 bhu- 根。法语中的 suis 等未完成时（imparfait）变位形式、serai 等将来时形式、过去分词 été 等均源自 PIE *es-，而简单过去时（passé simple）等则源自 PIE bhu- 根。其他意大利语族语言呈现大致相同的变位形式。意大利语族还有一个特别鲜明的特点，那就是 ste- 根的使用。

　　PIE 词根 *（s）te- 的基本含义为"站立，确立"，此根广泛存在于印欧语系诸语言中。例如，梵语 sthā（直陈现在时 tiṣṭhati，不定式 sthātum），阿维斯陀语（Avestic）hištaiti，古希腊语 ἱστάναι，拉丁语 stāre、sistĕre，立陶宛语 stojů-s（I set myself），古斯拉夫语 stojati、stati，古爱尔兰语 táu，古凯尔特语 stāō。又例如，古英语 standan（stǫndan），过去时 stód、stódon，过去分词 ƀestanden；古法里孙语（Old Frisian）stônda，过去时 stôdon、过去分词 stenden；古撒克逊语 standan，过去时 stôd（stuod）、stôdun（stuodun），过去分词 standan；中古低地德语未完成过去时 stant，过去时 stôt、stôden 以及鼻音化的 stunt、stunden（现代低地德语过去时 stund，stunden）；中古荷兰语 standen，过去时 stond、stonden；佛兰德语（Flemish）stoet、stoeden，过去

意大利语系动词变位简表 ①

	拉丁语		古法语		法语	西班牙语		意大利语		葡萄牙语	
不定式	esse	stāre	ester	ester	être	ser	estar	essere	stare	ser	estar
直陈现在时	sum	stō	suis	este	suis	soy	estoy	sono	sto	sou	estou
	es	stās	es	estes	es	eres	estás	sei	stai	és	estás
	est	stat	est	este	est	es	está	è	sta	é	está
	sumus	stāmus	sommes	estons	sommes	somos	estamos	siamo	stiamo	somos	estamos
	estis	stātis	estes	estez	êtes	sois	estáis	siete	state	sois	estais
	sunt	stant	sont	estent	sont	son	están	sono	stanno	são	estão
虚拟式	sim	stem	sois	este	sois	sea	esté	sia	stia	seja	esteja
过去式	fuī	stetī	fus	estai	fus, ai été	fui	estuve	fui	stetti	fui	estive
未完成	eram	stābam	ier	estais	étais	era	estaba	ero	stavo	era	estava
将来	erō	stābō	serai	esterai	serai	seré	estaré	sarò	starò	serei	estarei
过去分词		stātum		esté	été	sido	estado	stato	stato	sido	estado

① 此表采自维基百科网站 http://en.wikipedia.org/wiki/Indo-European_copula。

分词 gestanden（现代荷兰语过去时 stond、stonden）；古高地德语 stantan，过去时 stuont，过去分词 stantan（中古高地德语不定式 standen，过去时 stuont，过去分词 gestanden；现代德语未完成过去时 stand，过去时 stand，过去分词 gestanden）；古北欧语 standa，过去时 stóþ，过去分词 staþenn（挪威语 standa，过去时 stod，过去分词 stadet、stande；中古瑞典语 standa，过去时 stóþ，过去分词 standin；现代瑞典语过去时 stod，过去分词 stånden；丹麦语 stande、stonde，过去时 stod，过去分词 standet）。这个词在现代英语中依然有不少存在，如 stand、state、establish、stable、estate、statue、stature、stationary、stationery、standard、withstand、steady、stay、stage、stall、stale、stallion、staunch、stem、still、stilt、stool、steel、stele 等。这个词根在爱尔兰语和苏格兰盖尔语中派生出了所谓的"存在动词"的现在时词干，分别是 tá 和 tha。拉丁语中的 stō、stare 保留了原初含义"to stand"，而后来的通俗拉丁语（vulgar Latin）逐渐把它用作系动词。今天，这一词根在一些罗曼语言中依然存在，并成为这些语言两个系词中的一个。实际上，这些语言目前依然存在一种用从 *ste- 派生出来的过去分词来替代主系词的趋势。应该说，这个词用作系动词，其作用依然与英语使用 *wes- 词根类似，主要起到加强和确定主语与术语联系的作用。

英语以外的日耳曼语族可以拿德语来加以说明。第一，德语中的 bin、bist 源自 PIE 词根 bhu-。第二，ist、sind、seid 源自 PIE 词根 *es-。第三，war、wäre、gewesen 源自 PIE 词根 *wes-。

冰岛语、丹麦语、瑞典语等中的 vera、vara 等形式显然与英语中
的 were 以及德语中的 war、wäre 类似，同出于 PIE 词根 *es-。

日耳曼语系系动词变位简表 [①]

	冰岛语	丹麦语	瑞典语	英语	德语	荷兰语	哥特语
不定式	vera	være	vara	be	sein	zijn / wezen	wisan
直陈现在时	er	er	är	am	bin	ben	im
	ert	er	är	are	bist	bent / zijt	is
	er	er	är	is	ist	is	ist
	erum	er	är（äro）	are	sind	zijn	sijum
	eruð	er	är（ären）	are	seid	zijn / zijt	sijuþ
	eru	er	är（äro）	are	sind	zijn	sind
虚拟式	sé				sei	zij	sijau
	sért				sei（e）st	zij / zijt	sijais
	sé	være（rare）	vare（rare）	be	sei	zij	sijai
	séum				seien	zijn	sijaima
	séuð				sei（e）t	zijn / zijt	sijaiþ
	séu				seien	zijn	sijaina
直陈过去式	var	var	var	was	war	was	was
	varst	var	var	were	warst	was / waart	wast
	var	var	var	was	war	was	was
	vorum	var	var（voro）	were	waren	waren	wēsum
	voruð	var	var（voren）	were	wart	waren / waart	wēsuþ
	voru	var	var（voro）	were	waren	waren	wēsun

---

① 此表采自维基百科网站 http: // en.wikipedia.org / wiki / Indo-European_copula。

续前表

	冰岛语	丹麦语	瑞典语	英语	德语	荷兰语	哥特语
虚拟过去式	væri	var	vore	were	wäre	ware	wēsjau
	værist	var	vore	were	wärest	ware / waart	wēseis
	væri	var	vore	were	wäre	ware	wēsi
	værim	var	vore	were	wären	waren	wēseima
	værið	var	vore（-en）	were	wäret	waren / waart	wēseiþ
	væri	var	vore	were	wären	waren	wēseina
过去分词	verið	været	varit	been	gewesen	geweest	

　　其中，第一个更倾向于"变成"，表示变化、相对的东西，指现象方面的事物。[①] 而第二、第三个则倾向于"是""存在"，表示静止、绝对的东西。

　　综上所述，上述欧洲语言系动词的词源学演变实际上是一个综合 bhu- / phu- 与 *es- 这两层意义（英语、德语中的 w- 根词，意大利语族的 ste- 词根是对后者的加强）并最终融为一体的历史发展过程，这实在是一件非常耐人寻味的事。

四、结论

　　在对希腊哲学的研究中，我们不仅要强调这两层意义的差别，突出希腊哲学研究的中心从 physis -archē 转变为 on -ousia 意味着

---

　　① 参见金克木：《试论梵语中的"有-存在"》，载《哲学研究》1980 年第 7 期。

希腊哲学"求真"的严格逻辑思维方式的形成，同时也应该强调这两层意义的共通之处及其意义。作为欧洲思想的源头，希腊哲学思想的发展，总体看来是由自然 / 本原（φύσις，physis-αρχη，archē）与存在 / 是（ov，being——τo ov η ov，being as being）这两个概念贯穿始终，它们是支撑希腊哲学大厦的主要支柱。它们相互联系、区别、作用、转化和诠释，就构成了希腊哲学乃至希腊化罗马时期哲学的主线。而其思想精髓则基本上是 es- 与 bhu- 的统一和结合。这是古希腊哲学的一个核心特征。而我们这里的词源学语料考察同样说明，欧洲诸多语言的系动词的变位形式基本上都是印欧语系中 bhu-（即 physis 本根）与 *es- 词根的结合，它们一方面具有表动的意义，另一方面又具有表静和确定性的意义，可以说是对古希腊思想的忠实再现和继承。

自然与习俗的边界
——荷马史诗中的阿喀琉斯和奥德修斯

陈斯一 *

今天我要讲荷马史诗中的两个主要人物，也是古希腊神话中的两位最重要的英雄——阿喀琉斯和奥德修斯，具体的主题是"自然与习俗的边界"。为什么选这个题目？我们知道，西方文明的源头是所谓的两希文明——希腊文明和希伯来文明。希腊文明是西方文明的一大支柱、一大源头，而希腊文明的源头是荷马史诗，它是现存最古老的希腊经典文献，是对希腊精神的源始表达和总体概括。虽然希腊文明的发展经历了不同的阶段，各个阶段有不同的特点，比如柏拉图后来会对荷马提出强烈的批评，但是我个人认为，古希腊文明的历程背后有某种一以贯之的精神，从

---

* 陈斯一，北京大学哲学系长聘副教授。

荷马到索福克勒斯，到修昔底德，到柏拉图，甚至到亚里士多德，这种精神穿越了各个阶段的差异，是古希腊文明留给西方世界的真正遗产，也是留给我们的遗产。这种精神就是自然与习俗之间的关系，或者说是古希腊文明对自然与习俗之关系的孜孜不倦的剖析和反思。

一、古希腊语境中的"自然"与"习俗"

"自然"与"习俗"分别是什么意思呢？我稍微解释一下这两个概念。在古希腊语中，自然（physis）这个概念是容易理解的，它是自然而然、未经人为改造的东西，是普遍而永恒的，类似于古汉语的"性"，比如我们说人性，人性就是人的自然本性。人性中有些普遍而永恒的东西，我们中国人讲"食色，性也"，就是认为这些欲望是所有人必然具有的，是自然的。相比之下，所谓习俗（nomos）则是人为创造的社会规范，是人类文明建构的价值体系和言行标准，就是伦理和道德、法律和政治，或者说就是文化。

在中国古代，我们会讲"文与质"的关系，"质"就是自然的质地，而"文"就是对自然的质地加以雕琢、修饰出纹路。虽然中国文化也会讲文与质的紧张，"质胜文则野，文胜质则史"（《论语·雍也》），但是在这个问题上，中国文化主要追求的是文质彬彬，也就是文与质的完美融合。在某种意义上，文与质的关系就类似于古希腊文化中习俗与自然的关系。在古希腊人看来，这二者之间构成尖锐的、不可化解的冲突，冲突是首位的，至于二者能不能融合起来，这是一个大问题。那么，为什么古希腊文化会更强调自然与习俗的冲突呢？我认为这与古希腊民族的历史经验有关，这个民族非常早就遭遇到了文明意义上的"他者"，经历了他者对自我的挑战、自我和他者的碰撞，比如多利安人入侵、希波战争、伯罗奔尼撒战争，等等。历史学家一般认为，多利安人入侵摧毁了迈锡尼文明，而此后的黑暗时代是新来的多利安文化与旧有的迈锡尼文化之间的长期冲突与磨合，城邦文明是这个过程的结果；希波战争是古希腊城邦世界面对波斯帝国的入侵而打的一场保卫战，古希腊人清楚地看到在东方存在一个庞大而富饶的帝国，其文化与自身完全不同；伯罗奔尼撒战争是继希波战争之后古希腊世界自身的分裂和内战，主要是斯巴达和雅典之间的对抗，而这种对抗在一定程度上重复了多利安人（斯巴达人的祖先）与迈锡尼人（雅典人的祖先）之间的冲突。可以说，差异、对立、冲突是古希腊民族历史经验的常态。这里的关键在于，这些冲突是以文明冲突的形式呈现出来的，而非文明与野蛮的冲突。反观古代中国的历史经验，就可以把古希腊经验的独特性看得更清楚一些。中国历史上很长一段时间并没有遭遇到文明意义上的他者。当然，中国历史上有各种各样的挑战，比如匈奴南下，但是中原人认为匈奴只是一个野蛮的部落，并不认为匈奴是另一种文明，而是认为匈奴没有文明。佛教的传入确实构成了文明的挑战，但是这种挑战并未伴随武力入侵和军事征服。有句老话说，古代中国遭遇的要么是有力量但没文化的对手（比如匈奴），要么是有文化但没力量的对手（比如佛教），就是没有见识过兼具文化和力量的对手。直到近代，遭遇现代化和工业化的基督教文明，中国人才感觉到"千年未有的大变局"。古希腊民族很早就具备了这种经验，虽然古希腊人也把波斯人称作野蛮人，但这显然只是对敌人的蔑称，与中国古代的"夷夏之辨"是不同的。对文明冲突的经历与感知，导致古希腊民族从一开始就热衷于追问自然与习俗的问题。所谓自然与习俗的问题，就是自我与他者的问题：我们有一种习俗，他们有另一种习俗，各自都认为自己的习俗是正确的，那么是否在不同的习俗背后存在某种超越一切习俗的自然？是否能够找到这种自然，并且以此为根据来评判究竟谁的习俗才是符合自然的，从而才是"客观上"正确的？

这是自然与习俗问题的大背景。那么，为什么说自然与习俗的问题同荷马史诗有关系呢？大家读一读荷马史诗就会发现，荷马史诗讲述的战争是古希腊民族和一个异族——特洛伊人之间的战争。但值得重视的是，荷马并没有把这场战争理解成代表文明的古希腊对抗代表野蛮的特洛伊（后世有些学者是这样理解的，但这并不符合荷马史诗的原意），而是展现了两种文明之间的对抗，双方都是文明的。不仅如此，如果硬要说哪一方代表了文明，那么恰恰是特洛伊，而不是古希腊。荷马史诗成形于城邦文明早期，城邦是文明生活的载体。而在荷马的叙事中，特洛伊是一个城邦，古希腊人恰恰是没有城邦的，古希腊联军远离故土去攻打特洛伊这个城邦。从文学意象上讲，来自大海的古希腊联军所代表的是一种更加自然的力量，而特洛伊人所代表的却是习俗。当然，荷马肯定是站在古希腊人这边的，这意味着，荷马史诗创造出这样一种文明精神：它最高的追求恰恰并非习俗意义上的文明，而是自然。荷马史诗里面许多伟大的古希腊英雄都具备自然上非常高贵的天性，他们中很多人都缺乏对社会习俗的遵从，尤其是阿喀琉斯和奥德修斯——他们是自然英雄，而不是像特洛伊王子赫克托耳那样，是社会规范塑造的习俗英雄。初读荷马史诗的中国读者大概会更喜欢赫克托耳，不太会喜欢阿喀琉斯和奥德修斯，但是荷马却认为后面两位才是主角，是古希腊文明推崇的英雄。要理解这种差异，我们就要理解阿喀琉斯和奥德修斯这两个角色。

二、习俗的承载者：赫克托耳的高贵

要理解阿喀琉斯和奥德修斯究竟是什么样的英雄，以及荷马通过塑造这两位英雄人物要表达什么样的思想，我们不妨先从赫克托耳开始，因为他是对古希腊英雄的重要衬托。事实上，说赫克托耳是英雄是不太准确的，因为在荷马的神话世界中，所谓英雄指的是具有神的血统的人，但赫克托耳是个凡人，他的父母都是凡人，他的祖辈也缺乏神的血统，所以他完全是一个人间世界的产物。赫克托耳是特洛伊的王子，他肩负着保卫特洛伊的职责。在《伊利亚特》的第二卷中，荷马第一次提及赫克托耳——第一卷中讲的是阿喀琉斯和阿伽门农的冲突，主要塑造了阿喀琉斯的形象，因为他是全诗的主角，直到第二卷才提到赫克托耳。赫克托耳出场时没有台词，当时的场景是在特洛伊的城墙上，特洛伊国王和长老在观看战局，这时候有一个报信的哨兵（女神假扮的）说他看到希腊人打过来了，就来通知赫克托耳，必须出城去召集盟军，组织防守阵线。赫克托耳听完之后立即就出发了——他解散大会，拿起武器，奔出城外。赫克托耳给我们的第一印象是沉默的行动者，他身上的德性表现为对城邦的忠诚、可靠的纪律性、果敢的统率能力、卓有效率的行动。

在第三卷开头，这也是一个非常著名的场景，这是赫克托耳在全诗中的第二次出现。这个时候希腊人已经打过来了，特洛伊人也布好了阵线，两军对峙，从希腊阵营中走出来一个人，叫作墨涅拉奥斯，他显得非常愤怒，他在寻找他的仇敌，他的仇敌是谁？是特洛伊王子帕里斯，他是赫克托耳的弟弟。大家应该都知道这背后的故事，整个特洛伊战争的起因，就是帕里斯拐走了墨涅拉奥斯的王后海伦。墨涅拉奥斯当然非常愤怒，荷马讲道：他就像饥饿的狮子一样，到处寻找他的猎物。而帕里斯看到墨涅拉奥斯之后感到非常恐惧，就躲起来了——他是一个怯懦的人。这个时候赫克托耳就出来说话了，这也是全诗中赫克托耳第一次说话，他把他弟弟帕里斯骂了一顿：你这个胆小鬼，你唯一的优点就是长得俊，你拐走了海伦，现在别人前任来了你都不敢出去面对他。我们要注意，赫克托耳的整个发言都是道德教化，正义感十足，尤其重要的是，赫克托耳的第一句台词就提到了羞耻这个观念：他用羞耻的语言谴责帕里斯，他认为帕里斯是可耻的。赫克托耳最憎恨的就是羞耻、耻辱，而他终其一生所追求的是光荣、荣誉，这是赫克托耳最根本的价值观。

第三卷给了我们一幅赫克托耳的速写，接下来，第六卷进一步浓墨重彩地描绘了赫克托耳的形象。在战争中途，他曾返回特洛伊，见了他的同胞和家人，交代了一些事情，然后再回到战场。他刚刚回到城邦的时候，许多特洛伊战士的妻子儿女围着他问：我的丈夫怎样了，我的父亲还好吗，我的兄弟还活着吗？这是一个非常感人的场景，这意味着赫克托耳承载着整个城邦的希望，他的同胞们都把生存的希望寄托在他身上。然后赫克托耳找到他的母亲。他母亲说：你怎么就回来了呢？你是不是累了？你打仗一定很辛苦，喝一杯酒放松一下吧。赫克托耳却拒绝了母亲，他说，他现在不能喝酒，第一是因为喝酒容易让人丧失力气，他办完事立即就要回到战场，第二是因为他手上还有血污，他还没洗手，所以不能拿酒杯喝酒，这是不合礼法的。赫克托耳是一个有责任心的人，同时也是一个非常虔敬的人、一个严肃的人。接着，他找到了帕里斯和海伦，他的弟弟和弟弟拐回来的异族女人。首先，他又把帕里斯骂了一顿，帕里斯就在房间里很委屈地整理着自己的武器，而这个时候海伦出场了，她跟赫克托耳有一段对话，这段对话很有意思。海伦是一个什么样的女人？她是宙斯的女儿，是在斯巴达长大的，她的性格非常刚烈，所以在性格上，她和帕里斯其实不像，和赫克托耳倒是很像。海伦跟了帕里斯之后（当然，这是爱神阿芙洛狄忒安排的），最终发现帕里斯是个轻浮怯懦的人。这时候她和赫克托耳说：我多么希望我的丈夫是一个更好的人！有的学者认为，海伦是在赤裸裸地勾引赫克托耳，其实不是这样的。帕里斯就在旁边，其实她是故意说给帕里斯听的，是在表达对他的不满。不过海伦说希望自己有一个更好的丈夫，这确实指的是赫克托耳。海伦请求赫克托耳坐下来跟她聊天，但赫克托耳拒绝了，用语非常客气、非常亲切。他说：海伦，我现在不能坐下，我感谢你的善意，但是我不能坐下，因为我还要出去战斗，更重要的是，我现在要去见我的妻子和孩子。我们发现，赫克托耳对帕里斯的态度和对海伦的态度是完全不同的。战争的罪魁祸首是这两个人，一个巴掌拍不响，这两个人都负有责任，但是赫克托耳对帕里斯非常严厉，对海伦却很宽容。这倒不是因为他对海伦有意思，而是因为海伦毕竟是一个外邦女人，她的命运不能完全由她自己决定。赫克托耳的态度体现出他的善良和风度。

最后，赫克托耳终于找到了他的妻子安德洛玛克，这是他回城的主要目的。赫克托耳在城墙上找到她，当时安德洛玛克抱着他们的孩子在喂奶，他们有一番诀别的对话，这个场景是充满悲剧色彩的，是整部史诗中最感人的一幕。安德洛玛克说：赫克托耳，你不要再出城战斗了，你完全可以留在城墙之内指挥军队作战，不必自己上前线。她接着说，赫克托耳是她唯一的家人，是她生命的希望。这个女人，她所有的家人都死了，她的父母和兄弟姐妹都死了，是被谁杀死的呢？几乎全都是被阿喀琉斯杀死的。我们知道，她的丈夫最后也会被阿喀琉斯杀死。安德洛玛克对赫克托耳说：我只剩你一个人了。但是赫克托耳对妻子的回答却是冷酷而坚定的：我是一个战士，让我不去战斗，对于我来说是一种天大的耻辱，我的荣誉感驱使我一定要走上战场，一定要坚持战斗，哪怕我注定会战死沙场。在这个时候，赫克托耳其实已经预言了自己的死，他甚至说，他已经预感到特洛伊迟早要陷落，他也会死去，而他死了之后，他的妻子和孩子也不会再有依靠。然而，尽管如此，赫克托耳还是要继续战斗，去争取荣誉。

这场对话最鲜明地表现了赫克托耳的性格特征。我们简单总结一下：赫克托耳是一个不善言辞、勤勤恳恳的行动者，是一个优秀的战士、祖国的保卫者；他高度有责任感，是一个有荣誉感、正义感的人，也是一个善良的人、一个亲切而有风度的人。但是在所有这些背后，他是一个有强烈羞耻心的人，他全部的道德和使命，他生存的全部意义，都以羞耻心为根基。这是他高贵的源泉，也是他最根本的缺陷。

和妻子告别后，赫克托耳开始往城外走，在他走到城墙边上的时候，帕里斯追上来了，兄弟两人有一番对话，基调和以前非常不同。帕里斯说：大哥，抱歉我来晚了，现在让我们一起去战斗。赫克托耳对帕里斯的态度也很温和，他鼓励他说：你虽然有各种各样的缺点，但你仍然是我的兄弟，我们现在要肩并肩地战斗，赶走侵略者。我们要记得，赫克托耳先前两次责骂帕里斯，要么是当着其他特洛伊人的面，要么是在海伦面前，而我们现在发现，当他私下里和帕里斯独处的时候，赫克托耳对弟弟是很温和的。公共场合是为了明辨是非、振奋军心，私下里是同生共死的兄弟情义，这是赫克托耳性格非常细腻的地方，也是荷马细腻的地方。

　　赫克托耳重返战场之后，虽然一度取得巨大的胜利，但是我们都知道，那只是宙斯为了满足阿喀琉斯的愿望而安排的，目的在于重挫希腊军队，让阿伽门农认识到错误，认识到自己冒犯阿喀琉斯的后果。一旦这个目的实现，宙斯就不再帮助特洛伊人了，特洛伊的失败和赫克托耳的死就已经成为定局。赫克托耳之死是在第二十二卷，这个时候战争已经打了很久，双方各种各样的成败回合、攻守消长，我们就不详细说了。赫克托耳杀死阿喀琉斯的好友帕特洛克罗斯，阿喀琉斯为复仇而回到战场，凭一己之力击垮了特洛伊军队，特洛伊人溃败，所有人都退回到城邦内，只剩下赫克托耳一个人还站在城外，等待阿喀琉斯前来跟他决战。此处有一句诗非常有意思：是命运把赫克托耳束缚在原地，让他动弹不得。但是我们知道，性格决定命运，是赫克托耳的性格把他束缚在原地，动弹不得。在第二十二卷开头，赫克托耳的父母站在城墙上，苦苦哀求赫克托耳回到城内，赫克托耳内心经历了一番挣扎，最后仍然选择了留在城外。

　　赫克托耳为何做此选择？他当时心想，他如果此刻回去，一定会遭到特洛伊人的责备。这是因为他之前有很多次机会撤退，但他都没有撤退，他的参谋波吕达马斯多次建议他该撤了，但是他都没有听从，因为他被胜利冲昏了头脑，变得骄傲冒进，听不进建议，最终葬送了他的军队，很多特洛伊的将领和同盟军都是被他害死的。因此，赫克托耳心里有愧，他自知犯了严重的战略错误，对不起同胞和祖国。他的羞耻心这个时候浮现出来，他决定，与其回去承受耻辱，不如抓住最后的机会奋力一战，赢了当然最好，但即便输了，也至少可以光荣地牺牲。事实上，赫克托耳知道自己不如阿喀琉斯，所以他争取胜利的念头完全是幻觉或侥幸，他真正的选择是赴死，光荣地死去。这确实是一个光荣的选择，但也显然是一个错误的选择，因为这个选择是自私的，是极其自私的。赫克托耳本来是城邦最忠诚的统帅，他似乎从来没有什么自私的欲望，从来不胆怯退缩，总是冲杀在最前线，英勇保护战友，这些都是因为他具有强烈的羞耻心。但是到最后关头，同样是因为强烈的羞耻心，或者说，因为他无法放下这种羞耻心，他做出了一个悲剧性的错误选择——明明知道自己是整个城邦的希望，却选择赴死，既牺牲了自己的生命，也断送了城邦的未来。赫克托耳一死，特洛伊必然陷落，他的全部同胞和家人都会遭到屠戮；他是特洛伊最强的战士，没有第二个人能像他那样带领特洛伊军队抵抗希腊人。由于道德的教养，赫克托耳没有办法放下他的羞耻心，他宁愿光荣地死去，成就个人的光辉名声，不愿忍辱负重，放弃了他对城邦的责任。

在荷马的叙述中，赫克托耳是特洛伊的英雄，他象征着习俗文明和传统道德的最高点，这种文明是一种耻感文明，羞耻心是塑造道德规范的根源，而赫克托耳是这种文明和道德的代表。悖谬之处就在于，正是这个最高的代表暴露了耻感道德的根本局限，正是耻感道德的选择葬送了这种道德旨在保护的城邦。习俗走到自身的最高点恰恰会毁灭自身，我认为这就是荷马通过赫克托耳的性格和命运想要表达的思想，荷马捕捉到了内在于习俗道德的悲剧性悖谬，这是他极其深刻的地方。不过，反过来讲，假设赫克托耳当时非常明智地撤退了，避开了阿喀琉斯而活了下来，这是不是一个正确的选择呢？从战略上讲，当然是正确的，但是如果赫克托耳这样做的话，他就不是赫克托耳了。荷马让我们看到，这个人命中注定会遵从他的羞耻心，他的全部高贵都源于此，他也必然要为此付出致命的代价，这恰恰就是赫克托耳的悲剧之所在，也是他的故事的悲剧性美感之所在。荷马非常善于把人性中的悲剧性张力所蕴含的美感呈现出来，这就是史诗艺术的魅力。

三、英雄的自然：阿喀琉斯的卓越

让我们回到讲座的主题——荷马史诗中的自然与习俗。习俗就是传统的道德世界，经由社会规范人为构建的价值体系，在史诗中，习俗是由赫克托耳的形象来承载的。而与此对立的，就是两个希腊英雄，一个是阿喀琉斯，另一个是奥德修斯。这两个英雄的性格特征是完全不一样的，但是他们有一个共性，那就是他们身上最卓越的品质都不是后天培育出来的，不是社会习俗的塑造，而是自然的天性，甚至是超越人性的神性。阿喀琉斯和奥德修斯代表了超越习俗的自然。阿喀琉斯是《伊利亚特》的主角，奥德修斯是《奥德赛》的主角，这两部史诗构成了荷马史诗，而这两个主要人物也构成了古希腊文明精神最完美的代表。

阿喀琉斯是神的后代，在所有英雄中，他是最具神性的。为

什么呢？这里需要给大家介绍一下古希腊神话体系。古希腊神话
有三代神：第一代是自然神，就是日月天地之神，比如天空之神
乌拉诺斯、大地之神盖娅等；第二代是所谓的提坦神或者巨人神，
包括与时间、农业、丰收相关的克洛诺斯、其妻子第二任神后地
母神瑞亚、大洋神欧申纳斯、秩序和正义女神忒弥斯、缪斯之母
记忆女神谟涅摩叙涅等，这些提坦神呈现出自然要素和人性要素
的混杂；第三代就是以宙斯为首的奥林匹亚诸神，这些神已经高
度人文化了，其代表是雷神宙斯、神后赫拉、智慧女神雅典娜、
太阳神阿波罗、海神波塞冬、战神阿瑞斯等，这些神的外形和性情
都与人类无异，只是智慧更高、力量更强、容貌更美、永生不死。

　　希腊神谱最重要的一个特点就在于，每一代神和下一代神之
间都不是和平过渡，而是下一代推翻上一代，儿子推翻父亲，实
现改朝换代，克洛诺斯推翻了乌拉诺斯，宙斯推翻了克洛诺斯。
在老一代提坦神和宙斯这一代奥林匹亚神的斗争中，有一个神扮
演了非常特殊的角色，他就是普罗米修斯。普罗米修斯是古希腊
人非常看重的一个神，据说人类就是他制作出来的，同时人类的
文明也诞生于他为人类偷来的火种。普罗米修斯本来是提坦神，
但是他叛变了，投奔宙斯，后来他和宙斯也决裂了，因为他违背
宙斯的意愿把火种交给了人类，激怒了宙斯。宙斯惩罚普罗米修
斯，把他绑在岩石上，每天让一只鹰去啄食他的肝脏，吃完后肝
脏又长出来，然后又继续被鹰啄食，不断承受这种痛苦。但是最
后这两个神和解了，怎么和解的呢？普罗米修斯掌握了关于宙斯
的一个秘密，这个秘密说来是很简单的一句话："海洋女神忒提斯

的儿子将会胜过他的父亲。"这句话为什么和宙斯有关呢？因为当时宙斯正在追求这位忒提斯女神。普罗米修斯知道，如果宙斯和忒提斯在一起，忒提斯就会给宙斯生下一个儿子，这个儿子会取代宙斯，成为新的神王，正如宙斯取代他自己的父亲一样。为了与宙斯和解，普罗米修斯将这个秘密告诉了宙斯，宙斯知道后，就非常明智地放弃了忒提斯，把她许配给一个叫佩琉斯的凡人，忒提斯和佩琉斯所生的儿子就是阿喀琉斯。

这就是阿喀琉斯的身世。通过宙斯与普罗米修斯的和解，让忒提斯和佩琉斯结合，化解了宙斯王朝的危机，终结了"儿子推翻父亲"这个希腊神谱代代革命的循环，而宙斯王朝的永恒稳固，则以忒提斯之子失去成为新一代神王的机会为代价——阿喀琉斯不可能成为不朽的神了，他注定是一个必死的英雄。在某种意义上，是阿喀琉斯的必死性成就了宙斯的永恒性，保证了奥林匹亚神圣秩序的稳固。宙斯因此欠忒提斯的，这就是他要帮助忒提斯、帮助阿喀琉斯的原因。不过，关于忒提斯的预言是真的，她的儿子必将胜过他的父亲，这个预言将神界的冲突转移到了人世：儿子胜过父亲，象征着颠覆传统、冲破秩序。神界总是会诞生一个极其强大的个体，他不服从现有的秩序，要颠覆传统、创造新的秩序，这就是古希腊神谱的规律。而现在，这样一种个体卓越和传统秩序的冲突被转移到了人世间，由阿喀琉斯来承载。阿喀琉斯的命运就在于，他作为最具神性的英雄太过强大、远胜常人，不服从这个世界的秩序和规范，注定与整个世界格格不入。

《伊利亚特》的第一句诗讲的就是阿喀琉斯的愤怒，整个故事就是从阿喀琉斯的愤怒缘起的。那么，他为什么愤怒呢？因为希腊全军的领袖阿伽门农抢夺了阿喀琉斯的战利品。阿伽门农这样做是为了维护其领袖地位，或许也是为了维护军队的秩序，但是他的蛮横霸道触犯了阿喀琉斯，不仅激发了阿喀琉斯的愤怒，还引发了阿喀琉斯的思考，阿喀琉斯迅速把这个事件上升为一个原则性的问题：如果战利品分配与战士的能力和功绩不匹配，那么通过战利品分配而建立的军事秩序就是毫无意义的，进一步讲，通过英勇作战来获取荣誉的生活方式也是毫无意义的。阿喀琉斯是天生的战士，他的全部生存本来是围绕战斗、围绕对荣誉的追求而展开的，这一点和赫克托耳是相似的，然而一件小事却让他迅速对这种生存的价值产生了怀疑。不仅如此，阿喀琉斯还将自己的愤怒转化为对特洛伊战争的全面质疑。他说：特洛伊人没有得罪他，为何他与他们作战？还不是因为他们中有人抢走了斯巴达王后海伦，也就是阿伽门农的弟媳。但是现在阿伽门农要抢走他的战利品，也就是他劫掠而来的一个外邦公主布里塞伊斯（阿喀琉斯后来会告诉我们，他"真心喜欢"布里塞伊斯），那么阿伽门农之于他就正如帕里斯之于墨涅拉奥斯，而默许阿伽门农这样做的全体希腊人，也就和特洛伊人没有什么分别了。就这样，由于自身的尊严遭到侵犯，愤怒的阿喀琉斯用无懈可击的逻辑瓦解了战争的敌我之分。我们发现，阿喀琉斯这个人物一方面具有不容侵犯的自尊，另一方面还具备很强的理性反思能力，他天生具有某种穿透性的理智洞察力。但无论是他的自尊与愤怒，还是他的反思，都是极具颠覆性和破坏性的。此时此刻，阿喀琉斯一怒之下想要杀死阿伽门农，但是女神雅典娜来到他的身边劝他：阿喀琉斯，你不要这么冲动，如果你现在抑制住自己的愤怒，那么将来有一天，你会得到三倍的礼物。此处"礼物"一词用的是古希腊语 dora，这个细节很重要。在第一卷中，其他人谈到战利品的时候使用的词通常是 geras，也可以翻译成"礼物"，为什么雅典娜要用另一个词呢？我们先把这个问题放在这里。

阿喀琉斯听从了雅典娜的劝告，没有杀死阿伽门农，但是他也无法消除自己的愤怒，这种压抑反而造成了巨大的悲苦，他开始哭泣，他的母亲海洋女神忒提斯听到了他的哭泣，来到他的身边问他是怎么回事，他告诉母亲之后，提出了一个非常可怕的请求，他请求母亲去到宙斯面前，恳求宙斯答应他：让希腊军队战败，全体希腊人遭受痛苦，请求宙斯把胜利赐予特洛伊人，让特洛伊人无情地屠杀希腊人，这样，希腊人才会明白没有阿喀琉斯是不行的，阿伽门农才会承认自己的错误，而他自己则宣布退出战场，不再帮助希腊人。阿喀琉斯的请求完全是以个人荣誉为出发点的，牺牲了整个民族全体同胞的利益，他完全不关心他所属的共同体的存亡，他可以用全部希腊人的痛苦来恢复他一个人的荣誉，这当然是非常不道德的。然而，我们不应该仅仅从道德层面来谴责阿喀琉斯，需要看到他的诉求虽然自私，但又难以反驳，因为他本来就没有任何义务帮助希腊人，没有任何义务帮助阿伽门农——其他许多英雄是有义务的，因为他们当年都曾追求过海伦，也都曾发过誓要保卫海伦的婚姻，而阿喀琉斯并没有参与，因为那时候他还太年轻。换句话说，阿喀琉斯不亏欠任何人，他也没有主动伤害同胞，他的行动只是退出战场，尽管他向宙斯的祈求是希腊人失败。同时应该看到，阿喀琉斯的荣誉心与全体希腊人的利益发生了冲突，这一点呼应着赫克托耳的羞耻心与全体特洛伊人的利益发生冲突，这两位英雄都选择了自我、牺牲了集体，只是赫克托耳的终点相当于阿喀琉斯的起点。阿喀琉斯从一开始就展现了这种冲突，而随着剧情的发展，他将会经历和承担更加激烈的冲突。

以上是《伊利亚特》开篇塑造的阿喀琉斯形象。此后的剧情发展都是宙斯答应忒提斯的恳求所导致的后果，而我们已经谈到，宙斯之所以会答应忒提斯的恳求，是因为他亏欠忒提斯，他之所以能够占据奥林匹亚神王的宝位，就是因为忒提斯的儿子并不是不朽的神，而是必死的英雄。在宙斯的安排下，希腊军队遭到重创，阿伽门农也意识到战局危急，只能去向阿喀琉斯赔礼道歉，想请他重回战场。这个时候阿伽门农也非常有诚意，给阿喀琉斯准备了丰厚的礼物，但是他并没有亲自去找阿喀琉斯，而是派出一个使团，这发生在第九卷。这一卷的文本非常重要，因为阿喀琉斯做出了一个决定性的选择：他拒绝了使团，拒绝了阿伽门农的道歉。在许多古代史诗中，最强的战士受辱退出，在战局危急时刻，冒犯他的领袖向他道歉，他接受道歉，与同胞和解，重返战场，率军大获全胜，这是很流行的史诗主题。《伊利亚特》也采纳了这种主题，但是荷马在第九卷中做出了关键的改编：英雄没有接受道歉，因此才有了后面的故事。阿喀琉斯拒绝使团是他犯的最严重的错误，这个错误也将引发他最惨痛的愧疚、最深刻的反思与蜕变，他的形象最终会变得比第一卷中的更复杂、更丰满，这都要归功于荷马的改编。

那么，阿喀琉斯为什么拒不和解？他在第九卷中重申了许多理由，包括我们刚才提到的自尊受辱、荣誉与战功不匹配、对敌我之分的颠覆性反思，等等。但是最后，他还增加了一个重要的理由，这是先前没有提到过的。他开始讲述自己的命运，他说，他的母亲曾告诉他，他的人生有两种选择：他可以选择留在家乡，这样他会长命百岁，但是他会度过平庸的一生，没有名望和荣耀；他还可以选择前往特洛伊战场，这样他必然会英年早逝，但是他会获得无上的、永恒的名望和荣耀。事实上，这是史诗中所有英雄都面临的两种命运，但是唯有阿喀琉斯被明确赋予了选择的机会。阿喀琉斯说，他曾经选择了第二种命运，但是现在他要选择第一种，因为他所遭遇的屈辱让他意识到，所谓名望和荣耀都是虚幻的，只有生命才是宝贵的。阿喀琉斯怕死吗？当然不是，他曾经毫不犹豫地用生命去换取荣誉，但现在他看透了荣誉的虚幻。如果说阿喀琉斯的第一次选择是英雄道德的典范，那么他的第二次选择就是对英雄道德、对英雄式生存意义的反思和超越。古希腊语用来指"命运"的词是 moira，其原意是"一个人分得的份额"，尤其是指"一个人分得的那一份生命"，特指"命定的死亡"。因此，所谓对命运的选择，其实是选择如何死亡；但是反过来讲，人究竟以何种方式死亡，并不取决于死亡的那一刻，而取决于人以何种方式生活。英雄选择用生命的代价去争取荣誉，这并不仅仅是选择"死得光荣",更是选择在直面死亡的前提下奋起追求荣誉,选择荣誉所证明的德性以及德性所展现的生命之辉煌。如果说"死"给"生"施加的限制是英雄道德的真正基础,那么英雄人格最深刻的根源就并非视死如归的大义凛然,而恰恰是对生命的高度珍视。正是由于看到了仅有一次、失不复得的生命太过可贵,英雄才渴望赋予这短暂的生命最辉煌的意义。虽然阿喀琉斯全新的思考和选择令他疏离于其他英雄的价值体系,但是他没有真正离开这个世界;相反,通过彻底消解一切荣誉的价值而返回生命的珍贵,他其实抵达了这个世界的意义源泉。荣誉是习俗的根基,而生死是自然的分别,此时的阿喀琉斯已经站在自然与习俗的边界,作为一个本应是神的人,这是世间真正属于他的位置。虽然宣布要回家,但是阿喀琉斯并没有真的回家,而是留在了特洛伊的海滩上,这意味着他留在了两种命运的交叉点上,他没有办法做出选择。他超越了这个世界又无法离开这个世界。停留在海滩上的阿喀琉斯是一个非常微妙的诗歌形象,正如被"束缚"在城外的赫克托耳。阿喀琉斯自己说:我像一个被流放的人。他在这个世界上找不到自己的位置。虽然他超越了习俗文化赋予生命意义的各种名望和荣耀,他看到了自然的真相不过是生死,其他一切都不重要,但是他没有办法完全按照自然的真相来安排他的生活。

我们知道,阿喀琉斯最终还是回到了战场,帮助希腊人攻打特洛伊人。但他返回战场的理由并不是对于荣誉、对于战争构建的生活意义恢复了热情,而是因为他的朋友帕特洛克罗斯死了。

由于阿喀琉斯拒绝出战，帕特洛克罗斯穿着他的铠甲装成他的样子上了战场，最后被赫克托耳杀死了。阿喀琉斯得知朋友的死讯后陷入巨大的痛苦，他向前来看望他的母亲说了一段话，他说：这个时候宙斯终于实现了我当初的请求，但是这对于我来说有什么意义呢？我最亲爱的朋友已经被杀死了，我的心灵也不允许我再活在这个世界上了。阿喀琉斯要杀死赫克托耳，为朋友复仇。忒提斯告诉他，命中注定赫克托耳一死，阿喀琉斯自己也会死，此刻，阿喀琉斯毅然选择了以生命为代价为朋友复仇。因此，阿喀琉斯回到战场的选择并不是为了战争的胜利，驱动他的是朋友之死带来的痛苦、渴望复仇的欲望、对自己害死朋友的愧疚、对命运的接受。退回战船、停留在海边的阿喀琉斯走到了自然与习俗的边界上，但是现在他再回到战场，却并不意味着他回到了习俗的世界，反而意味着他更加彻底地进入了自然的世界。在战场上，他和所有其他战士都不一样，他杀死很多特洛伊人是因为他们阻挡在他和赫克托耳之间，他最终的目标是杀死赫克托耳，而不是征服特洛伊，也不是把海伦抢回来，甚至不是争取荣誉，他已经完全不关心这些事了，阿伽门农给他的赔礼他也都不要了。此刻的阿喀琉斯只想为朋友复仇，完成自己的命运。

这时的阿喀琉斯已经完全失去了任何属于人类世界的情感。根据荷马的描述，他在战场上就像一头野兽一样疯狂地杀戮，他似乎成了一种纯粹的自然暴力，同时，他也获得了更加透彻而冷峻的洞察力。阿喀琉斯在杀戮的过程中打伤了一个特洛伊士兵，对方向他求饶。其实求饶的场景和桥段在史诗中是经常出现的，一般情况下，比如阿伽门农面对敌人求饶的时候，通常会辱骂对方一通，说对方是个可耻的胆小鬼，还敢求饶，说完之后就把对方杀死了。在战场上这是很正常的行为。但是先前的叙述中也提到过，阿喀琉斯在面对敌人求饶的时候反而是很容易放过对方的，这或许是因为杀敌对于他来说太容易了。而现在，阿喀琉斯面对特洛伊人向他求饶，却是这样回答的，他说：朋友啊，我们都要死，有什么好悲伤的？阿喀琉斯没有辱骂这个人，甚至没有表现出敌意，他称对方为朋友，这不是讽刺，而是真诚的，因为在死亡面前，人人都是朋友。他说：朋友，我们都要死，我的那个好朋友帕特洛克罗斯比你优秀得多，他都死了，你再看看我，我这么魁梧，这么英俊，这么优秀，我是神的儿子，你再看看你自己，我们两个差别这么大，但是我也要死，因此，你有什么好悲伤的呢？说完之后，阿喀琉斯就把这个特洛伊人杀了。我们需要注意到阿喀琉斯这番话的坦率，他那不带敌意的冷酷，像一位公平的死神。阿伽门农曾说，阿喀琉斯像冥王一样可恨，这话是说对了。对于常人来说，阿喀琉斯确实像冥王一样，但与其说他可恨，不如说他像死亡一样不可避免、不可抵挡，是绝对的必然，这就是physis 的力量，自然的力量。在第九卷中，阿喀琉斯消解了荣誉与耻辱的差别，选择超越这种差别而返回生命的可贵，而现在，他消解了高贵与低贱、朋友与敌人的差别，一视同仁的死亡泯灭了这种差别。死亡是唯一的自然真理，这是一种神性的洞察，但对于人来说，这是最可怕的洞察。

彻底陷入自然的阿喀琉斯，超出了人的世界成了一个非人。

然而，这并不是阿喀琉斯的归宿。故事讲到最后，他还是找回了自己的人性，这首先是因为他杀死了赫克托耳，满足了复仇的欲望，但这个时候出现了新的问题，那就是他的存在反而失去了意义。在第二十四卷开头，成功复仇的阿喀琉斯陷入一种彻底无意义的状态，其他希腊人都在庆祝胜利，只有他仍然承受着无限的悲痛，他只能反复折磨赫克托耳的尸体，反复重温复仇的快感。正是这个时候，赫克托耳的父亲、特洛伊的国王普里阿摩斯，在夜里偷偷地跑到希腊人这边来找阿喀琉斯，恳求他归还赫克托耳的尸体，让赫克托耳享有葬礼。正是普里阿摩斯，阿喀琉斯的仇敌的父亲，一个和阿喀琉斯一样因失去至亲而痛不欲生的人，为阿喀琉斯的灵魂重新注入了人性。普里阿摩斯说：阿喀琉斯，你也有父亲，我是一个父亲，我的儿子死了，我最好的儿子赫克托耳被你杀死了，不仅如此，我很多儿子都是被你杀死的。普里阿摩斯跪在了阿喀琉斯面前，拉着阿喀琉斯的手，荷马说："他亲吻了那一双杀死他很多儿子的手。"只有一个父亲能够做到，为了把自己儿子的尸体赎回去，亲吻了那杀死他很多儿子的手。普里阿摩斯继续说：我和你的父亲无法相比，因为我的儿子被你杀死了，而你的父亲虽然还在远方想念着你，但是总有一天你可以回到家乡，可以见到他。普里阿摩斯是不知道阿喀琉斯的命运，阿喀琉斯自己却知道，其实他也无法回去见他的父亲了，因为他注定要死在特洛伊。这个时候，阿喀琉斯终于意识到，他的命运和赫克托耳的命运在某个层面是完全一样的。他父亲的命运和赫克托耳父亲的命运也是一样的。阿喀琉斯曾经以死神的视角把人与人之

间的一切差别抹消掉，在死亡面前人人都是朋友，但最终他却在
父子亲情层面看到了他与他的敌人其实是没有差别的：任何人都
有一个父亲，任何父亲都会因为儿子的死而无比悲痛。阿喀琉斯
的母亲是女神，是他神性的源泉，他的父亲是凡人，是他人性的
源泉。《伊利亚特》开篇对阿喀琉斯的称呼便是："佩琉斯之子阿
喀琉斯"。此刻，面对赫克托耳的父亲，阿喀琉斯重返他在凡间的
身份，重新成为"佩琉斯之子"。在这样一个充满人间悲情的场
景，阿喀琉斯与普里阿摩斯和解，与自己身上的人性和解。荷马
继续讲述着，他们两个人在营帐里面一起哭了起来，普里阿摩斯
哭的是自己的儿子，阿喀琉斯哭的是自己的父亲，此刻，这两个
人成了一对奇特的父子。

　　阿喀琉斯答应了普里阿摩斯，接受了他带来的赎礼，这里
"赎礼"的用词不是 geras，而是 dora，就是雅典娜曾经提到的
dora。雅典娜早就告诉过阿喀琉斯他会获得 dora，从用词来看，
女神表面上指的是阿伽门农的赔礼，实际上指的是普里阿摩斯的
赎礼。阿喀琉斯拒绝阿伽门农的赔礼，导致了朋友的死；他接受
了普里阿摩斯的赎礼，让杀死朋友的仇敌享有葬礼。《伊利亚特》
的故事最终以赫克托耳的葬礼为结局，这是一个人性的结局，重
拾人性是阿喀琉斯获得的"礼物"。是阿喀琉斯让赫克托耳的葬礼
成为可能，他是超越习俗的英雄，在死亡这个残酷的自然真相面
前挽救了人类习俗最后的尊严。

四、超越习俗：奥德修斯的政治天性

讲完了阿喀琉斯，我们最后来讲奥德修斯。奥德修斯和阿喀琉斯是两种完全不同的英雄，奥德修斯当然也是一个优秀的战士，但他最显著的特征在于智慧，荷马提到他的时候常说"足智多谋的奥德修斯"。不过，奥德修斯和阿喀琉斯最根本的区别不在于他的智慧，而在于他的政治天性。阿喀琉斯的天性是完全超越政治的，而奥德修斯却是一个天生的政治领袖。

每个英雄都有关于自己未来的预言和注定的命运，阿喀琉斯的命运刚才已经讲了。对于奥德修斯来说，他的命运在于这样一个预言：如果奥德修斯要去特洛伊打仗，那么他会在海上漂泊多年，他会失去所有的伙伴最后孤独地回到家乡。就因为有这样一个预言，所以当阿伽门农最初来招兵买马的时候，奥德修斯就不肯去。有人认为这说明奥德修斯比不上阿喀琉斯，阿喀琉斯愿意付出生命的代价来换取战斗的光荣，而奥德修斯要付出的代价只是长时间的漂泊，更何况预言说他注定孤独地回家，这不就已经保证了他最终是可以回家的，不会死在战场上吗？但是奥德修斯还是不愿意去，这并不是因为他怜惜自己的生命，关键在于预言告诉他，他会失去所有的伙伴。奥德修斯不愿意远征特洛伊，是因为他不愿意失去他的伙伴。整个《奥德赛》这部史诗，讲的是特洛伊战争之后，奥德修斯是怎么带着他的伙伴返回家乡的。最后，伙伴在路途中都死了，只剩他一个人。整部史诗经常出现这样两行诗：我们从这个地方继续航行，悲喜绕心头，喜的是自己逃脱了死亡，悲的是亲爱的伙伴丧生。这两行诗反复出现，一字不差，荷马为何这样安排？这是因为在奥德修斯的故事中，他的"伙伴"是一个很重要的维度。这些伙伴不像阿喀琉斯与帕特洛克罗斯那样，是纯粹私人性的朋友关系，而是同族同胞的关系，是公共的、政治意义上的伙伴关系。虽然奥德修斯一开始不愿意去特洛伊，但是当他上了战场之后，他又是勇敢、负责任的。每当阿伽门农面对败局打不下去，都是奥德修斯出来鼓励他、鞭策他，说要坚持，不能退却。奥德修斯并不是一有机会就带着伙伴逃回去。阿喀琉斯退出战场之后，带头去劝他回来的也是奥德修斯。当然，我们还知道，最后希腊人赢得战争也全靠了奥德修斯的木马计。

奥德修斯在返回家乡的路途中经历了很多奇遇，有很多著名的故事。这些故事都非常精彩，引人入胜，也是西方文化中的典故。在《奥德赛》中，奥德修斯自己讲述了路途中的九个奇遇故事，我要讲的故事是第五个，排序正好在中间位置，说明这个故事很重要。奥德修斯一伙人有一天航行来到一个岛上，这个岛上住着一个女怪，叫作喀尔刻，她有一种法力，可以把人变成动物。她的外貌是很美的，很多人路过她的宫殿，她就会邀请他们做客，请他们喝一种酒，酒是有魔法的，喝了这种酒，人会变成猪，被她关在猪圈里。同时，喀尔刻的法力还可以驯化动物，她的宫殿里都是一些野生的猛兽，狮子、老虎、狼，她用她的魔法驯服了它们，本来是凶猛的野兽，却变得像宠物一样。喀尔刻的魔法能够在野兽和人类之间穿梭，沟通、变换兽性和人性。

奥德修斯和他的伙伴们来到喀尔刻的岛屿，最开始他们派了一个先头部队去探察女怪的宫殿，最后这些人都被变成了猪，只有一个人跑回来通知奥德修斯，让他带着余下的伙伴赶快逃跑。但是奥德修斯立刻回答说：不行，我一定要回去拯救我的伙伴。他没有用任何道德性的语言，他没有说"如果我现在跑了是可耻的"，或者"我负有拯救同伴的责任"。荷马此处的希腊文非常奇怪，直译过来是：现在我必须去到那里，因为一种强大的必然性降临在我的身上。什么是"强大的必然性"？在我看来，"强大的必然性"指的就是他的自然天性。奥德修斯也想走，他想回家和家人团聚，但是他做不到，因为他的天性不允许他抛弃伙伴。同样的情况如果换成赫克托耳，他也不会走，赫克托耳也一定会回去拯救他的伙伴，但赫克托耳的理由不会是"强大的必然性"，他会讲荣誉、耻辱、责任心，也就是我们说的仁义道德。但是对于奥德修斯来说，他的政治本能是天性的必然，而不是道德的教化；是自然的驱使，而不是习俗的规范。

在奥德修斯前往喀尔刻宫殿的路上，赫耳墨斯——在诸神中他是奥德修斯的祖先——降临来到奥德修斯身边，告诉他怎么去对付这个女怪。其中最重要的是，赫耳墨斯告诉奥德修斯如何用一种草药来做解药，他说：你要想知道怎么用这种解药，就必须知道它的自然（physis）。这个细节非常重要，因为在整个荷马史诗的文本中，physis 这个关键词只出现了一次，而且这是 physis一词在全部现存的古希腊文献中第一次出现。我认为此处 physis

是一种象征，这里的情节是神把自然交给人。赫耳墨斯把解药交给奥德修斯，是神把自然的真理交给了人，这象征着古希腊人对自然的一种体悟：自然是一种解药。是针对什么的解药呢？针对的是奥德修斯一伙人有可能被永远困在一个自然的世界中，困在猪的身体中，无法回到自己的家乡，无法回到自己的习俗共同体。这里有两个自然：一个在习俗的世界之上，是神性的自然；另一个在习俗的世界之下，是兽性的自然。想要回归习俗的世界，仅仅坚守人性是不够的，想要克服兽性的自然，人必须洞察神性的自然，唯有神性的自然能够把人从兽性的自然中解放出来，让人最终回到属于人性自身的习俗的世界。

　　在赫耳墨斯的帮助下克服了喀尔刻带来的危机之后，奥德修斯还要遭遇许多苦难才能回到伊萨卡，而且在他最终赢回自己熟悉的世界之前，还有一个关键的试探他需要面对，这个试探正是来自王后珀涅罗珀。我们知道奥德修斯的妻子珀涅罗珀一直以来都面对着很多求婚者的纠缠，因为所有人都以为国王奥德修斯回不来了，他们就逼着珀涅罗珀改嫁。但是珀涅罗珀一直坚持没有改嫁，一直在等奥德修斯回来。最终，奥德修斯回到家乡，杀死了所有求婚者，夺回了他的王位。但是直到这个时候，珀涅罗珀还不敢认他，原因很简单，因为奥德修斯离开家乡已经 20 年，打仗打了 10 年，又在海上漂流了 10 年，相貌肯定发生了巨大的变化，而且他这次回来本来就隐姓埋名、乔装打扮。珀涅罗珀不敢确认这到底是不是奥德修斯。不过珀涅罗珀也是非常有智谋的，她就想了一个办法来试探，她跟奥德修斯说：夫君，你经历了千辛万苦，现在总算可以休息了，让仆人把我们当年的婚床搬出来，让你休息一下吧。奥德修斯一听，立刻就知道王后在试探他，他就装作很愤怒的样子说：谁能搬我们的婚床？只有神才能搬动它。这是因为，奥德修斯和珀涅罗珀的婚床是一棵活着的橄榄树，当年奥德修斯顺着橄榄树的长势把它稍作修剪，改造成了一张床，围绕这张床修筑了他们的卧室，那棵橄榄树到现在还活着，它的根还在地下，所以是搬不动的。

由于这个"树床"的秘密只有他们夫妇俩知道，珀涅罗珀终于可以确认奥德修斯的身份了。所以，最终是奥德修斯亲手制作的"树床"让奥德修斯回到了他最熟悉的世界，实现了他的使命，完成了他的命运。"树床"有很强的象征意味，我们说自然与习俗的对立，树就是自然，床就是习俗，习俗是人为制造的东西，床就是人造的，自然界是没有床的。人通常必须把树砍倒才能做成床，但是树被砍倒就死了。人把活的树木做成死的木材，才能做成床。一般而言，习俗是要杀死自然、戕害自然的，唯有如此才能建立起人类文明。但是奥德修斯不一样，他和珀涅罗珀的床——国王和王后的婚床，既是床又是树。这张婚床本身就象征着奥德修斯的政治天性与统治地位，象征着政治习俗的自然根据。荷马讲述这张婚床的故事，也表达着古希腊文明对于自然与习俗之关系的原初体悟，二者要亲密地融合在一起，既不以习俗损伤自然，也不以自然颠覆习俗。不过，婚床是奥德修斯冒险的终点，我们必须看到，真正重要的是返回家乡之前的考验，那些游走在自然与习俗之边界的奇遇。自然与习俗要实现"文质彬彬"的融合，需要那些站在二者边界的英雄去承担超乎常人的命运抉择和上天入地的人性历险。

　　让我们回到讲座的主题：自然与习俗。这个问题源自一个文明与另一个文明的遭遇。今天，这样的遭遇早已司空见惯，美国是资本主义，中国是社会主义，西方是基督教文明，东方是儒家文明……这些种种习俗的差异背后，究竟有没有某种真正自然的东西？有没有一种人之为人的本质，能够和一种超越这些差异的更加包容的文化最亲密地融合在一起，形成新时代的"文质彬彬"？抑或是在文明的冲突面前，人性永远存在一条无法弥合的裂缝？这是我们现在面临这个全球化的时代，必须继续追问的问题。希腊人很早就开始追问这个问题了，而中国文化对这个问题的认知相对比较晚，因为我们在历史上长久以来没有遇到过文明意义上的他者，没有遭遇过文明意义上旗鼓相当的挑战，以至于当我们遇到真正的挑战时，竟由于一时的失败而一下子从唯我独尊的骄傲走向了极端的自卑，从自己的习俗走向了他者的习俗。当然，现在我们开始追问自然与习俗的问题也并不算晚，但是要回答这个问题，对于我们做学术研究的人来说，就要一步一步从古希腊人对这个问题最原初的追问开始，慢慢领悟和积累。这是一个宏大漫长的工作，今天我只能就个人的心得和大家做一个简单的分享，我们的讲座就到此为止。

第五编
柏拉图论艺术与诗歌

如何看待柏拉图对诗的批评 *

詹文杰 **

　　"诗与哲学之争"的问题一再被人们谈起，而最早将它形成问题并产生重大影响的人是柏拉图。在《理想国》卷十中，柏拉图让自己笔下的苏格拉底对"诗"提出了非常集中且严厉的批评，甚至主张把诗人从理想国中驱逐出去。从此，"诗与哲学之争"正式成了西方思想史上的一桩公案。哲学的支持者站在一边为柏拉图辩护，而诗的同情者则站在另一边为诗人申冤，另外还有居间调停的人，认为柏拉图对诗的敌意只是表面现象，而实际上他对诗非常友好，甚至他自己根本上就是一位诗人。究竟什么是这里所说的"诗"和"哲学"？应该怎么来理解这桩公案？它对我们

---

　　* 本文主体部分曾以《教化与真理视域中的诗——重思柏拉图对诗的批评》为题，刊于《世界哲学》2012 年第 5 期。

　　** 詹文杰，中国社会科学院哲学研究所研究员，中国社会科学院大学哲学院教授。

有什么启发？对于这些问题，国内学界近年已经有不少讨论，我们的主要目标不是与之进行论争，而是试图对这些问题做出一种更为清晰和深入的阐释。

一、古希腊语境中的"诗"和"哲学"

要理解柏拉图对诗的批评，我们首先有必要弄清楚"诗"这个词的基本含义，尤其是它在古希腊语境中的意思，因为古今中外关于"诗"可能有不同的观念。《尚书·舜典》中有这样一个说法："诗言志，歌永言，声依永，律和声。"其大意是，诗是表达人的情感和意愿的语言，而歌是把这种语言延长和吟唱出来，音调要符合所吟唱的语言，而音高要与音调协调。在这里，我们看到"诗""歌""音乐"是合为一体的，诗即歌词，它总要配合音乐在歌唱中才能得到完整的表现。然而，当现代汉语把诗界定为"一种文学体裁"的时候，诗的原始形象已经基本被剥落了。

我们通常用"诗"来翻译希腊语的"ποίησις"，该词是动词"ποιέω"（制作，做）的抽象名词，广义上指"制作""创作"，狭义上指"诗歌创作"，它有时相当于"诗艺"（ποιητική），有时相当于"诗歌作品"（ποίημα）。① 有三个词可以帮助我们了解古希腊语境中的诗，分别是"μῦθος"（故事）、"ἀοιδή"（歌曲）和

① 正如厄姆森（Urmson）指出的，"ποίησις"可以指诗歌创作，也可以指诗歌本身。参见 J. O. Urmson, *The Greek Philosophical Vocabulary*, Duckworth, 1990, p. 137。

"μουσική"（文艺）。^① 从内容方面讲，诗就是故事，因而诗人被等
同于"编故事的人"（μυθολόγος），类似于我们今天说的"作家"
或"编剧"。^② 从形式方面讲，诗就是歌曲，它具有韵律性或音乐
性。于是，我们可以说，诗就是以韵律性的语言说唱故事。故事
性相比于韵律性更为关键。柏拉图谈及诗的时候总涉及故事性而
未必涉及韵律性。^③ 亚里士多德也说："诗人与其说是韵文的制作
者，不如说是故事的制作者。"^④ 从这个意义上说，古希腊语境中
的"诗"更接近所谓"虚构文学"或"想象文学"。此外，如果考
虑到"ποίησις"不仅指一种"文学作品"，而且指作品的整个创
作和实现过程，那么，"文艺"这个词就比"诗"更能准确地传达
出它的意思。柏拉图有时候也把"μουσική"（文艺）和"ποίησις"
（诗艺）混为一谈，尽管前者的含义严格上比后者的要宽泛一些。^⑤
　　古希腊语境中的诗人与我们当今所谓的诗人也不尽相同。诗
人是最早的"文人"，而历史家和哲学家之流是后来产生的。最

---

　　① "μουσική"狭义上指音乐，广义上指精神方面的一切才能和技艺（只能大概译作"文化-艺
术"）。

　　② 诗人的主要工作被说成"编故事"或"讲故事"（μυθολογεῖν），参见柏拉图：《理想国》392d2。
另见柏拉图：《斐多篇》61b："一个诗人真要想成为诗人，必须编故事，而非做论证。"本文凡引
用柏拉图和亚里士多德的著作，均为笔者所译，其中柏拉图作品参见 J. Burnet ed., *Platonis Opera*,
5 vols, the Clarendon Press, 1899-1907，亚里士多德作品参见 J. Barnes ed, *Aristotle: The Complete
Works*, Princeton University Press, 1995，以下不再说明。

　　③ 参见 N. Gulley, "Plato on Poetry," in *Greece & Rome*, second series, vol. 24, no. 2（Oct., 1977），
p.154。

　　④ 亚里士多德：《论诗》1451b27-28。

　　⑤ 在《理想国》卷三376e以下，苏格拉底希望讨论关于"μουσική"（文艺）方面的教育，而实
际谈论的就是"ποίησις"（诗艺）。在《斐多篇》60d以下，苏格拉底说，他常常梦到有个声音对他
说"去从事文艺"，他原先以为哲学是最伟大的文艺，后来怀疑文艺的意思就是平常的诗艺。

早的诗人甚至还不是"文人",因为他们可能还不懂文字。《伊利亚特》和《奥德赛》的作者荷马很可能是一个文盲,不会写字;然而不会写不要紧,会唱就行,据说荷马就是一位弹唱艺人。荷马和赫西俄德的作品里也没有把诗人叫作"ποιητής",而是叫作"ἀοιδός"(歌者,说唱艺人)。"口传"是更原始的文化传播方式,而文字书写是后来才兴起和繁荣的;随着文字书写的发达,逐渐有人把传唱下来的诗歌用文字记下来,于是像荷马史诗之类的作品才有了文字记载。从此,诗人才从"歌者"变成"作家"。至于那些专职吟唱现成史诗作品的人,则被称为"吟诵家"或"游吟诗人"(ῥαψῳδός)——柏拉图在《伊安篇》中批评的伊安就属于这样的"吟诵家"。诗人原来身兼编剧和演员两职(自编自唱),后来有了专门的演员,诗人就演变成编剧和导演,例如埃斯库罗斯和索福克勒斯这些诗人就是这样。

诗人在古代曾经具有非常高的社会地位。"确实有一个时期,诗人被看作最有智慧的人;他们不仅是游吟艺人,而且是圣贤,是战争与和平时期的参谋。在古代雅典,人们并不是从哲学家、科学家或官方宗教那里寻求关于人与世界的启蒙,而是从诗人、剧作家,从荷马和赫西俄德那里寻求启蒙。"[①] 诗人在宗教和伦理教化方面起着很大的作用,他们在某种意义上是"先知-通灵者"(προφήτης, μάντις)[②] 和"教化者"(παιδευτής),因为诗人常常以

---

① W. E. Arnett, "Poetry and Science," *The Journal of Aesthetics and Art Criticism* 14(1956):445.

② 参见柏拉图:《理想国》366b1-2:"ποιηταὶ καὶ προφῆται τῶν θεῶν"。在这里,诗人与先知被相提并论。

言说"神"为自己的本职，而且他们在创作与歌唱关于诸神和英雄的故事时，总不免提供给听众某种世界观、人生观和价值观，总是发挥着精神熏陶或者"教化"的作用。在那个时期，诗是主要的文化作品，被大众看作智慧的主要承载形式。诗歌作品的主题非常广泛，涉及天上地下、可见不可见的一切，包括神、人乃至世间万物，历史、风俗和社会制度，等等。在一般民众看来，诗人是百科全书式的"大师"，因为"诗人知道一切技艺，知道一切与善恶有关的人事，还知道神事"①。诗歌作品，尤其是荷马史诗，是希腊儿童学习的重要"教材"，而且一般有文化的希腊人对荷马、赫西俄德等人的诗歌都很熟悉，是人们日常引用的"经典"，几乎有着类似于后来《圣经》的地位。由于一些经典诗歌流传很广，影响很深，其承载的道德观念是当时社会的主流意识形态，并代表着希腊人的传统文化。

不可否认，诗人们的许多作品在陶冶性情、塑造品格方面是富有教育意义的。但是，诗歌的内容毕竟带有想象性和虚构性，不能被当作真实历史和科学知识来对待。而且，诗歌传达的思想观点有时候比较模棱两可，可以被人任意解释。此外，一些"不够资格的"诗人很可能写一些"低俗"或者"道德上不正确"的诗歌。于是，就出现了这样的境况：一方面，诗歌在传统教化机制中具有权威地位；另一方面，诗歌自身存在不容忽视的毛病。于是，很早就有人出来批评诗人，而荷马和赫西俄德自然

---

① 柏拉图：《理想国》598e。

首当其冲。史上记载的批评者中有两个人比较著名，一个是色诺芬尼，另一个是赫拉克利特。色诺芬尼说："荷马和赫西俄德把对人而言可耻和可指责的一切都加之于众神，如偷盗、通奸和相互欺诈。"① 赫拉克利特批评赫西俄德光有"博学"没有"智慧"。② 他又说："荷马应该被逐出赛会并加以鞭笞，阿尔齐洛科斯也是一样。"③ 他还说群众是缺乏理智的，"因为他们相信民间说唱艺人，把庸众当成教师，而不知道多数人是卑劣的，少数人是优秀的"④。这里所谓"民间说唱艺人"（δήμων ἀοιδοί），指的就是荷马之类的人。赫拉克利特这话放到今天可能依然不乏同情者。上述两人对诗人的不满有类似的地方，都认为诗人不是最有智慧的人，诗人的话不可信，不过，前者更强调诗人对神的描写是错误的，后者更强调诗人缺乏真正的理智和智慧。柏拉图说诗与哲学之争"古已有之"，由此可见一斑。

诗一旦被当作思想和知识的载体，就不再是一种单纯的"语言形式"，而被当成了一种特定的"心智状态"（state of mind）。正如波兰美学史家 W. 塔塔尔凯维奇（W. Tatarkiewicz）在《诗之概念》（"The Concept of Poetry"）一文中所示，诗的含义实际有两个方面，"诗……确实是基于语言的一门艺术。但是，诗还有更

---

① DK21B11 = KRS166. DK 指 H. Diels, revised by W. Kranz, *Die Fragmente der Vorsokratiker*. vol. 1, 6th edition, Zürich, 1951。KRS 指 G. S. Kirk, J. E. Raven, and M. Schofield, *The Presocratic Philosophers*, 2nd edition, Cambridge, 1983。

② 参见 DK22B40 = KRS255。

③ DK22B42.

④ DK22B104.

为一般的含义……它很难去界定，因为它不是那么明确：诗表达某种特定的心智状态”[①]。在公元前 6 至前 5 世纪，古希腊文化中逐渐发展出一种与诗不同甚至对立的新的“语言形式-心智状态”：它放弃韵律而采用无韵的“白话”，它褪去“故事”形式而采用一种纯粹说理或“论证”（λόγος）的表达方式，它超越直观和想象而诉诸抽象概念与逻辑推理，它不满足于“揣测”或“意见”而宣称追求“真理”。这种新的“语言-心智”形式最终获得了“φιλοσοφία”（哲学）之名。不过，“φιλοσοφία”最初比我们今天所谓的“哲学”要广义得多，它毋宁指称一种泛泛的“理智主义”（intellectualism）。[②] 历史、地理、天文、医学以及早期的自然哲学，都从属于这种理智主义。根据英国古典学家哈夫洛克的考察，诗歌的繁荣与“口头”为主的传播方式密不可分，而理智主义的兴起与“书写”的发达有关，因此他把“诗性的”（poetic）心智状态又称为“口语的”（oral）心智状态。前柏拉图时期的人们主要不是通过阅读（书籍）而是通过聆听（游吟诗人以及剧场演员的吟唱）来获得公共教养。在口传文化时期，即使哲学家（例如，巴门尼德、色诺芬尼、恩培多克勒）也习惯于采用诗歌的方式向公众传达信息。文字书写的发达带来了文化传播方式的变革，也对语言形式和心智形式产生了重大影响（例如，文字书写比口语

---

① W. Tatarkiewicz, "The Concept of Poetry," *Dialectics and Humanism*, vol. II, no. 2（1975）: 13. 转引自 http: // en.wikipedia.org / wiki / History_of_poetry。

② E. A. 哈夫洛克（E. A. Havelock）把早期的 "philosophy" 理解为 "理智主义"，这一点很有启发意义。参见 E. A. Havelock, *Preface to Plato*, The Belknap Press of Harvard UP, 1963, p.284。

更适合表达抽象概念，更追求概念的统一性和逻辑的一贯性），理智主义在这个背景下得以兴起。

在"自然"的解释和"历史"的记述方面，理智主义很快就压倒了诗性想象，不过，在"道德"或"人生"领域，诗性说教和戏剧故事一直具有更大的影响，至少在前柏拉图时期是这样。因此，哲学在这个时期主要意味着宇宙论或自然哲学。然而，理智性的反思绝不会把"道德"领域当作自己的禁区。所谓"苏格拉底把哲学从天上唤到人间"，指的就是理智开始明显地转向对"道德"的关注。作为苏格拉底的弟子，柏拉图沿着理智主义的方向发展出了真正的"道德哲学"。这种新兴的理智主义对传统的诗性教化感到不满，试图全面夺取"教化"（παιδεία）的主导权，这就是柏拉图所谓"诗与哲学之争"的思想史背景。

二、诗与教化

尽管柏拉图认为真正的教化或最高的教化只有通过哲学才能实现，但是他没有简单地排斥诗的教育意义。实际上，他在《理想国》卷二至卷三中肯定了诗歌在"基础教育"方面的积极意义。柏拉图主张，城邦的护卫者阶层"在年少的时候"需要用"文艺"和"体育"来进行教育。这里所谓的"文艺"，就是"诗歌-音乐"。柏拉图详细讨论了诗歌的内容、形式、功能和目的。诗歌的内容即"言论"（λόγος），它总体上分为"真的"和"假的"。所谓"假言论",实际是指"故事"（μῦθος）。"真言论"的含义虽然没有被点明，但不难知道它是指"哲学"。[①]如果全部教育都只允许讲"真言论"，那就根本不允许编造任何"故事"，也就是说，"哲学－科学－历史"应该彻底替代"诗－文学－故事"。柏拉图没有坚持这样极端的主张，至少他认为对儿童应该首先讲"故事"。故事有好坏之分。坏故事把神描述为丑恶的、彼此争斗的、变化多端的、说谎的和作恶的；好故事把神描述为全善的、纯一不变的和不说谎的。坏故事渲染死亡的可怕、英雄的懦弱，表现过分的激情；好故事描写英雄的节制、勇敢和坚忍。坏故事鼓吹坏人过幸福的生活，好人过痛苦的人生；好故事恰恰相反。因此，柏拉图认为必须对故事进行审查，只允许讲好故事，禁止讲坏故事。

关于诗歌的"表达方式"（λέξις），柏拉图做出这样的分类：第一种是诗人自己的直接叙述（例如颂诗和抒情诗），第二种是诗人对角色人物的模仿或扮演（例如戏剧），第三种是前两种的混合体（例如史诗）。这种分类法很特别，它基于对"模仿"或"角色扮演"的突出强调。柏拉图对模仿非常警惕，认为不加选择的模仿会使人变坏。显然，柏拉图在做出上述分类的时候带着价值判断，即直接叙述比角色扮演更"好"。"模仿"（μίμησις）对于理解柏拉图的"文艺理论"至关重要，我们将在后面做进一步阐释。

---

① 参见柏拉图：《理想国》376e 以下。

　　诗歌无论在形式还是内容方面都有好坏之分。坏诗歌败坏人的心灵，但是好诗歌可以陶冶灵魂，使青少年形成"和谐""温驯"的性格，热爱"美好的事物"。① 由此可见，柏拉图有条件地肯定了诗的教育功能。然而，柏拉图在《理想国》卷十中对诗展开了激烈而彻底的攻击。他在论证的开端就给出一个严重的指控，也就是说，诗"似乎会败坏每一位不懂它的真实本性、没有解毒剂的听众的理智（διάνοια）"②。这个跳跃似乎很突然，也颇让人费解：为什么柏拉图要在《理想国》接近结尾的地方展开对诗的总体批判？要理解这个问题，需要我们重新思考《理想国》的主题，从所谓"政治"转向"教育"或"教化"问题。在我看来，灵魂教化这个主题在《理想国》中如果不是比国家治理这个主题更为根本的话，那么至少与之地位相当——尽管人们把更多目光投向了后者。须知，探讨国家中"大写的正义"也是为了洞察灵魂中"小写的正义"。

　　"教化"是柏拉图考察诗的基本视域。对于他而言，"文艺"绝不是个体娱乐游戏的领域，而是向公众传达各种知识和道德教训的载体。柏拉图在《理想国》卷十中以结论性的方式说：哲学与诗之间"这场斗争是重大的，甚至比人们设想的还要重大，它关乎人们成为好人还是成为坏人，因此，既不能让荣誉、金钱和权力，也不能让诗把我们引诱到对正义和其他美德漠不关心的地

---

① 参见柏拉图：《理想国》403c。
② 柏拉图：《理想国》595b5-6。

步"①。对"荣誉、金钱和权力"的反思构成了《理想国》卷八、卷九的内容，接下来的卷十对"诗"的批评显然是这种反思的继续。如果我们只把眼光放在"模仿"这个关键词上，而忽略"美德"和"教化"问题，这就全然错过了作者的根本意图。因为只有从"教化"的视域才能看清为什么在这篇谈论"正义"的对话录中要一再对诗展开批评。

在《理想国》的开端处，柏拉图就让我们感受到"诗"对一般民众的道德观念有着重要的影响。人们习惯于把诗人的观点当作权威来援引，譬如，凯发卢斯援引索福克勒斯和品达，玻勒马霍斯援引西蒙尼德。西蒙尼德甚至被说成"既智慧又神性的人"。然而，柏拉图对诗人也提出了质疑："对于正义是什么，西蒙尼德似乎是以诗人的方式在说谜语。"②在这里，"诗人"的说话方式被等同于"说谜语"，即说一些似是而非、模棱两可的话。这已经隐约透露出柏拉图批判诗人和诗的基本态度。

在《理想国》卷二中，柏拉图通过阿迪曼图之口表明，诗人提供的道德观念是模棱两可的：一方面，诗人宣扬"善有善报，恶有恶报"，这在引导人走正道方面有积极意义；另一方面，诗人鼓吹另一种说法，即正义的生活是艰苦而不幸的，不正义的生活反倒是容易、有福甚至是荣耀的，因为恶人作恶后可以通过献祭来收买诸神。诗在"正义观"方面的混乱绝不只意味着诗"在某个方面"有缺陷，更意味着诗"本身"存在问题，因为"诗"声

---

① 柏拉图：《理想国》608b。

② 柏拉图：《理想国》332b9-c1。

称的事业就是"申纲纪、正风气"。^① 显然，在柏拉图看来，以诗为主要载体的传统教化体系存在根本弊端，并不能提供"道德"或"正义"的纯粹概念。我们如果明白《理想国》的雄心首先不是提供一种"政治理论"，而是救治这种传统的教化机制，重振纲纪，再塑风气，那么就不会把卷十中对诗的攻击看作"离题话"，而会看作题中应有之义。

如果说卷二和卷三关注的是初级教育，那么卷十就已经把视野转向了一般意义上的教化。尽管好诗可以促进一个孩子的"和谐"性格，但是，如果这个孩子到了成年仍然迷恋诗，成为一位"戏迷"或"声色的爱好者"^②，那么他就不可能成为一位合格的"爱智者－哲学家"，从而也不能成长为柏拉图式的"新人类"。然而，戏剧和其他各种诗歌对人们具有太大的诱惑力与"毒害性"，柏拉图如果要想把希腊的青年才俊从剧场吸引到自己的学园，就必须首先把剧场的"毒害性"告知他们，让他们拥有关于戏剧和其他诗歌的"解毒剂"（φάρμακον）。这种解毒剂就是柏拉图在"形而上学－知识论"层面对诗的指控，关于这一点我们将在下一节展开具体阐释。

除了"形而上学－知识论"层面的指控之外，柏拉图对诗还提出了某种"语言－心理"层面的指控。作为一种特定的语言形式，"诗"与"修辞术"密切相关，或者说，诗在广义上从属于修

---

① 参见赫西俄德《神谱》第 66 行：缪斯们咏唱的主题就是"普全的纲纪（nomos）与风气（ethos）"。原文参见 H. G. Evelyn-White ed., *Hesiod: Theogony*, Harvard University Press, 1914。

② 柏拉图：《理想国》476a9 以下。

辞术，因为其目标在于"说服"而非"教导"，它利用修辞的技巧压倒辩证法的论证。诗人能利用语词来谈论一切，而且他使用韵律、节奏与和声等手段大大增加了语言的"魅力"（κήλησις）。如果脱掉诗的音乐色彩，那么诗就会失去它的魅力。① 柏拉图在《高尔吉亚篇》中直接表示，作为一种修辞术的"诗"提供的是"快乐"，既不能传达"知识"，也不能促进"美德"。② 正如前面所说，如果诗歌只有娱乐功能，那么它对于"理想国"而言就没有必要性。非但没有必要性，而且有害处，因为它诉诸"灵魂中低劣的部分"，即"情感"（τò πάθος）。柏拉图并没有否认诗在"审美"方面的特殊效果，但是强烈的道德主义使他在此把快乐与美德隔离开来甚至对立起来。

　　在这里，柏拉图明显引入了"心理学"（灵魂学）的视野。"既然我们已经辨别了灵魂的各个部分，那么不接受它（作为模仿术的诗歌）的理由就显得更充分了。"③ 我们知道《理想国》卷四中把灵魂主要分为三个部分，即"理性""激情""欲望"，不过，卷十中没有重申这种三分法，而是采用简单的二分法，即"优秀的部分"（理性）和"低劣的部分"（情感）。"诗人激励、培育和加强心灵中低劣的部分，从而破坏理性的部分，就好像让坏人统治城邦，让他们危害好人一样。"④ "当我们必须让这些情感枯萎死亡的时候，诗歌却在给它们浇水施肥；当我们必须统治情感，以便

① 参见柏拉图：《理想国》601a-b。
② 参见柏拉图：《高尔吉亚篇》502b 以下。
③ 柏拉图：《理想国》595a5-b1。
④ 柏拉图：《理想国》605a-c。

我们可以生活得更美好、更幸福，而不是更糟糕、更可悲的时候，诗歌却让情感统治了我们。"① 在柏拉图看来，灵魂内部若干部分是分裂和冲突的，既有承受痛苦和快乐的情感，又有克制苦乐的理性，情感伴随着放纵、悲痛、激动、暴躁、善变和懦弱，而理性则伴随着克制、冷静和勇敢。由此推论，似乎理性本身就意味着美德，而情感本身就是美德的反面。这样看来，诗歌怂恿情感直接意味着败坏道德。这是柏拉图从心理学视野对诗提出的一个严重指控。

这种彻底排斥"情感"的主张显然过于极端了，柏拉图本人似乎也意识到了这一点。在《理想国》卷十中，柏拉图借苏格拉底之口说，如果诗歌的拥护者有足够的理由说明诗歌不仅是令人愉快的，而且是对城邦和个人有益的，那么，诗歌仍然可以从"流放"中回到"理想国"。"我们也应该让他们——不是诗人而是诗人之友——用无韵律的论说进行辩护，让他们辩护，诗歌不仅带来快乐，而且给城邦和人类生活带来益处；我们将耐心聆听。如果诗歌不仅带来快乐而且带来益处，我们当然就获益了。"② 实际上，《理想国》卷九已经对快乐的各种性质和层次做出了区分。不是所有的快乐都是不好的。快乐有高级的，也有低级的。沉迷于低级的快乐是需要抵制的，而高级的快乐并不妨碍美德的养成。那么，谁有能力判断某种快乐是高级的还是低级的呢？换言之，谁能充当立法者呢？柏拉图认为这样的人应该是最优秀的、最有

----

① 柏拉图：《理想国》606d。
② 柏拉图：《理想国》607d-e。

教养的人，也就是哲学家。"判断文艺的标准是快乐，但不是任意某个人的快乐；那种让最优秀的、接受良好教育的人感到快乐的文艺差不多是最好的，当然，那种让在美德和教化方面最为卓越的人感到快乐的文艺尤为优秀。"①柏拉图终究没有要求哲学家或者纯粹的理智主义者完全拒斥情感，做到"不动心"（apathy），而只是要求情感接受理智的监管，不能让"诗歌"与"低级的快乐"联合起来"在灵魂中建立起恶的体制"②。对于柏拉图而言，教化与政治是同一件事情的两面，因而诗在教化方面的意义也就是它在政治方面的意义。

三、诗与真理

柏拉图对诗的批评是从"教化"的视域出发的，而真正的教化意味着对教化本身的反思。在他看来，教化意味着获得关于"善"和"正义"的知识，洞察到"美德"本身的真理或真相。真相的对立面是影像、遮蔽和欺骗，在柏拉图这里，也就是所谓"臆见－意见"（δόξα）。只有哲学才洞见到"正义本身""美德本身"，诗所呈现的是正义和美德的"影像"（εἴδωλον），因为诗人一时说正义是这样，一时又说正义是那样，永远也把握不到正义的"一""本身""理念"。诗提供的不是知识本身，而是属于"臆

---

① 柏拉图：《法律篇》658e-659a。

② 柏拉图：《理想国》605b7-8。

见"一类的东西。当柏拉图在《理想国》卷五中做出"知识"和
"臆见"的区分时，他心中已然想着爱智者与诗人的区分，"理念
爱好者"与"声色爱好者"的区分。诗人及其追随者（戏迷）就
是与"爱智者"相区分的"爱臆见者"。在《理想国》卷七关于爱
智者的培养课程中，首先是数学和算术，然后是几何、天文学、
和声学，最后是辩证法，就是没有诗，因为诗作为"臆见"关注
的是"生灭变化"（γένεσις），而非"本质"（οὐσία）。① 如果说儿
童由于理智的不成熟而只能接受"影像"的话，那么理智成熟的
人就应该告别"影像"或"臆见"而追求"理念"或"知识"。

　　这样，对诗的批评就从一般的教化视域转向了知识视域或真
理视域。如果说诗在教化视域中还有一定的积极意义，即通过音
调、韵律和故事为理智尚未成熟的人提供"习性"（ἔθος）方面的
熏陶，让他们举止"温雅得体"②，那么，真理视域中的诗则是全然
消极的。从真理视域出发，柏拉图关于诗主要提出了两种论证：
一种是"迷狂论"，另一种是"模仿论"。"迷狂论"是从诗人的能
力或灵魂状况来说的，而"模仿论"是从诗歌作品的思想内容来
说的，前者主要反映在《伊安篇》中，也包括《申辩篇》和《斐
德罗篇》中的某些段落，后者主要体现在《理想国》卷十中。从
诗人的灵魂状况来看，柏拉图认为诗人在作诗的时候并不是处于
理智状态，而是处于迷狂或出神状态，因此，诗人的能力算不上

---

① 参见柏拉图：《理想国》521d-522b。

② 参见柏拉图：《理想国》522a3-b1。柏拉图在此使用了"εὐαρμοστία"（随和、温雅）和
"εὐρυθμία"（好节奏、匀称）这两个词，姑且合译为"温雅得体"。

一门技艺或知识。而他们之所以有时候能够说出某些不错的话，是出于神明的感召或启示，但是他们对自己说出来的话缺乏理解，就像做预言的先知或祭司一样。① 可能有人会说，既然诗人是"代神立言"，他们所说的东西岂不是比"人言"更高明吗？"神启"（或者"灵感"）不是比"理智"更高明吗？或许是这样。欧洲中世纪的神学家几乎都认为神启高于理智。但是，柏拉图认为理智、知识和技艺更接近于"智慧"，而不是非理智的"迷狂"。他在这里完全继承了希腊理性主义思潮的立场。

　　然而，柏拉图也没有把迷狂完全看作消极的东西。在《斐德罗篇》244-245 中，他提出了几种不同类型的迷狂，其中一种是所谓"缪斯迷狂"，也就是诗人在创作诗歌的时候具有的迷狂。"这种迷狂捕获一个温和、单纯的灵魂，唤醒并激励它通往歌唱和其他诗歌艺术，赞颂古代的丰功伟绩，教化子孙后代。以为凭借技艺就足以成为一名诗人，而没有这种缪斯迷狂的人来到诗歌的门槛，当然是无功而返；理智健全者的诗歌在迷狂者的诗歌面前显得黯淡无光。"② 迷狂对于诗歌是必要的，处于理智状态的人写的诗歌反倒没有处于迷狂状态的人写的诗歌"好"。从诗歌的立场来看，"技艺"反倒不是什么有益的东西。但是，如果有人把这里为诗和迷狂所做的辩护看作柏拉图为批评诗而做的忏悔，那么他显然就弄错了。因为在这篇对话录的后面（《斐德罗篇》248e），柏拉图仍然把"诗人和其他从事模仿的人"的灵魂归为第六等级的

---

① 参见柏拉图：《申辩篇》22b-c；《伊安篇》533e, 534b, 534c。
② 柏拉图：《斐德罗篇》245。

灵魂，距离第一等级的哲学家灵魂还有很远的距离。我们看到，诗与"模仿"在《斐德罗篇》这里已经被关联起来了，它很可能建基于《理想国》卷十中对诗的考察。在《理想国》中，诗人的能力没有像《伊安篇》中那样被界定为一种"迷狂"，而是被说成某种"模仿技艺"。如果说柏拉图通过"迷狂说"揭示了诗人的"非理性"特征，从而间接说明了诗的"非真理"特征，那么他通过"模仿说"是想直接说明诗的"非真理"性质。"理性"和"真"恰恰是哲学为自己圈地盘时所树立的基本界标。

在《理想国》卷三中，"模仿"只是戏剧这个特定类型的诗的特征，而在卷十中，它被视为诗的一般特征。要解释这一点，首先要说明柏拉图所说的"模仿"的多重含义。"模仿"首先可以表示"扮演"①，譬如一个演员扮演医生（即医生的言行举止），这是卷三中的主要用法。"模仿"还可以表示"仿造"或"再现"，譬如一个画家在画布上再现一张床的外观，这是卷十中的主要用法。当柏拉图把诗人归属于"模仿者"的时候，他并没有仔细区分这两种不同意义上的"模仿"。诗人的创作活动本身被看作一种模仿，即通过语言或文字"再现"某个事物或某件事情；诗人（或演员）的表演活动也被看作一种模仿，即通过言行"扮演"某个实践者的实践方式。其实，"扮演"可以被理解为一种特定方式的"再现"，它不是使用外在工具而是使用自己的身体。有时候，学生的学习活动和成人的吟诵活动也被说成"模仿"，它们都是某种

---

① 参见柏拉图：《理想国》393c5-6："让自己在声音和姿态上与另一个人相似也就是模仿那个相似的人，对吗？"

意义上的"扮演"。"模仿－扮演"不仅标识了诗的创作者的创作活动，而且刻画了诗的接受者的接受活动，这恐怕就是柏拉图用它来界定"诗艺"之一般特征的理由。

既然"诗艺"被归结为一种"模仿技艺"，那么，接下来就需要从"技艺"的视域出发来考察它究竟是怎样一种技艺。"作诗"与做木工、医治病人、带兵打仗和治理国家之类的工作都不同，后面这些活动属于某种专门技艺，而"作诗"似乎不是某种专门技艺，而是集所有技艺于一身的"智慧大全"，因为"诗"的主题无所不包，而诗人显得无所不知。诗人"言说一切东西"，因而他们似乎"知道一切东西"，甚至能够"制作一切东西"。柏拉图认为诗的"阿喀琉斯之踵"就在于"制作一切东西"这一点。诗人顶着"制作者"（ποιητής）这个头衔，其实并不真正"制作"什么东西，而只是以特定的方式"再现－表现"一切东西。于是，"作诗技艺"就只能是像绘画一样的"再现技艺"或"模仿技艺"。关于床的绘画并不真正制造一张床，只是表现床的"表象"；同样，关于美德的诗歌并不真正制作出美德，而只是表现了美德的"表象"。"再现－模仿"不是真正意义上的"制作"，因而"模仿术"不是真正意义上的"技艺"。这样，诗人就不配享有"制作者"（ποιητής）这个头衔，他们最多是一些"模仿者"（μιμητής）。"模仿者"这个词在古希腊人听起来有"假冒者"或"表演者－戏子"的意思，它甚至被拿来与"魔术师"（骗子）相提并论。① 柏

---

① 参见柏拉图：《理想国》598d。

拉图对诗人的这种贬斥是很严重的，因为对于古希腊人而言，公民或正经人首先凭借"技艺"而非其他东西得以在城邦里"安身立命"。如果诗人并不"制作"什么东西，而只是"演戏"，那么，他对于城邦而言就没有什么必要性。如果诗人说自己提供了消遣，给人带来了快乐，这对于柏拉图而言也没有任何说服力，因为在他看来，"娱乐"并不是必要的，相反可能还有坏处。在《理想国》卷二 369 以下，所谓"健康的城邦"只需要农夫、各种工匠和商人，而"发高烧的城邦"才会出现"模仿者"（戏子），包括诗人及其助手（例如，各种歌舞演员、吟诵家）。

究竟什么是"再现-模仿"，它跟真正意义上的"制作"有何不同？为了说明这一点，柏拉图提供了一种更等级的形而上学解释。他首先区分了存在者的三个等级：最高层次的是"理念"（εἶδος）或"恒是-本质"（ὃ ἔστιν）；其次是分有特定理念的具体事物；最低等级的是"影像"，即关于具体事物的再现，例如镜子中的影像。这种分类的标准是所谓的"真"或"真实性"——它不是存在者层面的而是存在论层面的分类。制作理念的神和制作具体器物的工匠更有资格被称为"作家"，而所谓"作家-诗人"就像"画家"一样只是制作影像，更应该被称作"模仿者"而非"作家"。

如果模仿者提供的"影像"或"摹本"能够很好地"再现-还原"被模仿的事物（"原本"），那么，这种模仿对"原本"不也是一种揭示吗？"影像"难道不分有一丁点儿"真实性"吗？为了避免这种质疑，柏拉图做出了更进一步的设定，即模仿有两种，一种是对事物真相的模仿，另一种是对事物表象的模仿①，而诗艺属于后者。这样，对"模仿活动"本身的批评在某种程度上就被消解了，问题转到了"模仿的对象"上。柏拉图认为，诗人缺乏对理念世界的认识，因此他们"模仿"的东西是一些"表象"或"幻像"（τὸ φαινόμενον）。诗人自身没有知识，因而他们提供的东西不可能是知识，那些对诗"信以为真"的人其实是受欺骗了。把"诗艺"直接归结为"欺骗"，这是柏拉图对诗的"毒害性"的第一个严重指控。这个指控比把诗艺等同于"迷狂"更为严重，因为诗人在迷狂状态下能够"说出许多不错的话"，只是他们自己对这些话缺乏理解而已。

诗乃至一般的"文学－艺术"是关于"表象"的表达，而哲学是关于"本质"或"理念"的表达，这是柏拉图的一个基本论断。这个论断几乎影响了后世所有柏拉图主义者，包括我们比较熟悉的黑格尔。从这个视野来看，诗与哲学的关系是不可协调的：追求洞见本质的哲学必定要反对沉迷于表象的诗。在哲学看来，诗提供的"故事"是虚构的而不是真实的，诗沉迷于"感情"（πάθος）而妨碍理性（这一点后面还要继续说明），诗是孩子气的而不是成熟的。如果说"诗"在各个领域中的意见在传统上被看作"权威"的话，那么，柏拉图的这些批评确实瓦解了这样一种局面。柏拉图对"诗"的"解魅"为"哲学－科学"带来了发展空间，然而，它也很容易带给人们一个过分乐观的革命性幻想：

① 参见柏拉图：《理想国》598a 以下。

"诗－文学"的蒙昧时代要为"哲学－科学"的成熟时代所取代。

无论是把诗看作关于表象的表达，还是把诗艺看作某种意义上的欺骗，都是从"认知"的视域来考察诗。这种"知识主义"的视域本身是从属于哲学的。如果"诗"的职能主要不在于提供"专业知识"而在于其他方面，那么，哪怕"诗"不提供任何"专业知识"，也不能因此就断然否定它的价值。亚里士多德就曾明白指出"诗"的任务不是提供某种专门知识。他认为，诗人可以犯一些特殊知识领域上的错误，这不算是诗艺本身的缺点，而且，为了达到诗的效果，诗人描述的东西可以是"不真实的"，因为诗关注的不是事情"真是这样"，而是事情"应当如此"。[①] 亚里士多德的说法并非没有道理，因为要求一切文学都成为"科学"（Wissenshaft）几乎是疯狂的主张。然而，这样的批评没有击中柏拉图的要害，因为他不仅批评诗在"专业知识"方面的缺乏，更重要的是批评诗缺乏关于"道德"或"正义"本身之"真相"的洞见。如果我们不把《理想国》卷十中的"诗与哲学之争"理解为文学与科学之争，而是理解为道德方面的流俗意见与道德哲学之间的冲突，那么我们对于柏拉图所谓诗的"非真理性"将会报以更大的同情。事情似乎是这样：为了领会道德的"理念"，诗人必须学习"辩证法"从而转变为"道德哲学家"——这就好比普通的"手工艺人"必须学习"工艺理论"从而转变为"技师－技术家"，正好符合柏拉图本人的人生轨迹。

---

① 参见亚里士多德：《论诗》1460b-1461b。

四、诗的胜利?

至此我们获得一个印象:尽管柏拉图承认诗在某种程度上的教育作用,但他对诗的基本态度是消极的。诗是非理性的"迷狂"的产物;诗是关于事物表象的不准确再现,它没能提供关于正义或道德的真正概念;诗激发情感而伤害理智,它利用修辞术和音乐来控制听众的快乐与痛苦,从而实现"说服"甚至"蛊惑-蒙蔽",而不是通过冷静的交谈来实现"教导-启蒙"。然而,柏拉图在《斐多篇》60d 以下的叙述似乎扭转了整个局面。这篇对话录的开端部分颇有深意地提到,临刑前的苏格拉底居然搁置哲学而开始创作诗歌。"苏格拉底"说自己常做同一个梦,梦中有声音吩咐他"从事文艺",而他曾以为哲学是"最伟大的文艺"(μεγίστη μουσική),因而自己从事哲学就是听从了这个吩咐,但是"自从我受到审判,而这位神(按:阿波罗)的节日又使处死我的时间推延,我想,莫非那个梦经常吩咐我去从事的是这种通俗的文艺(δημώδης μουσική),我应该去从事而不应该拒绝。因为在我离世之前,听从这个梦去创作一些诗歌来洗罪(ἀφοσιώσασθαι),这样会稳当一些"①。哲学与"诗歌-音乐"都从属于广义的"文艺"(μουσική),而狭义的"文艺"特指"诗歌-音乐"。苏格拉底把缺乏音乐性的哲学说成"最伟大的文艺",这很可能是哲学家的一

---

① 柏拉图:《斐多篇》61a4-b1。

厢情愿。对于大众而言，文艺就是"诗歌－音乐"。一位哲学家以为整个"文教事业"的顶峰就是"哲学－辩证法－科学"，然而在临死前又似乎突然意识到文教事业可能更接近于大众化的"诗歌－音乐－文学"，这的确非常有戏剧性。这似乎意味着哲学家低下了自己高贵的头颅，向诗人表示尊敬，甚至为自己的"哲学式傲慢"表示忏悔。尼采在《悲剧的诞生》一书中对苏格拉底临死对哲学的质疑和对艺术的拥抱有过生动的描述与分析，他站在"诗歌－艺术"的立场上尖刻地嘲讽了作为"逻辑学家－理智主义者"的苏格拉底。[①] 如果对真理的追求最终是一场幻梦，那么哲学家搭建起来的"理念世界"与诗人描绘的"表象世界"就没有什么根本的区别。正是基于这样的设想，极端的后现代主义者开始鼓吹科学与小说（fiction）没有本质的区别。

实际上，只要柏拉图以"正义""美德""灵魂不朽"为言说的主题，那么，他一开始就与诗人站在同一个阵营里。不过，他试图通过辩证法"哲学地"探讨"正义"，这又是受了苏格拉底的影响。辩证法的目标在于为正义寻求一个普遍定义（理念），而诗追求的不是定义，是直接给听众的灵魂灌输一种特定的正义观念。探求正义定义的过程本身（哲学）最终要成为教导一种正义观的活动（教化），否则就没有意义。正义观念究竟是通过"辩证法"逻辑地推论出来的（美德是一种知识），还是以神秘的方式从神那里领受而来的（美德是一种"神启"），这个问题仍然是开放的。[②]

---

① 参见 F. Nietzsche, *Basic Writings of Nietzsche*, translated by W. Kaufmann, The Modern Library, 1968, pp. 92-93。

② 参见柏拉图：《美诺篇》99e 以下。

哪怕柏拉图也不否认关于"善"的领会需要一种直觉，一种内在的、精神性的洞见，而不是单靠逻辑推理，因为这种知识"不像其他学问那样可以表述，而是通过长期与其本身共在，然后它会突然在灵魂中生长出来——就像火被点着时闪出的光一样——并自身保养自身"①。这更接近于柏拉图所谓的"神启"或"迷狂"，而不是"理智"。此外，我们也不能忘记，柏拉图除了操练辩证法之外，还跟诗人一样创作"寓言－故事"（μῦθος）。

从历史上看，诗产生在前，哲学出现在后，诗代表着"传统文化"，哲学则代表着"新潮思想"。诗与哲学之争不是什么"学科"之争，而是"旧文化"与"新思想"之争。荷马是"诗"或"旧文化"的代表，柏拉图是"哲学"或"新思想"的先锋，由此也就不难理解，为什么"诗与哲学之争"由柏拉图自觉提出来，而且矛头直指荷马。柏拉图的任务既是批评诗歌和传统文化，也是为整个希腊理性主义思潮的正当性做辩护。伴随着柏拉图的批评，哲学几乎取代诗而成为教化的代名词，这深刻地影响了西方文明的历史。直到有一天，从哲学中脱胎而出的科学成为"新思想"的代表，并且把哲学（玄学）看作有待扬弃的"旧文化"，这个时候，"哲学"才仿佛觉悟到自己其实不过就是"诗"。由此看来，19世纪末至20世纪中期发生的"两种文化（科学与文学）之争"和"科玄之争"并不是什么新鲜的东西，它们不过是"诗与哲学之争"的现代翻版而已。

---

① 柏拉图：《第七封信》341c-d。

柏拉图论艺术的模仿说及其功能

常旭旻 *

今天这个报告会采取下面的方式来展开，首先根据理念论这个基础的主题设定出发，但是并不会过多地谈到"理念"本身，而是从柏拉图一些文本里面涉及的对"理念"的模仿，尤其是从对美的理念的模仿这样一个话题出发，来呈现柏拉图在《理想国》以及其他一些对话录里，是怎样从模仿这个角度来看待艺术和美的。

我们首先从《理想国》①的卷二、卷三以及卷十的一些段落以及其他相关文本出发，展现柏拉图如何围绕"理念"这样一个思想或者核心概念，虽然不是直接地谈艺术或者美，但却比较深入、系统地谈到了他所认为的艺术、艺术家、美，乃至戏剧、史诗这

＊ 常旭旻，华侨大学哲学与社会发展学院副教授。

① 本文《理想国》译文均出自：柏拉图：《理想国》，顾寿观译，岳麓书社，2010。有些地方译文有改动。

些文学艺术形式，以及与艺术家相关的问题。此外，从《理想国》
《会饮篇》《伊安篇》的相关段落里，我们还可以看到柏拉图如何
从理念以及对理念的模仿出发，在谈到了艺术、美之后，还会涉
及灵感问题。

　　因此，今天的讲座我们分成两个部分。一个部分是结合文
本，具体地给大家讲读一下我刚才提到的对美的理念的模仿；另
一个部分是结合我们国内通常的理解，尤其是从美学的角度、艺
术哲学的角度以及文学艺术创作、文学批评的角度，来谈一谈在
希腊思想起源的阶段，柏拉图对于艺术、对于美持有什么样的看
法。这个部分将不会太多涉及理念问题，而主要从模仿的角度来
谈一谈，柏拉图如何奠定了西方对于艺术、美以及对于美的创
作、艺术的创作的基本态度，对艺术家的创作活动和审美提出了
什么要求。他从模仿的角度提出了哪些问题？后代又如何在批
评、继承甚至发展了他在整个艺术领域或者文学理论领域形成的
以模仿为核心的所谓再现的艺术方法？以至于到了近代，大家又
从什么角度来批评他的模仿观？特别是，学者们、艺术家们纷纷
从后出的表现论角度出发，不断地抨击柏拉图关于艺术模仿提出
的一些基本观点，尤其是他把模仿作为他认定的最基本的艺术
方法、艺术创作的源泉，乃至对于艺术家的要求，甚至欣赏艺
术、评判艺术的一个最基本的标准。近代以来大家通常认为，以
柏拉图模仿说为基础的再现论，并非文学艺术创作中仅有的或者
唯一的基本方法乃至标准。除了模仿之外，应该还有别的标准、
别的方法。

一、《理想国》对"艺术"与"美"的探讨

下面我们首先从柏拉图的文本入手。首先来读一读《理想国》卷二、卷三、卷十，看看在这几卷柏拉图是如何谈论艺术这个问题的；然后再涉及美这个问题。我们还会援引《会饮篇》的某些段落来讨论他是如何看待美的。在讨论有关艺术和美的文本之后，我们再着重从《伊安篇》《斐德罗篇》来看一看柏拉图是如何看待灵感这一问题的。当然在柏拉图那里，灵感问题不仅仅是涉及艺术创作的问题，但是我们今天会特别从艺术创作以及美这个角度来看一看柏拉图是如何探讨对于艺术、对于美乃至于对于模仿来说，灵感所起到的功能、作用和意义。

人们通常会认为在整个西方哲学史上，或者文学理论史上、美学史上，柏拉图是一个最初的系统开拓者。在这个意义上我们可以从两个角度，特别是从《理想国》的角度看到：一方面，柏拉图鄙视并且抨击那些艺术家，甚至包括荷马这样伟大的艺术家；但另一方面，他又对这些艺术家，乃至史诗、文学、艺术做出了一些积极评价，并提出了一些要求。

这些要求首先使柏拉图从模仿的角度来对艺术和美做出判断，其次他从形而上学乃至伦理学的角度来判断艺术和美。当然有一个十分引人注目的现象是，尽管柏拉图在他这么多的文本里批判了艺术，批判了美的创造对于城邦、对于人的心灵、

对于灵魂的一些败坏，但是就我们大多数人的阅读来说，柏拉图的对话录本身就是优美的艺术文本，他的语言是优美的，甚至我们从文学的角度来考察，他的情节、他的戏剧性也是优美的。

所以，柏拉图自己尽管实现了一种非常优美的文学创作或者艺术创作，但是他自己在进行这样一个美的创造过程中却一直在批判艺术、批判美，而这在整个的《理想国》中都有体现。可以说在《理想国》中，柏拉图都是将理念作为基本的前提，首先从一个形而上学的角度，然后再从人的德性或者人的灵魂的角度批评艺术和美，最后从对人的教育作用的角度，不管是败坏还是培育，都将这些作为评价艺术的外在标准。因此，下面我们也会从上述这几个方面来讨论柏拉图对于艺术和美的看法。

让我们首先来看《理想国》的卷二和卷三。在这里柏拉图特别强调艺术对于青年的教育作用，主要谈论了以下问题：作为一个城邦的护卫者的青年应该接受什么样的教育？从教育中获得什么样的培育？培养什么样的品性？

在《理想国》卷三的 401c 这里，柏拉图①一开始就提到我们要去监督和禁止诗人。如何去监督他们呢？就是"要求他们把良好气质的形象创作到诗词中去"。然后他说："我们应该去寻求那样的一些手艺工匠，他们由于天赋，能够嗅觉出并且去追索那种

---

① 本文引用、解释、分析柏拉图对话录文本时，都统一标识为柏拉图的言说和思考，而不区分具体文本段落出自苏格拉底、格劳孔等不同对话角色的差异。

美好的、优雅的天性，从而，我们的年轻人，就像居住在一片健康的土地上一样，能从各个方面得到好处，从各种各样的美好作品中所产生的影响，他们耳濡目染。"如此，"从他们儿童时代起，不知不觉地就借助美好的理性把他们带向了契合、友谊和共鸣上去了"。在这一段中柏拉图集中表达了，如果有一种比较良好的文学创作的话，这是一个很好的、好极了的教育，它起到的是一种对青年培育的作用，一种美好的培育。但是在这里其实柏拉图并没有提到任何艺术创作问题，以及什么叫美的问题，他这里首先强调的是美应该去教育青年，他认为这应该是美的最基本的功能。

在这个意义上我们可以看到，柏拉图首先是从艺术的外部或者从美的外部来谈论美应该是什么样的，美应该做到什么。所以，柏拉图预设了所有能够被创造出来的，尤其是被诗人创造出来的美，或者根据我们现在的说法是虚构的美，它们应该扮演的一个最主要的角色就是教化，或者说教育。

这一点在《普罗泰戈拉篇》中也有体现。在326a处柏拉图是这样说的：一个好的诗人创作的作品，当它放到年轻人的桌子上被那些年轻人的心灵学习的时候，这个作品包含的应该是大量能够敦风化俗、起到劝诫作用的内容。被诗人创作出来的这些文学段落应该是用热情洋溢的语言去描绘那些年高德劭的、具有善良品性的人们。如此，那些孩子或者那些年轻人才能被这样热情洋溢的、敦风化俗的劝诫文本激发，然后通过这样的激发又去模仿那些年高德劭的人们，受他们的善良影响，并且自己也像他们一样去训练自己，去养成自己，让自己也成为这样善良的人。[①]

　　从这样一些段落我们可以看到，其实柏拉图对于文学、对于艺术、对于美本身，首先并没有提到它们自身是什么东西，他认为这些美的东西、这些被创作出来的诗歌，它们的功能首先在于教育，只有这样具有教育意义的诗歌才是好的诗歌，才是能够让那些年轻人去学习的诗歌，能够达到这样功能的诗歌就是好的诗歌。所以，柏拉图才会说荷马不是一个好的诗人。我们在《理想国》中甚至很多别的对话录中能够频繁地看到或长或短的对于荷马史诗的抨击，甚至是一种非常无情的、残酷的抨击。从我们的角度来说，荷马史诗是那么伟大的、神圣的、崇高的作品，可柏拉图为什么要那么强烈地批评它？难道柏拉图是一个没有良好审美水准的人吗？肯定不是。而且在抨击荷马的时候，柏拉图依据的是什么标准呢？他认为，荷马所描写的那些神以及英雄，以一种情绪不好的、焦躁的、粗鲁的、令人失望的、欺骗的、被欲望驱使然后不能理性控制自己的，甚至不能很好地完成自己职责的各种各样的方式，给那些年轻人做了不好的代表和榜样。

　　因此，和我们前面读到的《理想国》以及《普罗泰戈拉篇》的那两个段落对照，柏拉图在抨击荷马史诗的时候说到一些不好的东西，就是他认为的诗歌败坏的地方。之所以他认为这些是不好的，是因为它们无法给予年轻人良好的教育，而只是给了他们

---

　　① 参见柏拉图：《普罗泰戈拉篇》325-326。中译本参见《柏拉图全集》第1卷，王晓朝译，人民出版社，2002。

败坏的教育。因此，我们可以看到，不管是从正的方面还是从反的方面，柏拉图都是在从对年轻人的教育的角度来谈诗歌创作，来谈美的创作：它如果不美，那是因为它不能敦风化俗，它会败坏青年；如果它美，那是因为它能够教育青年。

从这里我们也可以看到，其实柏拉图树立了这样两个标准：一个标准是最基本的，就是诗歌应该具有道德教化的作用；另一个标准就是，美以及诗歌能够达到教化功能。这就是我们刚刚说的文学之外的美的标准。但是除此之外，柏拉图还有一个标准。在《理想国》卷二的 378a 处，柏拉图说，如果诗歌不能敦风化俗，不能教化青年，因此会败坏青年，是因为它是这样粗鲁的、武断的、残暴的，或者说不受理性控制的神话故事，它就不是真实的。这一点非常重要，从 377 一直到 378，柏拉图特别强调，荷马在描述诸神和英雄的时候，把他们的真实或者本质丑化了，歪曲了真实。柏拉图认为，之所以神话会败坏青年，不能起到教育青年的作用，是因为诗人们的这样一些描述，或者他们的诗歌创作，包括还有类似于他们的那些画家，丑化了或者幻化了或者伪饰了那些真实的、崇高的存在。正是因为神话创作者及其神话作品的不真实，才导致了对青年的败坏。

我们已经涉及了柏拉图对于艺术、对于美的最基本态度，以及他为此提供的几层解释，或者说他持如此态度的原因是什么。第一点就是，艺术或者美可不可以实现在教化上、在教育上的功能。第二点，这个教化功能实现的是什么呢？也就是说，它能够敦风化俗、教化青年，还是说败坏青年？第三点，这是最根本的，同时也是在第一点和第二点上出现问题的根本原因，这些诗人、画家所面对的真实，与他们在艺术中表达出来的并不一致，他们歪曲了真实，或者说他们可能面对的是真实，但他们表达出来的却不是真实，还包括了那些并不真实的事情。

　　因此，在《理想国》卷二 377 到 378 的段落中，柏拉图就说诗人们津津乐道的仅仅是那些不光彩的编造，他认为这些编造的东西是不应该对那些没有头脑的、没有理性判断能力的、没有思考能力的、还不能发现真实并追索真实的人们去讲的。柏拉图认为，非真实的东西如果要去讲，也只能在很小的场合讲，以及在最少人的地方做最低限度的讲授。然后柏拉图就提到了不管诗人能够创造出美好的、具有教化功能的诗篇也好，还是说败坏青年也好，诗人都有两种创作方式，也就是在 393 处提到的诗人的两种创作方式。第一种方式是，诗人是用自己的声音，或者用自己的态度站在自己的立场上说话："那诗人他自己在说话，他并没有想要把我们的注意力转向别人，似乎说话的是一个别人而不是他自己。"第二种方式是，诗人隐藏了自身，他所说的是尽量像别人所说的那样，或者说去模仿别人所说的那样："他就像他是另一个人那样在述说一段话……这是一个人在模拟和仿效他所要相似的人……这位诗人和其他的诗人都是通过模拟、仿效的方式在进行他们的叙述。"

　　在第二种方式里，其实诗人是把自己隐蔽起来的。我们可以看到，从刚才导入的柏拉图对于美、对于史诗、对于诗歌这些文学创作以及对美的追求的基本态度之后，也就是柏拉图在对诗人的创作进行探讨之后，他终于提出了模仿问题。模仿问题当然涉及很多东西，特别是如何模仿，诗人为什么可以模仿，以及他以什么样的方式模仿，等等。

柏拉图提到过，诗人如果创作一个桌子，他仅仅只是模仿一个工匠，只是把那个工匠去创作或者制造那个桌子的工艺以及过程本身描述出来，诗人只要拥有这个技能就可以了，而不需要拥有像工匠那样去制造一个桌子的技能。因此，柏拉图认为诗人的能力或者说具有的技能，不是那种实际制作产品的技能，而仅仅只是一种模仿的技艺。当然这个模仿可能比较复杂，要采取很多的办法去做到类同别人，有人会仿造得比较好，有人仿造得可能会差一点点。但是这里我们不需要考虑那么多，需要我们思考的是：仅仅就模仿来说它是要干什么？这个模仿和思想、哲学的区别，甚至和技艺的区别在哪里？下面我们更多地讨论《理想国》的卷十，在这一卷柏拉图主要地或者说集中地批评了艺术以及作为艺术技能的模仿。

模仿本身在卷十中也分为几种，我们需要细致地区别一下它的意义。柏拉图认为，对于艺术家或者诗人来说，模仿就是制作一个形象，这个形象就是一个幻象。而当柏拉图这样规定的时候，我们要十分注意的就是，这个形象或者幻象一定不是真实的存在物，它不是一个真实的东西，即使这个形象本身是真实的，但形象本身不是真实的存在。如果它是幻象的话，它离真实的存在就更远了。而在这个意义上，所有诗人以及那些画家其实都是作为一个去制造如此形象的模仿者而被柏拉图定义的。

　　所以，如果我们的城邦是一个理想的城邦，是一个追求真实的城邦，诗人通过模仿而制造出来的作品，当然就不能存在于这样的理想城邦里。这就回到我们今天报告的最初话题上，美和艺术是模仿，而它们的功能本身并不是直接地追求真实。之所以如此，就是因为美和艺术通过模仿只是在制造形象甚至幻象。那么，艺术起码应该具有教化功能，如果艺术是恶的，是不好的，那我们就应该回避这种不产生真实的模仿。如果对于我们的灵魂和年轻人没有健康意义的话，那艺术根本就是连教育功能都没有，也就连教育的意义都没有。

　　柏拉图之所以会做出这样的判断，最根本的原因就是柏拉图认为艺术和诗歌的创作就是模仿，而模仿则是一种形象的制作，或者说幻象的制作。模仿是远离真实的，或者说和真实是有距离的，因此，它不应该存在于理想的城邦里。由此，基于真实，基于理念，柏拉图会说模仿本身当其不能满足或者不能达到我们理智的要求，也即不能达到我们理性认知的要求时，实际上诗歌、美以及这样的模仿，在我们的灵魂上，在我们的道德修养上，不管对于个体来说还是对于城邦来说，或者对于我们整个的共同体来说，就都是有害无益的。

　　到了这一步我们就可以看到，当柏拉图需要找到一个最终的根本原因，拿它去对艺术或者美做出一个根本评判时，他还是要用他的理念论。柏拉图所主张的模仿成为他自身理论的一个基本判断，也就是他对艺术家及其创造的美的规定：因为他们是在模仿，所以他们不是像哲学家那样、不是像我们城邦的公民那样在追求真实、追求自己的德性，即使艺术有助于追求德性，也不是一个主要的途径，甚至是可有可无的。如果艺术还能起到教化的作用，我们就可以用到它，反之，则把它驱逐出城邦。

二、柏拉图论艺术"模仿"与"真"

对于我们通常所理解的柏拉图的理念论来说，首先必须有一个真实的理念，而具体的、实际所有的东西，比如床或者桌子，就是对理念的模仿，制作桌子或者床的工匠就是对这个桌子或者床的理念的模仿，从而能造出一个实际的桌子或者床。而一个画家或者诗人，当他在他的作品里描绘出了实际的、我们所拥有的桌子或者床，这个画家或者诗人跟工匠不同的一点在于，他不是直接在模仿那个桌子或者床的理念，而是在模仿那个工匠所制造出来的实际的、现有的桌子或者床。

所以，按照柏拉图的看法，艺术家和工匠尽管都拥有某种技艺在制作，但不同的是，工匠是在模仿真正的理念，而艺术家连真正的理念都没有模仿，而只是在模仿工匠制作出来的对理念的模仿品，也就是说艺术家进行的只是隔了一层的模仿。当然，柏拉图还是会承认这种艺术模仿本身也是有技艺含量在内的，也是有制作的。下面我们来读《理想国》卷十中的相关段落。

在卷十的开篇柏拉图就提到他要考虑一些诗的内容。他首先问：诗的规定是什么呢？诗是以模拟为内容的，但是柏拉图说这个东西是不应该接受的。为什么呢？他说，这样一种只是模拟的诗在城邦中是不可以被接受的。在 596b 处，柏拉图谈到制作家具的工匠是以形式，也就是我们所说的理念本身来制作出家具，比如说桌子、床、躺椅这些东西。工匠是用手艺制作的，而这种依靠手艺的制作，就像神依据理念去创作一样。尽管工匠创造的是一个个的被造物，是会变的、朽灭的东西，但工匠创造出来的桌子、床、躺椅这些东西本身还是具有某种真实的东西。与之对照，柏拉图提到画家在创作一个躺椅或者一张床、一个器具等东西时，他和工匠最大的区别就是，他的制作技能生产出来的仅仅是一种形象的东西、一种幻象的东西，而不是任何一种意义上的真实的东西。

于是，柏拉图就开始从形而上学的角度来谈论艺术家是在制作什么样的东西。在卷十的 597 处，柏拉图说到，制作躺椅的工匠不是在制作那些是其所是的躺椅的形式本身，他制作的只是近似于、类似于那个形式或者理念的东西。即使工匠能做出那个实际存在的东西，但是那个实际存在的东西和真理、真实相比，依旧是晦暗不明的，或者说还不是根本的真实。还是在《理想国》卷十的 597 处，柏拉图谈到了工匠以及画家对于椅子或者躺椅、床的理念是如何模仿的。他认为，其实我们有三种躺椅：第一种就是躺椅的理念本身，也就是在事物本性里的那样一个躺椅，它的创作者是神；第二种躺椅就是我们所说的那些工匠、那些制作家所制作出来的躺椅，这个也是真实的，但不是事物本性里的躺椅的理念本身或者形式本身；第三种就是画家画出来的那个躺椅的形象，按照柏拉图的说法，也是按照是其所是的躺椅辗转制作出来的。但最为关键的是，不管是工匠做出来的，还是画家画出来的，它们都不是那个是其所是的、依其本性的躺椅本身。而且，不管是工匠的制作作为一种技艺，还是画家的描摹或者绘画方法本身作为一种技艺，它们都还不是像神那样真正的创造技艺。

以此，柏拉图不光认为画家创作出来的这个产品本身不是一个真实的、符合是其所是的本性的东西，而且认为画家的创作本身甚至都不能叫作创作。因为不仅他不是按照那个是其所是的本性去做出一个东西来，而且他制作这个形象的方法、技艺与这个被制作出来的形象本身，都不是那个最真实的是其所是的东西。

所以，柏拉图不仅把画家画出来的画作，而且把画家以及悲剧作家本身的技能，也就是模仿本身，全都认为是脱离或者远离于真实，和那个是其所是的本性隔了一层的东西。他在《理想国》卷十的597e处说："那悲剧作家……如果他是一个模拟者的话，如同君主和真理或真实所生的第三代，以及所有一切其他的模拟者们也都是如此。"他在这里从画家又转到了悲剧作家。也就是说，对于柏拉图来说，这些艺术的创作者，悲剧作家或者画家，创作的都不是那个真理或者真实，而只是最真实的理念本身的第三代产物，根本不是那个本性的东西本身。

接下来，柏拉图在《理想国》卷十的598处发问："绘画，就每一个事物来说，是以何者为目标的呢？它的目标是在于模拟是其所是的'是'，还是模拟显象之所显现的那样？"柏拉图认为绘画模拟的不是是其所是的"是",不是存在本身、理念本身,而是显象。因为画家是在模拟工匠制作出来的床或者躺椅,而不是在模拟那个躺椅的理念。所以,艺术家的创作本身就不是对最高真实的模拟,而是模拟一个实际的床这样一种显象的东西,而床本来只是一个通过模仿而被制作出来的实物。

因此,柏拉图在这里开始总结,艺术家或者诗人之所以会败坏青年,会用他们自己的艺术作品去欺骗青年,是因为他们创作出来的艺术作品,让青年、让孩子们相信就是那实际的东西。比如,画家画出一张床,画得惟妙惟肖,让孩子们看着就觉得是一张床,但实际上在柏拉图看来,这样一张床仅仅是真实的床的理念的影子的影子。而那些心智不健全的、灵魂还不完善的年幼心灵是判断不出这一点的,他们只是被模仿蒙蔽了。

柏拉图首先从教育的角度、从道德的角度,也就是完全从艺术外部批评艺术、批评美、批评艺术家,认为艺术和美的功能就在于教化,达不到这个功能目的,艺术和美对于理想城邦就是不好的;进而再从理念和艺术创作的关系上面,界定了或者规定了他所认为的艺术方法是什么。他认为艺术方法是模拟,或者叫模仿。而这种模仿由于在本质上或者在它实际的本性上是远离真实的,所以本身就是一种虚幻,是不能达到真实的。在这个意义上艺术家和艺术就会欺骗,所以就是坏的、恶的,从而也就不能达到教化的目的。因此,我们就可以进入一个著名的话题,即柏拉图所说的"诗与哲学之争"。

三、诗与哲学之争

柏拉图认为，诗或者艺术是不能达到真实本身的；而恰恰由于它不能达到真实，所以它是不能培育年轻人的，也不能起到教化年轻人的作用，自然也不能完善、养成、教化年轻人的灵魂，对于个人和城邦都是如此。

当然，尽管柏拉图从艺术外部功用的角度来谈论或者评判艺术，根据达到真实理念的标准来谈论艺术是好还是坏，但柏拉图始终没有谈到我们通常在欣赏或者创造艺术的时候所提到的美感、愉悦，或者说快感等其他的美，他依然仅仅是从艺术的本质规定性，或者对它方法论的一种形而上学的考量上来讨论诗是不追求真实的。所以，对于城邦来说，这种不追求真实的诗，就不应该是城邦应该拥有的东西。如果存在这样的东西的话，那么就应该把它从城邦里排除出去。但正如我们今天开头已经提到的，尽管柏拉图是从诗、艺术或者文学的外在要求——比如是否能够达到教化作用、是否具有高尚的道德作用以及是否能够达到真实——来谈论美和艺术，并以此排斥美和艺术，但柏拉图对话录本身就是优美的文学作品，生产出这样优美的东西，柏拉图难道就没有一点点对自己创作的自省吗？我们可以稍微脱离一下《理想国》，来看一看当柏拉图在对诗、艺术或者文学包括史诗这些东西做了这么多批评的时候，他有没有在别的地方探讨美感甚至艺术的美。

　　我们刚才讨论艺术作为模仿的时候，是说艺术模仿的是理念的模仿物，比如一张床或者一个桌子。即使柏拉图承认艺术有可能达到教化作用，能够敦风化俗，但这不是因为艺术自身就可以做到这一点，而是因为艺术做出的模仿才使艺术对于公民和城邦具有积极作用。所以，艺术不是依其自身而可以保留在理想国中。具体来说，当一个画家在创作一个桌子形象的时候，他是在模仿已经模仿理念而被制作出来的一个实际的桌子；当一个艺术作品能够表达出美的时候，不是因为这个艺术作品本身拥有美，从而其本身就是美，而是说，艺术作品跟那个桌子一样，是因为它们的模仿操作程序才使其能表达出美，而不是它们本身就是美的。就是说，因为首先会有一个是其所是的美的理念本身，然后才有模仿其而产生出来的美的现实物；再然后，画家、艺术家或者诗人再去模仿这个美的东西。经历这样一个模仿再模仿的过程，艺术家所创作出来的作品才能是美的，或者是美好的。只有这样，这个作品才能起到教化作用，才能达到道德标准，对于灵魂才有促进作用。

　　所以，当我们看到柏拉图从一种正面的意义上对美或者艺术家有所表扬、有所赞赏的时候，他依然是从模仿出发的。柏拉图在《法律篇》中提到悲剧诗人，他说我们在欣赏一个悲剧的时候，我们觉得它多么优美、多么高尚，这并不是因为那个悲剧本身是优美的、是高尚的，也不是因为那个悲剧诗人所拥有的模仿技能是优美的、是高尚的，而是因为他所模仿的对象让模仿活动制作出一个优美而高尚的东西。

那么，除了因为艺术最终的模仿依据是最高理念之外，还因为什么可以让艺术是优美的、是高尚的呢？是因为我们的城邦是优美的、是高尚的。只有我们的城邦拥有最优美、最高尚的生活，才能使一个悲剧诗人能够并且事实上去模仿这样一个宜居的、理想的、美且高尚以及道德完善的现实城邦，他的作品才体现了优美和高尚。这也是在古希腊可能每几年，或者每年除了奥林匹亚会之后还会进行那种悲剧比赛或者戏剧比赛的原因。戏剧比赛之所以会有优胜者，不是因为这些戏剧本身具有的美和高尚，而是因为本来就有一些美和高尚的现实的东西本身。只有模仿了那个最美、最高尚的理念以及理想的城邦生活及其对象本身，才能使那些成为优胜者的诗人或者悲剧作家写出优美而高尚的作品。

这里，柏拉图依然拒绝承认诗人自身及其如同魔法一般的技艺具有很高的地位。柏拉图认为，诗人或者悲剧作家通过他们的模仿技艺能够写出那些优美、高尚的作品，不是因为他们自己的技艺有多么优美、高尚，因为无论如何艺人都是赶不上神的。那么是因为什么呢？是一个怎样的东西才能让诗人或者悲剧作家进行创作呢？柏拉图说，是因为有一个真正的法（nomos）在这里，但这个法本身不是诗人或者悲剧作家的技艺本身。

因此，即使我们要表扬、赞赏、给予诗或者艺术一个崇高的地位、一个美的地位，也不是因为诗或者艺术本身，不是因为诗人或者艺术家所拥有的技能本身，而是因为有我们这样一个理想的城邦社会存在，而这个理想的城邦社会又是依照一个真正的法而存在。依据这样一个法，对于诗人或者画家来说，他们对这个法的运用不是在进行实践的生活本身，也不是在进行政治生活或者完善的、完美的道德生活，而是把能够运用到实践生活的一个完美的法模拟出来，这个法本身使他们的模拟能够达到完善、优美、高尚的地步，因此他们的作品才能是完善、优美、高尚的。

由此我们可以看到，柏拉图在批评或者表扬美的诗人、诗人创作的时候，尽管看似是从诗人本身出发、从作品本身出发，但是他在说到最后的标准、最后的价值的时候，都不是出自诗人本身，也不是出自作品本身，甚至这个美都不是属于诗人的，不是属于作品的，而是在诗人和作品之外的。美只不过是通过模仿、借用艺术作品传达出来而已，而模仿本身也是被法控制的，能够达到法所要求的应当，艺术模仿才能真正模拟出美和高尚。

所以，柏拉图才会说，当艺术和美能够达到这样的要求时，才可以允许艺术家存在，允许诗人存在，也就是容许他们存在于理想的城邦里。当然，即使艺术有这种积极的作用，柏拉图依然是从一种不属于艺术自身的东西来谈论的。但即便如此，柏拉图依然会高度赞赏美本身以及诗人的创作能力，我们可以看一下《伊安篇》《会饮篇》《斐德罗篇》中谈及艺术与美的内容。这里我们采用朱光潜先生的翻译，即人民文学出版社 1959 年出版的《柏拉图文艺对话集》。朱光潜先生不是从希腊文翻译的，而是从英文、法文参照德文、意大利文等现代各种西文的柏拉图译本翻译出来的。当然，学界公认他的翻译是优美的，在相当程度上也是准确的。

　　我们首先看看柏拉图在《伊安篇》中提到的诗人凭借的技艺，或者伊安或者荷马型的诗人凭借的专门技能是什么。它肯定不同于一个工匠制作产品的技能，但它为什么又会是技能呢？能够让大家看到或者欣赏到、体会到，甚至认为这是一个象征，但其实我们知道它不是真正的工匠制作技能。据说能够达到这种地步，是因为诗人本身会有灵感，那么这个灵感又是靠什么呢？柏拉图告诉我们，靠回忆。因为诗神曾经赋予了诗人一个灵感，而诗人能够把这个灵感发挥出来，或者说神灵附体。当神灵附体的时候，一个人的灵感就会发挥出来，就会创作出一个作品，这个作品就可能是优美的、高尚的，同时这个诗人也是高明的诗人。

　　在这个意义上，诗人就像古希腊的巫师或者神殿里占卜的巫师，他们具有神灵附体的能力，在这里也就是我们通常所说的迷狂状态、灵魂的回忆，等等。柏拉图特别地在《伊安篇》《斐德罗篇》《会饮篇》中提到，诗人的这种创作状态或者能力类似于那些爱智慧的人，甚至类似于那种爱的状态。因此，柏拉图把这种状态放在灵魂的回忆里面，甚至放在爱里面，把灵感或者迷狂放在灵魂上面，或者美的创作上面。柏拉图在《伊安篇》中提到，抒情诗人的心灵就跟神的信徒一样，在他神志清醒的时候是做不出一些东西的。但是在他得到了灵感、陷入了迷狂状态的时候，他就能创作诗歌，或者说这种创作诗歌就是代替神去说话。而神是什么样的呢？神对待诗人就像对待那些语言家、对待那些先知或者巫师一样，剥夺了他们日常的理智。凭神自身的力量，神附体在诗人身上，诗人由此不知不觉地说出那些珍贵的、像神所说的充满了智慧和美的话语。这恰恰可以回到我们今天报告最开始说的，为什么艺术家和诗人可以保留在理想国里面，就是因为能够起到敦风化俗的作用，能够培育青年的灵魂。但是艺术和诗为什么能够敦风化俗，为什么能够培育青年的灵魂呢？是因为模仿。从本质上说，是神灵真正附体，让诗人在一种迷狂状态下，类似于灵魂回忆的状态，创作出神所要求的东西。当一个诗人能够做到这样一种模仿的时候，他的作品才是真正的好的、符合善的标准的、达到教化功能的作品。

这样，柏拉图其实形成了一个循环。柏拉图首先针对以荷马史诗为代表的艺术作品中的那些不好的、坏的、恶的、不符合道德标准的、不符合人的理智和德性能力的内容进行批评，然后再说艺术家或者艺术作品是不好的，继而再探讨艺术家或者艺术作品为什么不好。因为艺术家的技艺是模仿，而这种模仿甚至低于那些工匠的模仿，是和真实隔了一层的东西，是对工匠模仿的模仿。在这个意义上，艺术跟哲学不一样，它不追求真实，所以才会起到道德败坏的作用，起到那些坏的教育作用。

但是柏拉图认为会有另外一种好的模仿，这种好的模仿同样不是诗人或者艺术家自身就能拥有的，而是来自神的。所以，对于诗人或者艺术家来说，成也来自真实的理念，而败也来自真实的理念。当神让他陷入迷狂状态，把灵感灌注于他的身体里的时候，他就能像神的代言人那样，把真正美好的、高尚的东西通过一个艺术形象——尽管还是模仿，但这是一种好的模仿——表达出来。

因此，柏拉图攻击诗人的败坏，主要是诗人创作的东西起到不敦风化俗的作用，所以它是不好的。柏拉图为什么不喜欢有些文学作品，是因为它们本身不追求真理，不追求真实，达不到真实的理念。这正是柏拉图对文学、对艺术、对所有诗人的最大批评所在。我们可以得出结论，柏拉图不仅因为诗人或者艺术家只是进行模仿而批评他们，还因为模仿只是制作幻象而批评他们。而如果诗人依照神赐的灵感而迷狂制作，替神说出了那些神圣话语或者制作了神圣形象，那么这样的模仿就是适合理想城邦的。

所以，从一个好的方面讲，一个诗人或者艺术作品之所以是一个好的、善的诗人或者文艺作品，正是因为他或者它能够真正地模仿，能够传达出真正的智慧、真正的理念，如此才能起到教化作用。根据这一点，可以说柏拉图在整个西方美学史上或者文学理论史上开启了一个模仿说的传统。根据我们刚才所说的柏拉图自己对模仿的规定，首先技艺本身是模仿一个已有的东西，这个已有的东西是先于艺术作品的，而这个艺术作品就是模仿品，而无论是好的、坏的艺术模仿，它都要做到惟妙惟肖。因此，艺术创作作为模仿本身就不是一种自主的创作，而是要符合我们的真理。有一个真理存在，因此我们要符合它，这样才是真正的认识。对于艺术也是这样的，它是模仿一个真的已有的东西，是要再现那个真的东西。

四、柏拉图"模仿说"的历史坐标

在柏拉图之后，亚里士多德在他的《诗学》中提到了悲剧是什么——悲剧就是模仿。模仿什么东西呢？模仿那个真实的东西。当戏剧是好的模仿的时候，它应该去模仿那个真实的东西。当然，亚里士多德对这种真实的规定跟柏拉图不一样，他不认为那个真实的东西是理念本身。亚里士多德不承认这一点，而且在这一点上对柏拉图的模仿做出了一个推进。

首先亚里士多德认为艺术的模仿并不是没有表达真实，它不同于一个工匠做的桌子，他不认为这个实际的桌子可以表达真实，而一个艺术家画出来的或者描写出来的桌子就不是真实的。亚里士多德是怎么区分的呢？他认为我们的哲学、我们的智慧追求那个真正的真实，那个真实本身，或者说就是实在本身，或者说就是实体本身。但是对于真实存在着不同的表达，在哲学之外亚里士多德提到了历史，然后又提到了文学艺术或者诗歌。

亚里士多德认为历史也是模仿或者描述。但是历史作为模仿或者描述，它模仿什么东西呢？是那些已经成为事实的、已然属实的东西。当然，这个事实有必然，有偶然。但是文学艺术跟历史不一样，亚里士多德认为，文学艺术确实就是模仿，但它模仿的不是那些实际上已然成为事实、成为现实的东西，不管是那些理论还是那些智慧。亚里士多德认为，文学艺术或者戏剧应该模仿应然的东西，也就是说，按照一种必然发生的事情，它不应该是偶然的。当说艺术模仿了一个东西的时候，不是说这个东西是有可能要发生的，而是说它必定要发生，是应该发生的东西。

在这一点上，亚里士多德与柏拉图的最大区别是，亚里士多德认为作为戏剧的模仿可以达到一种必然的真，可以达到一种应然的真；与柏拉图相同的是，亚里士多德认为戏剧依然要以那个真为模仿的目标，不能脱离真，不能歪曲真。当模仿歪曲了真的时候，它就不是好的模仿；模仿的应该是那个真正的、就是那样的应该的真。就艺术的方法、能力和技艺所应该追求的最终目标而言，亚里士多德和柏拉图的立场又是一样的。

所以，整个美学史或者文艺理论史的最初传统就认为艺术本身的方法就是模仿，而模仿就是模仿那个最真的东西。当然这个最真的东西对于柏拉图来说是那个理念，对于亚里士多德来说是那个本然和应然的东西。因此，对于整个西方的古典文学艺术、美学或者文艺理论来说，最根本的艺术创作方法就是模仿。有一个已经是真的或者应该是真的东西在那里，艺术就是为了尽量逼真地、符合它的样子地把它再现出来，这就是模仿。

这种观点当然是柏拉图或者亚里士多德奠定的，但是模仿观念本身，我们不能说是柏拉图或者亚里士多德第一次提出的，在他们之前其实古希腊人也是有模仿观念的。而这种早期希腊的模仿观念其实已经规定了柏拉图和亚里士多德会认为，模仿就是为了尽量真实地再现一个已有的、就是那样的东西。根据现在的文学史或者古典学的考证，模仿观念最初来自古希腊的祭祀活动，或者来自戏剧的起源、颂诗的起源。

　　所以，我们说不是柏拉图或者亚里士多德开创了艺术就是模仿的规定，我们不能认为仅仅是柏拉图和亚里士多德从哲学角度开创性地规定了艺术创作就是模仿，于是后代的理论家也就只是从哲学发展的角度来批评柏拉图和亚里士多德。艺术怎么能够只是模仿呢？因为它的表现及意识根本就不只是去模仿一个现实的东西。但其实可能批判家们忽略了，在早期希腊艺术起源的阶段，"模仿"这个词及其观念就出现了，它本身就是指那些祭祀活动，指在某些神圣仪式中去唱、去跳一些东西，因为它表达了我们实际想要的那种状态，或者真实的那种状态，或者我们还没有获得的那种状态。在这个意义上，这些东西就是模仿。因此，"模仿"这个词本身也来自这些祭祀活动，来自我们所说的某些神圣仪式的歌唱活动。

　　在苏格拉底之前，我们最早可以在德谟克里特那里看到"模仿"这个词指的就是绘画的模仿。按照德谟克里特说的，我们模仿自然，比如说我们在纺织的时候模仿蜘蛛，在造房子的时候模仿燕子或者蜜蜂，在唱歌的时候模仿天鹅和夜莺。所以，可以说模仿在整个古希腊，它本身就是对某种人类不制作实际产品的活动，或者不制作那些实用产品的活动的界定。模仿本身确实就是一种针对某个实际产品、实际活动的，具有实际功效的行为活动。

　　但是到了西方近代浪漫主义文学理论盛行的时候，大家会极端地批评模仿这个东西，认为模仿观念一方面贬低了艺术，另外一方面也限制了艺术，而艺术不应该只是模仿。因为在柏拉图开启诗与哲学之争的时候，诗是低于哲学的。到了近代之后，文学家、艺术家就开始认为艺术具有独立于模仿之外的、独立于哲学之外的、独立于科学探索之外的价值。但是当重新发现并复兴了古典艺术之后，他们也并不能彻底否定文学或者艺术是需要模仿的，并不能彻底否定艺术创作是需要再现的。只是近代的艺术家和理论家认为，艺术家本身，就像上帝、像神那样，自身就是能够创造的，他不需要模仿也能够创造出真。

当代的艺术家和理论家在反对传统模仿观念的时候，主要是从模仿方式以及模仿的关系上面讲的。艺术不仅仅是模仿，艺术不是艺术家模仿已有的东西，或者通过神灵附体让艺术家能够很好地、漂亮地、优美地去模仿出那个真实来，艺术不是这样的。因此，模仿就慢慢地至少在理论上被认为并不是唯一的艺术标准和艺术价值。也就是我们说的，除了再现艺术，人们认为还有表现艺术，而表现是不去模仿的。

那么表现什么东西呢？当柏拉图说模仿是要模仿真实的东西，亚里士多德说模仿是要模仿应然的真实的时候，这个东西我们可以说是真实的理念。在亚里士多德看来，自然是真实的，以及自然最后的根本原因是真实的。但是近代艺术家和理论家认为我们不模仿、不再现，而是要表现。但表现说的就是我们可以表现那些不真实的东西吗？其实不然，表现也要服从于真实。近代以来，艺术家和理论家在这一点上其实还是没有或者根本无法突破柏拉图对于模仿的对象是真的规定，不管是模仿已有、应然的真，还是表现情感的真。

有一本非常著名的现代文学理论作品叫作《镜与灯：浪漫主义文论及批评传统》（*The Mirror and Lamp*：*Romantic Theory and the Critical Tradition*），它探讨了近代以来浪漫主义文学理论的基本内容，正是这本书的作者最早成体系地批判了文学艺术不应该只是模仿，尽管之前也有别的理论家、思想家甚至艺术家反对过艺术的模仿观。但是人们不敢真正地在模仿之外建立起一个全新的、完全不需要模仿的艺术标准和艺术价值。在《镜与灯》中，作者 M. H. 艾布拉姆斯（M. H. Abrams）提到了我们在模仿之外还可以有表现，表现艺术家自身强烈的真实情感，但重要的是，这种情感也不是艺术家本人凭空创作出来的，或者说凭空捏造出来的。在这个意义上，即使艺术不是模仿活动，艺术家和理论家也认为艺术依然不是虚幻的，它应该是真实的，只是这种真实不是对他者的模仿，而是艺术家表达出来的并非现实存在的或者理论的一种真实。这种真实是什么呢？就是我们刚才说到的情感，或者说人的心灵。

还有一派理论家认为，非模仿的真实表现对象就是自然本身。这个自然不需要像柏拉图或者亚里士多德说的那样被模仿出来，而是仅仅凭艺术家的天才就可以传达出来，不是通过模仿的传达，而是通过一种表现的传达。但是柏拉图模仿说的两个最根本的环节，始终没有被现代直至当代的文学理论抛弃，或者说无法被抛弃。

第一个环节就是，艺术即使表现，也要表现真的情感，而不是假的情感。所以，文学标准或者文学创作手法本身，或者欣赏本身，即使不是模仿，也依然要追求一种真的东西。但这种真的东西不是我们哲学追求的真理，不是我们思想追求的真的道理或者真的理论，而是一种真的情感，是一种真实。

第二个环节就是，尽管我们也可以非模仿、非再现地掌握一门好的文学或者艺术手法，但是在这个里面，文学家和理论家始终无法排除柏拉图所说的神灵附体，也就是迷狂状态。当我们无法解释甚至无法勾勒艺术家、文学家是如何模仿的时候，柏拉图的灵感和迷狂是最具有解释效力的，而且这种灵感和迷狂是自然而然的，是艺术家、文学家自身不能操控、不能理性获取的，但却是可以自然拥有的。

所以，虽然我们可能已经拥有很多不同于古代的思想，我们已经发展出新的思想，但无论我们提出了多少新的东西，在某些基本的环节上依然无法从根本上抛弃、否定一些古典的或者传统的。我们必须承认，我们的新认识是有限的，而且我们的新认识可能无法推翻某些最基本的古老概念和思想，不管在哪里，古典或传统依然能发挥作用。

总结起来，柏拉图认为，第一，模仿是不追求真实的，它不以真实作为最根本的目的，因为它表现的仅仅是一个形象或者一个幻象。第二，好的艺术家或者诗人的模仿，以及模仿出来的这个形象本身，是对一个真实理念以及真实的东西的反映。第三，当模仿真正地传达出真实的时候，它就是一个好的优美的、高尚的，符合理想、符合理念、符合城邦的艺术创作，反之则否。第四，只有通过灵感或者迷狂，也即神的赐予，才能获得这种优美并且高尚的模仿。第五，这种模仿是城邦需要的，也是对培育城邦青年或者公民具有积极教化作用的。

事实上，虽然柏拉图对于模仿似乎不是那么看重，但模仿说仍然是西方思想史上无法回避的，甚至不能真正被驳倒的，不管柏拉图本人对于这个观点的态度是什么样的。

第六编
经典与诠释

伽达默尔论柏拉图

洪汉鼎 *

很高兴今天到这里来跟大家见面，因为对于像我这样的老年人来说，有很多新的东西要从你们年轻人那里吸收，这是非常宝贵的。

一、伽达默尔对柏拉图解释的理论背景

诠释学本身是一门哲学，是一门实践哲学，我现在只能就这个诠释学的一个很重要的部分即经典诠释学来讲伽达默尔的柏拉

---

* 洪汉鼎，德国杜塞尔多夫大学哲学名誉博士，山东大学哲学与社会发展学院特聘教授。

图解释。经典诠释学不是对某位哲学家的经典的解释，而是对某位哲学家的经典的解释的解释，它不是对该哲学家经典的具体观点的阐明，而是对其经典解释的理论背景、有效范围、效果历史和意义的研究，即它不是第一序的研究，而是第二序的研究。比如说，它不是研究柏拉图的经典，而是研究对柏拉图经典的解释，也就是说，它不是对柏拉图经典的诠释，而是对柏拉图经典的解释的诠释。因此，经典诠释学在诠释对某位哲学家的经典的解释时，首先需要找出这种解释所面临的现实问题和背景知识，即这种解释是在什么样的背景下和现实中提出问题的，以及对当前的理论和现实有何影响及效果。目前我们研究伽达默尔对柏拉图的解释，首先我们可能就涉及这种经典诠释学的研究。

这是什么意思呢？我是想告诉大家，我们在研究伽达默尔对柏拉图的解释时，需要先做一些关于伽达默尔所面临的现实问题的研究。因为伽达默尔写的关于柏拉图的著作不少，他自己是一位很深厚的古典语文学家，而且他在这方面的成就超出于海德格尔。我 2001 年拜访他时，他跟我讲，海德格尔曾说他希腊文不好，可是后来他努力学习希腊文，甚至在语音方面超过了海德格尔。他的十卷本全集，其中三卷都是论希腊哲学，他的研究非常细。今天，我站在经典诠释学的角度，通过伽达默尔对柏拉图的解释，来谈诠释学怎样诠释对一位哲学家的经典解释。

要了解伽达默尔对柏拉图的解释，需要先了解两个理论背景：第一个理论背景是古典学；第二个理论背景是未成文学说和德国图宾根学派，即所谓柏拉图的未成文著作研究。

二、古典学

古典学（Altertumswissenschaft），是西方近代产生的一门对古代文献进行历史考察的学科，是对古代文本的历史学探究。很久以来，人们一直认为，古典学是一种客观的、科学的研究，是古典学术的活的延续，以及古人关于世界的思维模式和情感模式的真实记录。然而，自20世纪以来，这种观点发生了变化，人们发现，古典学其实并不是一门延续古代学术思想的客观科学，反而是一门现代的新兴学科；它并不企图延续古人关于世界的思维模式和情感模式，而是试图通过自身对古代知识体系的审理，来不仅获得对古代社会生活的真实了解，而且获得对现代社会生活的真实认识。所以，它实际上是一个现代人通过对古代人生活和思想的历史性考察而对自身生活和思想的深刻反思。这种关于古典学的观点，是我在德国深刻体验到的。

大家知道古典学有所谓施特劳斯那一派的古典学。这一派主张古典不应受现代意识的影响，提倡不受现代意识影响的古典意识。但实际上这是不可能的，古典学本身就是需要有现代意识的。所以，我们若要了解一位大哲学家对古典的解释，就必须对他有一种古典学的考虑。德国漫长的古典阐释史上形成了一个浪漫主义的古典学传统，这个传统通过施莱尔马赫，还有之前从文学来讲的施莱格尔得到很大的发展。这两个人于1800年左右在柏林形成一个团体，不仅研究柏拉图思想，而且翻译柏拉图著作。施莱尔马赫的柏拉图翻译很有名，在 20 世纪 80 年代跟 90 年代初，德国用得最好的柏拉图学术经典版本就是施莱尔马赫翻译的。在当时的德国学者看来，施莱尔马赫代表了一个很重要的德国人文主义传统，即浪漫主义的古典学传统，不仅歌德、施莱格尔、谢林、黑格尔、温克尔曼、文德尔班，而且后来的海德格尔、伽达默尔，都属于这个传统。

为了理解这个传统，我想指出一本书，这是古典学兴起后颇为有名的一本书，作者是马丁·贝尔纳（Martin Bernal），书名是《黑色的雅典娜》（*Black Athena*），其副标题也就是主题：古典文明的亚非之根（The Afroasiatic Roots of Classical Civilization）。这本书试图通过复兴和提倡一种有关希腊文化的古代模式，摧毁和颠覆一种有关希腊文化的可以说非常主流的现代模式。它想复兴和提倡的古代模式，贝尔纳称之为黎凡特模式；而它想摧毁和颠覆的现代模式，贝尔纳称之为雅利安模式。所谓黎凡特模式，就是认为古代希腊文化广泛地受到了今天北非、西亚地区的古代文化的影响，也就是埃及文化和闪米特文化的影响。贝尔纳认为，古代希腊文化实际上是这两种文化殖民的结果。贝尔纳认为，对古代希腊文化的这种理解是得到绝大多数古代作家承认和记录的，只是进入现代后，特别是在 1785 年到 1985 年这两百年间，由于欧洲种族主义文化思潮的兴起，从而逐渐被一种新的对古代希腊文化的理解模式取代，这就是雅利安模式。雅利安模式认为，古代希腊文化有它自己的特殊性，它在本质上是来自北方大陆的雅利安人创造的，里面浸透了雅利安人所独具的高贵而优秀的文化种族特性，即使它存在着对同时期其他地区的民族文化的借鉴和吸收，也更多是在改造和同化的意义上，也就是使之归附于古代希腊文化自身的独特性，变成古代希腊文化自身独特的文化创造。①显然，贝尔纳所说的这个传统正是上述德国的传统，这是从文艺复兴时期开始，施莱尔马赫、温特尔曼更大地推进了的传统，但是这个传统按照《黑色的雅典娜》中的看法，好像只是一种带有西方中心论的现代雅利安模式。

　　伽达默尔当时的确就面对着这样一个理论背景。2001 年我拜访伽达默尔，当时他跟我说：诠释学还必须探讨更原始的东西，比如埃及的东西，这种东西如此深远地对希腊发生了影响；柏拉图在《蒂迈欧篇》中是如此恳切地描述了一个希腊人拜访埃及，说明那时希腊人就知道埃及并想更好地了解它，这就表示希腊受到了埃及文化、东方文化的影响；西方文化的源泉过去一直是希腊，现在看来这个源泉里的东西已经被西方吸收得差不多了，西方需要从东方的、埃及的或者印度的源泉找寻新的东西。我认为伽达默尔在研究古代希腊文化时的确考虑了这一部分，他认为这一部分是很重要的。但这是否就代表伽达默尔赞成贝尔纳的那种反对雅利安模式的黎凡特模式呢？我认为不是。虽然浪漫主义古典学所怀抱的是一种怀旧的理想，但它通过对古代文学的考察提出了一种关于人的理想，这就是主体意识和自由意识。这种理想

---

① 关于古典学的研究，参见聂敏里：《古典学的兴起及其现代意义》，载《世界哲学》2013 年第 4 期；尤其参见聂敏里：《〈黑色雅典娜〉的启示》，载《读书》2015 年第 11 期。

虽然可能是现代人的，但这正是在现代条件和语境下对古代的诠释。浪漫主义古典学试图通过将古代生活和古人思想理想化来反映现代人对一种更为完满的人类生活和思想的向往与预期，这就是现代诠释学所要求的。伽达默尔继续在德国浪漫主义古典学的传统下，遵循施莱尔马赫的观点来理解柏拉图。他在《作为柏拉图学者的施莱尔马赫》（"Schleiermacher als Platoniker"）这篇文章中写到：施莱尔马赫"在这些草稿中关于柏拉图的讨论，比起之前为翻译所写的诸导论，显示了对于柏拉图哲学的一种更深刻的洞见。很明显，他自己的哲学立场是在翻译工作中、在与柏拉图持续的交往中建立的。当数十年来的柏拉图研究相对于狄尔泰的诸观点在多方面改变了我们对于柏拉图对话作品的看法之后，该是时候重新研究施莱尔马赫的柏拉图主义了，以便呈现施莱尔马赫所理解的柏拉图的新面向"[①]。

所以，从这个方面说，像伽达默尔这种人，他不可能轻易地被现在的所谓后殖民主义的一些观点拉倒。这里我想到我们国内有些人提出中国哲学的现代化乃是按照西方模式构造的产物，以及汉文化模式统治了中国文化传统。实际上，无论是打倒传统还是恢复传统，无论是打倒古典还是回归古典，目的都是抛弃不适合自己的旧东西，而发明自己喜爱的新东西。它们都有一个大前提，那就是"在现代的语境下，在面对未来的语境中"，没有人真心想要回到古代。因此，我想有些问题可能需要我们认真地历

[①]　Hans-Georg Gadamer, *Gesammelte Werke*, J. C. B. Mohr (Paul Siebeck), Tübingen, 1999, Bd.4, S.375.

史地考察。这就是我说的伽达默尔的柏拉图解释的第一个理论背景。

三、未成文学说和德国图宾根学派

伽达默尔的柏拉图解释的第二个理论背景，是未成文学说和德国图宾根学派。未成文学说是 20 世纪西方学界柏拉图研究的一种新观点，它主张柏拉图有未成文的著作，特别是后人的报道和间接传承物，我们平常用的柏拉图都是直接传承物，也就是柏拉图著作，例如《理想国》等；它认为这只是一部分，更重要的一部分是有些后人比如亚里士多德对柏拉图的解释，还有一些间接传承物，同时代人的一些东西，这些间接材料相对于柏拉图的已有著作更重要。持这种观点的代表性学派就是德国图宾根学派，尤其是克拉默（Krämer）这个人，他于 1959 年出版了《柏拉图和亚里士多德的德性，关于柏拉图本体论的本质与历史》（*Arete beiplaton und Aristoteles, ZumWesen und zurGeschichte der platonischenOntologie*）一书。但是从历史来看，说柏拉图有未成文的著作，也不是什么新发现，亚里士多德早在《物理学》中就说过了。在 20 世纪初，有些德国学者的柏拉图研究做得很好，如施坦泽尔，他的柏拉图研究的确影响很大，像我们中国的陈康先生，就是跟他学的，这是一种德国传统的系统研究。相对于这些传统的系统研究，德国图宾根学派想走一条重建柏拉图的路，即所谓政治柏拉图，它试图对过去德国的系统性解读提出疑义。

对于图宾根学派，伽达默尔是持保留态度的，他专门写了一篇名为《柏拉图的未成文的辩证法》（"Platos ungeschriebene Dialektik"）的论文。他在这篇论文中说，正如对古典学的态度一样，这种间接传承物研究虽然也有意义，但直接传承物总比间接传承物更重要，因为只有在与直接传承物的对话中，被攀谈的人（Angeredete）才真正了解事物。这里他特别用了一个词——Angeredete，即"被攀谈的人"。在读伽达默尔的著述时，有两个德文词相当重要，一个是 anreden，另一个是 ansprechen，这两个词都是动词前面加 an，reden 和 sprechen 的意思都是说和讲，加上 an，就是对你说和讲，抓住你，对你说和讲，字典意思都是对话，但是要把它们翻译成中文，却很难。伽达默尔说读柏拉图的著作，我们就要成为跟柏拉图攀谈的人，也就是说柏拉图的著作能够把我们带去被柏拉图攀谈。他曾经问什么叫作艺术语言，他说艺术语言就是 anspruchsvolle 语言。这个词怎么翻？这是一种招呼你去与它对话的语言，是一种呼喊你去跟它攀谈的语言。我曾经把这种语言译成"苛求甚严且富有感染力的"语言，它是以富有意味而确切的方式对我们讲述而使我们得到感染。所以，伽达默尔说你看一幅画，该画就 spricht mir an，就是该画完全把你吸引住了，让你与它交谈，这个意思非常重要。我们读柏拉图的著作，就是在与他攀谈。伽达默尔更相信，只有被攀谈的人才真正地了解柏拉图。

正是在此意义上，伽达默尔在《柏拉图的未成文的辩证法》

这篇论文中写道："我们在最近五十年内通过那种由古典语文学
（die klassische Philologie）一再运用更精密方法对柏拉图诸对话
所做出的形式分析，虽然已经走得太过头了，但形式分析也意指
一种更重视直接传承物而非间接传承物的自然倾向。最终的目的
是要返回到施莱尔马赫，施莱尔马赫即使在与赫曼（Hermann）
的争论中，由于受到浪漫主义对话原则的思想的启发，对柏拉图
哲学阐释的重心也仍放在其对话之上。"① 对话只能通过直接传承
物进行，而不能通过间接传承物进行。例如，亚里士多德关于柏
拉图的报道，尽管亚里士多德是柏拉图的学生，但由于柏拉图是
理想主义者，而亚里士多德是现实主义者，所以亚里士多德笔下
的柏拉图可能就不是真实的柏拉图。因此，按照伽达默尔的看法，
报道柏拉图学说的间接传承物并不是隐藏在柏拉图文字著作后的
学说，它不可能颠覆我们关于柏拉图辩证法的认识，柏拉图的辩
证法其实表达了一切人类认识的有限性。伽达默尔在这里更器重
施莱尔马赫，他在其《作为柏拉图学者的施莱尔马赫》一文中说：
"知识界对于柏拉图思想的真正兴趣则在于，它是一个经由新柏拉
图主义而被引介的教条式的理论，而施莱尔马赫关于历史的创举
则在于，他的柏拉图形象完全是在诸对话中塑造的，并将那些不
能直接为对话作品所证实的柏拉图主义的教条思想、人物以及间
接流传排除。"② 他还说："我们拥有施莱尔马赫伟大的翻译作品及
通论性质的导论，以及对于各个单一对话的特别导论，是一份值

① Gadamer, *Gesammelte Werke*, Bd.6, S.129.
② Ibid., Bd.4, S.374.

得惊叹的语言与文学上的贡献。这些导论传递给我们的东西，是
为了更广大的读者圈所设想的，但却也是很典型的施莱尔马赫自
己所理解的柏拉图。"[1] 特别是施莱尔马赫关于柏拉图辩证法的研
究，指出辩证法就是对话，伽达默尔是备加赞赏的。

　　这大概就是我要讲的伽达默尔的柏拉图解释的两个理论背景：
尽管古典学很重要，但应当注意，他没有站在当代古典学的立场
上看问题；尽管他也谈间接传承物的重要，但他还是主张我们应
当被直接传承物攀谈。

四、伽达默尔的柏拉图解释

　　现在我们来谈伽达默尔的柏拉图解释。柏拉图对于伽达
默尔来说，是一位不可多得的先驱，他曾在他的论文《20
世 纪 的 哲 学 基 础》（"Die philosophischen Grundlagen des
ZwanzigstenJahrhunderts"）中，把柏拉图列为经过漫长世纪流
传下来的三个伟大对话者之一，第一个是柏拉图，第二个是康
德，第三个是黑格尔。他曾说过这样一段话：当代思想有希腊对
话者的存在，就是指柏拉图，这尤其是因为对于他们来说，词和
概念仍然处于直接的、容易的交流中，也就是说，直接与生活处
于交流中。伽达默尔认为，柏拉图在《斐多篇》中用"遁入逻各

---

[1]　Gadamer, *Gesammelte Werke*, Bd.4, S.374.

斯"（die Zuflucht in die logoi）的方法开始了西方形而上学的真正转折，同时也使思想与整个语言的世界经验密切相连。希腊人今天仍然是我们的典范，因为他们抵制了概念的独断论和对体系的强烈要求；正是由于这种抵制，他们才能去思考那种支配着我们同自己的传统争辩的现象，而不陷入近代主观主义的窘境。

这里我们可以看到伽达默尔对柏拉图的评价与海德格尔的不同：海德格尔认为自柏拉图开始一直到尼采，西方哲学陷入了形而上学的窘境，而伽达默尔认为柏拉图通过"遁入逻各斯"开始了西方形而上学的真正转折。这里我们就来研究这样一种转折，即哲学思维和语言紧密相连，这种语言不仅是说话者的语言，而且是事物对我们进行的对话语言。

作为古典语言专家的伽达默尔把哲学作为语言来理解，从辩证法回到了对话；晚年海德格尔借助于荷尔德林的诗的语言取代了形而上学的语言，他的语言是独白的，刚才我们说了概念是独断的。而伽达默尔借助于对话实现了对形而上学语言的超越，这种转向就在于不把 logos 理解为理性，而理解为说话。这大概就是我今天主要说的伽达默尔对柏拉图的解释，特别提出柏拉图的一句话，就是"遁入逻各斯"，因为这句话对于我们今天来讲相当重要。

"die Iuflucht in die Logoi"（遁入逻各斯）这句话，很奇怪，明明在《斐多篇》中，可是在中译本以及英译本中都找不到。苏格拉底在说这句话时还说了另一句话，即"Zweitbestfahrt"，就是"第二次最佳航行"。在《斐多篇》中，所谓"遁入逻各斯"就是指"第二次最佳航行"，由于是转折语，可能英译者忽略了，中译本是从英译本来的，当然也就没有了。为什么我们要讲"第二次最佳航行"呢？这是关键所在。德译本经过了深入研究，突出了"第二次最佳航行"。为了解释这句话，我想引证让·格朗丹（Jean Grondin）的一本书——《诠释学真理？——论伽达默尔的真理概念》（*Hermeneutische Wahrheit? Zum Wahrheitsbegriff Hans-Georg Gadamers*）。① 他这本《诠释学真理？》之所以重要，是因为我们读海德格尔、伽达默尔这些大哲学家的书，读不到他们思维的内在模式，这些模式都糅合到他们的理论里了，但读格朗丹的这本书，就可以琢磨那些大哲学家的思维模式是什么，它们是怎样从希腊演变过来的。我认为这本书对于我们来说，是了解西方哲学家思想源泉的一本很重要的书。

格朗丹在他这本书中讲，柏拉图的"第二次最佳航行"可以说是西方文明发展一个根本的转折，通过柏拉图这个所谓的"遁入逻各斯"，西方文明由于强调了理性而一致形成了今天的高度文明，但西方文明的弱点、缺点也是从这个"第二次最佳航行"而来的。

"第二次最佳航行"的确是苏格拉底在《斐多篇》中说的。怎么引出这句话的呢？苏格拉底说，哲学起源于惊异，看了宇宙这样冬去春来，万物有序，人们就研究这种起源，最早的前苏格拉

① 参见让·格朗丹：《诠释学真理？——论伽达默尔的真理概念》，洪汉鼎译，商务印书馆，2015。

底学派泰勒斯说宇宙的起源是水，阿那克西曼德说是无限，阿那克西米尼说是气，另外赫拉克利特说是火，按照这些哲学家的说法，这个世界都可以从它里面找出一个物质来作为这个世界的源泉。今天我们把这种看法叫作宇宙论。

苏格拉底说，当时的人认为，好像凭人的感觉就能达到真理，所以感到很有信心，但是过了不久后就发现这条道路不行，所以要走"第二次最佳航行"。什么是"第二次最佳航行"呢？就是要采取另外一条道路，这另外一条道路就是"遁入逻各斯"。这个逻各斯指什么？显然在柏拉图那里，逻各斯就是理型。因为当时在苏格拉底和柏拉图看来，过去人们老是认为世界来源于水，来源于气，来源于火，这个可以无限地追下去，于是柏拉图来了一个根本的转变，把万物说成都来源于理型，从而把原来的那些宇宙论一下子就上升到了本体论。所以，我们一般说形而上学是从柏拉图开始的，在他之前巴门尼德的"思有同一"也表述了这一点，这是哲学的即形而上学的真正开端。而前苏格拉底学派主要是宇宙论，从巴门尼德、柏拉图开始，结束了宇宙论，开始了本体论，之后宇宙论就划给了自然科学，划给了物理学，所以苏格拉底说这是"第二次最佳航行"。

为什么说是最佳航行呢？因为那时古希腊没有飞机，没有汽车，只能靠船，为了航行，希腊人最早发明了船。最先行船是靠自然风，就好像我们人类靠感觉经验来认识世界一样。不过后来出现了新问题，因为行船要靠顺风，如果是逆风就不能行船，为此，人类需要发明新工具，这就是后来叫桨、舵、发动机之类的东西，也就是我们人类理性制造的东西，这也就是"第二次最佳航行"。所以，苏格拉底用了这一比喻来说明哲学从宇宙论到本体论的转变。这个"第二次最佳航行"，就是说人类不靠自然的感觉，而是靠自己的理性来认识自然，这也就是伽达默尔所说的形而上学的重大转折。这个转折给西方文明做出的一个重大贡献，就是靠理性认识世界，后来康德那里的所谓"哥白尼式的革命"实际也是这条线。

这条线一直走到 20 世纪末，在这条线上我们谈论本体论都是用理型来谈，理型与事物的关系就是本体和现象的关系，即柏拉图的洞穴喻所说的，关在洞穴里的人看不到真正的事物，只能看到前面洞穴壁上的事物的影子，如果想看到真正的事物，就必须从洞穴里被解救出来。可是，洞穴里的人习惯了在洞穴里面看东西，所以一旦被解救出来，反而不习惯了，正如我们告诉你事物乃是理型的摹本，你不相信一样。把这种本体论用到认识论，这就是柏拉图的线段喻。这线段喻一直影响到我们现在的认识观点，就是说我们的认识分成意见和知识两部分：意见部分又分为想象、感觉，是讲属于感性的认识；知识部分又分为间接知识和直接知识，是讲属于理性的认识，科学是间接知识，而哲学则是直接知识。柏拉图的线段喻奠定了西方两千多年知识文明的基础，唯有理性、现代、逻辑、科学这套东西才属于真正的知识，构成西方文明的基础。

因此，"遁入逻各斯"这一转向，按照伽达默尔的老师拉托普的看法，就意味着西方文明离开了其独断论的感性的自然解释之路，从而开辟了哲学的批判之路。这位古希腊研究专家，把这种躲避到逻各斯的回避行为，看作走向合理认识的道路，这是一条完全不同于前苏格拉底学派走的道路。有"第二次最佳航行"，是不是说还有"第一次最佳航行"？柏拉图的先驱前苏格拉底学派所走的路基本上是不可走的，前苏格拉底学派基本是靠感觉来归并宇宙的起源，正如船行驶靠自然风吹帆，一旦有逆风，就不能行驶。所以，人类必须掌握其他工具，如舵和发动机，对于柏拉图来说就是逻各斯，故而他说要"遁入逻各斯"。逻各斯就是理型，用理型作为事物的本源，就产生了原型和摹本的关系，德文叫 Urbild und Abbild，理型就是原型，而万物就是摹本，理型是第一性的，而摹本是第二性的和附属的，这种理型论的表现就是柏拉图的洞穴喻。这种本体论支配了柏拉图的认识论，西方漫长哲学史就是用理性来解释逻各斯的历史，这就完全符合柏拉图的知识论，这就形成了西方文明发展的本质和根据。

　　一直到 20 世纪，才有了后现代思想的转折，使柏拉图的这种知识论受到了批判。柏拉图本体和现象学说的最有名的批判者就是海德格尔。你们知道海德格尔所谓的本体论差异吗？海德格尔的本体论差异是指他所谓的存在论与存在者状态的差异，即 Ontologie 与 Ontik 的差异，也就是他所谓的 Sein 与 Seiende 即 Being 与 beings 的差别，存在就是本体，存在者就是现象。这一本体论差异可以扩大，比如 Existenzial（生存性）与 Existenziell（生存状态）的差别、实体与样态（偶性）的差别、本质与事物的差别，中国哲学中的形而上与形而下的差别、理与气的差别、一与多的差别，以及宗教上的神与世俗的差别，都可以说是这种本体论差异。按照过去的形而上学，本体是主要的，现象是次要的，因此要通过现象寻求本体。现在现象学告诉我们现象即是本体，现象学在 20 世纪颠倒了过去的形而上学传统。

实际上这种本体论差异就是从柏拉图这里开始的：理型与摹本，一个是 Urbild，一个是 Abbild。西方哲学后来基本上都是沿着本体与现象、实体与样态、神与世界、本质与事物之间的差异而发展的，中国哲学的形而上与形而下、理与气或者一与多，都是属于这个框架的。长期的传统就是，本体，这个 Urbild，是主要根本的，而现象只是摹本。从胡塞尔现象学开始，就要颠倒这个传统，就是说我们要注重摹本，摹本就是主体，所以我们把这种学说称为现象学。现象学（Phänomenologie）和现象论（Phänomenalismus）是完全不同的。现象论是分析哲学经验论的观点，主张事物都是我们感觉经验的产物。而现象学就不是这样，它虽然着重在现象，但认为现象本身就是本体。摹本对于伽达默尔来说就是语言，所以他说理型变成了摹本。那么摹本是什么呢？这就需要解释逻各斯。他说柏拉图讲的逻各斯实际上就是语言，就是从摹本的角度来谈语言，所以这就是伽达默尔的一个很重要的现象学转折。

因此，伽达默尔的柏拉图解释，跟柏拉图不一样，伽达默尔是用语言来解释这里的逻各斯，而柏拉图说逻各斯是理型，认为逻各斯是理性的东西，只可思而不可感觉，之后的康德也是这样想的。而伽达默尔则相反，他从摹本的角度来说逻各斯，把逻各斯看成语言，就语言表达了世界而言，语言就是根据，这就是现象学的观点，它是从胡塞尔、海德格尔过来的。在语言里我们获得了一种始终不变的普遍性。从分析哲学来说，语言只是表述，只是摹本，它不是真的所指，如"花"这个词只是表达了花这个事物，它是一个摹本，这个摹本的意义就在于这个事物，一个语词的意义就是它的所指。反之，按照伽达默尔的语言本体论，事物只有在摹本里才来到了它的存在。《真理与方法》的第一部分就是关于语言摹本的，这个摹本还有一个词就是再现，比如这个杯子，画这个杯子就是它的再现，再比如这位音乐家刚刚唱歌，这个唱歌也是再现，一场电影或一部戏剧也都是再现。按照传统观点，再现是附属于原型的，是次要的；但现在按照伽达默尔的观点，再现比原型更重要，它让原型表现在真理中，例如伦勃朗的《夜巡者》，它再现了现实的荷兰阿姆斯特丹的夜巡警察，而且比现实的情况更有真理性和存在意义。

过去的形而上学本体论都认为摹本不是主要的，它的意义依靠它表现的事物，但伽达默尔正好相反，认为意义和真理不是在这个事物上，而是在这个摹本里。所以，再现不是光表现那个被再现的事物，而是把那个被再现事物的意义和真理表达了出来。例如刚列举的《夜巡者》，伦勃朗这幅画的意义远远超过现实的阿姆斯特丹的夜巡警察，因为人们从这幅画中获得了很多在现实生活中看不出来的意义。伽达默尔的这个观点是和海德格尔《艺术作品的起源》中的看法一致的。那里面有一句非常重要的话："存在者的真理是自行设置在作品中。"意义是自行设置在作品中的，就是说作品的意义并不是原来就在这个作品中，而是后来通过解读而自行设置在这个作品中，这个作品本身的意义是自行再现在作品中。这也就是说，实际上是语言把这个作品的意义再现出来了，因此这个语言再现非常重要，它不是第二位的，而是第一位的，它超越了事物，把事物表现的东西放在真理之中，故而它展现了事物的意义和真理。事物只有在其摹本中才来到它真实的存在。这样理解就对了，不要说事物高于它的摹本，而是说只有通过它的摹本，事物才来到它的真理。在这里伽达默尔颠倒了柏拉图的观点，原型本是理型，现在摹本成了理型。所以伽达默尔说柏拉图的"遁入逻各斯"开始了西方形而上学的转折，这种"遁入逻各斯"同时也是思想与整个语言性的世界经验相连的过程。

为什么伽达默尔这样说？因为逻各斯是一种反思，过去前苏格拉底学派对自然的解释是非反思的，它是凭感觉，因此最终需要放弃解释自然的非反思方法，而深入规定哲学本质的反思性中。按照伽达默尔的看法，柏拉图的成就在于把直接的此在移植在反思存在的形式中，移植在摹本再现的过程中。所以，按照伽达默尔的看法，存在反映到语言中绝不是单纯意识的活动，而是存在提升自己到无蔽之中。所以，伽达默尔认为，语言性的世界经验的普遍性就根源于柏拉图的"遁入逻各斯"，于是他说柏拉图真正能从这一点出发，即谁在讲话的镜子中观察事物，谁就可发现这些事物完全的未被简化的真理。这句话说得很深刻。这就是他在对柏拉图的解释中讲到的。

伽达默尔始终走的是一条综合的道路，或者中介的道路。他不拒绝现代的古典学，即希腊文明有埃及的影响，但是他并没有导向这一古典学，还是按照传统的那种浪漫主义主流模式，他可以承认柏拉图的未成文学说，但是他并没有倒向图宾根学派，还是沿着施莱尔马赫的这个传统解释，并在它们之间进行综合。同样，伽达默尔在传统与后现代之间，他也不完全走向后现代。我总是说，伽达默尔一直走在后现代的半途之中，正如海德格尔说他走在语言的中途一样。伽达默尔始终保持了一些传统的东西，始终走在现代与传统之间。这是我们在读伽达默尔的柏拉图解释时应该注意的一个很重要的观点。这也可以说是古希腊哲人的一种思维方式。

　　伽达默尔在解释希腊思想时，他很看重 dia 思维。希腊文 dia 是什么意思？它就是一分为二，例如 Dialektik（辩证法）、Dialog（对话）都是一种二分关系，而且都是通过前者来指与其对立的后者。这是一种辩证法思维，例如 dianoia，这就是通过 noia（noesis 直接认识）来获知，即间接推知，它跟直观认知正好相对，这一点非常重要。伽达默尔特别强调了这种直观认知跟间接推知的关系，说明直观认知要通过经验或间接推知，意味着真理是一个过程，而且几乎不可以探问，真理只有通过漫长的间接推理之路才能达到。

　　柏拉图的这种间接知，西方哲学史后来把它讲成知性（Verstand，understanding），那个直接知就叫理性（Vernunft，reason）。在斯宾诺莎、康德和黑格尔那里，出现了所谓感性、知性、理性三分法。这和我们中国人的讲法是不同的，我们中国人只讲两个，一个是感性，另一个是理性，即所谓闻见之知和德性之知。西方哲学史上讲感性、知性、理性，知性和理性就是间接知和直接知。为什么西方要进行三分呢？知性在西方哲学家看来，是一种知性思维，即通过间接途径获得认识，科学家一般都是这种思维。哲学家是直接思维或直观思维，从斯宾诺莎一直到黑格尔，都是这种看法。杜林是德国的一个很有名的科学家，恩格斯却说他虽然是伟大的科学家，但又是渺小的哲学家。恩格斯为什么这样说？就是因为杜林是知性思维，没有理性思维，只有形而上学思维，而没有辩证法思维。我们今天讲形而上学是有两个意思，一个是从本体论来讲，另一个是从知性思维来讲。黑格尔时代的形而上学思维指的就是这种知性思维，即片面的孤立的思维，它和辩证思维不一样，辩证思维是哲学家的思维，而形而上学思维即知性思维正好是自然科学家的思维，所以恩格斯说杜林虽然是伟大的科学家，但又是渺小的哲学家，因为自然科学家都是靠知性，靠推理、演算，这些都是形而上学思维，而哲学家靠的是辩证法，即辩证思维。

伽达默尔认为，对真理的直观认识，只有通过我们的语言才能达到，正好像一个事物是通过它的摹本或它的再现来表现其意义一样。这就已经包括了直观认知和间接推知的相互关系、依赖关系。对于伽达默尔来说，真理概念既包括了直观认识，又包括了间接推理的要素，就诠释学真理在理解中不必涉及一些逻辑的真理标准而是直接地被把握而言，它可以被标志为一种直观认知的经验。但是诠释学也考虑到真理发现的间接推理要素，因为它认识到真理的对话和中介性的必要性，这个就是一种间接推知。所以，每一个陈述都必须做出解释，而且这一过程是不可封闭的辩证过程。诠释学的两种古典技巧，即理解的技巧和解释的技巧，在伽达默尔的诠释中是同一个过程。过去我们都认为理解和解释是分开的，好像我们先理解了一个东西，然后再解释这个东西，但在伽达默尔看来，我们之所以理解，正是因为通过了解释，所以理解本质上是解释性的理解或者理解性的解释。伽达默尔肯定，诠释学的理解必须通过解释而形成，理解就是解释，通过解释来理解，因此文本的意义就在解读之中。这就是我们强调阅读之重要的理由。我们读《红楼梦》，我们在不同的时代会读出不同的意义。一部《论语》，两千多年解释不完，为什么呢？就是因为不同的时代有不同的解释。这也表明了人的认识的有限性，人的认识必须抛弃绝对性的要求，而满足于或然性。所以，在《真理与方法》中，伽达默尔用了一个显明性或恍然闪现的概念（Einleuchten）来表达真理，并说这种真理概念是一个修辞学概念，所谓模仿的、似真的或真的以及明显的都属于这个系列，说它们相对于被证明的东西和被确知的东西的真实性与确实性而维护自己的正确性。[①]伽达默尔曾讲到柏拉图光的形而上学，正是光才使可见物获得既美又善的形态，正是在光的形而上学基础上才建立了美之物的显露和可理解之物的明显之间的紧密联系。正是在这里，伽达默尔说理解是一个 Ereignis，即自成事件。这个词

---

① 参见伽达默尔：《真理与方法》第 1 卷，洪汉鼎译，商务印书馆，2007，第 488-489 页。

来自海德格尔，非常不好翻译，有人译成大道、大行，那是不对的。Ereignis 至少包括两个要点，一是自己，另一是形成，完成一个什么东西，它既有"己"又有"成"，所以我把它翻成自成事件。什么叫自成事件？比如我今天开车，突然在某处撞车了，就形成了一个 Ereignis；我看一幅画，读一本书，突然在这里理解了，就形成了一个 Ereignis。总之，Ereignis 包含两个意思，一是己，另一是成，理解乃是一种自成事件。

柏拉图把语言看成符号，又把符号看成摹本，并且从模仿理型的消极意义上来理解摹本，故而在柏拉图看来，语言好像又是一种无能。但是对于伽达默尔来说，语言的无能却不是消极的观点，他说柏拉图的天才就在于这种理解，即所谓语言的无能绝不是真理发现的障碍，语言永远是人的经验真理的条件，如"遁入逻各斯"所证明的。诠释学把人的有限性与一种不可封闭的认识可能性联系了起来。在《柏拉图的未成文的辩证法》这篇文章中，伽达默尔说柏拉图从人相对于认知神的距离出发来思考人的有限性，除了他的宗教感觉外还有他的辩证法的要点，就是认识到人的有限性正好是他认识真理的条件。

整体说来，伽达默尔不认为柏拉图是系统的，他也反对某种对柏拉图思想太独断的系统化，不认为柏拉图能够依照一些逻辑原则来解释世界，并且指出了柏拉图著作中的一些缺点。

五、文本与经典

如何理解"经典"这一概念？"经典"是诠释学中的一个重要概念。《真理与方法》有专门一章讲经典型。Klassik 这个德文词，既可以翻译成古典，又可以翻译成经典，但它最早其实只有一个意义，即古典，这是一个时间性和历史性概念。所以，伽达默尔实际上就是讲了古典怎么变成经典，它不仅是一个时间性概念，而且是一个规范性概念。

要正确理解"经典"这个概念，首先我们要知道什么叫作"文本"。"文本"这一概念，我们通常是从语言学出发理解的，这也是分析哲学的概念，人民出版社出了一本叫《文本性理论：逻辑与认识论》（*A Theory of Textuality*：*The Logic and Epistemology*）的书，这是当代一本很有名的关于文本理解的书，作者是乔治·J. E. 格雷西亚（Jorge J. E. Gracia）。[①] 此书中讲的文本就是从语言分析的角度解释的，即文本是由语词构成的语句所形成的一个集合体，这个集合体由作者写出来以传达作者的意义，读者读这个文本来获得作者的意图。尽管这本书也是英美诠释学领域的著作，但其"文本"概念与伽达默尔哲学诠释中的"文本"概念不同。

[①] 参见乔治·J. E. 格雷西亚：《文本性理论：逻辑与认识论》，汪信砚、李志译，人民出版社，2009。

法国哲学家保罗·利科（Paul Ricoeur）在其著名著作《诠释学与人文科学：关于语言、行为与解释的论文集》（*Hermeneutics and the Human Sciences*：*Essays on Language, Action and Interpretation*）一书中曾给"文本"下了一个定义，即文本是"任何由书写所固定下来的话语"[①]。这可以说是动力学的定义，前面的那个语言学定义可以说是静力学的定义。静力学定义就是从事物的外延和内涵来下定义，如刚刚说的文本是由语词、语句所组织并具有作者意图和读者加以理解的一个组合体，它是亚里士多德所说的种加属差的定义。如几何学中，我们将圆定义为其所有半径皆相等的图形，这个就是静力学的定义，种是图形，属差就是它与别的图形的差别，即它的半径都相等，一个图形如果其半径不相等的话，就不是圆形。除了静力学定义外，还有一个动力学定义，即从事物的产生过程来定义事物，例如上述圆，我们可以定义是一条线段，其一头固定，另一头绕360度转一圈而形成的图形，这个就是动力学定义。利科就是用这种动力学定义来定义"文本"的，他说"文本"就是话语的固定，也就是说，文本原来由话语或讲话而形成，原来都是讲话，都是说话，最后用文字把这个话语记录或固定下来就成了文本。

我们以中国文本为例，比如说《论语》这本书现在是个文本，当时它不过就是一些话语，弟子问，孔子答，之后弟子把它们固定下来，写成文本。但是这样一个固定究竟发生了什么变化呢？

---

① 保罗·利科：《诠释学与人文科学：关于语言、行为与解释的论文集》，新译本，洪汉鼎译，中国人民大学出版社，2021，第116页。

当时的环境或语境没有了，当时的现实问题没有了，孔子的神态没有了，弟子怎么问的也没有了，它只是记录了孔子曰或者曾子问，这就是记录。文本就是从文字这个角度将话语固定下来。我们平常讲固定话语，比如拿录音机来固定，那是固定了话语的声音，也可能拿摄像机来固定，这可以说是用视觉形象来固定。录音机固定是通过同一声音，摄像机固定是通过同一视像，文字固定是通过什么呢？比如我现在说花草的"花"，显然它代表外面那朵活生生的花，它固定了那朵花，但"花"这个字究竟是怎么固定外面那朵活生生的花的呢？显然，"花"这个字与外面那朵花声音不同一，形象也不同一，它们毫无共同之点，那它是怎么固定外面那朵活生生的花的呢？显然，它是通过意义来固定的，就是说这个"花"字的意义是指外面那类花的。所以，我们说文本是通过话语的意义来固定话语的。但是，这样一种固定却在我们的语言中发生了一个重大的革命。为什么呢？我们对话的时候有一个现实的语境，包括对话者的姿势、声音等，说话人和听话人都是直接的，他们的理解也是非常直接的，但是一到了文字，这些具体的语境全没了，我们只知道一些词汇。

利科曾以"间距化"（distanciation）这一概念来概括话语成了文本而发生的变化。他说这一概念表现为四种基本形式：第一种形式的间距化是通过所说话语的意义达到对于说话事件的超越。这使书写中被铭写下来的意义超出了原先话语的指称。这种被铭写之所以得以可能，是由于说话行为的"意向性的外在化"（intentional exteriorisation），这就是说，说话行为的构成性特征可以通过各种语法的和句法的方法被实现在书写之中。第二种形式的间距化涉及被铭写的表达与原说话者之间的关系。在口头话语中，说话主体的意图与所说话语的意义经常重合，而在书面话语中则根本不存在这种重合。文本的生涯摆脱了它的作者所生活的有限视域。文本所说的东西现在多于作者意指要说的东西，这样文本的意义与作者心理的意义就有了不同的命运。第三种形式的间距化是指在被铭写的表达与原听众之间存在的类似于上述的那种差异，在口头话语中，听者是由对话关系规定的，反之，书面话语则是说给未知的听众，并潜在地说给任何能阅读的人。文本使自身解除了它产生的社会的和历史的条件，使自己面对无限制的阅读。第四种形式的间距化涉及文本从直指的指称（ostensive reference）的限制中的解放。口头话语的指称最终是由具体境遇明确规定的，而在书面话语中，这种明确的规定不再存在。利科用海德格尔的话说书写文字的指称"不再是对话所指的 Umwelt（周遭世界），而是我们已读、理解和爱的每一文本的非直指的指称所筹划的世界"。因此，产生了这样一种可能性，即文本具有一个与口语指称范围不同的意义范围，这个意义范围是在解释过程中得以揭示的。

前两种形式的间距化，即通过所说话语的意义使说话事件黯然失色，以及所说话语的意义与言谈主体的意图的分离，意味着文本的客观意义是某种不同于文本作者的主观意图的东西。从这一点出发，利科得出了与赫施（Hirsch）这样的文学批评家的观点直接相反的结论，即"正确理解的问题不再能通过简单地返回所谓作者的意图就可以解决"。后两种形式的间距化对于解释理论同样重要。利科看到，书面话语不受对话者和对话境遇的约束，可能会引起对文本的两种态度：一方面，读者可能中止关于文本指称范围的任何判断，把文本的指称范围看作一个完全无世界的和自我封闭的实体；另一方面，读者可能抛弃这种悬置，力图阐明文本的非直指的指称。前一种态度是结构主义者采取的，他们试图用文本的内在关系来解释文本，因此提出了一个新奇而富有成效的说明类型，这个类型不是来自自然科学，而是来自语文领域本身。然而，利科重述了施特劳斯的批判，认为任何这样的说明都以某种形式的理解为前提，而这种形式的理解是不能被还原为结构分析的。而作为前提的理解形式涉及读者对文本可能采取的第二种态度。因为读者寻求的，可能不是某种隐藏在文本后面的东西，而是某种在文本前面暴露出来的东西，不是文本的内在结构，而是指向可能世界的东西。在这个层次上，理解文本就是从它的所指运动到它的意义，从它所说的东西运动到它关于什么所说的。

利科虽然比较深入地讲了文本的本质，但伽达默尔认为这还不是真正的文本定义，因为文本绝不是任何纸条或涂鸦。伽达默尔在和德里达辩论时写了一篇文章，叫作《文本与解释》（"Text und Interpretation"）。他说真正的文本有两个基本的意思：第一个是指西方最早形成的《圣经》这样的经典，它本身就具有真理，本身具有一种能够信仰和宣扬真理；第二个是从音乐来理解的，比如说荷马史诗，开始时是吟唱，唱熟了以后形成了文本，这就是说，文本是通过以后不断传授的实践过程而形成的。简单说来，以下就是文本的两个基本的意思：一个是可以传授的真理，另一个是长期实践过程的结果。伽达默尔说的与中国的经学有些相似。中国所谓的经，就是常经，即永远的真理；另外，经需要注疏、解释，就是说，经需要不断探索、不断解释、不断说明，这样才形成经典。

Klassische（classical，古典型，经典型）这个词在西方就是指古典的文本，即古代的作品。古典变成经典，时间性概念变成规范性概念，乃是后来出现的过程。这样我们看到，一方面，并非所有古代的文本都是经典；另一方面，经典也并非就是古代的作品。比如吉本（Gibbon）的《罗马帝国衰亡史》（*The History of the Decline and Fall of the Roman Empire, 1776—1788*），这是一部经典，但它并非一部古希腊作品。它之所以成为经典，是因为它包含真理内容并且被大家公认，成为一部被不断解释的经典。按照伽达默尔的分析，历史性虽然是经典的一个标志，但真正的经典是靠后来获得的规范性，也就是大家能够不断对之进行解释，进行诠释。

伽达默尔曾经写了《巴赫与魏玛》（*Bach and Weimar*），讲解魏玛和巴赫是如何成为经典的。魏玛，从地方来说本是德国的一个小乡村，大概只有两条街，形成一个丁字路口，但是它的经典性在什么地方呢？就在歌德时代，那里是一个魏玛公国。魏玛的经典性就是那个巅峰时代的产物，也就是说那个时代使它成为经典，那个时代有歌德，有席勒。同样，巴赫原来也是那个小乡村

的一个小教堂里的大提琴手，本来并不出名，但他演奏的音乐是
那样单纯纯朴，那样充满宗教情感，以至于最后成为一种经典的
巴赫音乐，他本人也同样成为一位经典作家。伽达默尔说这就是
经典。

伽达默尔说，经典首先自己本身要有浓厚的内涵，然后可以
不断地进行解释和诠释。他引用了一段黑格尔的话，说经典就
是那种"意蕴其自身并因此也解释其自身的东西（das sich selbst
Bedeutende und damit auch sich selber Deutende）"[①]。伽达默尔说，
如果我们将这句话置于历史的向度下来考虑的话，那么它便深
具说服力了。因为它不可能是说，这种自我意蕴乃是艺术作品自
身的某种本质特征，以至于它在无历史的永恒中始终不渝地讲说
自己，它毋宁说是对一部作品或一位大师得以经历所有历史变迁
的那种取之不竭的力道（Maechtigkeit）所做的判断。他说："对
于每一个时代而言，荷马、索福克勒斯、但丁、莎士比亚、歌
德、巴赫和贝多芬对我们诉说的东西，显然都是一种普遍人性
（Allgemein-Menschliche）。然而什么是普遍人性呢？那些让我们
所有人觉得是人性的东西，其本身乃是由我们所搜集并保留在我
们意识中的这些伟大人性作家的话语来规定。我们自己同时将它
们在其现象的历史单一性与消逝性中加以纯化，直到我们将其纯
粹的本质看作我们自己的本质、人性的本质。因此，经典并非一
成不变的东西，而是日新又新、不断给我们赢得最新的当代的东

---

① Hans-Georg Gadamer, *Bach und Weimar*, Kleine Schriften, II, J. C. B. Mohr(Paul Siebeck), Tübingen, 1979, S.76.

西。就如歌德与席勒，亦如贝多芬与巴赫。因为这位伟大的托马斯教堂领唱者的音乐也带有一种对于我们而言取之不竭的当代性，即便它也是一个君主时代的表现，一个你我陌生、使用着笃信宗教的语言的时代，而不像我们这个怀疑的或者决然任意的世界。"①

伽达默尔说得很深刻。我们也可以用此定义来说我国的经典《论语》。《论语》之所以成为两千多年来的经典，就是因为它一方面有自身的意蕴，另一方面这种意蕴不断地被解释。可知，经典就是对一部作品或一位大师得以经历所有历史变迁的那种取之不竭的力道所做的判断，它非一成不变的东西，而是日新又新、不断给我们赢得最新的当代的东西。伽达默尔后来之所以致力于诠释学，就是要发扬经典在当代的作用。如果没有后人的诠释，经典就不可能成为经典，而最多只能成为一个古代的东西。经典有两个必要元素：自身有意蕴，然后不断地被诠释。

我晚年最重要的工作就是进行中国经典诠释学研究。这里我特别要提到我的难兄余敦康先生。这几年，他要么骂我，说我走的这条路不对，在中国搞"伽达默尔分店"，要么鼓励我转到中国经典诠释学这方面来。在他看来，中国哲学要发展，唯一的进路就是诠释学。他写了一篇文章，题目就是《诠释学是哲学和哲学史的唯一的进路》。②今年春节我去看望他，他对我说："你一定要

---

① Gadamer, *Bach und Weimar*, SS.76-77.

② 参见余敦康：《诠释学是哲学和哲学史的唯一的进路》，载《北京青年政治学院学报》2005年第2期。

把中国诠释学搞起来。"我当时好像有一种临危受命的感觉。汤一介先生也一直说要创建中国诠释学。大家知道他有两个提法：一个是要创建中国解释学，另一个是要研究中国解释学史。汤先生的这两个提法是矛盾的：要创建中国解释学，就意味着中国没有解释学，那怎么会有中国解释学史呢？如果要研究中国解释学史，就说明中国有解释学，那怎么又要创建中国解释学呢？后来有一个德国的汉学家叫顾彬，写了一篇文章，说中国解释学是一个怪物，题目就是这样。在那篇文章中，他说西方近代后期哲学的发展出现了理解危机，才产生了解释学，因此解释学是现代西方的产物，怎么可能中国古代有呢！他说有些汉学家对于西方有的东西，好像都要说中国原来就有，以表明中国文化的伟大。当然他这种看法带有一定的偏见，但有一个观点是值得我们考虑的，即他认为中国古代没有解释学，这是对的。我们不要以为"解释学"只是一种解释的学问，如果这样以为，那当然我国古代就有解释学，例如《易传》是对《易经》的解释，王弼的《老子注》是对《老子》的解释，中国的经学也是对儒家经典的解释。Hermeneutik，我之所以要翻译成诠释学，而不翻译成解释学，就是因为人们一见解释学就说它是关于解释的学问，而忽视了这个词有它特殊的含义。所以，在这种情况下，我一方面主张中国有漫长的经典注释历史和深厚的经典注释经验，另一方面又主张要从这种漫长的经典注释历史和深厚的经典注释经验中创建中国经典诠释学，走一条从中国经学到中国经典诠释学之路。因为我们中国经典注释确实有很漫长的历史，有很深厚的经验，与之比较起来，西方显然不足。当然，西方并不是没有。早期西方哲学也跟我们中国哲学一样，是通过经典诠释来发展的，只是到了近代，到了康德，西方哲学家没有再搞，他们要写自己的哲学著作来发展哲学，而不是像我们中国通过注释经典来发展哲学。我们中国从孔子"述而不作"开始一直到清代，例如戴震的《孟子字义疏证》，都是在做经典注释；即使在现代，仍然用白话文来解释古代经典。这个是经典注释经验或者历史，并不是经典诠释学。我们现在需要在诠释学的基础上整理这些宝贵经验，创建中国经典诠释学。我希望将来有一批人从事这项工作，这样我们中国的经典诠释经验才会走向世界。

柏拉图的神学

田书峰 *

一、三种诠释路径

首先，我们是在现代科技的语境下来谈论柏拉图的神学这个题目。今日科技信息和人工智能的突飞猛进并未完全实现它们对人类的许诺，就是说科技的发达并不会让人完全地认识自我、解决一切人文的和自然的问题。所以，在今日社会我们依然能够感觉到科技与个人信仰之间的张力。古希腊人发明了所谓的 φιλοσοφία（爱智慧、哲学），哲学以认识真理为目的，以追问这个世界的最后根源为目的，而恰恰是对这个最后根源的追问导致

---

* 田书峰，德国慕尼黑大学哲学博士，中山大学哲学系副教授。

了古希腊哲学中的神学传统。哲学起源于对事物是如此的一种惊讶、对事物为何如此的一种叹为观止，也是对存在本身的一种思考，是一种理性的自我认识，也可以表现为有限与无限之间的一种张力。就是说，按照古希腊哲学传统，理性的认识对象不是理性自身的发明创造，而是被给予理性自身的，那么，理性也就有必要去理解或解释这些理性的认识对象。柏拉图的神学就出自这种古希腊传统，是在理性层面对原始神话的一种净化或去除神话（Entmythologiesierung）。我们研究它的意义何在呢？我们看今日的柏拉图神学，意义不是穷尽柏拉图的思考论证。我们今天重新反问柏拉图神学的这样一种思路，应该有它的一个现代意义，即再次凸显人性与神圣的完整性之重要。人性与神性之间的关系呼唤我们去认识到这样一种观点，即人性的完整中必然蕴含着神性，而神性的存在也为理解人性提供了一条更为超越的道路。重新反观古希腊尤其是柏拉图的神学，是对古代哲学中占据着核心地位的问题的一种现代思考，是对日渐模糊的神性概念的一种重新呼喊和凸显。

对于柏拉图神学传统来讲，有三种不同的诠释路径：第一种被称为宗教批判性的诠释路径；第二种是形而上学的诠释路径；第三种是宇宙论的诠释路径。这三种不同的诠释路径各自呈现的有关神的画面是不一样的，各自依据的文本和所要处理的问题也是不一样的。

二、《理想国》卷二中的宗教批判

我们通常认为柏拉图的神学可以从他对话著作中最重要的几篇一窥全貌，包括《理想国》卷二、《法律篇》卷十，当然最重要的非《蒂迈欧篇》莫属。什么是宗教批判或神学上的解释呢？我认为神学上的解释就是柏拉图在不同的对话中表达出来的宗教批判，或者在《法律篇》中提出的对宗教的新解释，以及对神的存在进行的证明，等等。但具有争议的是，这样的一种神学批判或神学视角是不是自成一派（sui generis）。F. 索姆森（F. Solmsen）认为，柏拉图的宗教哲学尽管以政治哲学为基础，但却独立于他的形而上学诸观点。[①]

神学（θεολογική）这个术语的首次出现应该是在《理想国》卷二的 379a5 以及以后的内容里。在西方思想史上，柏拉图第一次使用了这个术语。这里讨论的问题主要是关于市民的教育，尤其是城邦护卫者和统治者的教育的，即市民应该在一种什么样的神话叙述中被熏陶、被教育。他指出，诗人对诸神的讲述是错误的，因为他们把诸神描述成具有一切弱点的人的样子，比如说天神乌拉诺斯被他的儿子克洛诺斯阉割，对话中柏拉图的兄弟阿德曼托斯认为这样的讲述应该遭到禁止，因为这样，神明就具有了与人一样的弱点和罪恶。所以，柏拉图声称要把诗人，当然是那

---

① 参见 F. Solmsen, *Plato's Theology*, Ithaca, 1942, p.viii。

些靠背诵荷马史诗和赫西俄德的《神谱》为生的诗人，赶出城邦，因为诸神的恶劣和不正义可以败坏年轻人。

柏拉图所说的神学到底是什么意思呢？20世纪一位有名的德国古典学家耶格尔认为，柏拉图是在一种自然理性的意义上使用神学这个术语的，也就是说神学是对神的哲学研究。[①] 当然亚里士多德在形而上学中多次使用神学科学（theologikē epistēmē，θεολογική ἐπιστήμη），这种科学之所以被称为神学的，是因为它的研究和叙述对象是神。在亚里士多德那里，研究神就是研究万有的本原，因此这种研究被称为形而上学。但另外一些专家认为，柏拉图在《理想国》卷二中说的神学并不具有真正的神学之意，而是神话学中的一部分（mythologia）。阿德曼托斯引用了这个熟悉的词后，苏格拉底再也没有继续发挥，所以可以说这个词并不是柏拉图的哲学专业术语，而是古希腊日常语言。而迈克尔·保特（Michael Bordt）认为，阿德曼托斯所问的神学的规则实际上含沙射影地暗示了神应该是什么样子的问题，即这些规则不仅是诗人应该遵循的，更隐含着神本身的属性特质的问题。[②] 所以，柏拉图强烈地指出，神一定是善的，不会有偷盗、欺骗和婚外恋现象。另外，神一定是不变的。

在古希腊语中，ὁ θεός 中的冠词有两种不同的用法：一种是特指的，针对某个个体；另一种是普遍的，针对某个类属。如此

---

① 参见 W. Jaeger, *Theology of the Early Greek Philosophers*, Oxford, 1947（dt.: Die Theologie der fruehen griechischen Denker. Stuttgart 1953），p.13。

② 参见 M. Bordt, *Platons Theologie*, Muenchen, 2006, S. 52。

我们可以得出对神的两种不同的翻译：第一种是这个神，反映的
是以多神论为主流的文化；第二种是普遍意义上的神，反映的是
以一神论为主流的文化。而在当时古希腊的文化和宗教中存在着
很多不同的神。这时我们不禁想：柏拉图的用意是不是想挽救当
时多神的泛滥文化，而提倡一种正义与善的一神论呢？如果我们
这样认为，是不是犯了一个时代倒置的错误，即把当今犹太教或
基督宗教传统下的神的概念牵强附会地加于古代雅典呢？对于这
个问题，我们可以从历史上回顾一下。第一，历史上的其他宗教
文化中有从多神到一神的发展倾向。这种倾向从荷马史诗和赫西
俄德的《神谱》里就已经可以窥见一斑。众神中有一个严格的等
级制度，在古希腊文化中宙斯是最高的神，统治其他神。第二，
主张一神论者在当时并非柏拉图一人，其实，色诺芬尼作为最早
的宗教批判者就已经提出，众神应该由一位最高的神统治引导，
严格意义上的神应该只有一位。另外一位就是恩培多克勒，他认
为世界多样性的原初状态是一个圆球（Sphairos）或球形原子。这
个圆球，他称为神。从这个圆球里产生出四种不同的元素，即火、
水、土、气，以及另外两种基本的力量，即爱和憎。世界上的一
切都是由这个最高的神而来。

　　在《理想国》中，理解柏拉图神学的焦点就是神和善的理念
的关系问题：善的理念与神是不是相同的（τὸ ἀγαθόν = ὁ θέος）？
柏拉图在卷二的后半部分提出神的本质是善的，描写神的标准应
该是道出神的善之本质，而不应该像荷马和赫西俄德那样，把诸

神描写得那样丑恶和贪婪。① 最后他肯定地说，神不仅是善的，而且是所有善的事物的原因。恶的事物的原因绝对不能在神那里去找。我们来看以下这段对话：

> 苏：绝不该让年轻人听到诸神之间明争暗斗的事情（因为这不是真的）……作为寓言来讲也罢，不作为寓言来讲也罢，无论如何不该让它们混进我们城邦里来。因为年轻人分辨不出什么是寓言，什么不是寓言。先入为主，早年接受的见解总是根深蒂固不容易更改的。因此，我们要特别注意，为了培养美德，儿童们最初听到的应该是最优美高尚的故事。

> 阿：是的，很有道理。但是如果人家要我们明确说出这些故事指的是哪些，我们该举出哪些来呢？

> 苏：我亲爱的阿得曼托斯啊！你我都不是作为诗人而是作为城邦的缔造者在这里发言的。缔造者应当知道，诗人应该按照什么路子写作他们的故事，不许他们写出不合规范的东西，但不要求自己动手写作。

> 阿：很对。但，就是这个东西——故事里描写诸神（有关神学）的正确的路子或标准应该是什么样的呢？（ὀρθῶς, ἔφη: ἀλλ᾽ αὐτὸ δὴ τοῦτο, οἱ τύποι περὶ θεολογίας τίνες ἂν εἶεν?）

> 苏：大致是这样的：应该写出神之所以为神，即神的本质来。无论在史诗、抒情诗或悲剧诗里，都应该这样描写。

> 阿：是的，应该这样描写。

---

① 参见赫西俄德：《神谱》154，459。

苏：神不肯定是实在善的吗？故事不应该永远把他们描写成善的吗？

阿：当然应该。

苏：其次，没有任何善的东西是有害的，是吧？

阿：我想是的。

苏：无害的东西会干什么坏事吗？

阿：啊，不会的。

苏：不干坏事的东西会作恶吗？

阿：绝对不会。

苏：不作恶的东西会成为任何恶的原因吗？

阿：那怎么会呢？

苏：好，那么善的东西是有益的？

阿：是的。

苏：因此是好事的原因吗？

阿：是的。

苏：因此，善者并不是一切事物的原因，只是好的事物的原因，不是坏的事物的原因。

阿：完全是这样。

苏：因此，神既然是善者，它也就不会是一切事物的原因——像许多人说的那样。对于人类来说，神只是少数几种事物的原因，而不是多数事物的原因。我们人世间好的事物比坏的事物少得多，而好的事物的原因只能是神。至于坏的事物的原因，我们必须到别处去找，不能到神那里找。

阿：你说的话，在我看来再正确不过了。①

在这段对话中，我们可以看出柏拉图提出神善说的初衷与城邦市民的教育有关。在当时的城邦中，宗教的作用遍存于各个生活角落，城邦与宗教、宗教与城邦如胶似漆地黏合在一起，不能分开（Polisreligion）。儿童的宗教教育同时就是儿童的社会城邦教育。②所以，柏拉图在思考神应该怎样被言说的问题时，实际上就是在思考城邦生活的基础。如此，一方面，柏拉图的神学是为了建设一个正义的城邦，是为教育儿童和市民服务的，并没有一种真正意义上的独立的神学思考；另一方面，柏拉图提出的神善说、神是诸善的原因说，则为我们提供了一种形而上学的审视角度。他的这种从城邦教育问题到形而上学的转变或上升是不是可以理解成一种对柏拉图将神等同于善的理念的证明呢？可是，问题并非这么简单，因为，柏拉图从未明确地说过，神就是那最高的善的理念。但是，我们通过这段对话仍然很有收获，即柏拉图对神的谈论有两种语境，第一种是城邦宗教或者城邦教育的语境，第二种是形而上学的语境。我们也可以说，柏拉图正式开启了古希腊神学之先河，从形而上学的角度对神的存在进行证明，神学是形而上学中的不可被取消的一部分，也是不可被还原为其他原则的一部分。亚里士多德就干脆在其形而上学中把神看作万有的第一原则（πρώτη ἀρχή），称神学为第一哲学，物理学、数学和神学都

① 柏拉图：《理想国》377b5-379c8。译文出自：柏拉图：《理想国》，郭斌和、张竹明译，商务印书馆，1986。译文有改动。

② 参见 M. Bordt, *Platons Theologie*, S.152。

属于理论科学，而神学是最高的理论科学，也就是第一哲学。第二种语境就比较复杂，因为柏拉图把神与善的理念同时看作一切存在的原因。如此，善的理念和神就不应该有什么区别。柏拉图的用意好像是：如果我们要对神进行言说，我们就必须转向形而上学，因为只有形而上学才可以说出存在的真实情况。如此，神学是依赖于形而上学的。神话的叙述根本不可能成为一个标准，因为诗和诗人不能成为评判其真理的标准。这也是柏拉图对诗人并不那么友善的原因。

三、形而上学的诠释

按照形而上学的诠释，柏拉图的神学就等同于他的理念论。这样的一种解释，最早应该可以追溯到 19 世纪德国的一位古典学家——策勒尔，他所写的《古希腊哲学史纲》是迄今为止最好的一部系统性地阐释古希腊哲学史的著作。他认为，谁如果想学习和了解柏拉图的神学，就应该学习他的形而上学，而这个形而上学就是理念论（Ideenlehre）。[1] 柏拉图所说的神就等同于善的理念，即他在《理想国》中说的最高的理念。这样的解释也与亚里士多德在《形而上学》卷十二中说的第一哲学，也

---

[1] 参见 E. Zeller, *Die Philosophie der Griechen in Ihrer Geschichtlichen Entwickelung*, Zweiter Teil, erste Abteilung: Sokrates und die Sokratiker - Platon und die alter Akademie, Leipzig，1844。

就是 θεολογική επιστήμη 有关。① 按照策勒尔的看法，神不可能高
于理念，因为这样的话，理念就会是派生出来的，且在本体论上具
有依赖性了。因此，新柏拉图主义者的解决方案也是不可取的，即
他们将理念看作神的思想，那么，理念就会是神生产出来的。但
是，也不可能同时存在两个彼此无关的最高的原则。所以，最后
只有一种可能性，即神与善的理念是一体的。甚至耶格尔也认为，
柏拉图的善的理念必须在前苏格拉底学派有关神学的反思中才能
被充分理解，每一个本体论上的首要原则与神或神性都是一体的。
耶格尔指出，在《理想国》中，善的理念被看作最为幸福的存在
(《理想国》526e5)，这种描述在传统上只适用于神。

　　A. 迪艾斯（A. Dies）在 20 世纪初、M. 恩德斯（M. Enders）
在 20 世纪末发展出一种新的形而上学诠释，他们认为，神就等同
于整体的理念世界。迪艾斯认为，神性的存在就等同于存在的全
体，但不是作为部分的叠加，而是作为一种完美的综合。② 而恩德
斯则认为，《理想国》卷二中单数的神（Gott）表达的是作为整体
的理念世界，而复数的神（Götter）则表达的是不同的理念。神
就是理念在其自身进行自我反思的隐喻表达，理念自身就是富有
精神的认识主体，可以认识自身。③

　　无论如何，我认为，《理想国》卷二中表达的神或关于神学叙
述的规则的讨论与在《理想国》中间几卷中所说的善的理念之间

① 参见亚里士多德：《形而上学》I 2. 982b28-983a11, VI 1. 1026a18-23, XI 7. 1064a33-b3。
② 参见 A. Dies, *Autour de Platon*, Bd. II. Paris, 1927. p. 560。
③ 参见 M. Enders, "Platon's Theologie, Der Gott, die Goetter und das Gute", in *Perspektiven der Philosophie. Neues Jahrbuch* 25 (1999) 131-185。

具有一种相关性，也就是在单数的神与复数的神、单数的善的理念与复数的善的理念之间有某种类比的关系。柏拉图认为神只能是善的事物的原因，而不是恶的事物的原因，但是他本人却没有给出证明。如此看来，那种坚持认为柏拉图的神学与善的理念之间没有什么关联的命题是靠不住的。保特认为形而上学的诠释路径可以分为两种：第一种是简单的同一命题，即神与善的理念等同，而单数的神与复数的神之间的区别是无关紧要的。但是，这种同一命题忽略了关于神和善的理念的不同文本。同一命题更多是一种系统反思后的结果，而不是文本阐释后的结果。第二种认为，《理想国》卷二中的宗教批判与中间几卷中的形而上学文本之间有某种内在关联，即对于护卫者来说，他们的宗教就是形而上学。这表示，哲学王已经使用形而上学来超越宗教。这是否将黑格尔的哲学用在了柏拉图身上呢？柏拉图确实在神与善的理念之间确立了某种关系，但是他没有在任何文本中将两个等同起来。因为，关于宗教批判和形而上学的文本是不一样的。但是，对于柏拉图来说，这两种文本是相互联系、密不可分的。在城邦宗教以及史诗的框架下，我们没有任何标准来判定我们所说的就是关于神的真理。只有形而上学能够对万物的首要原理进行言说。柏拉图的神学只能在他的哲学体系的连贯性中被解释出来。意思是，如果没有神学和形而上学的一致性，柏拉图的作品也就没有内在的连贯性。

四、宇宙论的诠释

宇宙论的诠释路径依赖的文本主要是《蒂迈欧篇》和《法律篇》卷十。在《法律篇》卷十中，柏拉图分别就神的存在、神对世界的关心和神的非受贿性给出了证明。卷十中的场景大概是：三位老人（分别来自雅典、克里特和斯巴达）就什么是城邦的最好的政治和法律展开了对话。其中最重要的一个论点（在卷一中就提出了）是：法律只有当它使市民感觉到幸福的时候才是正确的法律。幸福也只有当人把人的外在美德（健康、美丽、财富）和神性的美德（智慧、节制、勇敢和正义）连在一起的时候才能实现。这个雅典人强调，人的美德需要实践智慧（φρόνησις），而神性的美德需要理性（νοῦς）。卷十为那些在言行方面亵渎神灵的人设置了惩罚的法律条例。而实际上，法律条例只在卷十的末尾被谈到，而在这之前，柏拉图大着笔墨于一个前引。柏拉图借助于这个雅典人提出，一个立法者有两种可能性来使民众守法，第一种可能性是狐假虎威，利用暴力和惩罚（他律的）；第二种可能性是试图让民众从理性上理解法律的精神，进而守法，即理解法的精神而守法（自律的）。而法律的精神基础的来源却是神。卷一开头的第一个词就是神（θεός），然后重复了两次来强调神为立法的基础。

> 雅典人："一个神，或是人，应该是谁，诸位宾朋，你们

认为谁应该是立法的基础？"

　　克莱尼亚斯："神，客人阿，神，这是最正确不过的了。"①

这种法和神的紧密联系在当时应该是民众的一种基本观点。斯巴达人认为他们的法律就是在德尔斐神庙里由阿波罗赐予的。所以，如果人否认神的存在，那么这不但与当时民众的基本观念背道而驰，更是动摇了法律以及整个城邦的基础。如果一个人攻击某个神，那么他就是攻击这个城邦的法律和城邦本身。所以，实际上，证明神的存在、关心和非受贿性就是为人们创造一个基本的信念，即人可以通过遵守来自神而由人颁布的法律而过一种幸福的生活。

　　关于诸神的存在，柏拉图是根据井然有序地运转的宇宙天体来论证的。年、月、日都是因为天体的运转、太阳的位置而产生的，自然的繁盛衰亡也与太阳的位置有着十分密切的关系。所以，时间是随着天体的产生而出现的。而当时大部分人相信，每个天体都是一个不死的神灵。柏拉图在卷十中认为，无神论之所以产生：一是因为当时流行的一些神话的神谱，大家对众神的产生和大小莫衷一是，众说纷纭，于是便混乱不堪；二是因为一种忽视了有灵论的首要性的物质主义。本来灵魂是事物生成与毁灭（Werden und Vergehen）的在先原因——灵魂被那些物质主义者看成在后的东西，他们把后来产生的东西看成在先的原因了。②

---

　　①　柏拉图：《法律篇》642a1-5："θεὸς ἤ τις ἀνθρώπων ὑμῖν, ὦ ξένοι, εἴληφε τὴν αἰτίαν τῆς τῶν νόμων διαθέσεως;"Κλεινίας: θεός, ὦ ξένε, θεός, ὥς γε τὸ δικαιότατον εἰπεῖν."

　　②　参见柏拉图：《法律篇》891b8-892c8。

接下来，柏拉图举出了不同的运动形式，而最高的一种运动形式应该是自我运动（Selbstbewegung），自我运动不需要外在的推动，自己就是自己运动的原因。凡是运动的东西都需要一个外在的推动原因，但这种追溯不能推导到无穷，否则就犯了退至无穷（regressum infinitum）的错误。所以，必须有一个不被他物推动而自我运动的存在。柏拉图认为，灵魂的运动就属于这种自我运动。所以，凡是能运动的，就有灵魂。于是，驳斥了无神论，也就证明了神的存在。

关于神关心人类的论证，柏拉图是借助于一个自然神论者之口来论述的。自然神论的一个最重要的信念就是，自己的灵魂与世界或者宇宙灵魂有一种本质上的亲缘关系。问题是：为什么有很多正义的人遭殃受罪，而不正义的人却坐享其成呢？对于这个难题，他们认为由于神比人间事物优越，所以神一般不干涉人类。驳斥这种论点的论证是，诸神拥有一切德性，他们不可能因为怯懦或者懒惰或者无知而不管人类的疾苦。神关心的方式具有一种末世性质，即他们不直接干涉人类的思想行为，而是作为一个更加广阔的世界秩序的监护者：今生为善者，来生可得更好的命运，而今生为恶者，来生得恶运。这不是一种奖赏和惩戒，而是一种自己选择的生活方式的自然后果。

我们如果对比柏拉图在《理想国》和《法律篇》中对神的看法，就会发现在《理想国》中柏拉图有一种把神与善的理念等同起来的倾向，而在《法律篇》中，他则提出另外一种看法，即众神是灵魂。凡是灵魂，就不可能是所有存在的最后原则和最后真实。神与使宇宙运转的星体是一回事，星体的灵魂就是神。难道柏拉图改变了自己的主张？为什么会有两种不同的神学理解呢？在《法律篇》中，灵魂被看作最早生成的存有之一，即灵魂仍然在生成（γένεσις，genesis）的范畴内，因此，一种灵魂的形而上学性的依赖就出现了，他不能是自己的最后原因。

这种诠释路径是在与形而上学的诠释路径的争论中产生的。事实上，柏拉图从未公开地将神等同于最高的理念。如果柏拉图真的这样坚持认为，那么，他不会不在自己的对话中给出理由。在《蒂迈欧篇》中，神或者神明被认为是灵魂，这个灵魂在理念世界与可见的经验世界之间往来不息，这是宇宙论上的一种解释，神不再是最高的原则，即善的理念，因为灵魂总是依赖于理念。这样，柏拉图所说的神就成了沟通人与理念世界的桥梁或中介。这样一种宇宙论意义上的神并不是最高的原则，而是成了一种依赖于理念的存在，所以宇宙论的解释将神的位置完全放在了理念的位置之下，这是后来很多学者反对的。当然，也有很多学者将几种不同的看法融合在一起。

我认为这三种解释中比较难以理解的应该是《蒂迈欧篇》中所说的宇宙论的解释，在这里，神被看作经验世界与理念世界之间的桥梁。这是一种最形象的说法，就是柏拉图所说的创造神或造物者（Demiurgos）。它打通了从生成领域到存在领域的路。其实，《蒂迈欧篇》对中世纪的影响非常深远，在中世纪早期，《蒂迈欧篇》是唯一一篇被翻译为拉丁文而流传甚广的柏拉图的对话。这从普罗克洛斯对《蒂迈欧篇》所写的几大卷的注释就能看出来。

《蒂迈欧篇》比《法律篇》在有关神的论述方面更具有一种宇宙论的倾向，作为理性（νοῦς）图像的造物者（δημιουργός）创造了灵魂。在《斐德罗篇》中，诸神绕着天穹运行，并且在一个超越天穹的地方通过有规律的努力靠近和注视那最真实的存在（das wahrhafte Seiende），借以为下一奔跑旅程汲取力量。① 由此，我们可以看出灵魂对理性或者精神的依赖关系。一个灵魂的好坏就在于，它是不是以理性为友。② 这种依赖性表明，世界灵魂自身并没有能力把宇宙维持在一种和谐有序的状态，只有当灵魂顺应理性、联合理性时，灵魂才可以使宇宙有序地运行。只有这样的灵魂才是最好的灵魂（τὴν ἀριστήν ψυχῆν）。③ 既然灵魂运动的原因是理性，而灵魂使宇宙运转，那么就可以说，宇宙最后的原因、最后的真实就是理性。顺理成章地我们可以继续归纳，这个理性就是神。柏拉图说：

> 灵魂总是需要理性的帮助，按照真理，这理性对于诸神来说就是一个神。④

对这句话的诠释可谓仁者见仁，智者见智。诸神应该是星体的灵魂，而"一个神"应该是比诸神更高的理性。现在关于立法的基础在神那里的论点也豁然明朗起来，因为城邦的法律是指向法律背后的理性的，就像天体的有序运转指向神一样。如果人间城邦

---

① 参见柏拉图：《斐德罗篇》246e4-247c3。
② 参见柏拉图：《斐德罗篇》897b1-4。
③ 参见柏拉图：《法律篇》897c6。
④ 参见柏拉图：《法律篇》897b1f：" "νοῦν μὲν προσλαμβούσα ἀεί, θεόν ὀρθῶς θεοῖς." "

里有正确的法律，那么这就是神或者理性的王国。这种思想早在中国先秦时代就被列子提到。《列子·天瑞》开篇就说："有生不生，有化不化，不生者能生生，不化者能化化……"虽然列子没有用特指修辞，没有用神这个概念，但从这段话里我们已经隐微地觉察到"不生者"和"不化者"就是斗转星移、四季更替、时间生命兴衰荣枯的原因。所以，虽然《蒂迈欧篇》讲述更多的是一种宇宙论的诠释，但是最后柏拉图仍然提出这个更高的理性就是神。城邦的法律就是理性的一种表达，正确的法律就是神，就是理性的王国。

五、总结

这三种对柏拉图的神学的不同诠释路径分别具有自己所面临的挑战或问题。但是，无论如何，柏拉图的神学与他的形而上学和伦理学都有着一种密不可分的关系。关于神的言说需要善的理念，或者说，以善的理念为标准的形而上学才能真正为关于神的言说建立哲学基础。因为城邦宗教或者诗学框架并不会给我们带来关于任何神的言说的真理性标准，唯有形而上学才能对世界的本原给出真正合乎理性的解释。

我对柏拉图的神学进行了一个大概的介绍，有三种基本的诠释路线：宗教学上的、形而上学的、宇宙论的。我认为其中宇宙论的诠释对我的说服力最小，因为它把神当作一个灵魂，视作个人和理念世界之间的中介。如果说一个灵魂的存在从形而上学来讲依赖于别的存在，那么神就不是万物最后所依存的第一原因。我认为对我更加有说服力的还是形而上学的诠释。因为宇宙论的诠释把神降格为处于理念世界和经验世界之间的中介。如此，神就依赖于善的理念，它就不是最高的存在。同样地，关于神的言说，我们不能从城邦宗教或者诗学或者神话传统中来寻找标准。柏拉图的神学是一种理性神学，是建立在理性上的关于神的言说。形而上学的诠释路径将神等同于善的理念或者理性，这种等同至少给我们提供了一种揭示或者解释这个世界的本原的可能性。

《理想国》中的正义与真理

——柏拉图《理想国》的问题意识和论证思路

谢文郁[*]

　　我想围绕正义与真理问题，阐述《理想国》的问题意识和主导思路。对于这本书，我们知道，学界有各种各样的解读。不过，我对目前学界的解读，特别是问题意识上的解读，是非常不满意的。人们似乎要把《理想国》理解为一种纯粹的与人的生存脱钩的思想建构工程。我今天要和大家分享一下我的解读。在解读思路上，我把我的思路称为生存分析法。我先简单介绍一下这种分析方法，进而在这种方法中解读《理想国》。不同的读书方法，对于同一本书会有不同的阅读体验和理解方向。

　　我对生存分析法的采纳和使用，主要得益于齐克果（或译祁

＊　谢文郁，山东大学儒家文明省部共建协同创新中心研究员。

克果、克尔恺郭尔）的思想，同时也吸收了分析哲学的分析方法。我认为，思想家，特别是哲学家，在进行思考的时候，都触及了他们在生存上遇到的问题。而且，他们之所以下笔成文，是因为他们一定遇到了让他们百思不解的重大问题。也就是说，如果一件事情和我们的生存没有发生关系，我们就不会关注它，因而也就不会去理解它，这件事情也就不会进入我们的思想。如果我们关注的问题很好解决，那么，它们也不会太多地占用我们的思想时空。因此，思想源于生存上的重大问题。我们阅读这些经典著作，只能采用生存分析法。

生存是在时间中的，因而可以把生存划分为一个一个瞬间。这些瞬间构成了人的生存。从理解的角度看，分析这个瞬间可以帮助我们呈现人的生存。我们这样看，每一个瞬间都有一个起始时刻、一个终止时刻。生存就是跨过这个瞬间，从起始时刻进入终止时刻。人在跨越瞬间时面对的是可能性，即面临两个以上的选项。这些选项都是可能的，但是人只能在它们之间选择一个。而且，人在选择时一定是选择有益于生存的选项（即善的选项）。在众多选项之间选择，我们称之为意志自由。为了实现选择（善的选项），人在选择之前必须对这些选项进行考察和分辨，以比较它们的善恶，进而做出判断而选择善的选项。判断是有根有据的思想活动。判断的根据也称为主观根据，是人在过去的生活、学习和思考中积累起来的，是一种主观建构。

人在生存中进入思想，往往是被困于这样的生存状态中，即在自己现有的主观根据中未能对选项做出正确的善恶判断，从而导致了选择错误；或者，当我们在选择中犯了方向性的错误之后，我们回过头来考察自己的主观根据，寻找它的缺陷。于是，这两个问题就成了思想的焦点：我们能否建构一种正确的主观根据，从而总是做出正确的判断选择？或者，如果我们已经做出了错误选择，从而进入了一种错误的生存方向，我们如何能够改正过来，回归正确的生存方向？

一、正义概念中的问题意识

《理想国》的开头描述了一位老人（克法洛斯）和苏格拉底的谈话。这位老人说，他这个人一辈子什么事情都遇到过，在处理各种事情时还算不错，都挺适宜的。这里的"适宜"，他使用了dikaios 这个词，翻译过来便是"正义"的意思。苏格拉底说：你凭什么说你做事做得挺适宜的？他说：人生中有两件大事，一是借钱还钱，不欠别人的；另一是按照习俗而固定给神庙献上份子钱，不能拖延。苏格拉底把"适宜"（正义）一词挑出来，跟他说：借钱还钱就是正义吗？我们是不是可以就如何界定"正义"聊聊天啊？

于是，苏格拉底就从"适宜"这个人生的基本问题谈起，对"正义"一词进行界定。借钱还钱能否作为一个正义原则呢？换句话说，借钱还钱是否可以当作一种与人相处的适当方式呢？比如，如果你跟你的好朋友借了一把刀，后来打算还他的刀时，发现这个小子疯了。如果把刀还给他，他就可以拿着这把刀胡乱杀人。在这种情况下，你该不该还刀呢？不还，那就违背了"借钱还钱"这条原则；还了，那就可能害人害己。

苏格拉底的这个思维方式，哲学上称为辩证法。在他看来，我们在使用一个词的时候，一定要搞清楚是在什么意义上使用这个词。把语词界定清楚，我们在交流中就可以正确地理解彼此，同时也可以避免把我们的生存引向错误的方向。严格说来，辩证法就是主词界定。在西方思想史上，柏拉图的学生亚里士多德在他的《形而上学》一书中反复讨论语词界定问题，以至于人们把语词界定问题归为形而上学问题。我在我的《形而上学与西方思维》一书中，把这种学问称为系词论。语词界定在语言上是这样的：主词是待界定的词，系词起连接作用，谓词在系词之后，是对主词的描述和说明，即对主词的界定。主词和谓词的连接是语词界定的关键点。连接对了，主词就被谓词准确地界定了；连接错了，主词界定就出问题了。这里，系词就成了关键词。所以，我认为，这种关注语词界定的学问便是系词论（ontology）。柏拉图的辩证法也是一种系词论。

柏拉图认为这个问题很复杂。初看之下，大家会觉得这个问题很简单。比如，什么叫凳子，你指着一个凳子说这就是凳子。在感觉经验世界，我们是通过经验指称来界定主词的。只要我们都拥有感官，我们就能在经验指称中完成界定工作。但是，对于一些不在感觉经验中叙说的事物，我们在界定时就会遇到困难。这里涉及的是"适宜"（正义）一词的界定问题。这个词涉及人的行为是否合适的问题。一个行为是否得当，涉及判断者和判断标准。既有个人自己认为是恰当的，也有大家都认为是恰当的。得当或恰当的行为就是"义"。中文的"义"也是适宜的意思，"义者，宜也"（《中庸》）。然而，对于一个行为可以存在如下判断：在这个人看来为义，在其他人看来为不义；在这个共同体中为义，在另一个共同体中为不义。那么，究竟有没有一种绝对意义上的正义呢？这就涉及正义的语词界定。

　　开头的那位老人，即克法洛斯，他认为自己的为人处世是恰当的，并且觉得所有希腊人都会认同他的观点。希腊人确实有一个普遍接受的正义概念。但是，对于苏格拉底来说，这个正义概念本身是有问题的。概念界定的基本要求是，一个概念必须普遍适用。如果能够举证一个例外，这个概念在界定上就是不完全的。因此，苏格拉底提出了一个例外。"正义就是借钱还钱"这个命题中，"正义"是被"借钱还钱"界定的。"借钱还钱"这个说法包含了有借有还的意思。而在借刀还刀这个例子中，借而不还才是恰当的做法。也就是说，在这个例子中，正义是借而不还，或有借不还。进一步说，如果我们要使用"正义"一词，借钱还钱这种说法显然就是不充分的，在某些例子中会造成困惑。因此，这种说法不足以完成对"正义"一词的界定。

　　《理想国》卷一提出的正义问题或适宜问题是一个很古老的问题。赫西俄德有一部著作叫《工作与时日》，基本上也是在谈"正义"这个词。正义问题涉及两个要点：一个是判断者，另一个是判断标准。赫西俄德觉得他受到了不公平的待遇，尽管他做的事在他自己看来无不适宜。但是，当他去申诉时，他却得不到他人的认可。当他在更大的范围内申诉时，他和他人的冲突却进一步加剧了。这就让他呐喊道：正义在哪里？

正义问题是一个群体问题。如果一个人生活一种封闭的个人生活中，一切都是自己说了算，那么，他自己就是行为标准的制定者，同时也是他的行为是否适宜的判断者。在这种生活中，他没有正义问题，因为他做的每一件事在他的判断中都是适宜的，符合他制定的行为标准。但是，在社会中生活，人不得不接受一种共同的行为标准，并且不能不遇到他人对自己行为的判断。于是，在社会中，人就不能简单地自己说了算。

《工作与时日》把这个问题最后归给正义女神。在希腊神话中，宙斯是众神之主。这个宇宙的秩序是在宙斯的旨意下建立的。宙斯的意志就是正义的最高标准。不过，宙斯一般不干涉人类的行为。宙斯有一个女儿，名叫 Dike。她把她看不顺眼的事（不管是人的还是神的）都会告诉宙斯，并且要求宙斯必须为她摆平。如果宙斯不加理睬，她就会在宙斯面前不断地唠叨，直到宙斯出手处理该事。于是，人的行为是否适宜，关键在于这位女神。所以，她也被称为正义女神。正义（dikaios）一词也是从她的名字（Dike）引申而来。也就是说，对于人来说，符合了正义女神的意志，就是正义；否则，就是不义。

赫西俄德最后把正义问题归给正义女神，从而也就完全"躺平"了。在他看来，人间没有正义可言。他自己所遭受的各种不公待遇，在人间无法找到正义标准，也找不到最高的判断者，因而只能诉诸正义女神。至于正义女神如何处理他所遇到的不公，他只能在献祭中求助于她。不过，正义女神也没有什么确定的标准，只有她自己的情绪和感受，虽然有人把她描述为手持公平之秤的样子。在许多事件中，只要感动了她，她就可以按照她自己的方式把案件呈交到宙斯那里，从而得到最终的解决。这便是《工作与时日》的结论。

　　然而，在柏拉图看来，人间的事只能由人自己解决。宙斯的意志在哪里？正义女神的满意标准在哪里？宙斯是神，没有人见过他，也没人知道他的旨意。正义女神在哪里？同样，谁知道她的心思意念呢？尽管宙斯的意志是最高标准，但是，如果无人能知，这个标准就无法适用于人间。然而，正义问题却是我们在现实生活无法避免的问题。

二、人皆求善

　　与正义问题并行的另一个问题，被称为善的问题。在柏拉图看来，一种适宜的生存，一定是一种善的生存。借刀还刀那件事之所以是不义，原因在于它带来了对当事人的损害，是恶的事件。因此，在处理正义问题时，《理想国》中的讨论还有一个语境，即柏拉图在《美诺篇》中关于人皆求善的论证。

　　人皆求善命题是西方思想史上的核心命题之一，对于柏拉图思想来说也是一个自始至终的原则。这个命题排除了有人求恶的可能性。有人求恶在现实中并不难发现。我们来看看柏拉图的这个论证。这个论证十分严谨。

简略而言，从经验观察出发，有人求善，有人求恶。把求善的这部分人归为 A 组，他们都是求善的，无须论证。在那些求恶的人中，他们是在他们的善恶观念中求恶的。如果他们的善恶观念是混淆的，从而把恶的东西当作善的东西来追求，则称其为以恶为善而求恶。就他们的追求目标而言，他们是求善的，只是因为善恶不分而导致追求失败。在动机上，他们是求善的，即以恶为善而求善。把这部分人归为 B 组，属于求善的人群。还有一些人以恶为恶而求恶。在这些人中，他们求恶往往是因为这些"恶"有利可图，即以恶为恶但有利而求恶。他们为了其中的利益而求恶。他们虽然在意识上认为这是一种恶，但也乐于追求，因为其中有利可图。不过，"利"是一种善。他们为了"利"而求恶，在动机上是求"利"。把这部分人归为 C 组，他们也属于求善（利）者。至于以恶为恶且无利而求恶这个范畴，柏拉图认为它是一个空项，找不到任何一个实例。也就是说，A+B+C 就是所有的人。因此，人皆求善。

在这个论证中，恶的问题来源于人的善恶判断出现了混淆。现实生活中的各种恶事都是在善的名义下进行的。因此，解决恶的问题，出路在于找到真正的善。如果人拥有真正的善，人的善观念就不会出现混淆，人在进行善恶判断时就能做出正确的判断，并在现实中进行判断并择定时以善为善而求善，在追求中得到善。柏拉图称这样的人为自由的人。

柏拉图在《理想国》中分析了两种不自由的人。一种人是僭主，即那种通过阴谋诡计而篡夺王位的人。他们以为获得了王位就可以为所欲为而成为自由的人。然而，他们当上僭主之后，因为害怕身边的人会像他们那样把他们搞掉而自立为王，所以他们在生活上完全没有自由，凡事都深受束缚，如同囚徒。另一种人是洞穴囚徒。这些人长期在洞穴中生活，只能看见洞穴壁上的各种影子，并且根据这些影子而建构各种理论，解释这些影子的运动。然而，这些影子不过是他们身后平台上的木偶运动所导致的，而并非真实的世界。在这个洞穴喻中，柏拉图批评那些只专注于感觉经验世界的人，他们不愿意追求真理（思想对象、真正的善）而满足于各种以感觉经验为基础的意见。

什么是适宜或正义的生活呢？在柏拉图看来，人需要从真正的善出发，做出正确的判断，以善为善而追求善，并得到善。这种善的生活就是正义的生活，也是自由的生活。

问题在于，什么是真正的善？在希腊人的诸神崇拜中，诸神是掌管宇宙万事万物的力量。他们在真理和善的问题上比人类更有发言权。于是，一方面，希腊人害怕诸神惩罚他们，故而定期到神庙交纳份子钱（献祭）；另一方面，特别是做一些重大决定时，希腊人都会到神庙里求神谕，以便得到神的保佑。柏拉图分析到，如果人要得到诸神的保佑：首先，诸神必须是完全善的，因为，如果诸神对于人并非完全善的，那么人在求助于诸神时就会被诸神欺骗和玩弄；其次，诸神必须是全能的，因为，如果诸神对于人并非全能的，那么人求助于诸神就没有意义。柏拉图进一步指出，荷马史诗那里，诸神并非全善全能的。如果我们希望在诸神那里得到真正的善，除非诸神是全能全善的，否则我们就无法从他们那里得到真正的善。如果荷马史诗中的诸神有如此缺陷，它们就不应该成为我们敬拜的对象，也不能作为正义的最终标准。如果要从诸神那里获得真正的善，我们首先要做的就是从全能全善的角度对诸神的界定进行修正，而不是继续采用荷马史诗中的描述。

柏拉图在谈论真正的善时给出了一个新的神论。他批评荷马史诗中的神缺乏真正的神的样子，因而需要修改荷马史诗。在希腊社会中，荷马史诗是原始性著作，塑造了一代又一代的希腊人。柏拉图对它的批评是从真正的善这个高度出发的。这个新的神论最早是由苏格拉底提出的。苏格拉底因此被人指控，说他把一个新神引入雅典人的生活中，是缺乏敬虔的表现；同时，他还在青年中传播这个新神，这就等于败坏了雅典青年。苏格拉底最后被雅典法庭判为有罪，饮鸩自尽。

柏拉图关于真神的谈论和关于真正的善的问题的谈论是一体的。在思维方法上，我们首先要解决的是真理的认识问题。在柏拉图看来，我们无法在感觉经验中找到真理。真理是唯一的、不变的、普遍的，感觉经验则变动不居。因此，我们只能在这变动不居的现象背后才能找到不变的真理。这就是说，真理是思想对象。在《理想国》中，柏拉图用理型世界（概念世界）来指称这个思想对象，并认为认识了理型世界，就是进入了真理。

感觉对象是可以通过经验指称来认识的，思想对象则只能在论证中呈现。比如，关于真正的善，柏拉图在人皆求善的论证中指出，真正的善是实实在在的，而且是解决恶的问题的关键环节。但是，真正的善却不是可以通过经验指称来认识的。或者说，在经验观察中，我们只看到了有人求善，有人求恶。然而，通过论证，我们就看到了人皆求善这个生存事实。柏拉图把这种论证用"逻各斯"（logos）一词来指称。在论证中，只要遵循了逻各斯，得出的结论就一定是真的。通过论证来追求真理的这条认识途径，我们称之为理性认识论。通过论证而获得的知识，在柏拉图看来，是真理性知识。因此，他经常把知识和真理放在一起使用。

三、两条认识途径

在认识真理这个问题上，柏拉图分析了两条认识途径：一条称为信念（意见）认识论，另一条称为理性认识论。

信念认识论呈现了一种在情绪中接受他人意见而奉为真理的认识途径。人在情绪中放弃了理性思维，将一些外在说法或意见不加分辨地就接纳为自己的信念。比如，有些人能说善道，他们在公共场合用自己的言辞加上激情就能唤起听众的情绪，并在听众情绪高涨时把自己的观念或意见加在他们的思想中，成为他们的思想立场。柏拉图认为，雅典人的思想观念往往就是在这种认识途径中形成的。

柏拉图有时会把信念（pistos）和意见（doxa）混在一起使用。信念就是人们在情绪中没有经过自己的理性分辨就接受为自己的观点的那些意念。意见则是指那些被社会普遍接受的观念。意见就其原初形式而言，是个人的想法和说法。但是，当个人在公开场合宣讲自己的想法和说法，而又为大家所认可，从而成为大家共同的说法，他的想法和说法就成了意见。信念和意见有一个共同点，那就是缺乏理性分辨和论证支持。因此，它们都是缺乏真理性的。

伯罗奔尼撒战争（公元前431—前404年）对于柏拉图来说是一个难忘事件。这场战争在他2岁时就开始了，直到他25岁时才结束。虽然柏拉图不愿多谈这场战争，但是它对柏拉图的思想发展有实质性的影响。我想，我们可以用柏拉图的信念认识论来分析这场战争。战争是在伯里克利的领导下开始的。雅典和斯巴达在争夺希腊世界的领导权中一直冲突不断。在决定是否进入战争这件事上，雅典人也犹豫不决。于是，伯里克利在雅典发表了一场公开演讲，认为雅典和斯巴达必有一战，并且雅典一定能够取得战争的胜利。这是一场鼓舞人心的演讲。伯里克利是一位优秀的政治领袖，在领导希腊人抵抗波斯人时战功卓越。同时，他是一位能够鼓动人心的演讲家。确实，他的演讲打动了雅典人，引导雅典人下定决心进入这场战争。伯里克利的"意见"被雅典人接受了。不过，这场战争的结果是雅典战败。虽然其中有偶然的因素，比如伯里克利在战争开始后的第二年便因感染瘟疫而去世，但一个基本事实是，战争并没有因为伯里克利的"意见"而取得胜利。

雅典人是在情绪激动中接受伯里克利的意见的。他们没有动用自己的理性对这场战争进行分析和推论。伯里克利虽然伟大，但他的意见能否作为真理？凭什么说他的意见是真理？如果在情绪激动中接受他的意见，而他的意见是错误的，那么，我们就跟着他一起犯错。因此，在理性没有证明伯里克利的意见的真理性之前，接受他的意见就一定会带来行动上的危险。实际上，伯里克利的主张最后被证明是失败的，尽管雅典人在听他演讲时都认为他是正确的。这就说明了一件事：人们在情绪激动时接受的意见，由于缺乏理性的分辨，它会在行动上带来毁灭性的后果。

"意见"（doxa）这个词很有意思。就表达形式而言，它是个人意见；但是，众人在情绪激动中接纳了它，于是它就成了公共意见，并引导众人的实践。这种缺乏理性分辨的意见，众人一旦接纳，就会陷入两个困境：第一个困境是上当受骗。如果演讲者是个骗子，他利用自己的修辞才能说服了众人，于是众人在谎言中受骗而不自知。第二个困境是一起犯错。即使演讲者是真诚的，但是其修辞能力大于其善恶判断能力。众人接受他的意见，就可能和他一起犯错，就如雅典人和伯里克利一起在战争问题上犯错一样。在信念认识论中，人的生活为非理性的意见所主导，因而无法过一种真正的善的生活。

因此，人不能生活在这些信念和意见中，而必须生活在真理中。但是，我们如何才能找到真理，并从真理出发进入真正的善的生活中呢？柏拉图提出了一条与雅典人不同的真理认识途径，称为理性认识论。柏拉图在谈论理性时经常使用这三个词：nous（作为主体判断者）、logos（辩论中的话语或逻辑推论）、episteme（概念性的知识）。在这三个词中，拥有判断权（nous）是理性的首要标志。人在理解一个命题时，首先，他把自己当作理解的主体，并独立自主地判断命题的真假。其次，他是在逻辑推论中给出判断（logos）。他所做的判断必须前后一贯，不允许前后说法出现矛盾。这便是在命题之间的逻辑演算或推论。最后，他是有根有据地进行判断。这里的"根据"就是他所拥有的概念性的知识（episteme）。当然，在他的推论中，他概念性的知识既是推论的根据，同时也会在推论中不断丰富。在《理想国》中，这三个词都可以译为理性。

在《理想国》中，柏拉图把知识分为两个层次，即关于现象的意见和关于理性的知识。人们首先可以通过感官来认识现象。现象分为人为现象和自然现象两类。人为现象是对感觉对象的模仿。比如绘画、雕塑、戏剧，以及各种建筑、各种重复动作，这些都建立在人们对自然现象的认识的基础上。这种认识通过模仿而来，其中不可能有真理。对于自然现象，人们通过自己的感官而形成各种意见。鉴于自然现象是模仿或分有它们的理型，人们关于自然现象的认识就并未涉及事物的原因；并且，随着现象的不断变化，人们关于它们的认识也在变化。这些通过感官而形成的认识都被称为意见或信念，人们在这些意见或信念中无法认识真理。

因此，只有探求这些现象背后的原因，并对它们形成知识，人们才能获得确实的知识。探求现象背后的原因，就认识过程而言，需要分两步走。第一步，人们在三维空间中认识感觉事物，形成了几何学 - 数学。尽管现象变动不居，但它们都是在一定的空间形式中变动。人们可以通过认识这些空间形式而形成数学知识。数学知识是稳定的、不变的。人们在学习数学中开始形成永恒意识，并追求那唯一不变的、普遍的理型。因此，数学是一个跳板，把人的意识引向理型世界。这就进入了真理认识过程的第二步。

柏拉图所理解的理型世界是一种概念体系，其由概念和命题构成。概念可以分为种属层次，如各种人归为人，人和猪、狗、狼等归为动物，动物和植物都归为生物，依此类推。在概念分类上，柏拉图的想法最后推动他的学生亚里士多德提出了范畴论，把所有的概念分为十类范畴。不过，柏拉图更关心的是个体和类之间的关系。类（理型）是作为个体（现象）的原因而被提出的。柏拉图谈到，类是个体的原型。比如，木匠在制造桌子时，首先在脑海里形成一个桌子理型，然后按照这个理型把现象中的桌子制造出来。如果没有桌子理型，现象中的桌子就不可能形成。

柏拉图注意到了概念体系的复杂性。在《理想国》中，柏拉图并没有充分展开关于理型世界的分析和讨论。不过，他深信，只要对理型世界有充分的认识，我们就能把握关于世界的真理性知识。通过概念界定、命题结构、命题演算的工作来获得关于概念体系的知识，柏拉图称之为理性认识论。而且，他深信，只有理性认识论才能提供真理性知识。

四、真理情结

真理问题是一个日常思维中的常见问题。当两个人面对同一件事发表了两种不同的看法而陷入争吵时，真理问题就开始呈现在双方的意识中。在逻辑上，他们会意识到三种可能性，即你对我错，我对你错，双方都错，但不可能都对。这里的对错问题也就是真理问题。当然，如果出现了强势的一方，他就会利用自己的强势而压迫对方承认错误。但是，这种压迫并不能解决对错问题。由于双方不可能都对，所以可以说真理是唯一的。

真理意识在中国人的思维中被淡化了。追究原因乃在于庄子的《齐物论》。庄子在《齐物论》中提出"儒墨之是非"问题，并论证了是非之争是无解的，因为我们根本无法找到一个共同认可的真理标准，以分辨是非。不过，在柏拉图的《理想国》中，真理意识却被强化了。前面谈到的信念认识论，在柏拉图的分析中，由于缺乏真理意识，导致了人在生存上的失败。换个角度看，如果一个人善恶混淆，从而以恶为善而求恶，那么，这个人就陷入了自我损害的进程中。柏拉图强调，如果不从真正的善出发，人的生存就可能是自我损害。尽管真理问题是日常思维问题，但是读《齐物论》的人可能会淡化乃至放弃对真理问题的追问，而读《理想国》的人则可能会因为真理问题而执着于对真理的追求。

庄子和柏拉图的区别在哪里呢？我们可以做比较分析。有人说，太平洋 1 万米深的海底有一条龙。对于这个说法，很多人都说不可能是真的。于是，这个说法的真假就成了问题。因为我们都无法到达 1 万米深的海底，无法提供证据以证明其真假。不过，对于大多数人来说，这个说法是真是假并不影响生活，因而他们就不会关注它的真假。其实，有很多说法，因为它们和人的生存关注无密切关系，其真假问题常常会被人忽略。比如，"儒墨之是非"问题，对于很多人来说，不过是个无聊的问题。也就是说，这些说法的真理问题，即使有人注意到了，也不会推动人去追究。在这种语境中，真理意识并非永恒。

然而，柏拉图把真理问题和善的问题联系起来了，而且善是在生存中被界定的：有益于生存的都是善的，有害于生存的都是恶的。人在生存中都是追求善的。当人在善恶混淆中追求善时，就会出现以恶为善而追求恶。因此，人必须找到并拥有真正的善，从而能够以善为善而追求善。"真正的善"涉及真理问题。由于和生存紧密联系在一起，真理问题就不是一个可以忽略的问题。柏拉图把真理和善联系在一起，等于告诫读者，忽略真理问题就是在损害自己的生存。于是，真理意识就获得了永恒性。

在洞穴喻中，柏拉图谈到，那些长期生活在洞穴中的人，根据洞穴壁上的影子运动而构建了各种意见，并说服其他人接纳这些意见。我们这些生活在感觉经验中的人，根据感觉经验而建构经验知识（意见），并在公共场合推销自己的意见。其实，我们和那些生活在洞穴中的人并无区别。我们以为自己拥有的意见就是真理，但其实拥有的不过是一些意见而已。我们自以为是地生活在自己的意见中，却以为生活在真理中。这是一种可悲的生存状态。

在柏拉图看来，人们在生存中坚持自己的意见而拒绝真理，在自己的意见中进行判断并择定，从而不断地损害自己的生存；人们这样做，却还以为是在追求善。这种无知的状态需要赶紧改变。柏拉图对正义与真理问题的考察就是要唤醒众人，清醒地认识到真理对于生存是不可或缺的。真理与善在生存上是一个永恒的问题。柏拉图努力要唤醒的意识，我们可以称之为真理情结。

五、在真理中建构社会秩序

我们一开始谈到正义概念时涉及了判断标准和判断者问题。人在社会中生活，他的为人处世是否适宜，不可避免地遇到不同的判断标准和判断者。柏拉图认为，正义的行为规范是建立在真理的基础上的，而且判断者也必须是掌握真理的人；否则的话，每个人都从自己认可的行为规范来判断自己和他人的行为，社会就无法建立起秩序。那么，这个在真理中建立起来的社会秩序是一种什么样的秩序呢？

按照柏拉图的设想，人可以划分为三种类型，即属铜的、属银的、属金的。换个说法，他们分别为欲望型、情感型、理智型。以欲望为主导的人在生存中追求一种能保障欲望满足的生活，他们主要是平民百姓，如农民、手工业者、商人，等等。以情感为主导的人则充满激情，并在激情中做事，如士兵和维护社会秩序者，也称为城邦卫士。以理智为主导的人在知识上追求真理，在行动上成为社会的领袖。这三种人在社会中分工合作，各司其职。其中，最重要的是理智型的人。他们是爱智慧的、以追求真理以为天职的人，也被称为哲学王。他们把在追求真理中获得的认识应用于社会管理，把善恶观念教导给城邦卫士，让他们在保卫城邦时能够分辨善恶，认清并抵抗敌人，保护朋友。同时，他们还必须为城邦设置制度，制定法律，规范人们的行为。城邦在哲学王的领导下，从真理出发而形成了一种统一的秩序。在这种社会中生活，正义就在其中。

我们谈到，正义涉及判断标准和判断者。人们生活在统一的制度和法律中，把它们采纳为自己的行为判断标准。于是，因为采纳了共同的制度和法律，城邦居民在评判自己和他人的行为是否合适时给出的判断就是统一的。如果在评判上出现了分歧，那只是人们对同一规范的理解有所不同。这种分歧是可以顺利解决的，如法庭可以纠正人们的错误理解。进一步说，可以让哲学王出面，根据他们对真理的认识而对不同的社会制度和法律进行解释。如果制度和法律本身有缺陷，他们还可以根据他们对真理的认识而重建制度，或者修正法律，等等。哲学王建立和管理的城邦是从真正的善出发的，因而是一个善的城邦、自由的城邦。

哲学王是否已经拥有真理？如果已经拥有，能否在真理中建构并维持社会秩序？柏拉图对此并没有给出肯定或否定的回答。他只是说，哲学王是爱智慧并毕生追求真理的人。或者说，哲学王有真理情结。这里，柏拉图并没有给出一种确切的真理阐述，即使在他的晚年著作《蒂迈欧篇》中，他也只是把他的宇宙论当作一种"相似解释"。他认为，真理在神手中，只有神才是全能全善全知的，但是人可以通过理性而努力追求真理。

人们在理解《理想国》时，往往会把柏拉图设想的城邦当作一种理想状态中的城邦。不过，我们注意到，虽然柏拉图涉及了城邦设置和管理上的统一性，但是他并没有把它设想为一种静态的社会状态，即使它有统一的社会秩序。相反，哲学王在追求真理的过程中仍然有新的看法，并且会不断地把这些新的看法落实到社会管理中。因此，哲学王管理的城邦是一个不断完善的社会。对于柏拉图来说，关键在于城邦领袖要"盯着真理"，执着地追求真理，即他们必须拥有真理情结。

六、正义的永恒追求

在《理想国》卷十中，柏拉图讲述了一个神话故事，即一位战死沙场的勇士的灵魂在冥界转了一圈的故事。这个故事开头讲到，这位勇士的灵魂跟着一大批鬼魂浩浩荡荡去了冥界。进入冥界大门时，三位正义女神要审判所有的鬼魂。正义女神们根据什么来审判呢？她们手头有两本书：一本记录的是所有鬼魂生前的所作所为；另一本记录的是所有鬼魂在投生时择定的生命方式（生命簿）。在轮到这位勇士的灵魂时，她们找不到他的名字，打算拒绝这个鬼魂进门。这时，命运女神来了，说是她特别邀请这位勇士来参观冥界的。这位勇士的鬼魂于是和命运女神一起游览了冥界，观看了地狱里的各种惨状，也感受了天堂里的阳光明媚。最后，女神把勇士的鬼魂带到一个宽敞的大厅，这是所有鬼魂准备离开冥界而回归人间重新投胎做人之前要来的地方。

三位正义女神站在高台上，手里拿着生命簿，向鬼魂们高声宣布。在这个时刻，鬼魂们有一个机会，可以择定自己下辈子的生活样式。生命簿上有各种各样的生存方式。鬼魂只要择定了其中一种，其接下来的人生之道就被规定了。这就是命运。人是无法与命运抗争的。

鬼魂们在冥界不会有什么长进。他们此时的择定都是为他们生前所形成的思想观念所决定的。如果他们生前都是在意见中度过的，对于什么是真正的善缺乏思考和认识，那么，他们在择定生存方式的时候就只能在善恶不分中进行。比如，有人择定了一种僭主的生活，这就注定他下辈子只能像僭主那样过一种受奴役的生活。但也有人生前有真理情结，向往真理，那么他就会择定一种安详平静的生活，继续思考人生大事，寻求真理。总之，每个人都在择定自己下辈子的生存方式。择定之后，鬼魂们就被赶入冥河，被灌喝冥河水，忘却前世的一切，进入新的生命，在命运的束缚下过自己择定的生活。

柏拉图通过这个故事要传递一个重要信息。他要他的读者记住，不要放弃对真理的追求。放弃了追求，就离真理越来越远。在讲完故事之后，柏拉图对读者发出呼唤：在智慧中追求正义！

正义是在真理中实现的。人必须拥有真理，才能从真正的善出发，以善为善而求善，并得到善。这是一种适宜的自由生活，即正义的生活。这里的关键点在于，人必须有真理情结！在真理情结中，人就能盯着真理而不断地追求。

这种真理情结对于柏拉图的学生来说是动力性的。亚里士多德是在这种真理情结中追求真理的。有人把"吾爱吾师，但吾更爱真理"这句话套在亚里士多德头上。我们在读亚里士多德的著作时，确实能够感受到这种情结。柏拉图学园的领袖们，为了在理性中追求真理，发现自己自然而然地陷入怀疑主义泥坑而无法自拔。怀疑主义关于真理困境的讨论，虽然令人困惑，但确实把真理情结传给了一代又一代的思想家，推动他们寻找出路。用一些怀疑主义者的话来说，如果无法对真理进行判断，那么我们就要"悬搁判断，继续追求！"不管怎么样，真理情结就这样在西方思想史上发挥着动力性作用。

图书在版编目（CIP）数据

从灵魂到城邦的正义之旅：《理想国》名家二十讲 /
刘国鹏主编. -- 北京：中国人民大学出版社，2023.10
（知止中外经典读书会名家沙龙书系）
ISBN 978-7-300-32022-9

Ⅰ. ①从… Ⅱ. ①刘… Ⅲ. ①《理想国》—研究
Ⅳ. ①B502.232

中国国家版本馆CIP数据核字（2023）第150138号

知止中外经典读书会名家沙龙书系
从灵魂到城邦的正义之旅
——《理想国》名家二十讲
刘国鹏　主编
Cong Linghun dao Chengbang de Zhengyi zhi Lü

出版发行	中国人民大学出版社			
社　　址	北京中关村大街31号		**邮政编码**	100080
电　　话	010-62511242（总编室）		010-62511770（质管部）	
	010-82501766（邮购部）		010-62514148（门市部）	
	010-62515195（发行公司）		010-62515275（盗版举报）	
网　　址	http://www.crup.com.cn			
经　　销	新华书店			
印　　刷	北京联兴盛业印刷股份有限公司			
开　　本	890 mm × 1240 mm　1/32		**版　　次**	2023年10月第1版
印　　张	15.5 插页 4		**印　　次**	2023年10月第1次印刷
字　　数	312 000		**定　　价**	89.00元